SECOND EDITION

P9-CRW-213

Puentes

SPANISH FOR INTENSIVE AND HIGH-BEGINNER COURSES

SECOND EDITION

Puentes

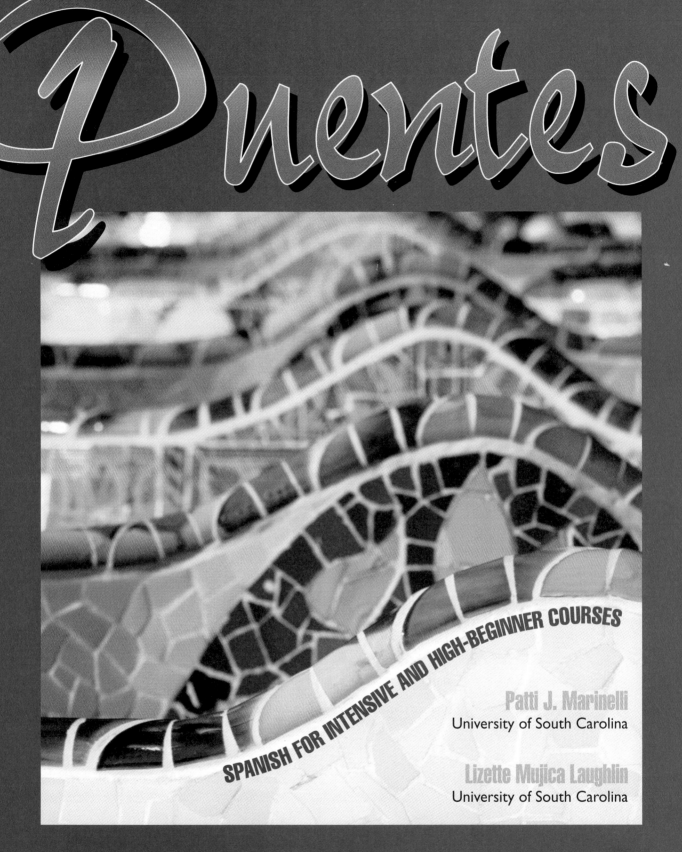

SPANISH FOR INTENSIVE AND HIGH-BEGINNER COURSES

Patti J. Marinelli
University of South Carolina

Lizette Mujica Laughlin
University of South Carolina

HH Heinle & Heinle Publishers
Boston, Massachusetts 02116 U.S.A.

Boston • Albany • Bonn • Cincinnati • Detroit • Madrid • Melbourne • Mexico City
New York • Paris • San Francisco • Singapore • Tokyo • Toronto • Washington

 A division of International Thompson Publishing , Inc.
The ITP logo is a trademark under license.

The publication of *Puentes,* **Second Edition** was directed by the members of the Heinle & Heinle College Foreign Language Publishing Team:

Wendy Nelson, *Editorial Director*
Tracie E. Edwards, *Market Development Director*
Gabrielle B. McDonald, *Production Services Coordinator*
Stephen Frail, *Development Editor*

Also participating in the publication of this program were:

Publisher: **Vincent P. Duggan**
Project Manager: **Kristin Swanson**
Compositor: **Victory Productions**
Photo/Video Specialist: **Jonathan Stark**
Associate Editor: **Beatrix Mellauner**
Assistant Market Development Director: **Rossella Romagnoli**
Photo Coordinator and Production Assistant: **Lisa LaFortune**
Manufacturing Coordinator: **Wendy Kilborn**
Illustrations by: **David Sullivan** and **Paul Weiner**
Interior Designer: **Sue Gerould/Perspectives**
Cover Photo: **Comstock**
Cover Designer: **Sue Gerould/Perspectives**

Library of Congress Cataloging-in-Publication Data

Marinelli, Patti J.
    Puentes : Spanish for intensive and high-beginner courses / Patti
J. Marinelli, Lizette Mujica Laughlin. --2nd ed., Instructor's
annotated ed.
      p. cm.
    English and Spanish.
    ISBN 0-8384-7834-4
    1. Spanish language--Textbooks for foreign speakers--English.
I. Mujica Laughlin, Lizette.   II. Title.
PC4129.E5M37   1997
468.2'421--dc21   97-36718
                                                              CIP

Copyright © 1998
by Heinle & Heinle Publishers
An International Thompson Publishing Company

All rights reserved. No part of this publication may be reproduced or transmitted in any form or by any means, electronic or mechanical, including photocopy, recording, or any information storage and retrieval system, without permission in writing from the publisher.

Manufactured in the United States of America

ISBN: 0-8384-7834-4   student text
         0-8384-7861-1   instructor's annotated text
10 9 8 7 6 5 4

DEDICATION

To my mother, Gilda Marinelli, and to my husband, Stephen Fitzer, with love and appreciation; and in memory of my father, Albert Marinelli.

P. J. M.

To my brothers, Ozzie, Omar, and Otto Mujica. Growing up with you has truly been educational, enriching, and a character-building experience, to say the least.

L. M. L.

Contents

¡Así somos!

¡De viaje!

7 ¡A divertirnos!

8 De compras

9 ¡Así es la vida!

	Vocabulario temático	Gramática	Cultura	Estrategias
Paso 1 p. 345	Cómo hablar de pequeños malestares y dar consejos	Usos del presente del subjuntivo—Cómo influir sobre los demás El subjuntivo—Verbos irregulares		
Paso 2 p. 354	Algunos acontecimientos familiares	Usos del subjuntivo —Las emociones El presente del subjuntivo —Los verbos con cambios en la raíz	El matrimonio	Gestures
Paso 3 p. 363	Dime de tu vida	Usos del presente del subjuntivo—La duda Los complementos pronominales directos e indirectos	El interés en lo sobrenatural	

Un paso más p. 373
¡Vamos a hablar!
¡Vamos a mirar!   *Una entrevista importante*

¡Vamos a leer!   *¿Fatiga o depresión?*   Review of strategies
¡Vamos a escribir!   Cinquain poetry

http://puentes.heinle.com

Perspectivas   Los refranes
culturales p. 380

Note to Students

Suggestions for Success

Here are some suggestions to help you make the most of your previous language learning experience and be successful in your course as you continue your study of Spanish with the second edition of *Puentes*.

Since you have already studied Spanish, you will probably discover that you are familiar with many of the grammatical structures and vocabulary in this textbook. It is important to remember, however, that in order to speak or write a language, you must be able to do more than just recognize words or grammar! To communicate, you will have to select the appropriate words and structures and assemble these parts into particular patterns, all from memory, with the book closed! While this is a complex task, it can be done. Think about some of the other skills you acquired when you were younger, like learning how to drive a car, play a musical instrument, or play a sport. In order to be successful at any of those tasks, it wasn't enough to read a manual or book about the topic. While reading, studying, or observing were important preliminary steps, ultimately you had to put in many hours of intense practice to finally learn how to parallel park or play a song on the guitar, or swim across the pool. The same is true for learning Spanish.

In order to prepare for class, you will first need to review the materials in the text thoroughly and spend sufficient time practicing the individual words, expressions, or verb conjugations. And just as importantly, in order to communicate your thoughts, you will need to be ready to concentrate and practice extensively—both in and out of class—on tasks that call for you to put all those parts together.

Here are some tips to help you on your way to success:

- Set aside a time each day to study and practice Spanish; it is important to study regularly and not get behind, because much memory work is needed.

- Choose a place that is free of distractions, so that you can concentrate.

- During your practice, focus more on active tasks: write out sentences, answer questions in the book orally, focus on listening to the tapes with a purpose in mind.

- Whenever possible, work or practice with a classmate to improve your ability to speak.

- Remember that recognizing a point of information does not imply that you have mastered it; you must be able to use it to communicate an idea in writing or speech.

Unique Features of *Puentes*

- **Power Pacing:** The first half of *Puentes*, which contains material more familiar to you, presents the major vocabulary, functions, and grammar in a concentrated and condensed fashion. The second half, which contains less familiar material, features smaller chunks of information and more extensive practice activities.

- **Learning Strategies:** *Puentes* systematically presents explicit instruction and practice for learning how to read, write, and communicate in Spanish as well as tips on how to approach language study and interact with native speakers. These tips are incorporated into the *Estrategia* sections as well as into the reading and writing sections of *Un paso más*.

- **Balance of Social and "Survival" Topics:** Odd-numbered chapters are slightly longer in length (with three *Pasos*) and focus upon everyday topics of conversation, such as family, university life, and pastimes. Even-numbered chapters are slightly shorter in length (with two *Pasos*) and focus upon survival in the target culture—handling travel arrangements, eating out in a restaurant, dealing with minor medical problems, and shopping for clothing and souvenirs.

- **Natural Language in Context:** In *Puentes*, you can see immediately how the language is used, because all the vocabulary is organized thematically and presented in sentences that reflect everyday spoken language. The study of grammar is a logical extension of the linguistic structures already modeled in these lexical / functional presentations.

- **Selective Grammar Presentations:** *Puentes* emphasizes those grammatical structures that you need to master in order to reach the intermediate level of proficiency. At the same time, it introduces and practices additional structures that lay the groundwork for achieving higher levels of proficiency. For those who prefer a more complete grammatical presentation, the *Gramática suplemental* sections of the *Cuaderno de actividades* provide additional instruction and practice in this area.

- **Authentic Reading Texts:** *Puentes* draws upon many native sources for its abundant reading practices—realia, newspapers, magazines, brief literary selections, etc.

- **Extensive Listening Program:** In the second edition of *Puentes*, we have separated the textbook listening activities from the workbook listening comprehension activities. *Puentes 2/e* now has two separate Student Cassettes, one to accompany the text and one to accompany the workbook.

- **Integrated Study of Culture:** Cultural information is interwoven into all thematic presentations and accompanying activities. In addition, brief cultural readings in Spanish are interspersed throughout the chapters and a more in-depth study of culture is provided at the end of each chapter.

Components of the *Puentes 2/e* Program

Student materials include:

- *Puentes 2/e*, the student textbook.

- Two Student Cassettes. These tapes contain extensive listening material for you to complete outside the classroom. Textbook listening material for each chapter is included on one tape; listening material for the *Cuaderno de actividades* is on the other tape.

- Internet activities on the *Puentes 2/e* home page.

- *Cuaderno de actividades y Gramática suplemental 2/e*. The *Cuaderno* consists of nine chapters with exercises that integrate and expand the material presented in the corresponding chapter of the student text.

Acknowledgments

We would like to thank the many people who have cooperated in the creation of *Puentes*. We are grateful to each of them for their unique and valuable contributions.

We are indebted to Judith Liskin-Gasparro for all of the help that she has so generously offered us every step of the way. Her insights guided our revisions for both the text and the placement exam. Not only did she lend her own expertise to various facets of the project, but she also recruited many talented colleagues to assist in this effort. And, finally, we can never forget that she helped launch our career as authors many years ago.

We wish to thank the team at Heinle & Heinle for their continued commitment to the *Puentes* program. They deserve special acknowledgment for recognizing the need for a high-beginner's text and for wholeheartedly supporting the enhancements in this second edition. The creation of a textbook requires a concerted effort, and we thank each of them for their part in that effort: Vince Duggan, Wendy Nelson, Amy Jennings, Stephen Frail, Gabrielle McDonald, Tracie Edwards. Several others contributed to the development of the program and we would also like to recognize them: Amy Terrell, Elvira Swender, George Lang, and Beatrix Mellauner.

In addition to guiding us in the earliest stages of the second edition, Elvira Swender contributed numerous creative activities to the first edition of the workbook. We have retained many of these in the second edition and gratefully acknowledge her work.

We are grateful to everyone in production for performing so many tasks so well. Our sincere thanks go to: Kris Swanson, our project manager; Grisel Lozano Garcini, who copyedited this text and created the glossaries; Camilla Ayers, proofreader and indexer; Margaret Hines and Lois Poulin, proofreaders; Sol Calderón, native reader; Sue Gerould, the designer; New York Audio, who produced the audiocassettes; and Victory Productions, the compositor.

We welcome a creative new contributor to the testing program, Josep Alba Salas. We appreciate his dedication, excellent work, and meticulous attention to detail.

Numerous colleagues from around the country assisted in the field testing of the *Puentes* Placement Exam. We would like to recognize and thank everybody who participated: Judy Liskin-Gasparro, Julie Dunkelberger, Kerry Gjerstad, José Villalobos, Judy Getty, Carol Brown, Mariela Santana-Howard, Karoline Manny, and Linda Bohorquez. Philip Moore is deserving of special recognition for assisting in the development and analysis of the placement test.

We would like to express our gratitude to the following individuals for helping us update the information in the cultural notes: Julie Dunkelberger, Carlos Benavides, Michael D. Heller, Jorge A. Koochoi, Martha Patricia Lozano, Gloria Medina-Sancho, Patricia Moreno, Gustavo A. Oropeza-Sayago, Ana R. Oscoz, and Arcea Zapata de Aston.

Many friends and colleagues contributed to *Puentes* by making suggestions for improvement, sharing their knowledge of Hispanic culture and literature, supplying us with realia, assisting in the production of the manuscript, and lending moral support. We are extremely grateful to: Kelly Bailey, Amelia Carrasco, Glynis Cowell, Celso De Oliveira, Rita Gardiol, Carolyn L. Hansen, Susie Kovac, Juan Loveluck, María Mabrey, William Maisch, Lourdes Manyé-Cox, Stacy Marinelli, Alicia Martín, Karina Mujica, Noris and Osvaldo Mujica, Otto and Wanda Mujica, Mariana and Rudy Muñiz, Alicia de Myhrer, Heather Newby, Mirta Oramas, Eduardo Pérez Medina, Carl Shirley, Adolfina Suárez, Graciela Tissera, Magda del Toro, María Cristina Torre, and Betsy Weinberg.

We would like to thank our reviewers for providing us with valuable observations and suggestions during the revision process:

Gail Bulman, Syracuse University
Estelita Calderón-Young, Collin County Community College
Rosario Caminero, Millersville State University of Pennsylvania
Richard Curry, Texas A&M University
Martin Favata, University of Tampa
Judith E. Liskin-Gasparro, University of Iowa
William Maisch, University of North Carolina-Chapel Hill
Annabelle McGee, Trinity University
Robert J. Morris, Lander University
Robert Shannon, St. Joseph's University
Jane Spencer, Birmingham-Southern College
Brian Stiegler, Pennsylvania State University

For their constant encouragement and support, our love and thanks to our families!

Maps

México, América Central y el Caribe

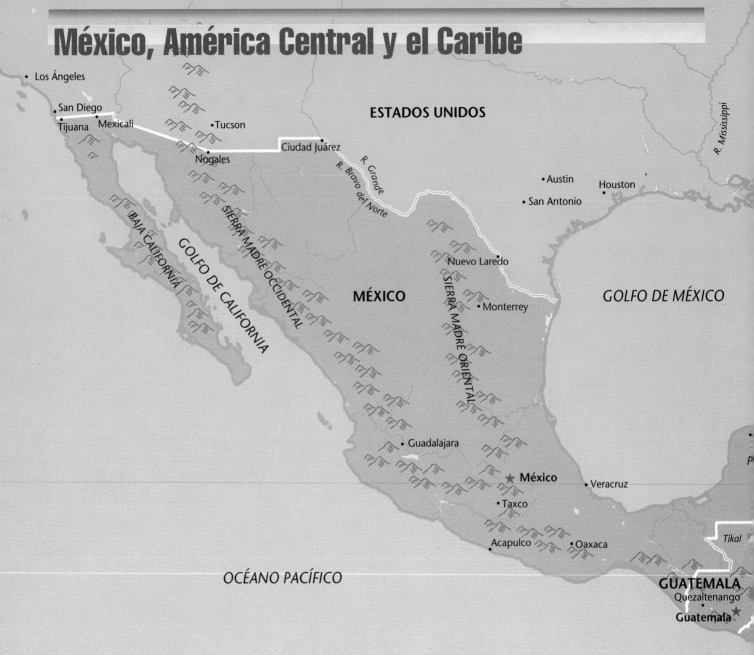

Los Ángeles

San Diego
Tijuana • Mexicali • Tucson

Nogales

ESTADOS UNIDOS

Ciudad Juárez

R. Grande

R. Bravo del Norte

R. Mississippi

• Austin   Houston

• San Antonio

BAJA CALIFORNIA

GOLFO DE CALIFORNIA

SIERRA MADRE OCCIDENTAL

MÉXICO

Nuevo Laredo

SIERRA MADRE ORIENTAL

• Monterrey

GOLFO DE MÉXICO

• Guadalajara

★ México • Veracruz

• Taxco

Acapulco • Oaxaca

Tikal

OCÉANO PACÍFICO

GUATEMALA

Quezaltenango

★ Guatemala

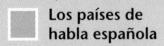

Los países de
habla española

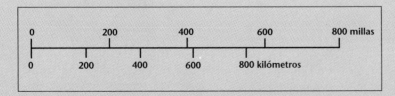

0	200	400	600	800 millas
0	200	400	600	800 kilómetros

OCÉANO ATLÁNTICO

Miami

Estrecho de Florida

LAS BAHAMAS

La Habana
Matanzas
Pinar del Río
Cienfuegos

Canal de Yucatán

CUBA

Camagüey

Santiago de Cuba Guantánamo

REPÚBLICA
DOMINICANA

HAITÍ

PUERTO RICO

Port-au-Prince Santo Domingo

San Juan

Mayagüez Ponce

ISLAS VÍRGENES

Kingston

JAMAICA

ANTIGUA

GUADALUPE

DOMINICA

MARTINICA

SANTA LUCÍA

SAN VICENTE

ANTILLAS MENORES

BARBADOS

HONDURAS

MAR DEL CARIBE

pán

Tegucigalpa

lvador

NICARAGUA

OR

Managua

León

L. de Nicaragua

ARUBA

CURAÇAO

BONAIRE

GRANADA

ISLA DE MARGARITA

TRINIDAD
Y
TOBAGO

Port of Spain

COSTA RICA

Puntarenas San José

Canal de Panamá

Colón

Panamá

PANAMÁ

Caracas

VENEZUELA

R. Orinoco

R. Magdalena

GOLFO
DE
PANAMÁ

COLOMBIA

GUYANA

Bogotá

BRASIL

América del Sur

MAR CARIBE

Barranquilla
Cartagena
Maracaibo

Port of Spain
Caracas
TRINIDAD Y TOBAGO
R. Orinoco

Medellín
VENEZUELA
Georgetown
GUYANA
Paramaribo
SURINAM
Cayenne

Manizales
Bogotá
GUAYANA FRANCESA

OCÉANO ATLÁNTICO

Cali
COLOMBIA

Quito
ECUADOR

Guayaquil
ECUADOR

R. Amazonas

Iquitos
PERÚ
Manaus
Belem

R. Madeira

Cajamarca
Recife

Machu Picchu
BRASIL

Lima
Ayacucho
Cuzco

Brasilia
Salvador

BOLIVIA
Arequipa
L. Titicaca
La Paz
Arica
Sucre
Belo Horizonte

Iquique
Potosí

OCÉANO PACÍFICO
Antofagasta
PARAGUAY
São Paulo
Rio de Janeiro
Santos

Salta
Asunción
CHILE
Tucumán

R. Paraná
Porto Alegre

Córdoba
Mendoza
Rosario
R. Uruguay
URUGUAY

Valparaíso
Santiago
Buenos Aires
★ **Montevideo**
La Plata
Río de la Plata

Concepción
ARGENTINA

Bahía Blanca
TRÓPICO DE CAPRICORNIO

Puerto Montt

CORDILLERA DE LOS ANDES

Los países de habla española

0   200   400   600   800 millas

0   200   400   600   800 kilómetros

ISLAS MALVINAS

Punta Arenas
TIERRA DEL FUEGO
Cabo de Hornos
Estrecho de Magallanes

Espa√±a

MAR CANTÁBRICO

FRANCIA

Avilés · Gijón
· La Coruña
Santiago de
Compostela
Lugo
GALICIA
· Pontevedra
· Vigo

PRINCIPADO
DE ASTURIAS
· Oviedo

Santander

Bilbao · San Sebastián

PIRINEOS

CANTABRIA

PAÍS
VASCO

Pamplona

ANDORRA

Cordillera Cantábrica

León

· Burgos

COM. FORAL
DE NAVARRA

LA RIOJA

ARAGÓN

CATALUÑA

· Lérida

· Barcelona

Tarragona

CASTILLA Y LEÓN

Palencia

Zamora · R. Duero · Valladolid

R. Ebro
Zaragoza

Sistema Ibérico

· Braga

· Oporto

· Salamanca

Segovia

COMUNIDAD DE
MADRID

MAR
MEDITERRÁNEO

Sierra de Guadarrama

· Ávila
★ Madrid

MENORCA

PORTUGAL

· Coimbra

R. Tajo

· Toledo

Cáceres

EXTREMADURA
· Mérida

CASTILLA-LA MANCHA

· Valencia

ISLAS
BALEARES

MALLORCA
Palma de
Mallorca

R. Júcar
COMUNIDAD
VALENCIANA
· Albacete

EIVISSA (IBIZA)

oa

· Badajoz

R. Guadiana

· Almadén · Ciudad Real

FORMENTERA

ibal

R. Guadalquivir

Sierra Morena

· Alicante

· Linares

· Córdoba
· Jaén

REGIÓN
DE MURCIA

· Murcia

OCÉANO
ATLÁNTICO

ANDALUCÍA

· Cartagena

· Sevilla

Huelva

· Granada

Sierra Nevada

Jerez de la
Frontera

· Málaga

· Almería

ISLAS CANARIAS

LANZAROTE
Arrecife ·

· Cádiz

Santa Cruz
de la Palma
LA PALMA

· Tenerife

FUERTEVENTURA

Algeciras ·

SANTA
CRUZ

Puerto
del
Rosario

Tánger ·

Estrecho de Gibraltar

GOMERA

· Las Palmas

Ceuta (Esp.)

GRAN CANARIA

Melilla (Esp.)

· Malabo

MARRUECOS

CAMERÚN

GUINEA
ECUATORIAL

ÁFRICA

Los países de
habla española

GABÓN

0   50   100   150 millas

0   50   100   150   250 kilómetros

Paso preliminar

Develop writing
skills with *Atajo*
software.

Atajo

Practice listening
skills with the
Student Tape.

Student Tape

WWW Explore!
http://puentes.heinle.com

Internet Activities

Discover the
Hispanic world.

Video Tape

OBJETIVOS

In this *Paso*, you will practice:

Describing a classroom
Talking with your professor about class routines

Grammar:

Nouns
Definite and indefinite articles

VOCABULARIO TEMÁTICO

En la clase de español

Puedes usar las siguientes palabras y expresiones para hablar en tu clase de español. ¿Qué hay en tu sala de clase? ¿Cuáles de estas palabras y expresiones recuerdas?

En la sala de clase

¿Qué hay en la sala de clase?   Hay...

Expresiones para la clase de español

Abran los libros.
Cierren los libros.
Repitan.
Contesten en español.
Escuchen.
Lean.
Escriban.
¿Comprenden?
¿Hay preguntas?
Vayan a la pizarra.
Pregúntenle a su compañero(a)...
Trabajen con sus compañeros.

Cómo hablar con tu profesor/profesora

Más despacio, por favor.
Repita, por favor.
¿Qué dijo Ud.?
No comprendo.
No sé.
¿Cómo se dice...?
¿Qué quiere decir...?

Tengo una pregunta.
¿En qué página estamos?
Sí.
No.
Gracias.
De nada.

¿Sabías que...?

⟐ The words for people, places, and things, such as *profesor, sala,* and *libro,* are known as **nouns.** In Spanish, all nouns are classified as masculine or feminine. In general, a noun is masculine if it ends in *-o* or if it refers to a man, regardless of its ending. A noun is feminine if it ends in *-a* or refers to a woman. There are also many nouns that end in *-e* or a consonant; you must learn the gender of these nouns on a case by case basis. There are, of course, always a few exceptions to the rule!

masculino	femenino
el libro	la silla
el profesor	la estudiante

⟐ A noun that refers to just one person or thing is **singular;** one that refers to two or more is **plural.** To make a noun plural, you must add:

-s to nouns that end in a vowel	*estudiante*	*estudiantes*
-es to nouns ending in a consonant	*profesor*	*profesores*

⟐ The English definite article *the* has four equivalents in Spanish; you must choose the one that matches the noun in gender (masculine or feminine) and number (singular or plural).

	masculino	femenino
singular	**el** cuaderno	**la** silla
plural	**los** cuadernos	**las** sillas

⟐ The English indefinite articles *a/an* and their plural *some* also have four equivalents in Spanish; once again, you must choose the indefinite article that matches the noun in gender and number.

	masculino	femenino
singular	**un** diccionario	**una** mesa
plural	**unos** diccionarios	**unas** mesas

⟐ Teachers often give instructions to **groups** of students with expressions such as *Repitan* or *Abran los libros.* When talking to an individual student, however, the final *-n* of the command is not used.

To an individual student:	*Conteste en español.*
To two or more students:	*Contesten en español.*

A. ¿Qué hay? Examina las fotos en esta página y en la página 7. ¿Qué hay en cada una? Contesta en frases completas.

Modelo

En la sala de clase hay unos pupitres. También hay...
En el cuarto hay unos libros y...

B. En clase. Lee los mini-diálogos. Complétalos con una expresión lógica. Trabaja con un(a) compañero(a).

1. ANA MARÍA: ¿_____?
    LA PROFESORA: Estamos en la página 9 (nueve).

2. EL PROFESOR: ¿Hay preguntas?
    LUIS: Sí, _____

3. ALBERTO: ¿Cómo se dice *backpack* en español?
    LA PROFESORA: _____

4. EL PROFESOR: ¿_____?
    MARÍA LUISA: No, no comprendo. Repita, por favor.

5. LA PROFESORA: Ymañanavamosatenerunexamensobrelcapítulopreliminar.
    MARCOS: _____
    LA PROFESORA: Mañana hay un examen.

6. ELENA: ¿_____?
    EL PROFESOR: Quiere decir *window* en inglés.

OBJETIVOS

1. Speaking and Listening

Greeting others and saying good-bye
Introducing yourself
Providing basic personal information about
    yourself, your family, friends, and classmates
Asking questions
Spelling with the Spanish alphabet
Expressing some physical and emotional conditions
The numbers from 0 to 199

Expressing likes and dislikes
Talking about some of your daily activities at
    work, home, and school

2. Reading

Guessing words in context
Recognizing cognates
Identifying format cues, skimming, and scanning

¡Así somos!

Develop writing skills with *Atajo* software.

Atajo

Practice listening skills with the Student Tape.

Student Tape

WWW Explore! http://puentes.heinle.com

Internet Activities

Discover the Hispanic world.

Video Tape

---

3. Writing

Joining sentences with *y, pero,* and *porque*
Generating ideas
Organizing your ideas into a paragraph

4. Culture

The diversity of the peoples of the Spanish-speaking world

5. Grammar

Subject pronouns
Estar, ser, and *tener* in the present tense
Possessive adjectives
Present tense of *-ar, -er,* and *-ir* verbs
Sentence and question formation

A primera vista

¡Bienvenidos al mundo hispano! Hoy vamos a examinar los lugares *(places)* donde se habla español.

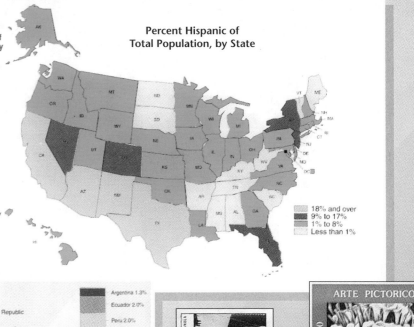

Percent Hispanic of Total Population, by State

18% and over
9% to 17%
1% to 8%
Less than 1%

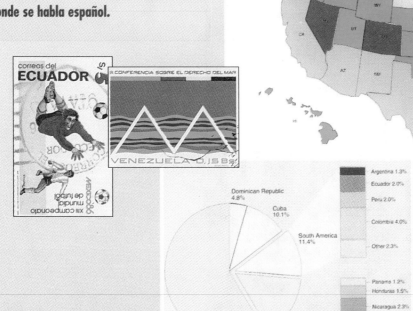

Argentina 1.3%
Ecuador 2.0%
Peru 2.0%
Colombia 4.0%
Other 2.3%

Dominican Republic 4.8%
Cuba 10.1%
South America 11.4%

Panama 1.2%
Honduras 1.5%
Nicaragua 2.3%
Guatemala 3.1%

Central America 15.1%

Mexico 58.7%

El Salvador 6.4%

Other 0.7%

A. El mundo hispano. Estos sellos *(stamps)* representan algunos de los países *(countries)* donde se habla español. Mira los sellos y contesta las preguntas oralmente con un(a) compañero(a) de clase.

1. ¿Cuántos países están representados en los sellos?
2. ¿En qué otros países se habla español?
3. ¿Conoces *(Are you familiar with)* a algunas de las personas, acontecimientos *(events)* o productos que están representados en los sellos?

B. Los hispanos en los Estados Unidos. Según el censo, más de 30 millones de hispanos viven en los Estados Unidos. Examina el mapa y las tablas. Contesta las preguntas en español.

1. ¿En qué estados se encuentran *(are found)* las mayores concentraciones de hispanos?
2. ¿De qué origen es la mayoría *(majority)* de los hispanos en los Estados Unidos?
3. En tu estado, ¿qué porcentaje de la población *(population)* es de orígen hispano?

10   Puentes

Paso 1

In this *Paso* you will practice:

- Greeting others and saying good-bye
- Introducing yourself
- Exchanging personal information
- Talking about how you feel
- The numbers from 0 to 199
- Spelling with the Spanish alphabet

Grammar:

- Subject pronouns
- The verb *estar* in the present tense

VOCABULARIO TEMÁTICO

Para conocer a los compañeros de clase

Each *Vocabulario temático* presentation in this book introduces new words and expressions in context, that is, in sentences and questions that could be heard in ordinary conversations on the topic. These presentations are not full dialogues, but rather examples of the kinds of things that are often said in such conversations. You will notice that two kinds of type are often used in the presentations: the expressions in bold indicate the "first speaker"—a sentence, comment, or question that might be used by a person initiating a conversation. Lighter type indicates the "second speaker"—a sentence, comment, or question that might be used by a person to respond to or continue the conversation. The English equivalents to all these expressions are found in Appendix E at the back of the book.

Las presentaciones

Hola. Soy Francisco Martín.
  ¿Cómo te llamas?

Me llamo Elena Suárez Lagos.

Mucho gusto.

Igualmente.

Unos datos personales

¿De dónde eres?   Soy de Acapulco.
                                 Nací en México.

¿Dónde vives?   Vivo en Springfield, Illinois.

¿Cuántos años tienes?   Tengo veinte(20) años.

¿Estás casado/casada?   Sí, estoy casado/casada.
                                 No, soy soltero/soltera.

Eres estudiante aquí, ¿verdad?   Sí, estoy en mi primer año de estudios.
                                         segundo
                                         tercer
                                         cuarto

¿Sabías que...?

In Spanish, just as in English, there are many styles of language, ranging from the very casual to the extremely formal. One important way of indicating the level of formality in a conversation in Spanish is the use of *tú* and *usted*. While both words mean "you," *tú* generally indicates a more informal setting or a closer relationship; *usted* signals a more formal conversation. Use varies somewhat from country to country, but generally *tú* is used among classmates, close friends, and family members. *Usted* is used to address strangers and slight acquaintances, older people, and persons with whom the relationship is mostly professional, such as teachers, doctors, bosses, and sales clerks.

All the questions in this section are phrased with the informal *tú* style of address, since you will be using them with classmates. But you may have noticed that the word *tú* itself isn't actually used in these questions. That is because in Spanish the **ending** of the verb often indicates the subject of the sentence, and subject pronouns (I, you, we, etc.) are used only for emphasis or clarification.

¿Dónde vives?	*Where do **you** live?*
Vivo en Maine.	*I **live** in Maine.*

If you wish to answer the question ¿*De dónde eres?* with your nationality, you can use *soy + de + name of country*, or *soy + adjective of nationality*.

Soy de los Estados Unidos.	*I'm from the United States.*
Soy norteamericano(a).	*I'm American.*

Remember that in Spanish all nouns are classified as being masculine or feminine. Similarly, adjectives (words used to describe nouns) have masculine and feminine endings and must be made to agree with the nouns they modify. In general *-o* is considered a masculine ending and *-a* is a feminine ending.

(Teresa)	Estoy casa**da**.
(Luis)	Estoy casa**do**.

ESTRUCTURAS ESENCIALES

Los pronombres personales

Here are the subject pronouns in Spanish and English:

yo	I	**nosotros(as)**	we
tú	you (informal)	**vosotros(as)**	you (plural, informal)
usted (Ud.)	you (formal)	**ustedes (Uds.)**	you (plural, informal/formal)
él	he	**ellos**	they (males, mixed group)
ella	she	**ellas**	they (females)
	it		

Since verb endings supply us with information about the subject, subject pronouns are used in Spanish only for emphasis and/or clarification. In the following example, *ella* and *él* are added for clarification, since the verb form is the same for both subjects.

Alicia y Roberto son estudiantes.	*Alicia and Roberto are students.*
Ella asiste a la universidad en California.	*She attends a university in California.*
Él asiste a la universidad en Texas.	*He attends a university in Texas.*

Sometimes when we use the word *you*, we are addressing more than one person (you guys, you all, etc.). In Latin America, the subject pronoun *ustedes* is used for friends and strangers alike; no distinction is made between informal and formal relationships in the plural. In Spain, however, *vosotros(as)* is used for friends and family members, while *ustedes* is reserved for strangers and persons in authority, etc.

In many countries, the subject pronoun *vos* and its corresponding verb forms are used instead of *tú* to address friends. *Vos* is widely used in Argentina, Uruguay, and Costa Rica, as well as in some other countries.

One final note about subject pronouns—notice that there is no equivalent to the word "it" when used as a subject of a sentence.

Es un bolígrafo.   *It is a pen.*

Ponerlo a prueba

A. Entre estudiantes. Preséntate a tus compañeros de clase. Sigue el modelo.

Modelo
—Hola. Soy **Josh Aranson**. ¿Cómo te llamas?
—Me llamo **Chrissy Hill.**
—Mucho gusto, **Chrissy.**
—Igualmente, **Josh.**

B. Más datos, por favor. Entrevista a dos o tres compañeros de clase. Toma apuntes *(take notes)*.

1. ¿Cómo te llamas?
2. ¿De dónde eres originalmente?
3. ¿Dónde vives ahora *(now)*?
4. ¿Cuántos años tienes?
5. ¿Estás casado/casada?
6. ¿En qué año de estudios estás?

VOCABULARIO TEMÁTICO

Cómo saludar a los compañeros y a los profesores

Cómo saludar a los compañeros

Hola. ¿Cómo estás?
        ¿Qué tal?
Muy bien, gracias. ¿Y tú?
Estupendo.
Así, así.
Chao.
Nos vemos.
Hasta luego.

Cómo saludar a los profesores

Buenos días, **profesor/profesora**. **¿Cómo está Ud.?**
Buenas tardes
Buenas noches

Estoy bastante bien. ¿Y Ud.?
　　　　un poco cansado/cansada

Adiós. **Hasta mañana.**
　　　　Hasta pronto.

Cómo expresar algunos estados físicos y emocionales

¿Cómo estás? (informal)
¿Cómo está Ud.? (formal)

Estoy enfermo/enferma.
　　　　contento/contenta
　　　　ocupado/ocupada
　　　　preocupado/preocupada
　　　　enojado/enojada
　　　　nervioso/nerviosa
　　　　cansado/cansada
　　　　triste
　　　　de buen humor
　　　　de mal humor

¿Sabías que...?

● In most of Spanish-speaking America, students greet one another informally and reserve the more formal greetings for their professors. In Spain, usage varies, but it isn't uncommon for students to use the informal *tú* with their professors once they have gotten to know them.

● Titles are often used to show respect to older people, to individuals we don't know very well, or to those in positions of authority. Titles may be used alone or together with the last name. Notice that there are different forms for addressing men and women.

señor	*Mr.*
señora	*Mrs.*
señorita	*Miss*
profesor/profesora	*Professor*
doctor/doctora	*Dr.*

● Adjectives like *enfermo* and *cansado* must **agree** with the nouns they are modifying. The *-o* ending is used to refer to a man; the *-a* ending, to a woman. An *-s* is added to make the adjectives plural, that is, to describe two or more people.

Roberto está enfer**mo**.	*Roberto is sick.*
Anita está enfer**ma**.	*Anita is sick.*
Roberto y Anita	*Roberto and Anita*
está enfer**mos**.	*are sick.*

● Often people reply to the question *¿Cómo estás?* by simply saying *Bien, gracias.* By replying with different expressions such as *Estoy cansada* or *Estoy preocupado*, they are inviting the other person to continue the conversation about their health or their feelings. Here are some common follow-up questions that might be asked.

¿Qué te pasa?	*What's wrong? What's the matter?* (informal)
¿Qué le pasa?	*What's wrong? What's the matter?* (formal)
¿Por qué?	*Why?*

ESTRUCTURAS ESENCIALES

El verbo *estar*

In Spanish, the forms of verbs change in order to express the different subjects of a sentence; this listing of verb forms with their corresponding subject pronouns is called a conjugation. Here is the conjugation of the verb *estar* in the present tense.

estar *(to be)*	
yo	**Estoy** bien, gracias.
tú	¿Cómo **estás**, Ana?
usted	¿Cómo **está** usted, doctor?
él/ella	Elena **está** enferma.
nosotros(as)	Lola y yo no **estamos** preocupados.
vosotros(as)	¿**Estáis** contentos?
ustedes	¿Cómo **están** ustedes?
ellos/ellas	Los estudiantes no **están** nerviosos.

Ponerlo a prueba

A. ¿Cómo estás? Lee las siguientes situaciones y reacciona; explica cómo estás. Escribe en una hoja de papel *(on a sheet of paper)*.

Modelo

Tienes un examen importante mañana.

Estoy nervioso/nerviosa.

1. Tu perro *(dog)* está muy enfermo. ¿Cómo estás?
2. Tu mamá tiene apendicitis; necesita una operación inmediatamente. ¿Cómo están tú y tus hermanos *(brothers and sisters)*?
3. Tus amigos Luis y Sandra tienen mononucleosis. ¿Cómo están ellos?
4. Tú y tus compañeros de clase *(classmates)* tienen que leer tres novelas y escribir tres composiciones para la clase de inglés. ¿Cómo están ustedes?
5. Tus amigas Inés y Gloria acaban de correr *(have just run)* diez kilómetros. ¿Cómo están ellas?
6. Has sacado *(You have gotten)* "A" en un examen importante. ¿Cómo estás?
7. Tienes un pequeño accidente en el coche *(car)* de tu papá. ¿Cómo está tu papá?
8. Tú y tus compañeros de clase no tienen clase mañana. ¿Cómo están ustedes?

B. ¿Qué te pasa? Con tu compañero(a) de clase, completa los mini-diálogos en una hoja de papel; para la escena número cinco, ustedes tienen que escribir un diálogo original.

1. —¡Hola, Marta! ¡Hola, Patricia! ¿ _____?
   —Muy _____, gracias.
   ¿ _____?
   — _____. ¡Hasta luego!
   —¡Nos vemos en clase!

2. —¡Hola, Amelia! ¿Qué tal el colegio hoy? ¿Cómo _____?
   —Mami, ¡ _____!
   —¿Sí? ¿ _____ tan (so) contenta?
   —Mira, un diez en mi examen de matemáticas.

3. —Hola, Samuel. Soy yo (It's me), Luis.
   —Ah... ¡Hola, Luis! ¿ _____?
   — _____. ¿Y _____?
   —Pues francamente _____ ahora. Evita está con su papá en el hospital y yo tengo que cuidar (take care of) al bebé.
   —¿El padre de Evita está en el hospital? No lo sabía (I didn't know that).
   —Sí, tiene problemas cardíacos. Eva _____ muy _____.

4. — ¡Buenas _____! ¡Nos _____ mañana!
   — ¡ _____! ¡ _____ pronto!

5. —Inventa tu propio mini-diálogo para este dibujo con tu compañero(a) de clase. ¡Ojo! ¿Es una situación formal o informal?

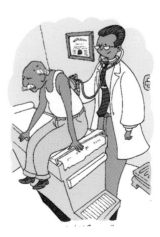

VOCABULARIO TEMÁTICO

Más datos, por favor

Más datos personales

¿Cuál es tu **nombre completo**?	Me llamo Katya Rosati Soto.
¿Cómo se escribe tu **nombre de pila**? apellido	Se escribe Ka-a-te-i griega -a.
¿Cuál es tu **dirección**?	Vivo en la calle Azalea, número 358. los apartamentos Greenbriar, número 6-B la residencia Capstone, número 162
¿Cuál es tu **número de teléfono**?	Es el 7-54-26-08 (siete, cincuenta y cuatro, veintiséis, cero, ocho).

El abecedario

a	a	Argentina	ñ	eñe	España
b	be	Bolivia	o	o	Omán
	be grande		p	pe	Perú
c	ce	Colombia	q	cu	Quito
d	de	Dinamarca	r	ere	Rusia
e	e	Ecuador	rr	erre	Marruecos
f	efe	Francia	s	ese	Suiza
g	ge	Guatemala	t	te	Tailandia
h	hache	Honduras	u	u	Uruguay
i	i	Inglaterra	v	uve	Venezuela
j	jota	Japón		ve chica	
k	ka	Kenia	w	uve doble	Washington
l	ele	Luxemburgo		doble ve	
m	eme	Mónaco	x	equis	México
n	ene	Nicaragua	y	i griega	Yémen
			z	zeta	Nueva Zelanda

Los números de 0 a 199

0	cero	11	once	21	veintiuno
1	uno	12	doce	22	veintidós (veintitrés, veinticuatro...)
2	dos	13	trece	30	treinta
3	tres	14	catorce	31	treinta y uno (treinta y dos, treinta y tres...)
4	cuatro	15	quince	40	cuarenta (cuarenta y uno, cuarenta y dos...)
5	cinco	16	dieciséis	50	cincuenta (cincuenta y uno, cincuenta y dos...)
6	seis	17	diecisiete	60	sesenta (sesenta y uno...)
7	siete	18	dieciocho	70	setenta (setenta y uno...)
8	ocho	19	diecinueve	80	ochenta (ochenta y uno...)
9	nueve	20	veinte	90	noventa (noventa y uno...)
10	diez			100	cien
				101	ciento uno (ciento dos, ciento tres...)
				110	ciento diez (ciento once, ciento doce...)
				150	ciento cincuenta (ciento cincuenta y uno...)
				199	ciento noventa y nueve

¿Sabías que...?

→ Just as Spanish has several words to express the English "you," it has different ways to say "your" —*tu* and *su*. The informal *tu* (**without** an accent) is used in all the questions in this section. To address someone more formally with the same questions, substitute the word *su* for *tu*.

¿Cuál es **su** teléfono?　*What is your* (formal) *telephone number?*

→ The numbers 21–29 are sometimes spelled *veinte y uno, veinte y dos,* etc.

→ Until recently, the letter combinations "ch" (pronounced che) and "ll" (pronounced elle) were considered individual letters of the Spanish alphabet. For that reason, if you consult an older dictionary, you will find that all the words that begin with "ch" are in a separate section after all the words that begin with "c"; the word "chico", for example, would be alphabetized after the word "codo". Similarly, words beginning with "ll" used to be placed in a section after all the words beginning with "l".

→ In Spanish-speaking countries it is common to use **two** surnames (last names). The first is the father's and the second is the mother's. Lists, such as telephone directories, are alphabetized by the paternal surnames:

Nombre de pila	Apellido paterno	Apellido materno
Katya	Rosati	Soto

Comentario *cultural*

Los números de los mayas

Did you know that long before Columbus made his famous first voyage to the New World in 1492, numerous indigenous civilizations were flourishing in the Americas? One of those civilizations is especially well known for its achievements in mathematics and in the measurement of time.

Muchos años antes de la llegada *(arrival)* de Cristóbal Colón al Nuevo Mundo, había grandes civilizaciones indígenas en las Américas. Una de las civilizaciones más avanzadas era la de los mayas. Los mayas vivían donde hoy se encuentran México y Centroamérica. Los mayas son famosos por sus cálculos matemáticos; fueron uno de los primeros pueblos *(one of the first peoples)* en usar el concepto de cero. Su sistema de números se basaba en *(was based upon)* veinte; se escribía como una serie de puntos y barras. Aquí tienes los números mayas de 0 a 14. ¿Puedes escribir el número 15 según el sistema maya?

Los números mayas

A. Telefonista. Aquí tienes parte de una guía telefónica de España. Practica con tu compañero(a) de clase.

CASTAÑO PARDO, M. J. Av. Comuneros 26	23 2763	LÓPEZ ALONSO, F. Marineros, 42	25 9074
		LÓPEZ CHAMORRO, F. Libreros, 51	21 8209
CASTAÑO SÁNCHEZ, A. Alarcón, 8	23 5171	LÓPEZ MARTÍN, M. Greco, 4	23 7683
CASTELLANOS BARBERO, L. Pescadores, 6	23 8913		
		LLANOS MARTÍNEZ, J. L. Ayacucho, 6	21 1940
CASTELLANOS MARTÍN, M. de los A. Av. Portugal, 7	22 6811	LLANOS PRIETO, A. Alamedilla, 6	24 0047
CUESTA ALONSO, B. Gravina, 21	25 9298		
CUESTA SÁNCHEZ, J. Petunias, 13	25 6182	MARTÍN DÍAZ, E. Cañas, 3	24 5314
		MARTÍN GARCÍA, M. Espronceda, 5	21 1502
CHAMORRO ALONSO, M. Av. Juan Austria, 39	25 3861	MARTÍN LÓPEZ, F. Av. Portugal, 30	22 1622
		MARTÍNEZ GALLEGO, O. Quinteras, 16	24 2561
CHAMORRO PEÑA, M. A. Pontevedra, 4	24 7853		

Primera parte: Contesta las preguntas.

1. ¿Cuál es el nombre completo de Miguel Castaño? ¿de Francisco Martín?
2. ¿Cómo se escribe el apellido materno de José Cuesta? ¿de Alberto Llanos?
3. ¿Cuál es la dirección de Federico López Alonso? ¿de María de los Ángeles Castellanos?

Segunda parte: Sigue el modelo.

Modelo

tú:	Por favor, el teléfono de Luis Castellanos.
tu compañero/a:	Es el veintitrés, ochenta y nueve, trece.
tú escribes:	23-89-13

1. Miguel Castaño
2. Elisa Martín
3. Fausto López Chamorro
4. Martín Chamorro Alonso
5. María Martín

B. La lista de clase. Habla con varios de tus compañeros de clase y prepara una lista con la siguiente información.

Nombre completo	Dirección	Teléfono
1.		
2.		
3.		
4.		
5.		

A. Tres conversaciones. Lee las situaciones y escribe una pequeña conversación lógica para cada una *(for each one)*.

Modelo

Situación: Rita y Ana están en una fiesta. Ana le presenta a Rita a su amigo Nicolás. Los tres conversan un poco.

Conversación:

ANA: Rita, éste es mi amigo Nicolás. Nicolás, mi amiga Rita.
NICOLÁS: Mucho gusto, Rita.
RITA: Igualmente.
NICOLÁS: Rita, ¿eres tú de Caracas también?
RITA: Bueno, nací en Caracas pero ahora vivo en Maracaibo.

1. Dos amigas, Carolina y Cristina, hablan por teléfono. Cristina está preocupada porque su mamá está en el hospital.

2. La Sra. Pardo trabaja *(works)* en una agencia de servicios sociales. Necesita obtener datos personales (nombre, dirección, etc.) de su cliente, la Sra. Tissera.

3. Es el primer *(first)* día de clases en la universidad. Lourdes está en su clase de historia. Un nuevo compañero de clase, Enrique, habla con ella.

B. Gregorio. Escucha la conversación telefónica entre Greg y la señorita López. Copia las frases en una hoja de papel y complétalas en español. Greg es un estudiante de post-grado de los Estados Unidos; va a Venezuela para hacer un internado *(internship)* en un banco. La señorita López es secretaria en el banco donde Greg va a trabajar.

1. El estudiante se llama _____.
                                (nombre) (apellido)

2. Es de _____, _____.
       (ciudad)   (estado)

3. Vive en la calle _____, número _____.

4. Su número de teléfono es el _____.

5. Greg...
   a. está casado.
   b. es soltero.

C. En Puerto Rico. Acabas de recibir unas tarjetas de negocios en un congreso de la Cámara de Comercio de San Juan, Puerto Rico. Léelas y contesta las preguntas.

1. ¿Quién ofrece entretenimiento para fiestas? ¿Cuál es su número de teléfono?

2. ¿Cómo se llama la persona que trabaja con turistas? ¿Cómo se escribe su apellido?

3. ¿A quién se debe llamar para aprender a preparar platos típicos de Puerto Rico? ¿Cuál es su número de teléfono?

4. ¿Quién puede ayudar a tu perro? ¿Cuál es su dirección?

5. Tu amiga va a tener un bebé. ¿A quién le recomiendas? ¿Dónde está su consultorio?

6. La policía no sabe quién robó en mi casa. ¿Quién me puede ayudar? ¿Cómo se escriben sus apellidos?

MUSICA

Redy. Rodríguez Reyes

Solista   Trío   Orquesta

Tels: 783-1222
761-2627

Sra. Rodríguez
721-8787
Ext. 2633

SERVICIOS DETECTIVES PRIVADOS

INVESTIGACIONES — ESTUDIOS DE TITULO
EMPLAZAMIENTOS — COBRO DE DINERO
SERVICIOS A ABOGADOS
PRESENTACIONES DE ESCRITURAS
DILIGENCIAMIENTOS ANTE TRIBUNALES Y AGENCIAS
ADMINISTRATIVAS

OSVALDO BERRIOS BERRIOS
Ex-Comandante Policía
Lic. Núm. 1827

Calle 9 GA-4
Urb. Magnolia Gardens   TELS. 740-5329
Bayamón, P. R. 00619   780-7725

María Teresa Padrón
Promotora de Turismo
(Guía)

Servicio Permanente   Habitación:
661.92.22 - Clave: 5322   681.59.24

TEL. OFIC. 757-8375
722-5620

Alexis Pablos Duclerc, M.D.

GINECOLOGO OBSTETRA
LAPAROSCOPIA
INFERTILIDAD

HOSPITAL DE DIEGO, OFICINA 314,
AVE. 310, PARADA 22, SANTURCE, P.R. 00940
AVE. CAMPO RICO GO 35, CAROLINA, PUERTO RICO 00630

CLASES DE MICROONDAS
Para todas las
Marcas de Hornos.

- Introducción y funcionamiento del Horno de Microondas
- Recetas
- Uso de Utencillos
- Cuidado y limpieza del Horno de Microondas

COCINE CON MICROONDAS AL ESTILO PUERTORRIQUEÑO

747-1644
MIRIAM TORRES
Profesora

DR. E. MERCADO IGUINA
MEDICO VETERINARIO

Urb. Brazilia, Calle 4, B20
Vega Baja, P.R. 00763   Tel. (809) 855—0125

Paso 2

In this *Paso* you will practice:

○ Sharing information about your immediate family, friends, and classmates

○ Using some important verbs in conversation and writing

Grammar:

○ Possessive adjectives

○ The verbs *ser* and *tener* in the present tense

Estrategia

Previewing a lesson

Previewing the day's lesson before you begin your assignment will help you focus your energies and make the most of your study time. To preview this *Paso*, first look over the various topics and determine which ones you are most familiar with and which ones seem to be the most important. Preview today's assignment by answering the following questions:

How many topics are included in the lesson?

Which topics are you already familiar with?

Which themes and structures seem to be the most important?

On which of the sections will you need to spend the most time?

VOCABULARIO TEMÁTICO

La familia y los amigos

¿Tienes una familia grande o pequeña? ¿Cuántos hermanos tienes? ¿Puedes identificar a los miembros de esta familia? ¿Quiénes son tus mejores amigos?

Presentando a la familia

Ésta es mi madre.
    mi hermana, Alicia
    Margarita, la hija de los vecinos

Éste es mi padre.
    mi hermano, Alejandro

Éstos son los gemelos, Rosa y Julio.

Otros familiares:

los abuelos	los padres	el esposo	los hijos
el abuelo	el papá	la esposa	el hijo
la abuela	la mamá		la hija

Presentando a los amigos

Éste es mi novio, Alberto.
    un buen amigo mío
    mi compañero de clase

Ésta es mi novia, Rosa.
    una buena amiga mía
    mi compañera de clase

Ésta es mi madre.

Un placer.

Mucho gusto.

¿Sabías que...?

When making introductions, you should say *éste es...* to introduce a man and *ésta es...* to introduce a woman.

Éste es mi hermano Roberto.	*This is my brother Roberto.*
Ésta es mi hermana Anita.	*This is my sister Anita.*

To introduce two or more women, you should say *Éstas son...* . To introduce several men or a group that includes men and women, you should say *Éstos son...* .

Éstos son mis hijos, Marcos y Linda.	*These are my children, Marcos and Linda.*
Éstas son mis buenas amigas, Amanda y Elena.	*These are my good friends, Amanda and Elena.*

The words *éste, ésta, éstos,* and *éstas* are known as **demonstrative pronouns.**

Use the following words to talk about step families: *la madrastra* (stepmother), *el padrastro* (stepfather), *el hermanastro* (stepbrother), *la hermanastra* (stepsister).

To express relationships among people, in English we use words like "my," "your," "our," etc., and in Spanish we use words like *mi, tu, nuestro,* etc. These words are called **possessive adjectives**; you can read more about possessive adjectives in *Estructuras esenciales*.

ESTRUCTURAS ESENCIALES

Cómo indicar la posesión

Here are the possessive adjectives in Spanish and English:

mi(s)	my	**nuestro(s)/nuestras(s)**	our
tu(s)	your (informal)	**vuestro(s)/vuestras(s)**	your (informal)
su(s)	your (formal)	**su(s)**	your (informal/formal)
su(s)	his/her/its	**su(s)**	their

Possessive adjectives, like all adjectives in Spanish, must agree in both gender and number with the noun they describe. This means that you must use special endings depending on whether the noun being described is masculine or feminine, singular or plural. Notice how the endings change in these examples:

su casa	*their house*
su**s** casa**s**	*their houses*
nuest**ra** famili**a**	*our family*
nuest**ros** hij**os**	*our children*

You have already seen that Spanish has several different words for "you"; the same is true for the possessive adjective "your." When speaking to a friend or family member, you would probably use *tu* to express "your." When speaking to a stranger or person in authority, you would use *su.*

Tu hermana es muy simpática. (familiar)	*Your sister is very nice.*
Su hermana es muy simpática. (formal)	*Your sister is very nice.*

Since *su* can mean "your," "his," "her," "its," and "theirs," alternative clarifying phrases are sometimes used. These phrases consist of the preposition *de* and a corresponding subject pronoun (*él, ella, ellos, ellas, Ud.* or *Uds.*).

Enrique y Alicia viven en Georgia.   *Enrique and Alicia live in Georgia.*

La casa **de él** está en Atlanta y la   ***His** house is in Atlanta and*
casa **de ella** está en Augusta.   ***her** house is in Augusta.*

In English, we often use **'s** to indicate relationships and possession; in Spanish, an expression with *de* is used instead.

la hija **de** María   *María's daughter*

Ponerlo a prueba

Play Student Tape

A. La foto. Mercedes le está describiendo una foto a su amigo. Escucha la descripción; luego, identifica a todas las personas en la foto. Escribe el nombre de la persona y su parentesco *(relationship)* con Mercedes.

Modelo

(you hear) Mira, ésta es mi madre, Carmen.   *(you write)* a. Carmen, su madre

B. La familia de Gregorio. Gregorio, un estudiante norteamericano, va a Venezuela para trabajar y vivir con la familia Martínez. Aquí tienes parte de una carta que Gregorio escribe a los Martínez. Complétala con los adjetivos posesivos más lógicos: *mi(s), tu(s), su(s), nuestro(s)* o *nuestra(s)*.

_____ familia no es muy grande. Somos solamente cinco y vivimos en Arlington, Virginia. _____ padre se llama Gregorio, como yo. _____ mamá se llama Gloria. Ella nació en Cuba pero inmigró a los Estados Unidos con _____ padres en el 1962. _____ hermanos se llaman Hillary e Ian. Como (Since) mamá es cubana, Hillary, Ian y yo siempre hablamos español con ella y con _____ abuelos maternos.

No estoy casado pero sí tengo una amiga especial, Ángeles. Ángeles vive con _____ familia en Arlington también, y _____ condominio no está muy lejos (far) de _____ casa.

VOCABULARIO TEMÁTICO

Al hablar de otras personas

¿Tienes un amigo o una amiga especial? ¿Cómo se llama?

Cómo hablar de un(a) amigo(a)

¿Cómo se llama tu amiga?	Mi amiga se llama Concha.
¿De dónde es?	Es de Puerto Rico.
	Nació en San Juan.
¿Dónde vive?	Vive en Nueva York.
¿Cuál es su dirección?	Vive en la calle Hampton, número 178.
¿Cuántos años tiene?	Tiene 23 años.
¿Está casada?	Sí, está casada.
	No, es soltera.
¿A qué se dedica?	Es artista
	dentista
	traductora.
¿Cuál es su teléfono?	Su teléfono es el 375-2367.

¿Sabías que...?

◆ Notice that the questions and answers in the previous section are used to talk **about** a person rather than **to** a person. This means that the understood subject of verbs like *se llama, nació, vive, tiene,* and *está* is either *él* or *ella.*

Mi **amigo** se llama Eduardo; vive en Florida.	*My friend's name is Eduardo;* **he lives** *in Florida.*
Mi **amiga** se llama Rosalinda; vive en Carolina del Norte.	*My friend's name is Rosalinda;* **she lives** *in North Carolina.*

◆ In Spanish, the verb forms that correspond to the subject pronouns *él* and *ella* are also used with the subject pronoun *usted.* For this reason, the same questions used in this presentation to talk about a person may also be used when speaking directly with a person in a formal situation requiring the use of *usted.*

¿Cómo se llama Ud.?	*What is your name?*
¿Dónde vive?	*Where do you live?*
¿Cuál es su dirección?	*What is your address?*

◆ The words for professions generally have different forms for referring to men and women, as you can see in the examples below. However, professions that end in *-ista* do not change endings and may refer to a man or a woman.

To refer to a man:	To refer to a woman:
profesor	profesora
traductor	traductora
secretario	secretaria
empleado	empleada
artista	artista

Comentario *cultural*

Los temas de conversación

Cuando conoces (*you meet*) a una persona en una fiesta, ¿de qué temas hablan Uds.? Probablemente quieres saber (*you want to find out*) dónde vive, dónde trabaja o estudia, cuántos hermanos tiene, etc. Pero muchas personas consideran estas preguntas muy personales para iniciar una conversación. Es más "seguro" (*safer*) hablar primero de los deportes, el cine, la televisión o la política.

Ponerlo a prueba

Play Student Tape

A. En busca de trabajo. Roberto tiene una entrevista para un nuevo empleo (*job*). Escucha la entrevista y contesta las preguntas en frases completas. Escribe tus respuestas.

1. ¿Cuál es el nombre completo de Roberto?
2. ¿Dónde nació?
3. ¿En qué ciudad (*city*) vive?
4. ¿Cuál es la dirección de Roberto?
5. ¿Cuántos años tiene?
6. ¿Está casado?

Bodegas Obregón
Solicitud de empleo

Nombre y apellidos:_____

Dirección:_____

Número de teléfono:_____

Edad:_____

Estado civil:_____

B. Algunas personas famosas. Lee la siguiente información biográfica y describe oralmente a estas personas famosas. Trabaja con tu compañero(a) de clase.

Modelo

Nombre: Gloria Estefan
Fecha/lugar de nacimiento: 1958; La Habana, Cuba
Domicilio: Miami, Florida, EE.UU.
Estado civil: Casada con Emilio Estefan; un hijo, Nayib, y una hija, Emily
Profesión: Cantante y compositora de canciones en español e inglés
Algunos discos importantes: *Eyes of Innocence, Primitive Love, Cuts Both Ways, Mi tierra, Abriendo puertas.*

Ésta es Gloria Estefan. Gloria nació en Cuba, pero vive en los Estados Unidos. Nació en el año 1958 y ahora tiene _____ años. Está casada y tiene dos hijos, Nayib y Emily. Su esposo se llama Emilio. Gloria es cantante y compositora de canciones.

Gloria Estefan

Mario Vargas Llosa

Nombre: Mario Vargas Llosa
Fecha/lugar de nacimiento: 28 de marzo, 1936; Arequipa, Perú
Domicilio: Perú
Estado civil: Casado con Patricia Llosa; tres hijos, Gonzalo, Álvaro y Morgana
Profesión: Novelista, ensayista *(essayist)* y periodista. Es el primer latinoamericano de este siglo que ingresa a la Real Academia de la Lengua Española.
Algunos libros importantes: *La ciudad y los perros, La casa verde, La guerra del fin del mundo, El hablador.*

Arantxa Sánchez Vicario

Nombre: Arantxa Sánchez Vicario
Fecha/lugar de nacimiento: 18 de diciembre, 1971; Barcelona, España
Domicilio: Barcelona, España
Estado civil: Soltera
Profesión: Jugadora de tenis

Franklin Ramón Chang Díaz

Nombre: Franklin Ramón Chang Díaz
Fecha/lugar de nacimiento: 5 de abril, 1950; San José, Costa Rica
Domicilio: Estados Unidos
Estado civil: Divorciado, dos hijos, Jean y Sonia
Profesión: Astronauta (el primer astronauta hispanoamericano)

Rigoberta Menchú

Nombre: Rigoberta Menchú
Fecha/lugar de nacimiento: 1959; Chimel, Guatemala
Domicilio: México D.F., México
Estado civil: Casada con Ángel Francisco Canil; un hijo, Mash Nawalja ("Espíritu del agua")
Profesión: Defensora de los derechos civiles y laborales de los indígenas. Ganó el Premio Nóbel de la Paz en 1992.

GRAMÁTICA

Los verbos *ser* y *tener* — Cómo formar oraciones

A. Tener. The Spanish verb *tener* is used much like the English verb "to have," to express the following:

- ownership
  Tengo una computadora.   *I have a computer.*
- relationships
  Tengo tres hermanas.   *I have three sisters.*

Tener may also be used in several idiomatic expressions:

- with **años,** to express age
  Anita **tiene veinte años.**   *Anita is twenty years old.*
- with **que + infinitive**, to express an obligation
  Tenemos que trabajar ahora.   *We have to work now.*

In the chart below you will find the conjugation, or verb forms, of *tener* in the present tense. As you read the sentences, try to identify the meaning or use of *tener* in each one.

tener (*to have*)	
yo	**Tengo** dos hermanos.
tú	¿Cuántos hermanos **tienes?**
usted	**¿Tiene** usted hijos?
él/ella	María **tiene** que estudiar más.
nosotros(as)	No **tenemos** los libros.
vosotros(as)	**¿Tenéis** los bolígrafos?
ustedes	¿Cuántos años **tienen** ustedes?
ellos/ellas	Rosa y Claudio **tienen** 20 años.

B. Ser. Although both *ser* and *estar* may be translated as "to be" in English, each of these verbs has its own special uses. You have already seen, for example, that one of the main uses of *estar* is to describe one's health and feelings.

  —¿Cómo **estás?**   *How are you?*
  —**Estoy** bien, gracias.   *I'm fine, thanks.*

Ser, on the other hand, is used in the following cases:

- to classify, by providing information about the subject's ethnic background, nationality, kinship, religion, professional, or political affiliation
  Éstas **son** mis primas.   *These are my cousins.*
  Son panameñas.   *They are Panamanian.*

- to identify a person or thing
  ¿Qué **es** esto?   *What is this?*
  Es un ratón para una computadora. *It's a mouse for a computer.*

- to provide information such as telephone numbers and addresses

¿Cuál **es** tu teléfono?	*What is your phone number?*
Es el 254-2760.	*It's 254-2760.*

- with the preposition **de,** to say where someone or something is from

¿**De** dónde **eres?**	*Where are you from?*
Soy de los Estados Unidos.	*I'm from the United States.*

Study carefully the forms and uses of *ser* in the chart below.

ser *(to be)*	
yo	**Soy** estudiante.
tú	¿**Eres** de Chile?
usted	¿**Es** usted soltera?
él/ella	Mi teléfono **es** el 568-0987.
nosotros(as)	Eduardo y yo **somos** demócratas.
vosotros(as)	**Sois** católicos.
ustedes	Ustedes **son** colombianos, ¿verdad?
ellos/ellas	Éstos **son** mis padres.

C. Cómo formar oraciones. In Spanish, just as in English, all sentences must contain a subject and a conjugated verb. Here are some additional tips about sentence formation in Spanish.

- Often, the subject is not explicitly stated. You deduce who or what the subject is by looking at the verb ending and studying the context.

Mi padre se llama Eduardo. Nació en Caracas, Venezuela. Ahora vive en Maracaibo.	*(Padre is the understood subject for the verbs nació and vive.)*

- Since the verb ending generally identifies the subject, subject pronouns (*yo, tú, él*, etc.) are often omitted. Subject pronouns may be used, however, to clarify or to emphasize the subject.

Margarita y yo somos de la Argentina. **Yo** soy de Bariloche, pero **ella** es de Buenos Aires.	*(Yo and ella are used to emphasize which person lives in each city.)*

- To make a statement negative, Spanish just adds the word *no* before the verb. The English words "do" and "does" are never translated in this case.

Eduardo vive en Maracaibo.	*Eduardo lives in Maracaibo.*
No vive en Caracas.	*He doesn't live in Caracas.*

A. Información personal. Escribe un párrafo *(paragraph)* sobre tu vida. Incluye la siguiente información:

¿Cómo te llamas?

¿De dónde eres?

¿Cuántos años tienes?

¿En qué universidad o instituto eres estudiante?

¿Tienes que estudiar mucho o solamente un poco?

¿Es grande o pequeña tu familia?

¿Cómo se llama tu padre?

¿Cuántos años tiene él?

¿Cómo se llama tu mamá?

¿Cuántos años tiene ella?

¿Cuántos hermanos tienes?

¿Cuántos años tienen ellos?

¿Son estudiantes tus hermanos?

B. La familia real. Ésta es la familia real *(royal)* de España. Con un(a) compañero(a) de clase, describe a la familia; identifica sus nombres, edades y parentesco *(relationship)*.

Modelo

Éste es Felipe. Felipe es el hijo de Juan Carlos y Sofía; es el hermano de Cristina y Elena. Felipe tiene _____ años.

La infanta Cristina	El rey don Juan Carlos	La infanta Elena
13 de junio, 1965	5 de enero, 1938	20 de diciembre, 1963

La reina doña Sofía	El príncipe Felipe
2 de noviembre,1938	30 de enero, 1968

A. Mi familia. Haz *(make)* un pequeño árbol genealógico de tu familia. Luego, trabaja con un(a) compañero(a) de clase y descríbele a tu familia. Sigue el modelo.

Modelo

Howard   Karen—James
   └───┬───┘   └──┐
Leslie—Bob   yo
   └───┬───┘
      Ellen

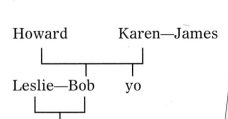

Éste es mi padre; se llama Howard. Nació en Denver, pero ahora vive en St. Louis. Tiene más o menos 42 años. Es electricista.

Ésta es mi madre Karen. Vive en Iowa con mi padrastro James. Mi madre tiene...

Éste es mi hermano Bob. Vive en Syracuse con su esposa Leslie y su hija Ellen...

B. Entrevistas. Tienes que entrevistar a un(a) compañero(a) de clase. ¿Qué preguntas necesitas para esta entrevista? Primero, escribe tus preguntas en una hoja de papel. Luego, preséntate a un(a) compañero(a) de clase y haz *(do)* la entrevista. Tienes que tomar apuntes *(take notes)*.

Datos personales	Datos familiares		
Nombre:		Nombre	Edad	Ocupación
Origen:	padre:			
Dirección:	madre:			
Edad:	hermanos:			
Estado civil:				

C. Presentaciones. Vas a presentar *(introduce)* a tu compañero(a) a la clase. Usa los apuntes que tomaste en el Ejercicio B y escribe una pequeña presentación *(introduction)*.

Modelo

(to introduce a man)   Éste es nuestro compañero Sam. Es de Ord, Nebraska, pero ahora vive... Tiene...

(to introduce a woman) Ésta es nuestra compañera Allison. Es de...

In this *Paso* you will practice:

- Talking about some everyday activities using the present tense
- Using expressions related to your studies, work, and pastimes
- Asking different types of questions

Grammar:

- The present tense
- Question formation

VOCABULARIO TEMÁTICO

Mis actividades

¿Cómo es un día típico para ti? ¿Estás muy ocupado/ocupada? ¿Cuáles son algunas de tus actividades favoritas?

En la clase de español

¿Qué haces en tus clases? ¿Qué haces en la universidad?

estudiar
Estudio todos los días.
    mucho
    poco

comprender
Comprendo bien.
    mal
    un poco

aprender
Aprendo el vocabulario.
    la gramática
    los verbos

escribir
Escribo las respuestas del ejercicio.
    una composición
    una carta

hablar
Hablo inglés.
    alemán
    francés

El tiempo libre

¿Qué te gusta hacer en tu tiempo libre?

practicar
Me gusta practicar el fútbol americano.
    el básquetbol
    el tenis

leer
Me gusta leer el periódico.
    las revistas
    las novelas

mirar
Me gusta mirar la televisión.
    partidos de fútbol
    películas

ir
Me gusta ir al cine.
    a conciertos
    a fiestas

escuchar
Me gusta escuchar la radio.
    la música clásica
    un casete
    mis discos compactos

La vida diaria

¿Dónde vives? ¿Dónde trabajas? ¿Dónde comes? ¿Cómo es un día típico?

vivir
Vivo en una residencia.
       una casa
       un apartamento
       un condominio

tomar
Tomo un refresco.
       café
       té
       agua

trabajar
Trabajo en la biblioteca.
       en un hospital
       en una oficina
       para el gobierno
       con computadoras

comer
Como en casa.
       en la cafetería
       en un restaurante

¿Sabías que...?

- In Spanish, verbs are listed in dictionaries and vocabulary lists in their infinitive form. Spanish infinitives end in *-ar, -er,* or *-ir.*

    mir**ar**   aprend**er**   escrib**ir**

- To use a verb in a sentence, the infinitive ending is dropped and a new ending is added.

Miro la televisión.	*I watch TV.*
Leo el periódico.	*I read the newspaper.*
Escribo una composición.	*I write a composition.*

- You will review how to use verbs in the present tense later in this *Paso.*

ESTRUCTURAS ESENCIALES

Me gusta

To talk about your likes in Spanish, use the phrases **me gusta** and **me gustan**. To talk about dislikes, use the phrases **no me gusta** and **no me gustan**. Note that with these phrases the subject will follow the verb. The literal English equivalent of the phrase *Me gusta la música clásica* is "Classical music is pleasing to me." To decide which phrase is the proper one to use, study the following models.

- To say that you like to do something, use:
  <u>**me gusta** + one or more infinitives</u>

  Me gusta mirar los partidos de fútbol americano.
      I like to watch American football games.

  Me gusta ir a fiestas y **bailar** salsa.
      I like to go to parties and to dance salsa.

- To say that you like something, use:
  <u>**me gusta** + a singular noun</u>

  Me gusta la música jazz.
      I like jazz music.

  No me gusta el café.
      I do not like coffee.

■ To say that you like more than one thing, use:

me gustan + a plural noun

Me gustan las computadoras.	*I like computers.*
No me gustan las novelas románticas.	*I do not like romantic novels.*

A. ¿Cómo eres? Rogelio y Marco, dos compañeros de cuarto, conversan en su residencia por primera vez *(for the first time)*. Escucha su conversación y contesta las preguntas.

_____ 1. A Rogelio le gusta
   a. mirar la televisión y escuchar música.
   b. jugar al tenis y leer novelas de horror.
   c. jugar al tenis y escuchar música.

_____ 2. Rogelio prefiere
   a. estudiar con amigos.
   b. estudiar en la biblioteca.
   c. estudiar en la residencia.

_____ 3. A Marco le gusta mucho
   a. el béisbol.
   b. el básquetbol.
   c. el tenis.

_____ 4. Rogelio y Marco se preocupan *(worry)* por
   a. sus clases.
   b. sus familias.
   c. sus amigos.

_____ 5. A Marco y a Rogelio les gusta
   a. el básquetbol.
   b. el tenis.
   c. la música.

B. ¿Te gusta? Usa las frases *(no) me gusta* y *(no) me gustan* con la lista de actividades para entrevistar a tu compañero(a). Sigue el modelo. Luego, él o ella te va a entrevistar a ti.

Modelo

practicar el tenis / mirar los partidos de básquetbol
   (*you ask*)   ¿Te gusta practicar el tenis?
(*your partner says*)   Sí, me gusta practicar el tenis. (*or*)
                  No, no me gusta practicar el tenis.
(*your partner asks*)   ¿Te gusta mirar los partidos de básquetbol?

1. las novelas de misterio / las novelas románticas
2. las películas cómicas / las películas de terror
3. la música rock / la música jazz

4. ir a fiestas / ir al teatro
5. comer en la cafetería / comer en la casa de tus padres
6. el fútbol americano / el fútbol europeo
7. escribir composiciones / escribir cartas a tus amigos
8. estudiar en tu cuarto / estudiar en la biblioteca

GRAMÁTICA

El tiempo presente

A. El tiempo presente. The present tense, also known as el presente del indicativo or *present indicative*, is used to express the following:

- an action that occurs regularly

  Estudio en la biblioteca todos los días.   *I **study** at the library every day.*

- an action that is taking place at the present moment

  Vivo en una residencia este semestre.   *I **am living** in a dorm this semester.*

- an action that will occur in the near future

  Voy a una fiesta mañana.   *I **am going** to a party tomorrow.*

B. Los infinitivos. Spanish verbs are classified into three basic groups based upon their infinitive endings (*-ar, -er, -ir*). Each group uses a different set of endings when the verb is conjugated. Here are some verbs with their endings for the present tense.

estudiar	
yo	**Estudio** español.
tú	**¿Estudias** francés?
usted/él/ella	Carlos **estudia** inglés.
nosotros(as)	**Estudiamos** en la biblioteca.
vosotros(as)	**Estudiáis** el vocabulario.
ustedes/ellos/ellas	Mis amigos no **estudian** español.

aprender	
yo	**Aprendo** los verbos.
tú	**¿Aprendes** a hablar italiano?
usted/él/ella	Elena **aprende** a tocar piano.
nosotros(as)	**Aprendemos** a bailar el tango.
vosotros(as)	**Aprendéis** los adjetivos.
ustedes/ellos/ellas	Los estudiantes **aprenden** de otras culturas.

escribir	
yo	**Escribo** la carta.
tú	**Escribes** la tarea.
usted/él/ella	Juan **escribe** el telegrama.
nosotros(as)	**Escribimos** la composición.
vosotros(as)	**Escribís** las respuestas.
ustedes/ellos/ellas	Uds. **escriben** el drama.

Note that there is a pattern between the vowel of the infinitive ending and the vowels used in the conjugated endings (*-ar* verbs have mostly "a" endings: *-as, -a, -amos, -áis, -an*, while *-er* verbs have mostly "e" endings: *-es, -e, -emos, -éis, -en*).

When it is difficult to determine the subject of a verb form that has multiple subjects, it is helpful to specify the subject pronoun for clarification. Also, subject pronouns are used for emphasis.

Yo estudio todos los días, pero mis amigos no.	*I study every day but my friends don't.*
Estudia historia.	All of the following are possible: *He/She studies.* *You* (formal) *study.*

Ponerlo a prueba

A. Querida tía Anastasia. Completa la carta que le estás escribiendo a tu tía Anastasia sobre la vida universitaria. Usa la forma presente de los verbos de la lista, sin repetir ninguno.

aprender		
asistir	escuchar	mirar
comer	estar	ser
comprender	estudiar	tener
escribir	hablar	trabajar
	leer	vivir

~~~~~~~~~~~~~~~~~~~~~~~~~~~~~~~~~~~~~~~

Querida tía:

¿Cómo estás? Espero que bien y en unión de tío Fabio y de Clarisita. Por aquí yo bien. (Yo) te (1) _____ esta carta desde la Universidad Internacional. Te confieso que la vida universitaria (2) _____ fabulosa. Aquí los estudiantes (3) _____ mucho, pero lo pasan muy bien también.

Mamá y papá (4) _____ un poco preocupados porque (yo) (5) _____ en una residencia. ¡Me encanta! Nosotros (6) _____ a clases durante el día, pero por la noche (7) _____ en la cafetería, (8) _____ en la biblioteca o (9) _____ la tele.

Bueno, tía, mis amigos y yo (10) _____ que estudiar para un examen de cálculo. Yo (11) _____ mucho porque no (12) _____ absolutamente nada.

Tía, dale un besito a Clarisita y tú y tío Fabio reciban fuertes abrazos.

Con mucho cariño,

B. La fiesta de Tomás. Con tu compañero(a), describe oralmente lo que ocurre en la fiesta de Tomás.

Modelo

Memo y Raúl miran un partido de fútbol americano en la televisión.

GRAMÁTICA

Las preguntas

In Spanish, as in English, there are several ways to form questions.

A. Las preguntas de sí o no. Here are some ways in which simple questions are formed and answered in Spanish.

- A regular sentence may be changed into a question by putting it inside question marks (¿?) and by making your voice rise at the end. Note that the helping verb *to do* ("does") is not translated.

  Miguel vive en una residencia.   *Miguel lives in a dorm.*

  ¿Miguel vive en una residencia?   *Does Miguel live in a dorm?*

- A variation of the example above is to change the word order by placing the subject *(Miguel)* after the verb *(vive)*, while making your voice go up at the end.

  ¿Vive Miguel en una residencia?   *Does Miguel live in a dorm?*

- Another way to form a question is to add the tag **¿no?** or **¿verdad?** at the end of a statement.

  Miguel vive en una   *Miguel lives in a dorm, doesn't he?*
    residencia, ¿no?

- In order to answer yes/no-type questions affirmatively, you must answer **sí** and repeat the sentence.

  Sí, Miguel vive en una residencia.   *Yes, Miguel lives in a dorm.*

- In order to answer negatively, you must answer **no** and repeat the sentence after inserting another **no** before the verb. Note that in the example the first *no* answers the question, while the second *no* is the equivalent of "doesn't."

  No, Miguel **no** vive en   *No, Miguel doesn't live in a dorm.*
    una residencia.

B. Las preguntas de información.
Information questions are questions that cannot be answered with a simple "yes" or "no." Such questions usually begin with an interrogative word or phrase. Here are some of the most common phrases.

¿Con qué frecuencia... ? *How often . . . ?*	¿Cuánto/Cuánta... ? *How much . . . ?*
¿Cómo... ? *How . . . ?*	¿Cuántos/Cuántas... ? *How many . . . ?*
¿Cuál/Cuáles... ? *Which one/s . . . ?*	¿Qué... ? *What . . . ?*
¿Dónde... ? *Where . . . ?*	¿Cuándo... ? *When . . . ?*
¿Adónde... ? *To where . . . ?*	¿Por qué... ? *Why . . . ?*
¿De dónde... ? *From where . . . ?*	¿Quién/Quiénes... ? *Who . . . ?*
¿A qué hora... ? *At what time . . . ?*	

When making information questions, try to keep in mind these points:

- Although interrogative words are used in Spanish much as they are in English, notice that *cuál* can be used in the plural when referring to a plural noun. Also, both *cuánta* and *cuántas* should be used with feminine endings before a feminine noun.

¿Cuáles son sus libros?	***Which ones** are his books?*
¿Cuántas hermanas tienes?	***How many** sisters do you have?*

- When asking the question "What is . . . ?," use *qué* to request a definition and *cuál* to request specific information.

¿Qué es el amor?	***What** is love?* (define it)
¿Cuál es tu número de teléfono?	***What is** your phone number?* (don't define it, tell me the numbers)

- Just as with yes/no questions, in information questions the subject generally goes after the verb, and the helping verbs *do* and *does* are not translated.

¿Dónde trabajan **tus padres**?	*Where do **your parents** work?*

- Although it is common in English to end a question with a preposition, in Spanish the preposition is placed before the interrogative word.

¿De dónde eres?	***Where** are you **from**?*

Ponerlo a prueba

A. ¿Qué? Los padres de Ángela le hacen preguntas sobre su vida universitaria. Completa las preguntas con la palabra interrogativa más lógica.

Modelo
—¿_____ está tu compañero de cuarto?
—No está bien. Está mal. Tiene mononucleosis.
(tú escribes) ¿Cómo... ?

1. —¿_____ es tu compañera de cuarto?
   —Se llama Lucía Rojas.
2. —¿_____ estudias en la biblioteca?
   —Porque mi compañera de cuarto escucha música todo el día.
3. —¿_____ es tu profesora de español?
   —No sé. Creo que es de Cuba.
4. —¿_____ laboratorios tienes este semestre?
   —Tengo dos, uno de biología y otro de química.
5. —¿_____ es tu laboratorio de biología?
   —Es a las ocho de la mañana todos los días.

6. —¿ _____ es tu clase de química?

   —Es muy difícil. Tengo que estudiar para esa clase dos horas cada día.

7. —¿ _____ es tu teléfono?

   —Es el 777-2111.

8. —¿ _____ haces con tus amigos por la tarde?

   —Me gusta jugar al tenis o mirar la televisión.

9. —¿ _____ está tu residencia?

   —Mi residencia está en un lugar muy conveniente. No tengo que caminar mucho porque todas mis clases están cerca.

10. —¿ _____ son tus mejores amigas?

   —Son Carolina, Patricia y Mirta.

B. ¿Cuál es la pregunta? Imagínate que viviste *(you lived)* con una familia mexicana el verano pasado. A continuación tienes las respuestas a unas de tus preguntas. Escribe las preguntas correctas.

Modelo

Siempre comemos el almuerzo en casa.

(tú escribes) ¿Dónde comen el almuerzo Uds.?

1. Nosotros miramos "Telemundo" todas las mañanas.
2. Ahora leo una novela de Hemingway.
3. No, no practico el fútbol americano.
4. Comemos diferentes tipos de comida.
5. Sí, Paula y Fernando aprenden inglés en la universidad.
6. No, mi esposo y yo no hablamos inglés.
7. Trabajo en una compañía italiana.
8. Asistimos a la universidad estatal en Nuevo México.
9. Vivo en una residencia, pero mi hermano vive en un apartamento.
10. Nuestra familia vive en Cuernavaca.

Comentario *cultural*

Los pasatiempos

La semana laboral es un poco más larga en España y en Latinoamérica, sin embargo, los hispanos siempre buscan la manera de integrar algunas diversiones en su rutina. Los intereses de los hispanos son tan diversos como sus culturas. No se pueden caracterizar por una actividad en particular. Aunque a muchos hispanos les gusta mirar y jugar al fútbol europeo, también les interesa ir al cine, mirar la televisión, salir con sus amigos o con su familia y bailar.

A. Greg Nolan. Greg va a vivir con la familia Martínez mientras trabaja en Venezuela. Escucha la conversación entre el Sr. Martínez y Greg. Contesta las preguntas.

1. Escribe el nombre de los miembros de la familia Martínez en el orden que el Sr. Martínez los presenta.
2. Escribe la información que da Greg sobre su origen y su familia.

Nombre: Greg Nolan

Edad:	Profesión (padre):
Estado de origen:	Profesión (madre):
Ciudad de origen:	Hermanos:
Universidad:	Pasatiempos:

B. Preguntas personales. Con tu compañero/a, contesta las preguntas oralmente. Túrnense para hacer y contestar las preguntas.

Datos personales

¿De dónde eres?
¿Dónde vives?
¿Cuál es tu teléfono?
¿Trabajas? ¿Dónde?

Tu mejor amigo(a)

¿Quién es tu mejor amigo(a)?
¿Cómo es tu mejor amigo(a)?
¿Qué estudia?
¿Dónde vive?

Las clases

¿Cuántas clases tomas este semestre?
¿Dónde estudias?
¿Qué clase te gusta más?
¿Cuál es tu clase más difícil?

El tiempo libre

¿Qué deportes practicas?
¿Qué programas miras en la televisión?
¿Qué tipo de música te gusta más?
¿Qué te gusta leer?

C. En mi tiempo libre. Lee la información que algunos estudiantes escribieron sobre cómo pasan el tiempo libre. Luego contesta las preguntas en oraciones completas.

¡Hola! Me llamo Aurora Fiengo y soy de Panamá. Tengo pocos años de vivir en los Estados Unidos. Soy estudiante de literatura y también enseño español en la Universidad de Carolina del Sur. Mis pasatiempos favoritos son jugar con mi hijo y leer libros de literatura. Además me gusta cocinar y hacer ejercicios.

¡Hola! Mi nombre es Edgardo Omar Feliciano, pero todos me llaman Omy. Tengo 19 años y soy de Santurce, Puerto Rico. Estudio negocios en la Universidad de Furman en Carolina del Sur. Mis actividades favoritas son practicar el fútbol, el básquetbol y mirar la televisión. En mi tiempo libre me gusta visitar a mi novia y a mis amigos.

¡Hola! Me llamo María Zabala y soy de España. Mis padres viven en Barcelona. Mi familia es pequeña pues sólo tengo una hermana, Irene. Tengo 25 años y estudio literatura. Leer, claro, es una de mis actividades favoritas. Me gusta ir al teatro y al cine cuando puedo. También me gusta viajar; he estado en Inglaterra, Francia, Portugal, Irlanda y ahora en América. Otros de mis pasatiempos son nadar, la gimnasia, pasear en el monte, esquiar y bailar.

1. ¿Quiénes tienen actividades en común en el grupo?
2. ¿Cuáles son los pasatiempos más populares en este grupo?
3. ¿Qué asignaturas son las favoritas de algunos estudiantes?
4. ¿Qué estudiantes pasan más tiempo libre con sus amigos que con su familia?
5. Del grupo, ¿quiénes viajan más?
6. ¿Qué estudiante no es de América Latina?
7. ¿Cuáles son los estudiantes más activos del grupo?
8. ¿Con quién tienes más en común?

¡Hola! Me llamo Ragnar Miguel Myhrer. Soy ecuatoriano. Estudio en la Universidad de Georgia Tech en Atlanta, Georgia. Me gustan mucho las matemáticas. Me gusta jugar al tenis y al básquetbol. Voy al Ecuador durante las vacaciones de verano, sin embargo, durante las vacaciones de primavera me gusta ir a la playa en la Florida.

Un paso más

Modelo

Estudiante A: ¿Qué le gusta hacer (to do) a Carlos en su tiempo libre?

Estudiante B: A Carlos le gusta jugar al fútbol y escuchar música.

Estudiante A

Contexto: In this exercise, you *(Estudiante A)* and your partner will become better acquainted with the Martínez family from Venezuela. Each one of you has a chart with partial information about Arturo, Beatriz, Carlos, Dulce, Felicia, and Elisa. You and your partner will share the information that you have about each person with each other.

Before you begin, practice how you are going to communicate the information using complete sentences. As your partner shares his or her information with you, record it on a separate piece of paper. You will begin!

1. Nombre:	Arturo Martínez Torre
Ocupación:	Director en el Banco Unión
Pasatiempos:	?
Edad:	55 años

2. Nombre:	Beatriz Calvo de Martínez
Ocupación:	?
Pasatiempos:	viajar, coleccionar recetas
Edad:	?

3. Nombre:	Carlos Martínez Calvo
Ocupación:	estudiante en la Universidad del Estado de Zulia
Pasatiempos:	?
Edad:	?

Vocabulario útil

Le gusta coleccionar recetas.
He/She likes to collect recipes.

4. Nombre:	Dulce Martínez Calvo
Ocupación:	?
Pasatiempos:	jugar al tenis, escribir cartas
Edad:	17 años

5. Nombre:	Felicia Martínez Torre
Ocupación:	?
Pasatiempos:	?
Edad:	60 años

6. Nombre:	Elisa Martínez Calvo
Ocupación:	estudiante en la escuela de Santa Teresa
Pasatiempos:	?
Edad:	?

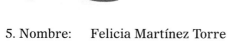

Modelo

Estudiante A: ¿Qué le gusta hacer (to do) a Carlos en su tiempo libre?
Estudiante B: A Carlos le gusta jugar al fútbol y escuchar música.

Estudiante B

Contexto: In this exercise, you *(Estudiante B)* and your partner will become better acquainted with the Martínez family from Venezuela. Each one of you has a chart with partial information about Arturo, Beatriz, Carlos, Dulce, Felicia, and Elisa. You and your partner will share the information that you have about each person with each other.

Before you begin, practice how you are going to communicate the information using complete sentences. As your partner shares his or her information with you, record it on a separate piece of paper. Your partner will begin!

1. Nombre:	Arturo Martínez Torre
Ocupación:	?
Pasatiempos:	coleccionar sellos, mirar partidos de fútbol
Edad:	?

2. No mbre:	Beatriz Calvo de Martínez
Ocupación:	ama de casa y agente de viajes en la Agencia Turisol
Pasatiempos:	?
Edad:	46

Vocabulario útil

Le gusta coleccionar sellos.
He/She likes to collect stamps.

ama de casa	*housewife*
agente de viajes	*travel agent*

3. Nombre:	Carlos Martínez Calvo
Ocupación:	?
Pasatiempos:	jugar al fútbol, escuchar música
Edad:	20 años

4. Nombre:	Dulce Martínez Calvo
Ocupación:	estudiante en el Colegio Universitario
Pasatiempos:	?
Edad:	?

5. Nombre:	Felicia Martínez Torre
Ocupación:	jubilada
Pasatiempos:	leer y trabajar de voluntaria en un hospital
Edad:	?

6. Nombre:	Elisa Martínez Calvo
Ocupación:	?
Pasatiempos:	jugar con amigas y mirar la televisión
Edad:	10 años

Anticipación

En este vídeo vamos a conocer a dos personas. Miguel tiene veintiún años y es de España. Laura tiene treinta y seis años y es de México. Antes de mirar el vídeo, lee las siguientes frases. Indica si es más probable que se refieran a Miguel (**M**) o Laura (**L**).

Discover the
Hispanic world.

Video Tape

____ 1. Está casado(a).

____ 2. Es estudiante en la universidad.

____ 3. Le gusta leer.

____ 4. Tiene niños.

____ 5. Sale mucho con sus amigos.

____ 6. Trabaja mucho.

Comprensión

A. Miguel. Cuando Miguel se presenta (*introduces himself*), escuchamos la siguiente información. ¿En qué orden escuchamos estos datos? Escribe los números de 1 a 6.

____ Es de Pamplona, España.

____ Le gusta leer novelas.

____ Sus padres son de Galicia.

____ Estudia en Madrid.

____ Va al cine con frecuencia.

____ Tiene cuatro hermanos y dos hermanas.

B. Laura. ¿Qué nos dice Laura sobre su familia? Contesta las preguntas en frases completas.

1. ¿Cómo se llama el esposo de Laura?

2. ¿Cuántos años tiene su esposo?

3. ¿Cuántos hijos tiene Laura?

4. ¿Cómo se llaman sus hijos?

5. ¿Cuántos años tienen sus hijos?

6. ¿Cuántos hermanos tiene Laura?

Estrategias: Guessing the meaning of words in context, recognizing cognates, identifying format cues, scanning, and skimming

There are many steps that you can take to help you read better in Spanish. Some you may already use when reading in English. The key is to apply these tactics in Spanish as well. The following strategies will make reading in Spanish easier.

- **Guessing the meaning of new words in context.** To become less dependent on a dictionary for the meaning of new words, it is important to try to guess the meaning of words from the context, that is, by looking at how the word is used in the sentence and what the information surrounding it means.

- **Recognizing cognates**. The ability to recognize cognates, words that are similar in spelling and in meaning in both languages, will automatically broaden your vocabulary base. Some examples of cognates are the words *hotel, doctor,* and *televisión.*

1.

- **Identifying the layout.** When you look through newspapers and magazines published in English and Spanish, you recognize certain sections simply by identifying the layout. This is possible because both English and Spanish publications use similar formats to present information. For example, weather reports, television programming, and classified ads usually follow the same layout. Other items that have similar designs are menus, playbills, and tickets.

- **Scanning.** When you look for an apartment in the classified ads, you are scanning or looking quickly for specific information. When you scan, you focus on certain details or key items presented without reading every word.

- **Skimming.** When you glance over the entire reading to familiarize yourself with the title, the layout, and key items, you are skimming it to get a general idea of the content. This allows you to anticipate the information that will be presented and, thus, make it easier to read.

2.

```
        MERCADONA
       ☼ CIUDAD REAL ☼
    04/01      17.03   OP:22079
  N:016183 CAJA:15     SUP:0494
  ☼☼☼☼☼☼☼☼☼☼☼☼☼☼☼☼☼☼☼☼☼☼☼☼☼☼
    CARRO CUPON      N: 67417
  ☼☼☼☼☼☼☼☼☼☼☼☼☼☼☼☼☼☼☼☼☼☼☼☼☼☼
    1 PATATA CHIPS        199
    1 MEDIAS NOCHES       162
    1 CHARCUTERIA         223
    1 TRANCHETTE          149
    1 PELADILLAS          176
    1 CHO.NESTLE EXT      115
    4 PEPSI COLA    200
      AHORRODONA    -44   156
  TOT.AHORRODONA    -44
  TOTAL...PTS            1180
  ENTREGA PTS            2000
  DEVOLUC.PTS             820
  LE ATENDIO:PRADO OCAuA
```

3.

**CONCIERTO
DE BACH A DUTILLEAUX**

**GABRIEL AHUMADA-FLAUTA
SERGIO POSADA-PIANO**

Obras de:
**BACH-KUHLAU-FAURE-ROUSSEL
POULENC-DUTILLEAUX**

TEATRO PABLO TOBON URIBE

JUEVES 20 DE AGOSTO-7.30 P.M.

boletería
Luneta: 500-300 - Balcón: 150

Invita **TEATRO PABLO TOBON URIBE**

4.

GUANACASTE

Escudo de la Provincia de Guanacaste

JUNTA DE PROTECCION SOCIAL DE SAN JOSE — **LOTERIA NACIONAL**

Sorteo N° 3061 Segunda emisión

Vale ₡40 — Premio Mayor ₡6.000.000 — Vale ₡40

3 TRES 2 DOS 5 CINCO 0 5

DOMINGO 15 DE JULIO

A. Echemos un vistazo. Skim the reading samples on this page and the next and identify on a separate sheet of paper the type of information each one contains. For example, what is the intended use of the item? Or, how is the information useful to the reader? Remember to use all available clues to complete this task. Do not use a dictionary!

HOTEL "SAGARNAGA"
★ ★

HABITACIONES ALFOMBRADAS CON BAÑO PRIVADO
TV. Y TELEFONO
****
A dos cuadras de San Francisco
En pleno centro comercial artesanal
y en la esquina del Mercado de los Brujos

Sagárnaga 326
Teléfonos 350252−358757
P. O. Box 3049
Cables HOTSA   La Paz−B

5.

6.

INDICE

	100 ANUNCIOS		700 BIENES RAICES/ ALQUILERES	
	200 PERSONALES		850 BIENES RAICES/VENTAS	
	300 SERVICIOS		1000 EMPLEOS	
	400 ANIMALES		1100 MARINA	
	500 FERIA DE MERCANCIAS		1200 AVIACION	
	600 NEGOCIOS		1300 AUTOMOVILES	

ANUNCIOS
CLASIFIQUITOS **350-2345**
3 líneas, 7 días, $11.25
Límite $5,000/Firmas no comerciales

7.

RESTAURANTE CHINO MEI HWA
LAVALLE 750 1er. P. L 54. Tel. 392-5680
***

ENTRADA: ARROLLADITO PRIMAVERA
O PASTA DE LANGOSTINO

PLATO A ELECCION

A) CHOP SUEY DE CARNE O POLLO
B) ARROZ SALTADO DE CARNE O POLLO
C) CHOW MIEN DE CARNE O POLLO
D) MILANESA C/PAPA FRITA

POSTRE: a) FLAN CHINO; b) HELADO
c) ENSALADA DE FRUTA; d) CAFE

MEDIODIA A 4,4
NOCHE A 4,9

TODOS LOS DIAS: 12-15 y 20-24
SABADO: 12-15 y 20-3
AIRE ACONDICIONADO

B. Volvamos a mirar.

Scan the selections and use the strategies as well as the information provided to answer the questions.

1. On what occasion would you use item 1? For whom is it intended?
2. In item 2, what is the name of the establishment? Note the way the time is written: 17.03. At what time was this issued? Examine closely the items purchased and identify two of them. The abbreviation *Pts.* stands for the type of currency used. Can you name the currency and the country where it is used?
3. What event is advertised in item 3? When was it held? What type of music was featured? How do you know? The words *teatro* and *concierto* are close cognates. What do they mean?
4. What is item 4? On what day is it valid? The province of Guanacaste and the city of San José are mentioned. In what country was this sold?
5. Where is the hotel in item 5 located? What features make it appealing? What is different about the telephone numbers?
6. Where would you find item 6? What is the special price advertised? Identify in English five of the categories listed. What does the word *anuncios* mean? Refer to the context for cues. Can you guess the meaning of the word *índice?* What does it introduce?
7. What type of food is served at the restaurant in item 7? When is it open? What might you order there? The words *entrada* and *postre* are used in the text. To which parts of a meal do they refer?

¡Vamos a escribir!

Estrategias: How to organize your writing and how to join sentences

I. Cómo organizarte para escribir

Writing a composition can be easier than you may think. There are five main steps that you should follow to make the writing process more manageable.

- **Step 1.** Brainstorm ideas related to your topic on a piece of paper. This should be done quickly and without considering the order in which the information will be presented. An effective way to brainstorm is to use the web or cluster approach. Just write down the central theme or topic in the center and record related information around it.

Atajo
SOFTWARE

Vocabulary:
Family members; Personality; Leisure; Sports

Grammar:
Adjective agreement; Adjective position; Verbs: *ser, estar, tener;* Possessive adjectives: *mi(s)*

- **Step 2.** Consider the purpose of your composition and your intended audience. With these in mind, begin to select and group related details. There may be some information that you will discard because it is not related to your purpose nor relevant to your audience.
- **Step 3.** You are now ready to write an outline, the skeleton or framework that will help you decide the order in which you will present your information.
- **Step 4.** Next, you are ready to write your first draft. Use the outline developed in Step 3 to write your composition.
- **Step 5.** Now, it is time to write the second draft. This is where you edit your first draft by correcting grammatical errors such as subject-verb agreement, noun-adjective agreement, spelling, and punctuation. Finally, in order to make your paragraphs more cohesive and sophisticated, consider using the following conjunctions to join sentences.

Y *(and)* joins related information.

Miro la televisión **y** escucho discos
  compactos en mi tiempo libre.

*I watch T.V. **and** listen to CDs
  in my spare time.*

Pero *(but)* provides information that offers an alternative.

Me gusta practicar el tenis **pero**
  hoy practico el fútbol.

*I like to play tennis, **but** today
  I play football.*

Porque *(because)* gives a justification.

No me gusta el golf **porque**
  es aburrido.

*I don't like golf **because** it
  is boring.*

Los pasos. Before you write your own paragraph on one of the topics provided, read the models for each one of the steps suggested. Then write your paragraph following each step carefully: brainstorming, organizing, writing an outline, etc. Choose one of these topics: *Mi tiempo libre* or *¿Quién soy yo?*

1. Brainstorming and Webbing

¿Quién soy yo?

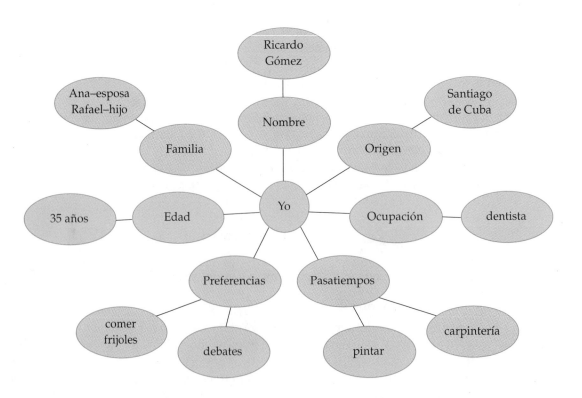

2. Outline

I. Datos personales	II. Familia	III. Pasatiempos
A. nombre	A. identificar	A. familia
B. origen	B. esposa	B. amigos
C. edad	C. hijos	C. carpintería
D. ocupación		D. pintar

3. First Draft

Me llamo Ricardo Gómez. Soy de Santiago de Cuba. Tengo 35 años. Soy dentista. Mi familia es pequeña. Somos mi esposa Ana, mi hijo Rafael y yo. No tengo mucho tiempo libre. Estoy muy ocupado. Si tengo tiempo, me gusta trabajar en carpintería y pintar paisajes con playas tropicales. También me gusta pasar tiempo con mi familia y mis amigos.

4. Final Draft

Me llamo Ricardo Gómez y soy de Santiago de Cuba. Tengo 35 años y soy dentista. Mi familia es pequeña porque consiste de mi esposa Ana, mi hijo Rafael y yo. Siempre estoy muy ocupado, pero cuando tengo tiempo libre me gusta pasarlo con mi familia y mis amigos. También, si puedo, me gusta trabajar en carpintería y pintar paisajes de playas tropicales.

II. Cómo conectar oraciones

In this section you will practice connecting sentences with the conjunctions *y*, *pero*, and *porque*.

A. Mi vecino Ricardo. Imagine that you are writing a paragraph about your Spanish neighbor. You interviewed him and are reading through your notes (recorded below) for ways to join logically related ideas. Use the information provided and the conjunction *y* to join the information. Choose sentences that are most logically related in meaning to join together.

Modelo

Se llama Ricardo y está casado.

Se llama Ricardo.		Habla español.
Es de Chile.		Trabaja en la universidad.
Es profesor.	y	Lee el periódico.
Mira las noticias.		Está casado.

B. Pero Ricardo... Use your notes to continue writing sentences about Ricardo, but this time use the conjunction *pero*.

Modelo

Nació en Chile pero vive en los Estados Unidos.

Nació en Chile.		No comprende bien el inglés.
Habla bien el español.		Necesita una casa grande.
Tiene automóvil.	pero	Vive en los Estados Unidos.
Vive en un apartamento.		Toma el autobús.

C. Porque... Use your notes to join sentences that provide some of Ricardo's justifications.

No practica deportes.		Le gusta conocer otras culturas.
Desea viajar a Italia.	porque	Es violento.
No le gusta el fútbol.		No tiene tiempo libre.

PERSPECTIVAS CULTURALES

La diversidad del mundo hispano

The Hispanic world encompasses parts of four continents and millions of people of varied ethnic and linguistic backgrounds. Here is just a small sampling of its rich diversity.

A. Las lenguas de España.   Although Spanish is the predominant language of Spain, since 1975 regional languages have regained official favor and are widely spoken at home and in businesses. The major regional languages include *catalán*, *gallego*, and *vascuence*.

In the television guide that follows, you can see examples of these regional languages as well as *castellano*, as Spanish is called in Spain. Two of these regional languages, like Spanish, are derived from Latin and share many similarities in vocabulary and grammar. The third language is totally unrelated linguistically to the others and is of ancient, unknown origin. Can you figure out which two languages are linguistically related to Spanish and which one is not? Try to discover this by comparing the names of the days of the week among the four languages listed in the television guide.

CATALUNYA

DILLUNS, 19

[10,15 Universitat oberta. 10,45 Gent del barri. 11,15 2.ª V. 13,35 T/N Comarques. 13,55 A dalt i a baix. 14,30 T/N-Temps. 15,15 Veïns. 15,45 Com a casa. 16,35 L'espantaocells y la Sra. King. 17,30 Dibuixos. 18,00 L'hora dels somnis. 18,30 Bola de drac. 19,00 Magnum. 19,50 Dicciopinta. 20,30 T/N. Temps.] 21,15 Betes i films. 21,50 Cine: «La fi de Shaila». 00,00 T/N-Sport.

DIMARTS, 20

[*] 21,10 Vindrem a sopar. 21,40 La jungla dels diners. 22,15 Mike Hammer. 23,45 T/N.-Sport.

DIMERCRES, 21

[*] 21,10 Cine: «La gateta i el mussol». 00,10 T/N-Sport.

DIJOUS, 22

[*] 21,10 Tres pics i repicó. 22,30 Actual. 00,00 T/N-Sport. 00,15 Motor a fons.

DIVENDRES, 23

[*] 21,10 La vida en un xip. 23,20 T/N-Sport.

DISSABTE, 24

09,15 Sardanes. 09,30 Dibuixos. 11,30 Sputnik. 12,30 Tres pics i repicó (R). 14,00 Betes i films (R). 14,30 T/N. 15,00 Dibuixos. 15,30 Cine: «Un americà a París». 17,20 Pol Nord. 18,20 Sereu campions. 19,10 Cagney i Lacey. 20,00 Fútbol. 22,00 T/N. 22,30 La reina de la casa. 23,00 Innocent o culpable. 23,45 Cine: «La marca de la papallona».

DIUMENGE, 25

09,15 Sardanes. 09,30 Dibuixos. 12,00 La reina de casa (R). 12,30 Hoquei. 14,00 Gol a gol. 14,30 T/N. 15,00 Dibuixos. 15,30 Jim West. 16,35 Cine: «Johnny Belinda». 18,15 L'illa de les papallones. 18,45 Paradís. 19,45 Gol a gol. 20,30 T/N. 21,00 30 minuts. 21,50 Dallas (Nuevo capítulo de la serie). 22,45 Gol a gol. 23,45 Signes del temps.

EUSKADI

EUSKAL TELEBISTA-1

ASTELEHENA, 19

[13,20 Víctor (R). 13,35 Marrazki. 14,00 G. E. 14,20 Epailea eta pilotua. 15,10 Kulturalak (R). 17,45 Víctor. 18,00 Marrazki. 19,20 Star Treck. 20,15 G. E. 20,50 Kalejira.] 21,20 Hitchock. 22,10 Hemen eta munduan. 23,10 Ikusmira. 23,40 Azken albisteak. 23,50 Azken Txampa. 00,20 Euskal Herriako Garaia.

ASTEARTEA, 20

[*] 21,20 Tom Wolf. 22,10 Babel. 23,10 Hau Nahaste Borrastea. 23,40 Azken albisteak. 23,50 Azken Txampa. 00,05 Egi Bidean.

ASTEAZKENA, 21

[*] 21,20 Zinea: «Dublindarrak». 22,45 Nire etxe baitan. 23,30 Pelota.

OSTEGUNA, 22

[*] 21,05 Zinea: «Bikote zelebrea». 23,15 Pelota.

OSTIRALA, 23

[*] 21,20 Hau Da A. U. 22,10 Kirolek Kirol. Pelota.

LARUNBATA, 24

12,05 Marrazki (R). 13,00 Atrila. 14,00 G. E. 14,20 Sustraia. 14,50 Marrazki. 15,15 Zinea: «Los caballeros de la mesa redonda». 17,15 Top Gaztea. 17,50 Marrazki. 18,00 Hau Da A.U. (R). 18,50 Cagney eta Lacey. 22,00 G. E. 22,15 Kane eta Abel. 23,10 Hitzetik Hortzera. 23,40 Ate Irekia.

IGANDEA, 25

12,00 Kirolez Kirol. 14,00 G. E. 14,15 Hitzetik Hortzera (R). 14,45 Marrazki. 15,15 Zinea: «Ezin emakumeak ulertu». 16,45 Cousteau. 17,45 Egun alaiak. 18,05 Kirolez Kirol. 20,15 G. E. 20,30 Dokumentala. 21,00 Roseanne. 21,30 Ray Bradbury. 22,00 Kirolek Kirol.

MADRID

LUNES, 19

[08,00 Universidad abierta. 09,00 Víctor. 09,15 En armonía. 10,15 Amazonas. 11,05 Apaños. 11,15 Repetición. 12,45 A todo Madrid. 13,35 Rosa. 14,30 T. N. 15,00 Dallas. 15,50 Benny Hill. 16,25 Cine: «Los cuatro Robinsones». 19,00 Batman. 19,30 Pop-7. 20,00 Vecinos. 20,30 Al rico barquillo. 21,00 T. N.] 22,55 Hospital. 23,45 T. N. 00,00 El picapleitos.

MARTES, 20

[16,20 Cine: «La leyenda de Lylah Claire»*.] 21,50 El pantallazo. 22,50 Sherlock Holmes. 23,50 T. N. 00,00 En la salud y en la enfermedad. 00,30 Pop-7 (R).

MIERCOLES, 21

[*16,20 Cine: «El gato montés»*.] 21,50 Cine: «La esposa era bellísima». 23,45 T. N. 23,55 Té para dos. 00,25 Pop-7 (R).

JUEVES, 22

[*16,20 Cine: «La mujer marcada». *] 21,45 Iñaqui, el jueves. 23,25 En busca del misterio. 23,50 T. N. 00,05 Pinceladas. 00,40 Pop-7 (R). 01,10 Armonía.

VIERNES, 23

[*16,20 Cine: «Tener y no tener»* *] 21,50 Cine. 00,05 T. N. 00,15 Cine.

SABADO, 24

[*] 09,45 Concierto. 11,30 Melanesia. 12,00 Detrás de la puerta. 13,00 Dibujos. 14,30 T. N. 15,00 ¡A la calle! 15,30 Paraíso. 16,25 Madrid, viejos oficios. 17,00 Dibujos. 17,30 Top Madrid. 18,00 Cine. 20,00 Fútbol. 22,00 T. N. 22,15 Deforme. 22,45 Entre amigos.

DOMINGO, 25

[*] 10,30 Los tigres del mar. 11,00 Sports. 13,00 Tendencias. 14,00 En comunidad. 14,30 T. N. 15,00 Cine. 16,30 Vida salvaje. 17,00 Ninja. 17,30 Top Madrid. 20,00 Star Trek. 21,00 T. N. 22,15 Gol a gol. 00,00 Cagney y Lacey.

GALIZA

LUNS, 19

[12,30 Programa divulgativo. 13,00 Mira que ven. 13,30 Cagney e Lacey. 14,20 Tempo-Agro. 14,30 T. X. 15,00 Pensando en ti: Niña Bonita. Vecinos. 18,15 Debuxos. 19,00 Víctor. 19,15 Boa saúde. 19,45 Magnum. 20,30 Man con man. 21,00 T. X. 21,30 Tempo e agro] 21,40 En titulares. 22,40 Max Headroom. 23,30 T. X.

MARTES, 20

[*19,15 Etcétera] 21,40 A reoca. 22,40 Os intocables. 23,30 T. X. 00,00 Cousas.

MERCORES, 21

[*19,15 Luces da cidade] 21,40 Cine: «A noite da iguana». 23,50 Enfoques. 00,20 T. X. 00,50 Cousas da lingua.

XOVES, 22

[*19,15 Arroz con chicharos.] 21,40 Sitio distinto. 22,40 Dallas. 23,30 T. X.

VENRES, 23

[*19,15 Terra*] 21,40 Cine: «La mujer del teniente francés». 00,40 T. X. 01,10 T.V.

SABADO, 24

12,00 Boa saúde (R). 12,30 Sport: Tenis. 14,00 Parlamento. 14,30 T. X. 15,30 Dinosaurios. 16,00 Tarde Taina. 17,30 Batman. 18,00 Cine: «Las aventuras de Robin Hood». 20,00 Fútbol. 22,00 T. X. 22,30 Entre amigos. 00,00 Butaca especial.

DOMINGO, 25

12,00 Misa. 12,30 En xogo. 14,00 He-man. 14,30 T. X. 15,30 Ninja. 16,00 Star Trek. 16,30 Contos clásicos. 17,20 Historias con data. 18,10 En xogo. 20,30 Alló, alló. 21,00 T. X. 21,30 Radio Onte.

B. La influencia africana. Not long after Columbus's voyages to the New World, the slave trade began and many black Africans came in this way to live in North and South America. Many people of this cultural heritage live today in the Caribbean as well as in areas along the northern and eastern coasts of South America.

Nicolás Guillén (1902–1989) was a prominent Cuban poet and the foremost proponent of *poesía negrista*, or poetry of the Afro-Cuban style. The poem you are about to hear is from his anthology called *Sóngoro cosongo*, published in 1931. In this collection of poetry, Guillén combines the Spanish dialects spoken by black and mulatto Cubans with Yoruba, an African language; in some poems he also invents words to create special sound effects. Because of this special mix of words, the sounds and rhythms of Guillén's poetry are often as important or more important than the meanings of the words. The poem you are about to hear and read is especially rich in sounds and rhythms. What instrument can you "hear" in this poem?

CANTO NEGRO
¡Yambambó, yambambé!
Repica el congo solongo,
repica el negro bien negro;
congo solongo del Songo
baila yambó sobre un pie.

Mamatomba,
serembe cuserembá.

El negro canta y se ajuma,
el negro se ajuma y canta,
el negro canta y se va.
Acuememe serembó,
   aé;
   yambó,
   aé.

Tamba, tamba, tamba, tamba,
tamba del negro que tumba;
tumba del negro, caramba,
caramba, que el negro tumba:
¡yamba, yambó, yambambé!

C. Los indígenas. It is believed that the Native Americans of both North and South America are descendants of Asians who crossed the Pacific in the area of Alaska and over the years migrated south. By the time Columbus arrived in the New World, there were numerous cultures, ranging from primitive to very advanced, throughout Central and South America. Four of these stood out for their highly advanced levels of civilization: the Mayas of Guatemala and the Yucatan, the Aztecs of central Mexico, the Chibchas of the Colombian highlands, and the Incas of Peru. Today the descendants of these and numerous other indigenous peoples continue to live throughout Central and South America. Many of these people speak their own native languages, either in addition to or instead of Spanish. The indigenous cultures have also exerted great influence upon many aspects of everyday life, from food to art to religion.

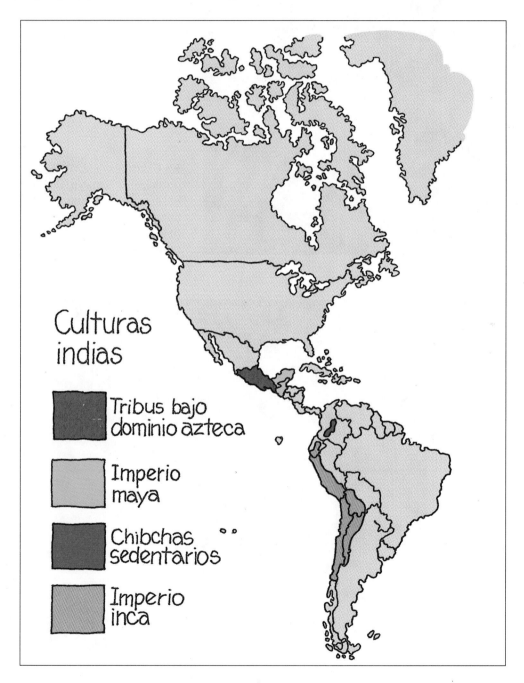

Culturas indias

Tribus bajo dominio azteca

Imperio maya

Chibchas sedentarios

Imperio inca

En Guatemala, el 70 por ciento de la población es maya. Los mayas hablan veinte idiomas diferentes, aparte del español. Los idiomas principales son: quiqué, cakchiquel, mam, tzutuhil e ixil.

En las montañas del Perú la mayoría de los indígenas son de origen quechua o aymará. Son famosos por sus bailes, su música y su artesanía *(crafts)*. En la foto se ve una arpillera. Las arpilleras son de tela *(cloth)* y tienen imágenes de la vida diaria.

Antes de *(before)* la llegada de los españoles en el 1492, los indígenas ya cultivaban muchas plantas desconocidas *(unknown)* a los europeos. Algunos de los productos del "Nuevo Mundo" incluyen las papas o patatas, los tomates, el maíz, el chocolate (cacao) y el tabaco.

EXPLORE!
For this chapter's
activity, go to
http://puentes.heinle.com

Vocabulario

el abecedario *alphabet*
el (la) abuelo(a) *grandfather, grandmother*
la actividad *activity*
el agua *water*
el alemán *German*
el apartamento *apartment*
el apellido *surname, last name*
el básquetbol *basketball*
la biblioteca *library*
el café *coffee*
la calle *street*
la carta *letter*
el casete *cassette*
el (la) compañero(a) de clase *classmate*
la composición *composition*
la computadora *computer*
el concierto *concert*
el condominio *condominium*
el dato *fact, information*
la dirección *address*
el disco compacto *compact disc*
el ejercicio *exercise*
el (la) esposo(a) *husband, wife*
la familia *family*
la fiesta *party*

el francés *French*
el fútbol (europeo) *soccer*
el fútbol americano *football*
el gemelo *twin*
el gobierno *government*
la gramática *grammar*
la hamburguesa *hamburger*
el (la) hermano(a) *brother, sister*
el (la) hijo(a) *son, daughter*
los hijos *sons, children*
el hospital *hospital*
el inglés *English*
la madre *mother*
la mamá *mom*
la música *music*
el nombre *name*
el nombre de pila *first name*
la novela *novel*
el (la) novio(a) *boyfriend, girlfriend*
el número *number*
la oficina *office*
el padre *father*
los padres *parents*
el papá *dad*
el partido *game*
la película *movie*

el periódico *newspaper*
la pizza *pizza*
la pregunta *question*
el (la) profesor(a) *professor, teacher*
el programa *program, show*
la radio *radio*
el refresco *(soft) drink*
la residencia *residence, dormitory*
la respuesta *response, answer*
el restaurante *restaurant*
la revista *magazine*
el saludo *greeting*
el señor (Sr.) *Mr.*
la señora (Sra.) *Mrs.*
la señorita (Srta.) *Miss*
el taco *taco*
el té *tea*
la televisión *television*
el tenis *tennis*
el tiempo libre *free time*
la universidad *university*
el vecino *neighbor*
la vida diaria *daily life*

aprender *to learn*
asistir *to attend*
comer *to eat*
comprender *to understand*
contestar *to answer*
escribir *to write*
escuchar *to listen to*

estar *to be*
estudiar *to study*
hablar *to talk, to speak*
leer *to read*
mirar *to watch, to look at*
nacer *to be born*

practicar *to play (a sport), to practice*
ser *to be*
tener *to have*
tomar *to take, to drink*
trabajar *to work*
vivir *to live*

OTRAS PALABRAS

¿a qué hora? *at what time?*
¿ádonde? *to where?*
cansado(a) *tired*
casado(a) *married*
¿cómo? *how?*
¿con que frecuencia? *how often?*
contento(a) *happy*
¿cuál(es)? *which (one/s)?*
¿cuándo? *when?*
¿cuánto(a)? *how much?*
¿cuántos(as)? *how many?*
de buen (mal) humor *in a good (bad) mood*

¿de dónde? *from where?*
¿dónde? *where?*
enfermo(a) *sick*
enojado(a) *angry*
mal; malo(a) *bad*
mi(s) *my*
mucho(a) *much, a lot*
nervioso(a) *nervous*
nuestro(a) *our*
ocupado(a) *busy*
pero *but*
poco(a) *little, not much*
porque *because*
¿por qué? *why?*

preocupado(a) *worried*
¿qué? *what?*
¿quién(es)? *who?*
soltero(a) *single*
su(s) *his, her, its, their, your (formal)*
todos los días *every day*
triste *sad*
tu(s) *your (informal, singular)*
un poco de... *a little of . . .*
vuestro(a) *your (informal, plural)*
y *and*

EXPRESIONES ÚTILES

¿ A qué se dedica? *What does he/she do (for a living)?*
Adiós. *Good-bye.*
Así, así. *So-so. Okay.*
Bien, gracias. *Fine, thanks.*
Buenas noches. *Good evening. Good night.*
Buenas tardes. *Good afternoon.*
Buenos días. *Good morning.*
Chao *Bye*
¿Cómo estás? *How are you? (familiar)*
¿Cómo está Ud.? *How are you? (formal)*
¿Cómo se llama? *What is his (her) name?*
¿Cómo se llama usted? *What is your name? (formal)*
¿Cómo te llamas? *What is your name? (familiar)*
¿Cuál es tu (su) dirección? *What is your (his/her) address?*

¿Cuál es tu (su) teléfono? *What is your (his/her) telephone number?*
¿Cuántos años tienes? *How old are you?*
¿De dónde + ser? *Where is/are . . . from?*
¿Dónde vives? *Where do you live?*
Es de... *He (She) is from . . .*
¿Estás casado(a)? *Are you married?*
Éste/Ésta es... *This is . . .*
Éstos /Éstas son... *These are . . .*
Estupendo. *Great. Terrific.*
Hasta luego. *See you later.*
Hasta mañana. *See you tomorrow.*
Hasta pronto. *See you soon.*
Hola. *Hi. Hello.*
Igualmente. *Same here. Likewise.*
Me gusta(n)... *I like . . .*
Me llamo... *My name is . . .*

Mucho gusto. *Nice to meet you. It's a pleasure (to meet you).*
Nací en... *I was born in . . .*
Nos vemos. *See you around.*
¿Qué tal? *How's it going?*
Se escribe... *It's spelled/ written . . .*
Soy de... *I'm from . . .*
Su teléfono es... *His (Her) telephone number is . . .*
Tengo... años. *I am . . . years old.*
Tiene... años. *He (She) is . . . years old.*
Un placer. *It's a pleasure (to meet you).*
Vive en... *He (She) lives in . . .*
Vivo en... *I live in . . .*

For further review, please turn to Appendix E.

OBJETIVOS

1. Speaking and Listening

Telling time and giving dates
Making travel and hotel arrangements
Using numbers from hundreds to millions
Expressing preferences and future plans

2. Reading

Recognizing subdivisions of a text

¡De viaje!

2

Develop writing skills with *Atajo* software.

Atajo

Practice listening skills with the Student Tape.

Student Tape

WWW Explore! http://puentes.heinle.com

Internet Activities

Discover the Hispanic world.

Video Tape

¿Has visitado Venezuela alguna vez *(sometime)*? ¿Te gustaría *(would you like)* ir? La familia Martínez vive en Maracaibo. ¿Puedes encontrar la ciudad en el mapa?

Venezuela al completo

15 días (13 noches hotel + 1 noche avión) **por . . . . . 251.500 Ptas.**

Día 1º Barcelona-Madrid/Caracas
Presentación en el aeropuerto, salidas internacionales, mostrador POLITOURS, para salir en vuelo de línea regular de la Cía VIASA, con destino Caracas. Llegada, traslado y alojamiento al hotel.

Días 2º Caracas/Maracaibo
Traslado al aeropuerto para salir en vuelo de línea regular hacia Maracaibo. Llegada, asistencia, traslado al hotel y alojamiento.

Día 3º Maracaibo
Visita de la ciudad fundada por Alonso Pacheco, a orillas del lago del mismo nombre. Su parte antigua, con calles estrechas y edificios coloniales, contrasta con la parte moderna de la ciudad, destacando la Plaza de la República, Plaza Bolívia, Plaza Mayor, Catedral, Iglesia Mayor, Basílica de Chinchiquira, Casa de Capitulación, etc. Por la tarde, visista de la laguna de Sinamaica o Maracaibo. Alojamiento.

Precios y salidas	
Precios por persona	
En hab. doble desde Madrid	251.500 Ptas
Supl. salida de Barcelona (sólo Julio/Agosto)	6.250 Ptas
Supl. hab. individual	109.800 Ptas
Supl. por salida de otros aeropuertos (excepto Canarias) (sólo Julio/Agosto)	8.000 Ptas
Supl. Temporada Media	9.500 Ptas
Supl. Temporada Alta	25.000 Ptas
Supl. Temporada Extra	30.000 Ptas

Fechas de salida

1997
Mayo: 3, 10, 17, 24 y 31
Junio: 7, 14, 21 y 28
Julio: 5, 12, 19 y 26
Agosto: 2, 9, 16, 23 y 30
Septiembre: 6, 13, 20 y 27
Octubre: 4, 11, 18 y 25
Noviembre: 1, 8, 15, 22 y 29
Diciembre: 6, 13, 20 y 27

Nota: Consultar precios a partir del 13 de diciembre de 1997.

● Temporada media ▲ Temporada alta ■ Temporada extra

Hoteles previstos		
(o similares)		
Caracas	Caracas Hilton	Lujo
Maracaibo	Intercontinental del Lago	1ª Sup.

Lee sobre el viaje de España a Venezuela y contesta las preguntas.

1. ¿Dónde está Maracaibo? ¿En el norte, sur, este u oeste de Venezuela?
2. ¿Cuál es la capital de Venezuela? ¿Puedes encontrarla en el mapa?
3. ¿Por cuántos días es el viaje?
4. ¿De qué ciudades en España se puede salir?
5. ¿Qué tipo de habitación se incluye por 251.500 pesetas? ¿Cuánto es el suplemento que se debe pagar por una habitación sencilla o individual?
6. ¿Cuáles son las fechas de salida en agosto?
7. ¿Qué ocurre el segundo día del viaje?
8. ¿Quién fundó la ciudad de Maracaibo?
9. ¿Cómo se llama el famoso lago de la ciudad?
10. ¿Qué atracciones hay en Maracaibo? ¿Qué te gustaría hacer allí?

Paso 1

In this *Paso* you will practice:

○ Telling time
○ Giving the date
○ Making travel arrangements

VOCABULARIO TEMÁTICO

¿Qué hora es?

¿Qué hora es? ¿A qué hora es tu clase de español? ¿A qué hora estudias?

The English equivalents to all *Vocabulario temático* lists are found in Appendix E.

Cómo decir la hora

¿Qué hora es?
Perdón, ¿podría decirme la hora?

Es mediodía.

Es la una.

Es la una y media.

Son las dos.

Son las dos y cuarto.

Son las cinco.

Son las ocho menos veinte.

Es medianoche.

Cómo hablar de horarios

¿A que hora llega **el tren**?
        el vuelo

Llega a la una y diez.

¿A qué hora sale **el tour**?
        la excursión

Sale a las tres.

¿A qué hora se abre **el banco**?
        el museo

Se abre a las nueve y media.

¿A qué hora se cierra **el restaurante**?
        el café

Se cierra a las once y media.

¿Sabías que...?

To tell time, the verb *ser* is always used. The singular form *es* is used with *una* and the plural form *son* is used with all other hours.

Es la una.	*It's one o'clock.*
Son las doce.	*It's twelve o'clock.*

In order to express "A.M." and "P.M.", add the following phrases:

de la mañana	➡	*6 A.M. to noon*
Son las diez de la mañana.		*It is 10 A.M.*
de la tarde	➡	*noon to sundown*
Son las tres de la tarde.		*It is 3 P.M.*
de la noche	➡	*sundown to midnight*
Son las nueve de la noche.		*It is 9 P.M.*
de la madrugada	➡	*early morning hours*
Son las dos de la madrugada.		*It is 2 A.M.*

To tell time up to 30 minutes past the hour use *y* (and).

Son las dos y veinte.	*It's 2:20 P.M.*

To tell time from 30 minutes until the next hour use *menos* (until).

Son las tres menos cuarto de la tarde.	*It's 2:45 P.M.*

The preposition *a* must be used when giving the time when something is done. For example, the phrase "I study **at** five P.M." is expressed as *Estudio **a** las cinco de la tarde.*

The words *llegada* (arrival) and *salida* (departure) are derived from the new verbs *llegar* (to arrive) and *salir* (to leave/depart).

Comentario *cultural*

La hora en el sistema militar

En España y en Latinoamérica es común usar el sistema militar al presentar el horario de las salidas y llegadas de autobuses, trenes y aviones. Por ejemplo, si el horario tiene "Autobús 20 —llegada: 22:05", esto significa que el autobús 20 llega a las diez y cinco de la noche. También se usa este sistema para dar la hora de funciones como obras de teatro o películas, o para los horarios de tiendas y de restaurantes.

Ponerlo a prueba

A. Los horarios de trenes. Usa la información en el horario de trenes para contestar las preguntas.

1. ¿Cómo se llama uno de los trenes más avanzados de Europa?
2. ¿Cómo se describe el tren?
3. ¿Cómo se llaman los dos Talgos?
4. ¿Cuál es el destino de los trenes?
5. ¿En qué ciudades paran *(stop)* los trenes para ir de Madrid a París?

6. ¿A qué hora sale el tren "Puerta del Sol" de Madrid a Burgos? ¿A qué hora llega?

7. ¿A qué hora sale el "Talgo Pendular" de Madrid a Burgos? ¿A qué hora llega?

8. ¿Cuál de los dos trenes es más rápido, el "Talgo Pendular" o el "Puerta del Sol"?

9. ¿A qué hora sale el "Puerta del Sol" de París a Madrid? ¿A qué hora llega?

B. Perdón, ¿podría decirme la hora? Trabajas en el aeropuerto de Miami, Florida, donde varios turistas te preguntan la hora. Usa la información en los relojes y en el modelo para contestar las preguntas con tu compañero(a).

Modelo

TÚ: Perdón, ¿podría decirme la hora?
TU COMPAÑERO/A: Es la una y veintiocho.

1.

2.

3.

4.

5.

6.

7.

8.

Viajar con *Iberrail*, es viajar con la rapidez y el confort que puede darle uno de los trenes más avanzados de Europa: el *Talgo*.

HORARIOS DE TRENES

SALIDAS DESDE MADRID Y BURGOS		
DIARIO	**«PUERTA DEL SOL»**	**DIARIO**
18,10	Madrid (Chamartín)	10,00
21,41	Burgos	06,41
03,36	Hendaya-Irún	02,04
10,27	París (Austerlitz)	17,45

	«TALGO PENDULAR»	
19,40	Madrid (Chamartín)	08,55
22,23	Burgos	06,12
02,17	Hendaya-Irún	03,01
08,48	París (Austerlitz)	20,00

SALIDAS DESDE BARCELONA		
DIARIO	**«BARCELONA TALGO»**	**DIARIO**
20,55	Barcelona (Sants)	08,37
22,04	Gerona	07,28
23,14	Port-Bou/Cerbere	06,05
08,36	París (Austerlitz)	21,00

VOCABULARIO TEMÁTICO

Las fechas

¿Cuál es tu día favorito? ¿Por qué? ¿Qué día de la semana no te gusta? ¿Cuál es la fecha de hoy? ¿Cuándo es tu cumpleaños?

Los días de la semana

¿Qué día es hoy?   Hoy es lunes.
        mañana   Mañana es martes.

lunes   martes   miércoles   jueves   viernes   sábado   domingo

Los meses del año

¿Cuál es la fecha?   Es el primero de noviembre de 1999.
                         diez   octubre

¿Sabías que...?

➤ The days of the week and the months of the year are not capitalized in Spanish.

➤ To express "on" in Spanish, the definite article *el* is used.

> La fiesta es **el sábado.**   *The party is **on Saturday.***

To indicate that something occurs regularly on specific days, the plural definite article *los* is used.

> Trabajo **los sábados.**   *I work **on Saturdays.***

➤ The Spanish word for "week" is *semana* and "weekend" is *fin de semana.*

➤ When writing dates in Spanish, days come first.

> el quince de   *February 15, 1999*
> febrero de 1999

➤ If you use numerals to give the date (for example, April 15, 1999 as 4/15/99), in Spanish the day is written before the month (15/4/99).

➤ In some countries, a Roman numeral may be used to indicate the month (15/IV/99).

➤ When giving the year in English it is common to say "nineteen hundred" (1900) instead of "one thousand nine hundred." In Spanish you must say *mil novecientos.*

A. El conserje. Vamos a suponer que estás ayudando a tu amigo que trabaja en la oficina de recepción del Hotel Gran Bolívar en San José, Costa Rica. Escucha y luego escribe en español todos los datos de las *tres* reservaciones.

a. Nombre:

b. Número de personas:

c. Habitación —doble/sencilla
 (double/single):

d. Día y fecha de llegada *(arrival)*:

e. Hora de llegada:

Play Student Tape

B. Los exploradores. El director de un "club de viajes" les describe a algunos de los miembros los viajes de la temporada. Algunas personas preguntan el día y la fecha de salida de los viajes que les interesan. Usa la información y el modelo para practicar la situación con tu compañero(a).

Modelo

TÚ: Por favor, ¿cuándo sale la excursión para Panamá?

TU COMPAÑERO/A: Sale el jueves, seis de septiembre.

TÚ: ¿Cuándo regresa?

TU COMPAÑERO/A: Regresa el lunes, veinticuatro de septiembre.

Destinos	Sale	Regresa
Panamá	jueves, 6/9	lunes, 24/9
España	lunes, 21/9	domingo, 4/10
Costa Rica	viernes, 1/7	sábado, 22/7
Chile	domingo, 31/1	jueves, 11/2

Comentario *cultural*

El calendario maya

La civilización de los mayas ya existía en la península Yucatán de México alrededor de 1500 a. J.C. La culminación de su cultura ocurrió durante el siglo X d. J.C. A los mayas les fascinaba el tiempo y sin usar tecnología tenían un calendario bastante exacto. El calendario maya tenía tres tipos de años: el *tzolkia* de 260 días, el *tun* de 360 días y el *haab* de 365 días. También contaban largos períodos de tiempo con un sistema complicado y exacto que consistía de días o *kin*.

VOCABULARIO TEMÁTICO

En la agencia de viajes

¿Te gusta viajar? ¿Adónde prefieres viajar? ¿Qué método de transporte prefieres? ¿Por qué?

El/La agente de viajes

¿En qué puedo servirle?

¿Cómo prefiere viajar?

El/La turista

Quisiera ir a Lima.
 hacer un viaje a Montevideo
Prefiero viajar por avión.
 en tren
¿Qué días hay vuelos?
 excursiones

Hay vuelos todos los días.
los lunes y miércoles

¿Qué día piensa salir?
regresar

Pienso salir el dos de abril.
regresar

¿Prefiere un billete de ida o
de ida y vuelta?

Quiero un billete de ida.
un billete de ida y vuelta

¿Cuánto es?
vale

El billete de ida cuesta tres mil
intis y el billete de ida y vuelta
cuesta seis mil intis.

¿Cómo quiere pagar?

¿Aceptan tarjetas de crédito?
cheques de viajero

No, sólo aceptamos dinero
en efectivo.

¿Sabías que...?

• Both *quiero* and *quisiera* are used to express what you want. *Quisiera* is considered more polite when making requests. Both are forms of the verb *querer*—to want.

• To indicate whether you prefer to travel "first class" or coach, in Spanish you say *primera clase* (first class) or *clase de turista* (coach).

• The verb *hay* is a form of the verb *haber*. It means "there is" or "there are."

Hay dos trenes para París.	*There are two trains to Paris.*
Hay un vuelo para Madrid.	*There is a flight to Madrid.*

• Another way to say "ticket" is *boleto* or *pasaje*.

ESTRUCTURAS ESENCIALES

Verbos con cambios en la raíz en el tiempo presente

In Spanish, some verbs have changes in the vowel of their stem when the verb is conjugated in the present tense. These verbs are called stem-changing verbs.

■ An infinitive verb in Spanish consists of two parts:

	the stem	+	the ending
pensar	**pens**	+	**ar** (to think, plan)
querer	**quer**	+	**er** (to want)
preferir	**prefer**	+	**ir** (to prefer)
poder	**pod**	+	**er** (to be able, can)

■ When conjugating these stem-changing verbs in the present tense, it is important to remember that the verb endings are the same as for regular -*ar*, -*er*, and -*ir* verbs.

- The changes that occur in the vowel of the stem will follow these patterns:

e → ie in all persons except *nosotros* and *vosotros*		
pensar	**querer**	**preferir**
pienso	quiero	prefiero
piensas	quieres	prefieres
piensa	quiere	prefiere
pensamos	queremos	preferimos
pensáis	queréis	preferís
piensan	quieren	prefieren

o → ue in all persons except *nosotros* and *vosotros*
poder
puedo
puedes
puede
podemos
podéis
pueden

Ponerlo a prueba

A. El viaje de Daniel. Escucha la conversación entre Daniel y la agente de viajes. Luego, completa las siguientes oraciones en español.

Play Student Tape

1. Daniel quiere viajar de _____ a _____.
2. Daniel prefiere un boleto de _____.
3. Daniel va a los Estados Unidos para _____.
4. La aerolínea del vuelo de Daniel es _____.
5. El vuelo de salida de Daniel es el _____ de agosto a las _____ de la mañana.
6. Daniel piensa regresar en el mes de _____.
7. Daniel paga por los boletos con _____.
8. Los boletos van a llegar a casa de Daniel en _____.

B. Para ir a la isla Margarita. Completa por escrito el diálogo entre un(a) turista (T) y el (la) agente de viajes (A) en Miami, Florida. Luego, practícalo oralmente con tu compañero(a).

A: ¿En qué puedo servirle?

T:

A: ¡Qué bien! Margarita, "la Isla de Perlas" (*the Island of Pearls*), es un lugar fantástico.

T:

A: Hay vuelos a la isla todos los días.

T:

A: Los vuelos salen a las 7:30 A.M. de lunes a viernes y a las 8:20 los fines de semana.

T:

A: Un boleto de ida y vuelta vale $350,00.

T:

A: Sí, aceptamos VISA, MasterCard y American Express. ¿Quiere Ud. hacer una reservación?

T:

A: Bueno, otro día. No hay de qué. ¡Hasta luego!

A. De visita en San José. Estás de turista en San José, Costa Rica y tu guía te da tres anuncios. Primero, lee los anuncios y contesta las preguntas. Luego, hazle preguntas a tu guía.

HISTORIA Y MUSEOS

El Museo Nacional

Teléfono: 221229/210295
Ubicación: Entre la 15 y la 17 Calles y entre la Avenida Central y la Segunda Avenida.
Horas de Visita: Martes a Sábados de 8:30 a.m. a 4:30 p.m. Domingos 9:00 a.m. a 4;30 p.m. Cerrado los Lunes.
Entrada ₡ 10.00 por persona. Gratis para niños menores de 10 años y para estudiantes con identificación.
Los visitantes del Museo Nacional pueden apreciar exhibiciones representativas de la flora y fauna, historia y arqueología del país. El edificio del museo sirvió como fuerte en el tiempo en que Costa Rica contaba con fuerza armada, y ofrece una vista panorámica de San José.

Museo de Arte de Costa Rica

Teléfono: 227247
Ubicación: Parque Metropolitano de La Sabana al final oeste del Paseo Colón.
Horas de Visita: Martes a Domingo 10:00 a.m. a 4:30 p.m. Cerrado los Lunes.
Entrada: ₡10.00 por persona.
Este museo contiene una fina colección de tallados de madera, esculturas y pinturas de Costa Rica. El edificio es un magnífico ejemplo de arquitectura colonial que una vez sirvió como terminal del aeropuerto internacional.

El Teatro Nacional

Teléfono: 211329
Ubicación: 2a. Avenida y 3a. Calle.
Horas de Visita: Lunes a Sábado de 9:00 a.m. a 6:00 p.m. Domingo de 9:00 a.m. a 4:00 p.m.
Entrada: ₡ 20.00 por persona.
El orgullo y la alegría de Costa Rica, su Teatro Nacional, fue terminado en 1897 y es considerado como el edificio más bello de la ciudad. Artistas europeos y costarricenses combinaron fuerzas para decorar el teatro de una manera elaborada con pinturas y esculturas. Antes de visitar el teatro es importante confirmar su visita para evitar que coincida con un ensayo. Verifique en la programación en los periódicos y en los boletines del teatro.

1. ¿A qué hora se abre el Museo Nacional?
2. ¿Qué día no se abre?
3. ¿Cuánto cuesta la entrada para los estudiantes?
4. ¿Qué atracciones hay en el Museo Nacional?
5. ¿Dónde está el Museo de Arte de Costa Rica?
6. ¿A qué hora se cierra?
7. Describe el edificio.
8. ¿Qué te gustaría ver en el Museo de Arte? (Me gustaría ver...)
9. ¿De qué manera es diferente el horario del Teatro Nacional?
10. ¿Por qué debes confirmar tu visita antes de ir al Teatro?
11. ¿Dónde debes buscar los anuncios de las atracciones del Teatro?
12. De todas las atracciones, ¿cuál es la más barata *(inexpensive)*? ¿Cuál tiene un horario más flexible? ¿Cuál te gustaría visitar? Explica.
13. Escribe algunas preguntas para hacerle a tu guía sobre las atracciones.

B. Para ir a Atenas, por favor. Imagínate que trabajas para la aerolínea de vuelos charter Spantax y tu compañero(a) es tu cliente. Usa la información en el horario y el modelo para completar la situación oralmente.

Modelo

CLIENTE: ¿Qué días hay vuelos charter a Atenas?

TÚ: ¿En qué mes prefiere viajar?

CLIENTE: Prefiero ir en septiembre.

TÚ: Tenemos vuelos el 3, el 10, el 17 y el 24.

CLIENTE: ¿A qué hora sale el vuelo el 10 de septiembre?

TÚ:	Tenemos dos vuelos, el charter y el regular. El regular sale a la 1:10 y el charter sale a las 3:10. ¿Cuál de los dos prefiere?
CLIENTE:	Prefiero el regular a la 1:10.
TÚ:	Muy bien. ¿Desea un boleto de ida o de ida y vuelta?
CLIENTE:	Prefiero de ida.
TÚ:	¿Cómo quiere pagar?
CLIENTE:	Voy a pagar con cheques de viajero.
TÚ:	Muy bien.

HORARIOS Y FECHAS SALIDA DE BARCELONA

Vuelos Charter Horarios			Línea Regular Horarios		
AO-4338 DC9	Vuelos	AO-4339 DC9	IB-734 72S	Vuelos	IB-735 72S
15.10 18.50	BARCELONA ATENAS	21.35 19.35	13.10 16.55	BARCELONA ATENAS	19.45 17.50

FECHAS SALIDA BARCELONA

Abril:	18 y 25
Mayo:	2, 9, 16, 23 y 30
Junio:	6, 11, 18 y 25
Julio:	2, 9, 16, 23 y 30
Agosto:	6, 13, 20 y 27
Septiembre:	3, 10, 17 y 24
Octubre:	1, 8, 15, 22 y 29
Noviembre:	5, 12, 19 y 26
Diciembre:	3, 10, 17, 24 y 31

Enero:	7, 14, 21 y 28
Febrero:	4, 11, 18 y 25
Marzo:	4 y 11, 18 y 25

- T. media
- T. alta
- T. extra

C. En la Agencia Venus. Escribe mini-diálogos para estas conversaciones entre la señorita Magaly y el Sr. Alfonso Godoy. Luego, practícalos oralmente con tu compañero(a).

1.

2.

3.

4.

Paso 2

In this *Paso* you will practice:

- Numbers from the 100's to the 1,000,000's
- Making hotel arrangements
- Expressing preferences and plans for the future

Grammar:

- Verb phrases
- The verb *ir* in the present tense

VOCABULARIO TEMÁTICO

Los números de 100 a 10.000.000

¿Cuánto cuesta una habitación en el hotel más caro de tu ciudad? ¿Cuánto es un boleto de ida y vuelta de tu ciudad a la capital?

¿Cuánto cuesta la excursión?   Quince mil (15.000) **pesetas.**
           el tour
           una habitación doble

100	cien	900	novecientos
101	ciento uno	1.000	mil
200	doscientos	5.000	cinco mil
300	trescientos	10.000	diez mil
400	cuatrocientos	100.000	cien mil
500	quinientos	750.000	setecientos cincuenta mil
600	seiscientos	1.000.000	un millón
700	setecientos	2.000.000	dos millones
800	ochocientos	10.500.000	diez millones quinientos mil

¿Sabías que...?

- Notice that unlike their English equivalents, Spanish *mil* (one thousand) and *cien* (one hundred) do not use *un* (one) before the number.

  cien boletos   *one hundred tickets*
  mil turistas   *one thousand tourists*

- The masculine forms of the numbers 200–900 are used before masculine nouns, and the feminine forms are used with feminine nouns.

  500 pesos = quinient**os** pesos
  600 pesetas = seiscient**as** pesetas

- *One* is the only other number (besides the hundreds) that has to agree with its noun.

Tengo **un** hermano.   *I have one brother.*
Tengo **una** hermana.   *I have one sister.*

- When writing numerals in Spanish, you should use the decimal point where English uses a comma and vice versa.

Spanish	*English*
98,6 grados	*98.6 degrees*
$125.000,00	*$125,000.00*

- The preposition *de* is used when a number designating whole millions is used before a noun.

  diez millones   *ten million inhabitants*
      de habitantes

A. Un viaje al Ecuador. La señora Pala está de vacaciones en Quito, Ecuador. Ahora está hablando con un agente de viajes porque necesita información sobre otras partes del país. Escucha la conversación en tu casete. Escribe el precio para los siguientes arreglos. Sigue el modelo.

Play Student Tape

Modelo

(you hear)   LA SEÑORA PALA: Pienso hacer un viaje a Guayaquil. ¿Son muy caros los vuelos?

EL AGENTE: Pues, un boleto de ida y vuelta cuesta aproximadamente 100.000 sucres.

(you write) VIAJE A GUAYAQUIL: boleto de ida y vuelta–s/. 100.000 (cien mil sucres)

1. viaje a Guayaquil, boleto de ida
2. tour de las islas Galápagos
3. hotel, habitación doble
4. tour a Otavalo, en autobús
5. viaje a Riobamba, en tren

B. Excursiones Pullmantur. Imagínate que estás en Madrid. Hablas con un agente de viajes sobre los precios y los horarios de unas excursiones. ¿Qué dice el agente? Trabaja con un(a) compañero(a) y crea *(create)* mini-diálogos orales. Sigue el modelo.

Modelo

Toledo, medio día

TÚ: ¿Cuánto cuesta la excursión de medio día a Toledo?

TU COMPAÑERO(A):   Cuesta 4.470 (cuatro mil cuatrocientos setenta) pesetas.

TÚ: ¿A qué hora sale?

TU COMPAÑERO(A):   Hay dos excursiones. Una sale a las nueve menos cuarto de la mañana. La otra sale a las tres de la tarde.

1. Segovia, sin almuerzo
2. Madrid Pictórico
3. El Escorial, medio día
4. Cuenca, con almuerzo
5. Toledo, dos días
6. Ávila

EXCURSIONES / EXCURSIONS	HORA/ TIME	PRECIO/ PRICE
MADRID. Visita Artística (Mañana/Morning)	9.30	4.300
MADRID. Visita Panorámica (Tarde/Afternoon)	15.00	2.600
MADRID REAL. (Mañana/Morning)	9.30	3.720
MADRID PICTORICO. (Mañana/Morning)	9.30	3.720
GRAN NOCHE EN SCALA (con cena/with dinner)	20.30	12.720
COPA EN SCALA	20.30	8.000
FIESTA FLAMENCA con cena/with dinner	20.30	10.500
FIESTA FLAMENCA Y BAILES DE ESPAÑA	20.30	6.660
TOLEDO:		
Todo el día - Full day	9.30	6.900
Medio día (mañana) - Half day (morning)	8.45	4.470
Medio día (tarde) - Half day (afternoon)	15.00	4.470
TOLEDO A SU AIRE (dos días/two days)	9.30	11.100
AVILA - ESCORIAL - VALLE (Todo el día/Full day)	8.45	7.410
SEGOVIA - LA GRANJA (Todo el día/Full day):	9.30	
Sin almuerzo/Without lunch		5.515
Con almuerzo/With lunch		7.300
Menú gastronómico/Gastronomic Menu		8.520
ESCORIAL-VALLE DE LOS CAIDOS:		
Medio día (mañana) - Half day (morning)	8.45	4.660
Medio día (tarde) - Half day (afternoon)	15.00	4.660
ESCORIAL - VALLE - TOLEDO: (Todo el día - Full day)	8.45	9.410
ARANJUEZ - CHINCHON (Todo el día/Full day):	9.45	
Sin almuerzo/Without lunch		5.200
Con almuerzo/With lunch		6.500
CUENCA - CIUDAD ENCANTADA (Todo el día/Full day)	8.00	
Sin almuerzo/Without lunch		8.000
Con almuerzo/With lunch		9.900
PANORAMICA Y TOROS		
Tendido sol/Unshaded seat	–	4.870
Tendido sombra/Shaded seat	–	6.600

EXCURSIONES Madrid

VOCABULARIO TEMÁTICO

En el hotel

¿Cuál es tu hotel favorito? ¿Cuánto cuesta una habitación doble allí?

Recepcionista

¿En qué puedo servirle?

¿Para cuántas personas?
¿Por cuántos días?

Está en el primer piso.
     segundo
     tercer
     cuarto
     quinto

Aquí la tiene.

Turista

Quiero hacer una reservación.
Quisiera una habitación sencilla.
               doble
               con dos camas

Para dos.
Por tres días.
¿Tiene baño privado?
     baño completo
     agua caliente
     ducha
¿A qué hora podemos ocupar el cuarto?
     tenemos que salir
¿En qué piso está mi habitación?
     la piscina

La llave, por favor.
La cuenta

¿Sabías que...?

❧ In some countries, a room is called *un cuarto* instead of *una habitación*.

❧ The Hispanic system for numbering floors in buildings is different from the one used in the United States. The ground floor of a building is called *la planta baja*. The first floor above ground level is called *el primer piso*. Notice that to speak of locations, such as which floor a room is on, it is necessary to use the verb *estar*.

Su habitación **está** en el segundo piso.

Your room is on the second floor (the third floor if we follow the U.S. system).

Ponerlo a prueba

A. Una reservación. Escucha la conversación entre un turista y el empleado de un hotel en Miami. Copia el formulario en una hoja de papel y complétalo en inglés.

Play Student Tape

$\mathcal{H}$otel $\mathcal{C}$arlton

Name: _____

Number of persons in party: _____ Type of room: ❑ single ❑ double ❑ 2 beds

Date/time of arrival: _____ Room rate: _____

Method of payment: _____

B. En el Hotel Beatriz. Escribe mini-diálogos para estas situaciones.
Después, lee tus diálogos con un(a) compañero(a).

1.

Reservación dos días.

2.

3.

4.

El alojamiento *(lodging)*

Hay muchos tipos de alojamiento para el turista que quiere visitar los países de habla hispana. Aquí tienes una descripción de algunos de ellos.

Hotel: El hotel es el tipo de alojamiento más popular entre la mayoría de los turistas. En muchos países, la categoría del hotel está indicada por estrellas *(stars)*. Una sola estrella indica un hotel modesto y bastante económico; cinco estrellas indican un hotel de lujo *(luxurious, deluxe)*, con muchas amenidades (piscina, sauna, gimnasio, etc.).

Albergue juvenil: Muchos jóvenes prefieren alojarse en los albergues juveniles *(hostels)* porque no son caros y generalmente están en el centro de las ciudades. En los albergues juveniles, generalmente tienes que compartir *(share)* el baño.

Pensión: Una pensión es como un hotel muy pequeño y familiar. El precio de la habitación casi siempre incluye el desayuno; también puedes comer las otras comidas allí por un precio muy razonable. En muchas pensiones tienes que compartir el baño.

Parador: En España puedes alojarte en unos hoteles únicos *(unique)* —los lujosos paradores. Éstos son antiguos castillos o monasterios que han sido convertidos en hoteles. Los paradores son caros y casi siempre es necesario hacer reservación.

GRAMÁTICA

La perífrasis—Cómo expresar planes y preferencias

In Spanish, it is very common for a conjugated verb to be followed immediately by an infinitive; many of these verb phrases are used to express one's plans, intentions, or preferences.

A. Cómo expresar los planes para el futuro. In Spanish there are a number of ways to express one's plans or intentions for the future. While a future tense does exists, it is also quite common to express future plans by using a conjugated form of the verbs *pensar* (to plan/think), *esperar* (to hope/expect), or *ir* (to go). As you read the examples below, notice that *pensar* and *esperar* are followed directly by infinitives, while *ir* takes the preposition *a* before the infinitive.

- **pensar + infinitivo**

  Pienso visitar el Museo de Arte esta tarde. · *I plan to visit the Museum of Art this afternoon.*

- **esperar + infinitivo**

  Espero hacer una excursión a Toledo mañana. · *I hope to take a side trip to Toledo tomorrow.*

- **ir + a + infinitivo**

  Voy a ver un tablao flamenco esta noche. · *I'm going to see a flamenco show tonight.*

The verb *ir* is irregular in the present tense. As you study the forms in the chart, notice that *ir* can also be used without infinitives to tell where you are going. In this case the preposition *a* is used before the name of the destination.

ir *(to go)*	
yo	**Voy** a México en junio.
tú	¿**Vas** a visitar el museo mañana?
usted/él/ella	Mi mamá **va** a hablar con el agente.
nosotros(as)	**Vamos** a salir a las cinco de la mañana.
vosotros(as)	¿**Vais** a tomar un tren?
ustedes/ellos/ellas	**Van** a casa el jueves.

Verb phrases used to refer to future plans are often accompanied by time expressions such as the following:

esta tarde	*this afternoon*
esta noche	*tonight*
mañana	*tomorrow*
pasado mañana	*the day after tomorrow*
la semana que viene	*next week*
el próximo mes	*next month*
el próximo año	*next year*

B. Cómo expresar las preferencias.

A number of other verb phrases may be used to express your likes, dislikes, and preferences. Notice in the following examples that each verb phrase consists of a conjugated verb plus an infinitive.

Me gusta viajar en tren.	*I like traveling by train.*
Quisiera hacer un viaje a San José.	*I'd like to take a trip to San José.*
Quiero salir el ocho de junio.	*I want to leave on the eighth of June.*
Prefiero regresar el dieciséis.	*I prefer to return on the sixteenth.*

Ponerlo a prueba

A. Las vacaciones. Vas a describir tus planes y los planes de otras personas para las vacaciones. Completa las siguientes frases y luego añade *(add on)* dos o tres frases más. Aquí tienes algunas ideas. El modelo está en la página 76.

¿Adónde vas para las vacaciones?

Washington, D.C.
San Diego, California
Nueva York
Europa
El Suroeste de los Estados Unidos
    (Arizona, Nuevo México, etc.)
La playa *(beach)* en _____
Las montañas en _____
La ciudad de _____

¿Qué vas a hacer allí?

acampar *(to camp out)*
bailar en los clubes
comer en un restaurante elegante / la
    comida típica
esquiar sobre el agua / en la nieve
    (snow)
hacer un tour / hacer "surfing"
ir de compras *(to go shopping)*
jugar al vóleibol/golf/tenis
nadar
tomar el sol
ver los animales / el Gran Cañón / una
    obra de teatro *(play)*
visitar los museos / el parque zoológi-
    co / el barrio *(neighborhood)* chino

Modelo

Para sus próximas vacaciones, mis padres van a San Diego, California. Van a visitar el famoso parque zoológico y a ver los animales. Mi padre piensa jugar al golf y mi madre espera ir de compras. Van a visitar Tijuana, México, también.

1. Para las próximas *(next)* vacaciones, mis padres...
2. Para las vacaciones de primavera *(spring break)*, mis amigos y yo...
3. El próximo verano *(summer)*, mi amigo(a) _____...
4. Algún día *(One day)*, (yo)...

B. Preguntas personales. Tú y tu compañero(a) van a hablar de las vacaciones. Usa las preguntas de la columna 1 para entrevistar a tu compañero(a). Después, tu compañero(a) va a entrevistarte con las preguntas de la columna 2.

1	2
a. ¿Te gusta viajar?	a. En general, ¿prefieres ir a las montañas o a la playa para tus vacaciones?
b. ¿Te gusta más viajar en tren, en avión o en coche *(car)*?	b. ¿Adónde vas en tu próximo *(next)* viaje?
c. ¿En qué mes prefieres ir de vacaciones?	c. ¿Qué vas a hacer allí *(there)*?
d. ¿Prefieres viajar con tu familia o con tus amigos?	d. Cuando visitas una ciudad, ¿qué te gusta hacer?
e. ¿Te gusta hacer los tours organizados?	e. ¿Qué atracciones hay en tu ciudad para los turistas?
f. ¿Qué ciudades o países esperas visitar en el futuro?	f. Cuando viajas, ¿prefieres usar tarjeta de crédito o cheques de viajero?
g. ¿Piensas ir a México o a España el próximo año?	g. ¿Te gusta la idea de pasar *(to spend)* tus vacaciones en casa?
h. ¿Tienes pasaporte?	h. ¿Piensas hacer un viaje la semana que viene?

Síntesis

A. El viaje de Gregorio. Greg Nolan quiere visitar Caracas, la capital de Venezuela. Habla con la señora Martínez y le pide su recomendación sobre un hotel.

1. Escucha la primera parte de la conversación entre Greg y la señora e indica cuáles de los siguientes servicios menciona Greg:

cost	laundry service
location	restaurant
private bath	pool
T.V.	gym
telephone	tennis courts
room service	meeting rooms

2. Antes de continuar escuchando, lee los siguientes anuncios para hoteles. En tu opinión, ¿cuál es el mejor hotel para Greg? ¿Por qué?

HOTEL GRAND GALAXIE
BAR Y RESTAURANT

66 HABITACIONES PARA EJECUTIVOS
TURISTAS • FAMILIAR
AIRE ACONDICIONADO CENTRAL
ESTACIONAMIENTO

AVALADO POR CORPOTURISMO

Truca a Caja de Agua—
(en el Centro Norte de Caracas) Final Av. Baralt
T.: (02) 83.9011-83.9044-83.9055-83.9066

HOTEL "EL CÓNDOR"
CARACAS

COMODIDADES:
HABITACIONES: ALFOMBRADAS CON AIRE
ACONDICIONADO • AMBIENTE MUSICAL
T.V. COLOR • BAÑO PRIVADO • SERVICIO DE
HABITACIÓN DE 12 A.M. a 12 P.M.
SERVICIO DE CAMARERA • TELÉFONO
PRIVADO • SERVICIO DE LAVANDERÍA

3ra. Av. Las Delicias • Sabana Grande • Caracas
TELFS.: (02) 72.9911 al 15
72.7621 al 23

3. Ahora escucha el resto de la conversación. ¿Qué hotel le recomienda la señora Martínez a Greg? ¿Le recomendaste tú (*Did you recommend*) el mismo hotel?

B. De vacaciones. La familia Ortiz está de vacaciones. Examina el dibujo (*the drawing*) y contesta las preguntas en español. Luego, escribe un diálogo entre el Sr. Ortiz y el conserje (*the desk clerk*).

1. ¿En que ciudad están los Ortiz?
2. ¿Cómo se llama su hotel?
3. ¿Cuántos pisos tiene el hotel?
4. ¿Cuál es el número de la habitación de la familia Ortiz?
5. ¿En qué piso está su habitación?
6. ¿Cuál es la tarifa para la familia Ortiz por una noche?
7. ¿Cómo es la habitación? (*What is their room like?*)
8. ¿Tiene baño completo?

CCT hotel
VENANTUR

HOTEL DE LUJO
EN EL CENTRO COMERCIAL MÁS GRANDE DE
AMÉRICA LATINA CON 100 HABITACIONES
Y 100 JUNIOR SUITES • TODAS LAS
HABITACIONES CON AIRE ACONDICIONADO
INSONORIZACIÓN TOTAL
TELEVISIÓN A COLOR Y NEVERA

TELFS.: (02) 92.6122 • 92.6498
TELEX.: 29815 ACCTV VC

Ofreciendo los siguientes servicios
RESTAURANT ABC • TAM BAR
SALONES DE REUNIONES • CHARLY PAPA BAR
PISCINA Y TENIS • SAUNA CON GIMNASIO

C. Un tour. Los señores Gomáriz van a hacer un viaje a México. Tienen muchas preguntas para su agente de viajes. Completa las actividades según el modelo.

Primera parte: Completa las preguntas con una palabra interrogativa.

Modelo

¿<u>Cuál</u> es la fecha de salida de nuestro tour?

1. ¿_____ es el número de nuestro vuelo?
2. ¿A _____ hora sale el avión?
3. ¿_____ maletas *(suitcases)* podemos llevar?
4. ¿_____ vamos a recibir los boletos?
5. ¿Por _____ días vamos a estar en la capital?
6. ¿_____ está nuestro hotel? ¿En la Zona Rosa?
7. ¿_____ museos vamos a visitar?
8. ¿_____ vamos a viajar a Acapulco en autobús o en avión?
9. ¿_____ vale una noche adicional en Acapulco?
10. ¿_____ documentos necesitamos para el viaje?

Segunda parte: Ahora, tú eres el (la) agente de viajes y tu compañero(a) es el señor / la señora Gomáriz. Usa tu imaginación y completa la conversación oralmente.

Modelo

EL SR. / LA SRA. GOMÁRIZ: ¿Cuál es la fecha de salida de nuestro tour?

EL/LA AGENTE: Es el 15 de abril.

EL SR. / LA SRA. GOMÁRIZ: ¿Cuál es el número de nuestro vuelo?

EL/LA AGENTE: Es el…

Un paso más

¡Vamos a hablar!

Estudiante A

Contexto: Imagine that you *(Estudiante A)* and a friend are traveling together in Spain. The two of you are currently in Madrid, but want to fly to the Canary Islands for a few days. You go to a travel agency and work out the arrangements for your trip. You need to do the following:

- set the days and times of your flight
- find out the price of round-trip tickets
- make reservations for a room with two beds and a full bath for 5 nights
- pay for everything with your credit card

Your partner *(Estudiante B)* will play the part of the travel agent. As the two of you talk, take notes on the arrangements you make; follow the outline below. Your partner will start.

Viaje a las Islas Canarias

Vuelos: Madrid-Tenerife
- día/fecha
- hora de salida
- hora de llegada
- línea aérea/número del vuelo

Vuelos: Tenerife-Madrid
- día/fecha
- hora de salida
- hora de llegada
- línea aérea/número de vuelo

Precio del billete de ida y vuelta

Hotel: 5 noches, 2 camas, baño completo
- nombre del hotel
- precio por noche

Estudiante B

Contexto: Imagine that you (*Estudiante B*) work in a travel agency in Madrid. A tourist (*Estudiante A*) asks you for help in arranging a trip to Tenerife in the Canary Islands. You will need to do the following:

- find out when your customer wants to go and return
- provide the flight times, airline, and ticket price
- find out what kind of hotel room the customer wishes, for how many people, and for how many nights he/she wishes the room
- obtain the customer's name and phone number
- arrange for payment

As you talk with your partner, be sure to get the information needed for the form below. You will begin the activity by saying: *¿En qué puedo servirle?*

Viajes Ecuador

Organización Internacional de Viajes

Paseo de la Castellana, 153   Te. 279 26 00   Telex 23929

Nombre y apellidos: _____   Teléfono: _____

Dirección: _____   Método de pago: cheques/tarjeta de crédito/efectivo (*cash*)

Ruta	Fecha	Aerolínea	Vuelo Núm.	Hora	Hotel	Habitación	Núm. de noches	Precio
1. De:					1.			
A:					2.			
2. De:					3.			
A:					4.			

Iberia (Tarifa en $ USA)

	Salida	Llegada	Nº de Vuelo	Tarifa–ida y vuelta
Madrid-Tenerife	8:40	10:25	876	$310
	12:00	13:50	964	
Tenerife-Madrid	15:00	18:40	572	$310
	19:40	21:15	682	

Precio por noche (en $ USA)

Hotel	Categoría	Individual	Doble/dos camas
Puerto Playa	Primera clase	$ 110	$ 193
Princesa	Clase turista	$ 90	$ 147

Anticipación

En este vídeo conocemos a Carmen Guerrero, la tía de Miguel. Carmen quiere ir a Madrid para visitar a Miguel. Primero, ella habla con su agente de viajes. Aquí tienes parte de su conversación. Indica lo que dice Carmen con una **C**; indica lo que dice la agente con una **A**.

Discover the Hispanic world.

Video Tape

_____ 1. Yo quiero ir a Madrid el día 24.

_____ 2. Hay un AVE que sale de Sevilla a las ocho de la mañana.

_____ 3. ¿Cuántas personas viajan?

_____ 4. ¿Me dice el precio por favor de ida y vuelta?

_____ 5. Quería que me sugiriera algún hotel en Madrid.

_____ 6. Podría recomendarle el Hotel Emperador.

Más tarde, Carmen llega a su hotel en Madrid. Aquí tienes parte de su conversación con el recepcionista. Indica lo que dice Carmen con una **C**; indica lo que dice el recepcionista con una **R**.

_____ 7. Mire, tenía una reserva hecha.

_____ 8. ¿Su nombre, por favor?

_____ 9. ¿Me permite un documento de su identidad?

_____ 10. Vamos a ver... habitación 610 en la sexta planta.

Comprensión

Completa las frases con la información correcta del vídeo.

1. Carmen quiere ir a Madrid el _____(día) y quiere volver a Sevilla el _____(día).

2. El tren sale de Sevilla a las _____(hora) y llega a Madrid a las _____(hora).

3. El billete de ida y vuelta en clase turista cuesta _____ pesetas, por cada trayecto (each way).

4. Carmen paga con _____.

5. Carmen va a quedarse en un hotel de _____ estrellas (stars).

6. En el hotel, Carmen tiene que dar su _____ al recepcionista.

Estrategia: Recognizing subdivisions

As you have already seen in the ¡Vamos a leer! section of Capítulo 1, the format of a reading selection can provide you with important information about its content. One common and important aspect of format is the use of subdivisions. By recognizing the various subdivisions or subsections of a text, you can scan more efficiently for specific information.

A. Costa Rica. The reading selection that follows is taken from a tourist brochure on Costa Rica. As you can see, the reading is divided into seven topics, each with a subtitle. In which subdivision would you expect to find the following information? Write the appropriate subtitle for each item.

1. how Costa Rica got its name
2. what the weather is like
3. what languages are spoken
4. the name of the currency used in Costa Rica
5. how the president is selected
6. information about the natural beauty of the country

B. Más datos, por favor. ¿Son ciertas *(true)* o falsas las siguientes frases? Busca la información en las subdivisiones. Escribe **C** (cierto) o **F** (falso).

1. Costa Rica tiene un clima tropical.
2. En Costa Rica llueve *(it rains)* mucho en junio y julio.
3. Costa Rica tiene ocho provincias.
4. La capital de la provincia de Guanacaste es Liberia.
5. Generalmente los bancos se abren a las diez de la mañana.
6. Cristóbal Colón exploró Costa Rica en el año 1502.
7. Colón pensaba *(thought)* que Costa Rica tenía muchos metales preciosos.
8. La mayoría *(majority)* de las personas de Costa Rica son de origen indígena.

INFORMACION GENERAL

Áreas silvestres

Para los amantes de la naturaleza, Costa Rica representa un sueño hecho realidad. Los viajeros se quedan asombrados con la variedad de ambientes naturales que se conservan a su capricho: montañas, valles y volcanes; bosques húmedos y secos, selvas tupidas, páramos, cavernas, playas y arrecifes coralinos; sitios históricos y arqueológicos que guardan la huella de las culturas precolombinas.

Existen sobresalientes áreas vírgenes en donde sólo se escuchan los ruidos inconfundibles de la naturaleza. En ellas encuentran refugio 12.000 variedades de plantas, 237 especies de mamíferos, 848 clases de aves, 361 de anfibios y diferentes reptiles.

Banca, moneda y cambio de moneda

El horario de los bancos es desde las 9 de la mañana hasta las 3 de la tarde (en jornada continua). Se pueden utilizar todos los servicios financieros locales e internacionales por medio del Sistema Bancario Nacional.

La moneda nacional de Costa Rica es el colón. El tipo de cambio del colón fluctúa con relación al dólar. Se pueden cambiar dólares en cualquier banco del Sistema Bancario Nacional, o en el hotel donde se hospede el visitante.

Las principales tarjetas de crédito son aceptadas en la mayor parte de los establecimientos.

Clima

Costa Rica disfruta las ventajas del perfecto clima tropical. El promedio de la temperatura es de 22 grados centígrados en el Valle Central; y, en las zonas bajas, varía desde los 21 hasta los 32 grados. Este bello país tiene dos estaciones bien definidas: una estación lluviosa o de "invierno" que abarca de mayo a noviembre; y otra seca o de verano que comprende de diciembre a abril aún en la estación lluviosa, durante la mañana.

Ciudades principales

El país está dividido en siete provincias: San José, Alajuela, Heredia, Cartago, Guanacaste, Puntarenas y Limón. La ciudad cabecera de cada provincia, tiene el nombre de la misma, con excepción de Guanacaste, cuya capital se llama Liberia.

Gobierno

El sistema políticó de Costa Rica, divide al gobierno en cuatro poderes que actúan en forma coordinada.

El Poder Ejecutivo está integrado por el Presidente de la República, elegido mediante sufragio directo para un período de cuatro años y no puede ser reelecto; dos Vicepresidentes, y el Gabinete Presidencial, conformado por 19 Ministros.

El Poder Legislativo está compuesto por 57 diputados; ellos son los representantes populares que dictan las leyes.

El Poder Judicial comprende la Corte Suprema de Justicia y las correspondientes Cortes de Apelación, Criminal, Civil y Cortes Especiales.

Los costarricenses establecieron un cuarto poder separado del gobierno: El Tribunal Supremo de Elecciones. Este Tribunal tiene por competencia y responsabilidad la organización, supervisión y verificación del proceso electoral que se celebra cada cuatro años.

Idioma

El idioma oficial de Costa Rica es el español, sin embargo también es común que se hable el idioma inglés y otros.

Reseña histórica

En 1502, Cristóbal Colón bautizó a esta tierra con el nombre de Costa Rica. El origen del nombre alude a que su descubridor creyó que atesoraba metales preciosos, lo cual no resultó así. La riqueza de este bello país radica en su pródiga y espléndida naturaleza.

El desarrollo político y social de Costa Rica, se manifestó de forma muy diferente al de los países vecinos. Los aborígenes, poco numerosos, después de disputar el territorio a sus conquistadores, los que sobrevivieron se retiraron a zonas aisladas. En consecuencia, casi no hubo mestizaje: el 80% de la población actual de Costa Rica está constituido por gente de origen español y de otros países europeos; el 20% restante, lo forman negros, mulatos y algunos grupos de indios.

Vocabulario suplemental

While recognizing subdivisions will help you locate information more quickly, you still need to be able to identify cognates and guess words from context in order to understand more fully the information that you find. Read the section entitled *Áreas silvestres* and find the Spanish equivalent of the words that follow.

1. mountains
2. valleys
3. volcanos
4. coral reefs
5. pre-Columbian cultures
6. refuge
7. plants
8. mammals
9. amphibians
10. reptiles

¡Vamos a escribir!

Estrategia: Writing social correspondence

When writing letters in Spanish, it is important to use an appropriate salutation and closing. There are a number of forms to choose from; the one you select should reflect the closeness or formality of the relationship you have with the person you are writing to.

The following salutations are listed in order of formality, from the most formal to the least.

To write to a man:	To write to a woman:
Distinguido Sr. Gómez	Distinguida Sra. González
Estimado Juan	Estimada Srta. Limón
Apreciado amigo	Apreciada amiga
Querido Roberto	Querida Ana
Queridísimo Carlos	Queridísima Isabel

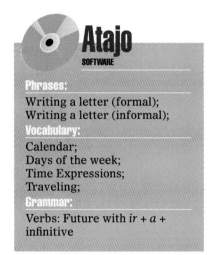

Atajo
SOFTWARE

Phrases:
Writing a letter (formal);
Writing a letter (informal);
Vocabulary:
Calendar;
Days of the week;
Time Expressions;
Traveling;
Grammar:
Verbs: Future with *ir + a +* infinitive

The following closings are just a small sample of the ones that are popularly used. They are listed in order of formality, from the most formal to the least.

Atentamente	*Sincerely*
Recibe el saludo de tu amigo(a)	*With regards from your friend*
Un abrazo muy fuerte de tu amigo(a)	*A big hug from your friend*
Con mucho cariño	*Affectionately/Love*

A. Un fax. Imagínate que vas a visitar a un amigo tuyo que vive en México. Decides mandarle *(send him)* un fax. En tu fax incluye:

- an appropiate salutation and a greeting
- the day, date, and time of your arrival *(Llego…)*
- the name of the airline *(línea aérea)* and the flight number
- an informal closing and your name

B. Una postal. Ahora estás en México y decides mandarle una tarjeta postal a tu profesor(a) de español. Haz lo siguiente:

- date your postcard and include an appropriate salutation
- greet your professor and ask how he or she is
- say where you are
- tell three or four things you are going to do during your trip (use *ir + a +* infinitive or similar phrases)
- mention when you are returning home
- say good-bye and sign your name after an appropriate closing

El palacio de Bellas Artes,
Ciudad de México, D.F.

Plaza Central, Veracruz, México

El Zócalo, Ciudad de México, D.F.

PERSPECTIVAS CULTURALES

Para viajar en el mundo hispano

Let's plan a trip! Which Spanish-speaking country would you like to visit? Which area within that country? Why? After you choose a place to visit, complete the following activities.

A. Información esencial. Consulta los libros y las enciclopedias en tu biblioteca y la red del "Internet" en tu computadora para descubrir esta información sobre un país de habla hispana.

- Nombre del país:
- Capital:
- Número de habitantes:
- Área:
- Clima:
- Moneda *(currency)*:

B. La agencia de viajes. Después de terminar tus investigaciones, visita o llama por teléfono a una agencia de viajes o si prefieres consulta la red del "Internet". Consigue esta información sobre un país hispano.

- Líneas aéreas:
- Tarifa/Precio del billete: $ _____
- Duración del vuelo: _____ horas y _____ minutos
- Documentación necesaria: pasaporte/visado/tarjeta de turista
- Atracciones principales:

EXPLORE!
For this chapter's
activity, go to
http://puentes.heinle.com

Capítulo 2 ¡De viaje!

Vocabulario

SUSTANTIVOS

la agencia de viajes *travel agency*
el año *year*
el autobús *bus*
el avión *airplane*
el banco *bank*
el baño *bath(room)*
el billete *ticket*
la cama *bed*
el cheque de viajero *traveler's check*
la cuenta *bill, check*
el día *day*
el dinero *money*
(el dinero) en efectivo *cash*
el domingo *Sunday*

la ducha *shower*
la excursión *trip, tour*
la fecha *date*
la habitación *room*
la habitación doble *double room*
la habitación sencilla *single room*
el hotel *hotel*
el jueves *Thursday*
la llave *key*
la llegada *arrival*
el lunes *Monday*
el martes *Tuesday*
la medianoche *midnight*
el mediodía *noon, midday*

el mes *month*
el miércoles *Wednesday*
el museo *museum*
la piscina *swimming pool*
el piso *floor*
el sábado *Saturday*
la salida *departure*
la semana *week*
la tarjeta de crédito *credit card*
el tour *tour*
el tren *train*
el viaje *trip*
el viernes *Friday*
el vuelo *airplane flight*

VERBOS

abrir *to open*
cerrar (ie) *to close*
hacer un viaje *to take a trip*
ir *to go*

pagar *to pay*
pensar (ie) *to plan; to think*
poder (ue) *to be able to; can*
preferir (ie) *to prefer*

querer (ie) *to want*
regresar *to return*
salir *to leave*
viajar *to travel*

OTRAS PALABRAS

caliente *hot*
completo(a) *complete; full*
cuarto(a) *fourth*
de ida *one-way*
de ida y vuelta *round-trip*
de la mañana *A.M.*

de la noche *P.M.*
de la tarde *P.M.*
doble *double*
hoy *today*
mañana *tomorrow*
primer(o)(a) *first*

privado(a) *private*
quinto(a) *fifth*
segundo(a) *second*
tercer(o)(a) *third*

EXPRESIONES ÚTILES

¿Aceptan... ? *Do you accept . . . ?*
¿A qué hora podemos ocupar el cuarto? *What time can we check in?*
¿A qué hora sale (llega)... ? *What time does the . . . leave (arrive)?*
¿A qué hora tenemos que salir? *What time do we have to check out?*
¿Cómo prefiere... ? *How do you prefer . . . ?*
¿Cuál es la fecha? *What is the date?*

¿Cuánto es? ¿Cuánto vale? *How much is it?*
Cuesta... *It costs . . .*
¿En qué piso está... ? *What floor is . . . on?*
¿En qué puedo servirle? *May I help you?*
los meses del año *the months of the year*
Hoy es el 15 de... *Today is the 15th of . . .*
  enero *January*
  febrero *February*
  marzo *March*

abril *April*
mayo *May*
junio *June*
julio *July*
agosto *August*
septiembre/setiembre *September*
octubre *October*
noviembre *November*
diciembre *December*
¿Para cuántas personas? *For how many people?*
Perdón. *Excuse me.*

EXPRESIONES ÚTILES

¿Podría decirme... ? *Could you tell me . . . ?*

¿Por cuántos días? *For how many days?*

Prefiero... *I prefer . . .*

¿Qué día es... ? *What day is . . . ?*

¿Qué día quiere... ? *What day do you want to . . . ?*

¿Qué días hay vuelos? *What days are there flights?*

¿Qué hora es? *What time is it?*

Quiero... *I want . . .*

Quiero hacer una reservación. *I want to make a reservation.*

Quiero regresar el... *I want to return/to come back on . . .*

(Yo) quisiera... *I would like . . .*

Sale (Llega) a... *It leaves (arrives) at . . .*

Se abre a... *It opens at . . .*

Se cierra a... *It closes at . . .*

Sólo aceptamos... *We only accept . . .*

¿Tiene baño privado? *Does it have a private bath?*

For further review, please turn to Appendix E.

OBJETIVOS

1. Speaking and Listening

Talking about your family and close friends
Describing people and homes
Making comparisons
Discussing activities at home and at work
Expressing obligations and preferences

2. Reading

Predicting/Anticipating content
Using suffixes to identify new words

3. Writing

Joining sentences with *que*
Writing descriptions

Entre familia

Develop writing
skills with *Atajo*
software.

Atajo

Practice listening
skills with the
Student Tape.

Student Tape

WWW Explore!
http://puentes.heinle.com

Internet Activities

Discover the
Hispanic world.

Video Tape

4. Culture

Role of religion in important family events

5. Grammar

Descriptive adjectives
Comparatives and superlatives
Adverbs of location

Uses of *ser/estar*
Irregular verbs in the present tense: *conocer / dar /
decir / hacer / poner / saber / salir / traer /
venir / ver /*
Negative and indefinite expressions
Stem-changing verbs in the present tense: *e→ie,
o→ue,* and *e→i*
Expressions of obligation: *tener que* and *deber*

A primera vista

En España y en Latinoamérica, la familia es el núcleo de la vida *(life)* social; la mayoría de las fiestas es para celebrar los eventos importantes en la vida de los miembros de la familia. En muchas de las celebraciones familiares, la religión tiene un papel *(role)* central.

Mira las fotos y contesta las preguntas oralmente con uno(a) o dos compañeros(as) de clase.

1. ¿Cuál es la religión predominante en España y en Latinoamérica?
2. ¿Cuáles de las celebraciones en las fotos son de carácter religioso?
3. ¿Cuáles de estas fiestas celebran tú y tu familia?
4. ¿Cuáles son otras ocasiones especiales en tu familia?

Paso 1

In this *Paso* you will practice:

o Identifying family members and friends

o Describing people

o Making comparisons

Grammar:

o Descriptive adjectives

o Comparatives and superlatives

Estrategia

Managing your learning

When people first begin learning a foreign language, they often find it fairly easy to remember nearly all the vocabulary and structures that are presented in a course or book. But after a short while, as more and more words and grammar points are presented, remembering everything seems nearly impossible. When you begin to feel that way, you will find it helpful to try these two hints.

First, you should begin to **prioritize** the materials presented by deciding which words and structures are the most essential ones for you to use actively, that is, in your speaking and writing. For example, being able to use the present tense with accuracy should be one of the objectives at the top of your list. Your instructor can help you focus upon the most important word groups and grammar points if you have trouble identifying them.

Second, you should begin to systematically **review** selected vocabulary and structures from previous chapters in order to keep them fresh in your mind. In this *Paso*, for example, you are about to study words for the extended family. Before you begin studying the new vocabulary, take a minute or two to review the words for immediate family members presented in *Capítulo 1, Paso 2* on page 22.

VOCABULARIO TEMÁTICO

Mi familia y mis amigos

¿Cuáles de estos parientes y amigos están en tu álbum de fotos?

The English equivalents of the *Vocabulario temático* sections are found in Appendix E.

Mis parientes

¿Quién es **ese señor**?	Es mi **tío**.	¿Quién es **ese chico**?	Es mi **sobrino**.
esa señora	tía	**esa chica**	sobrina
	primo		nieto
	prima		nieta
	padrino		
	madrina		

Otros familiares:

el padrastro	la hermanastra
la madrastra	el medio hermano
el hermanastro	la media hermana

Mis amigos

¿Quién es ese chico?   Es un **íntimo** amigo **mío**.
                                                    mi **mejor** amigo

¿Quién es esa chica?   Es una **íntima** amiga **mía**.
                                                    mi **mejor** amiga

¿Sabías que...?

➡ When we want to point out and identify people or things, we often use words like *this* or *that*, known as **demonstrative adjectives**. In Spanish, demonstrative adjectives must agree in gender and number with the nouns they modify.

	this	**these**
masculine	**este** chico	**estos** chicos
feminine	**esta** chica	**estas** chicas

	that	**those**
masculine	**ese** señor	**esos** señores
feminine	**esa** señora	**esas** señoras

➡ When a demonstrative adjective stands alone (that is, without a noun), it is called a **demonstrative pronoun**. An accent must then be added:

Esta señora es mi madre y **ésa** es mi abuela.
*This lady is my mother and **that one** is my grandmother.*

Comentario *cultural*

Las familias en el mundo hispano

Cuando hablamos de la familia en los Estados Unidos, casi siempre pensamos en la familia nuclear, o sea, el padre, la madre y sus hijos. En cambio, en el mundo hispano, la palabra "familia" tiene un significado más amplio; generalmente incluye a los abuelos, tíos, primos y otros parientes. Los lazos (*ties*) familiares son muy importantes en el mundo hispano. Los hijos casi siempre viven con sus padres hasta que se casan (*until they get married*). A veces, los abuelos u otros parientes viven en la misma casa también. En muchos países los padrinos (*godparents*) se consideran miembros de la familia. No viven en la misma casa pero asisten a todas las celebraciones familiares.

A. La familia Martínez. Dulce y su mejor amiga miran el álbum de fotos de la familia Martínez. Escucha mientras Dulce habla de sus parientes con su amiga. Después, identifica el parentesco de cada persona y contesta las preguntas.

Play Student Tape

Modelo

(PRIMERO ESCUCHAS) LA AMIGA: Esa señora es muy guapa. ¿Quién es?

DULCE: Es nuestra tía Ginette. Es la esposa del hermano de mi padre.

LA AMIGA: Ah. ¿Viven tus tíos aquí en Maracaibo?

DULCE: No, ahora viven en isla Margarita. ¿No ves qué playa más bonita?

(escribes) Ginette es <u>la tía</u> de Dulce.
Vive en   a. Maracaibo.   b.)isla Margarita.   c. Maiquetía.

1. Enrique es _____ de Dulce.
Trabaja en   a. un banco.   b. un hospital.   c. un hotel.

2. Claudia y Felipe son _____ de Dulce.
Felipe es   a. estudiante.   b. profesor.   c. administrador en una universidad.

3. Aurora es _____ de Claudia.
Aurora tiene _____ años.

4. Francisco es _____ de Dulce.
La esposa de Francisco se llama _____.

5. Los otros dos señores son los padrinos de _____ de Dulce. Los padrinos eran *(were)*   a. unos amigos.   b. unos hermanos.   c. los abuelos maternos.

Comentario *cultural*

Los nombres hispanos

En general, los nombres hispanos consisten de tres partes: un nombre y dos apellidos *(surnames/last names)*. Los nombres más populares —María, José, Jesús, etc.— reflejan *(reflect)* la herencia católica de los países hispanos. El primer apellido es el apellido paterno, o sea, el apellido del padre. El segundo apellido es el apellido materno, es decir, el apellido de la madre. A veces se usa sólo el apellido paterno, pero en los documentos oficiales (como una partida de matrimonio o de nacimiento) se incluyen los dos apellidos. En el árbol genealógico en la página 94, por ejemplo, se ve que el nombre completo de Enrique es Enrique Martínez Torre. El nombre completo de Carlos es Carlos Martínez Calvo. ¿Cuál es tu nombre completo en el sistema hispano?

Cuando una mujer se casa *(gets married)*, generalmente no cambia sus apellidos legalmente; usa su apellido de soltera *(maiden name)*. Pero, en las situaciones sociales puede añadir *(add on)* el apellido de su esposo. Por ejemplo, si Beatriz Calvo se casa con Arturo Martínez, su nuevo nombre para las ocasiones sociales es Beatriz Calvo de Martínez. Todos la van a llamar *(will call her)* "Señora Martínez" o "Señora de Martínez". En el árbol genealógico en esta página, ¿cuál es el nombre de casada de Claudia? ¿Cuál es el nombre completo de su hija?

Cuando se muere *(dies)* el esposo de una mujer, ella es viuda *(widow)*; en este caso, algunas mujeres de familias tradicionales prefieren usar el título de viuda, en vez de señora: la abreviatura es Vda.

B. El árbol genealógico. Elisa tiene que escribir una pequeña descripción de su familia para la escuela. Lee la descripción y examina el árbol genealógico. Completa la descripción con las palabras más lógicas (abuelo, tía, etc.).

Mi familia

Mi familia no es muy grande, pero somos muy unidos. Mi _____ se llama Arturo y trabaja en un banco. Mi _____ se llama Beatriz, ella trabaja en la agencia de viajes de sus padres, pero sólo dos o tres días por semana. Tengo dos _____, Carlos y Dulce. Carlos es el mayor y yo soy la menor.

También vive con nosotros mi _____ Felicia. Felicia es la _____ de mi padre y no está casada. Tía Felicia y yo pasamos mucho tiempo juntas (together). Creo que yo soy su _____ favorita.

Mi padre también tiene un hermano, mi _____ Enrique. Los domingos casi siempre vamos a la casa de mis tíos y así podemos ver también a nuestros _____ Claudia y Felipe. Tío Enrique y tía Ginette tienen una _____ preciosa, Aurora. Aurora tiene solamente tres años y es muy consentida (spoiled).

Mis _____ Francisco y Sofía no viven con nosotros, pero su casa está a la vuelta de la esquina (around the corner). Muchas veces cenan con nosotros. Me gusta mucho pasar tiempo con ellos.

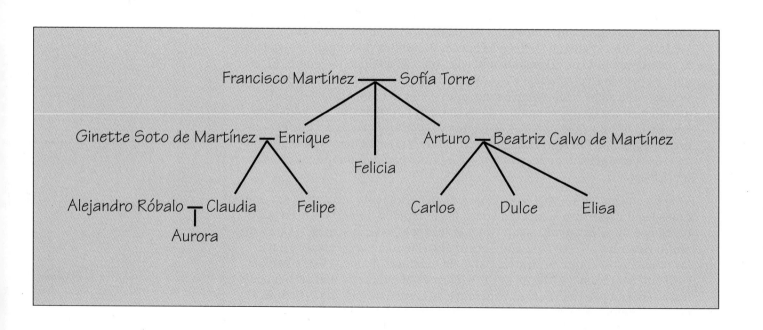

VOCABULARIO TEMÁTICO

Las descripciones personales

¿Puedes describir a tu mamá? ¿Cómo es tu papá? ¿Tu mejor amigo(a)?

La descripción física

Gregorio es alto y delgado.
También es joven.
Tiene el pelo corto y castaño.
Tiene los ojos verdes.

Tía Felicia es de estatura
mediana. Es gordita.
Es mayor.
Tiene el pelo canoso.
Tiene los ojos castaños.

Rasgos físicos

¿Cómo es tu novio?
    tu mamá

Es alto/alta.	Tiene el pelo negro.	Tiene los ojos verdes.
bajo/baja	rubio	azules
de estatura mediana	castaño	negros
delgado/delgada	rojo	grises
gordo/gorda	canoso	castaños
joven	largo	
viejo/vieja; mayor	corto	
guapo/guapa	Tiene barba.	Lleva gafas/anteojos.
feo/fea	bigote	
calvo/calva		

La personalidad y el carácter

¿Cómo es tu abuelo?
    tu prima

Es simpático/simpática.
    antipático/antipática
    tímido/tímida
    extrovertido/extrovertida
    amable
    cariñoso/cariñosa
    agradable
    pesado/pesada
    serio/seria
    divertido/divertida
    bueno/buena
    malo/mala

¿Sabías que...?

→ Words like "pretty," "tall," and "intelligent" are **descriptive adjectives;** they are used to describe or modify nouns. In Spanish, adjectives must agree in number and gender with the noun they are modifying. This means that if you are describing a man, you must use the -o ending of *alto;* if you are describing a woman, you must use the -a ending, *alta.* You will learn more about adjective agreement in the next *Estructuras esenciales* section below.

→ When you say *Mi mamá es alta* or *Mis amigos son simpáticos,* you are using the verb *ser.* The verb *ser* must be used with adjectives when you describe characteristics such as size, appearance, color, and personal qualities. You will study this topic in more detail in *Paso 2* of this chapter.

→ Spanish has several different words for the color brown. *Marrón* is generally used to describe clothing or other objects. To describe hair and eye color, the expressions *castaño* or *color café* are more commonly used.

→ Another way of expressing *Tiene el pelo rubio* is to say *Es rubio(a). Es moreno(a)* refers not just to a person's dark hair, but to someone with dark hair and eyes, as well an olive or dark skin complexion.

ESTRUCTURAS ESENCIALES

Los adjetivos

In Spanish, adjectives are said to agree with the nouns they modify; this means that you must choose an adjective ending that matches the noun in number (singular or plural) and gender (masculine or feminine). As you see in the chart below, there are several patterns of noun-adjective agreement.

Adjective ends in:	Masculine		Feminine	
	Singular	Plural	Singular	Plural
-o	alto	altos	alta	altas
-e	amable	amables	amable	amables
a consonant	ideal	ideales	ideal	ideales
-dor	trabaja**dor**	trabaja**dores**	trabaja**dora**	trabaja**doras**
-ista	optim**ista**	optim**istas**	optim**ista**	optim**istas**

In Spanish, descriptive adjectives are usually placed directly after nouns; this is the opposite of what happens in English.

Tiene el **pelo negro.**   *She has **black hair.***

A few descriptive adjectives, such as *bueno* and *malo,* may be placed either before or after a noun. However, when these two adjectives are used before a **masculine** singular noun, they drop the -o.

un buen hombre   *a good man*
un mal ejemplo   *a bad example*

But:
una buena comida   *a good meal*

The adjective *grande* may also be placed before or after a noun. When placed before a singular noun of either gender, it is shortened to *gran*. Also, the meaning changes according to its position.

una **gran** universidad	*a **great** university*
una universidad **grande**	*a **large** university*

Play Student Tape

A. ¿Quién es... ? Daniela no conoce a muchas personas en la fiesta. Ella habla con Ignacio y él le explica quiénes son los otros invitados. Escucha su conversación e identifica a cada persona que describen.

1. Antonio
2. Carolina
3. Alejandro
4. Rosaura

a.   b.   c.   d.   e.   f.

B. ¿Cómo son? Describe a tu familia y a tus amigos en frases completas. Usa muchos adjetivos diferentes.

Modelo

Mi mejor amiga... es alta y muy delgada. Tiene el pelo rubio y corto y los ojos grises. También es inteligente y extrovertida. No es tímida.

1. mi compañero(a) de cuarto
2. mis abuelos
3. mi tía favorita
4. mi mejor amigo(a)
5. mis padres
6. mi novio(a); esposo(a)

Capítulo 3 Entre familia   97

GRAMÁTICA

Los comparativos y los superlativos

A. Las comparaciones de superioridad e inferioridad. To make comparisons between two people or things that are "unequal," use one of the two simple patterns that follow. Notice that you can compare adjectives, adverbs, or nouns in this way.

- **más** + (adjective/adverb/noun) + **que**

Mi hermana es **más bonita que** mi abuela.	*My sister is **prettier than** my grandmother.*
Dulce habla **más rápidamente que** Carlos.	*Dulce speaks **faster than** Carlos (does).*
Arturo tiene **más hermanos que** yo.	*Arturo has **more brothers and sisters than** I (do).*

- **menos** + (adjective/adverb/noun) + **que**

Susana es **menos habladora que** yo.	*Susana is **less talkative than** I (am).*
Los Martínez tienen **menos coches que** los Nolan.	*The Martínez family owns **fewer cars than** the Nolans.*

There are only a few expressions that do not follow these two patterns.

younger	menor	Elisa es **menor que** Dulce.
older	mayor	Carlos es **mayor que** Dulce.
better	mejor	Gregorio habla inglés **mejor que** Carlos.
worse	peor	Yo canto **peor que** mis hermanos.

B. Las comparaciones de igualdad. To compare two people or things that are "equal," you must choose from the following patterns.

- To compare adjectives and adverbs use *tan... como.*

  tan + (adjective/adverb) + **como**

Elisa y Dulce son **tan bonitas como** su mamá.	*Elisa and Dulce are **as pretty as** their mother.*
Elisa juega al tenis casi **tan bien como** su hermano.	*Elisa plays tennis almost **as well as** her brother.*

- To compare nouns, you must use the form of *tanto* that agrees with the noun that follows it.

  tanto / tanta / tantos / tantas + (noun) + **como**

Felicia tiene **tanta paciencia como** mi abuela.	*Felicia has **as much patience as** my grandmother.*
Carlos tiene **tantos hermanos como** Gregorio.	*Carlos has **as many brothers and sisters as** Gregorio.*

- To express the idea "as much as," use *tanto como.*

Beatriz trabaja **tanto como** su esposo.	*Beatriz works **as much as** her husband (does).*

C. Los superlativos.

When you use expressions like "the worst," "the most important," and "the least difficult," you are using superlatives. To form the superlative in Spanish, simply add the corresponding definite article (*el, la, los,* or *las*) to the patterns you already know and use *de* to express "in/of."

Dulce es más alta que Elisa, pero Carlos es **el más alto** de los tres hijos. (Use *el* because you are referring to a man, Carlos.)

*Dulce is taller than Elisa, but Carlos is **the tallest** of the three children.*

Beatriz es **la menos extrovertida** de la familia. (Use *la* because you are referring to a woman, Beatriz.)

*Beatriz is **the least outgoing** in the family.*

Carlos es **el mejor jugador** de su equipo.

*Carlos is **the best player** on his team.*

Ponerlo a prueba

A. Comparación de familiares. Examina esta foto de la familia Martínez y completa las comparaciones de una manera lógica. Hay muchas posibilidades.

Modelo

Elisa es tan bonita como Dulce.

1. Elisa y Dulce son _____ su mamá.
2. Tía Felicia es _____ su hermano Arturo.
3. Beatriz es _____ su esposo.
4. Los padres son _____ sus hijos.
5. Carlos es el _____ de la familia.
6. Elisa es la _____ de los hijos.
7. Carlos tiene _____ pelo _____ su papá.
8. Dulce come _____ su hermano.
9. Elisa tiene _____ hamburguesas _____ su tía.

Beatriz   Dulce   Arturo   Carlos   Tiá Felicia   Elisa

B. En mi opinión... Compara a tus amigos y a tus parientes según el modelo. Puedes usar los siguientes adjetivos u otros.

alto	extrovertido	tradicional	paciente	cómico
delgado	serio	trabajador	responsable	religioso
guapo	divertido	organizado	dinámico	optimista
tímido	inteligente	generoso	tolerante	realista

Modelo

mi mamá / mi papá / yo

Mi papá es más alto que mi mamá, pero mi mamá es menos gorda. Yo soy el más alto de mi familia. Mi mamá es más paciente que mi papá y es tan extrovertida como él. Yo soy más tímido que mis padres.

1. mi madre / mi padre / yo
2. mi compañero(a) de cuarto / mi mejor amigo(a) / yo
3. mis padres / mis abuelos / mis tíos
4. mi profesor(a) de español / mi profesor(a) de inglés / mi profesor(a) de
   _____
5. mi(s) hermano(s) / yo

Síntesis

A. La amiga de Gregorio. Gregorio acaba de *(has just)* conocer a una amiga nueva. Escucha su conversación con Carlos y determina cuál de las chicas del dibujo es su amiga. Luego escucha la conversación de nuevo *(again)* y contesta las siguientes preguntas.

1. ¿Cómo se llama la amiga?
2. ¿Dónde trabaja?
3. ¿Conoce Carlos a la chica?
4. ¿Qué día van a salir Gregorio y su amiga?
5. ¿Qué van a hacer?

B. Preguntas personales. Con un(a) compañero(a), lee y contesta estas preguntas.

Estudiante A:
1. ¿Cuántas personas hay en tu familia?
   ¿Tienes muchos hermanos?
   ¿Quién es el mayor de tu familia?
   ¿Quién es el menor?
   ¿Cuántos años tiene él (ella)? *(Pick the pronoun that fits the answer you were just given.)*
   ¿Cómo es?

2. ¿Dónde viven tus abuelos?

¿Visitas a tus abuelos a menudo (often)?

En tu opinión, ¿son menos tradicionales tus padres o tus abuelos?

¿Hacen más viajes tus padres o tus abuelos?

¿Son más pacientes tus padres o tus abuelos?

¿Quién cocina (cooks) mejor, tu abuela o tu mamá?

3. ¿Tienes compañero(a) de cuarto?

(If the answer is sí:)

¿Cómo se llama?

¿De dónde es?

¿Son Uds. amigos(as) íntimos(as)? (Choose the appropriate gender.)

¿Quién estudia más, tú o tu compañero(a)?

¿Quién es menos reservado(a), tú o tu compañero(a)?

(If the answer is no:)

¿Quién es tu mejor amigo(a)?

¿De dónde es?

¿Es estudiante en esta universidad?

¿Cómo es?

¿Quién es más serio(a), tú o tu mejor amigo(a)?

¿Quién es menos atlético, tú o tu mejor amigo(a)?

Estudiante B:

1. ¿En qué ciudad vive tu familia?

¿Vives con tus padres durante los veranos (summers)?

¿Prefieres vivir con tu familia o con tus amigos?

¿Cuál es una ventaja (advantage) de vivir con tu familia?

¿Cuál es una desventaja?

2. ¿Eres soltero(a) o estás casado(a)? (Choose the appropriate gender.)

¿Te gustaría tener una familia grande algún día (someday)?

En tu opinión, ¿cuál es el número ideal de hijos en una familia?

En tu opinión, ¿cómo es el (la) esposo(a) ideal?

3. ¿Tienes muchos tíos y primos?

¿A cuáles visitas con más frecuencia?

¿Quién es tu pariente más generoso(a)?

¿Cuál es el menos simpático o la menos simpática?

¿Tienes reuniones con tu familia extensa —con tus abuelos, tus tíos y primos?

En tu opinión, ¿es importante mantener el contacto con todos tus tíos y primos?

C. Adivina quién es. Escribe una descripción de un(a) compañero(a) de clase. Lee tu descripción a la clase. Los estudiantes tienen que adivinar (guess) quién es.

Modelo

(tú escribes y lees a la clase)

Este chico es alto y delgado. Tiene el pelo rubio y los ojos grises. No lleva gafas. Es el chico más extrovertido de nuestra clase. También es inteligente y habla español bien. Es de Carolina del Sur. ¿Quién es?

(los otros estudiantes escuchan y contestan)

¿Es Matt Fitzer?

Paso 2

In this *Paso* you will practice:

- Talking about a house
- Describing the rooms and furniture of a house
- Reporting the conditions of things
- Giving the location of things

Grammar:

- Adverbs of location
- Some uses of *ser* and *estar*

VOCABULARIO TEMÁTICO

La casa

¿Cuántos cuartos tiene tu casa o tu apartamento? ¿Qué muebles hay en la sala? ¿Qué tienes en tu cuarto?

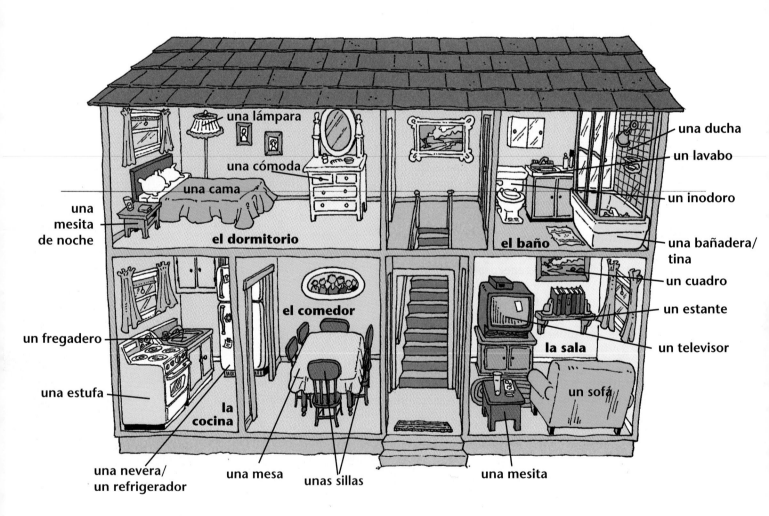

una lámpara

una cómoda

una cama

una mesita de noche

el dormitorio

una ducha

un lavabo

un inodoro

el baño

una bañadera/ tina

un cuadro

un estante

un televisor

la sala

un sofá

una mesita

el comedor

un fregadero

una estufa

la cocina

una nevera/ un refrigerador

una mesa

unas sillas

Los cuartos y los muebles

Acabo de alquilar una casa.
               un apartamento

Tiene cinco cuartos.

En mi casa hay un dormitorio grande.
              un baño
              una sala
              una cocina
              un comedor

Cómo describir algunos detalles de una casa

Mi casa es nueva.
      vieja
      cara
      barata
      grande
      pequeña
      moderna
      tradicional

El baño está ordenado.
      desordenado
      limpio
      sucio
La mesita está rota.
El refrigerador está descompuesto.

Mi casa está amueblada.
       en buenas condiciones
       en malas condiciones

¿Sabías que...?

⟶ The verb *hay,* meaning "there is" or "there are," is used to describe what furniture or items are found in the rooms of a house.

En la sala hay un sofá, dos sillones y tres mesitas.	*In the living room there is a couch, two easy chairs, and three small tables.*

⟶ Note that to describe the characteristics of a house (i.e., new/old, expensive/inexpensive) the verb *ser* is used, while the verb *estar* is used to describe conditions (clean/dirty). You are going to examine this point more closely later in this *Paso.*

⟶ The words *roto* and *descompuesto* are often translated as "broken." However, *descompuesto* really means that something is "out of order."

La silla está rota y el refrigerador está descompuesto.	*The chair is broken and the refrigerator is out of order.*

⟶ To talk about a den the phrases *la sala de estar* or *el cuarto de familia* are used.

⟶ Instead of closets, many people who live in older homes keep their clothes in *el armario* or *el guardarropa* (wardrobe). To describe closets found in modern homes, the word *el clóset* is used.

Comentario *cultural*

Las casas hispanas

El concepto tradicional de una casa cambia según el país, el clima, la situación económica y el gusto *(taste)* personal de los dueños.

Las casas en los países hispanos representan una gran variedad de estilos arquitectónicos. Las casas más antiguas y tradicionales normalmente son del estilo **colonial** (del estilo de las casas en España durante la colonización del nuevo mundo). Casi siempre tienen un patio interior *(an interior courtyard)* que se usa para plantas y flores. Todos los cuartos dan al *(open to)* patio, que es el centro de muchas actividades familiares.

En las zonas urbanas, sin embargo, muchas personas prefieren vivir en apartamentos. Los apartamentos, que se llaman "pisos" en España y "departamentos" en México, son más obtenibles y convenientes para personas de recursos económicos limitados.

Ponerlo a prueba

Play Student Tape

A. De venta. Estás hablando con un corredor de bienes raíces *(a real estate agent).* Escucha la descripción de la casa que te describe y escoge las respuestas correctas.

1. pisos: 1   2
2. dormitorios: 2   3   4
3. baño: 1   2
4. el baño matrimonial incluye tina: sí   no
5. cocina grande: sí   no
6. la cocina incluye refrigerador: sí   no
7. garaje pequeño: sí   no
8. precio: caro   barato

B. ¿Cómo es esta casa? Usa la ilustración de la casa que la familia González acaba de comprar en Miami para contestar las preguntas oralmente con un(a) compañero(a).

1. ¿Cuántos pisos tiene la casa?
2. En tu opinión, ¿cuántas personas viven en esta casa? ¿Cómo lo sabes? *(How do you know?)*
3. ¿Qué cuartos están en la planta baja?
4. ¿Dónde preparan la comida? ¿Dónde comen?
5. ¿En qué cuarto miran la televisión?
6. ¿Dónde reciben visitas *(guests)*?
7. ¿Quiénes hacen ejercicio? ¿Dónde?
8. ¿Qué baño te gusta más? ¿Por qué?
9. ¿Qué cuarto está desordenado? ¿Por qué?
10. ¿Están en malas condiciones algunos de los muebles en la casa? ¿En qué cuarto están?
11. Describe en detalle tu cuarto favorito.

Comentario *cultural*

Mi casa es tu casa

Cuando un hispano te invita a su casa, te da un honor muy grande. Durante tu visita, es posible que tu anfitrión o anfitriona *(host or hostess)* use la expresión "Mi casa es tu casa" o "Estás en tu casa". No debes interpretar esta frase al pie de la letra *(literally)*. Como siempre, al visitar nuevos amigos es mejor seguir las reglas de etiqueta y protocolo indicadas. Debes tratar de observar e imitar la conducta de otras personas. Si no estás seguro(a) de cómo actuar, pídele permiso a tu anfitrión o anfitriona, para que no cometas un error.

VOCABULARIO TEMÁTICO

Para indicar relaciones espaciales

¿Qué es lo contrario de *debajo de*? ¿*detrás de*? ¿*a la derecha de*?
¿Dónde está el gato? Está...

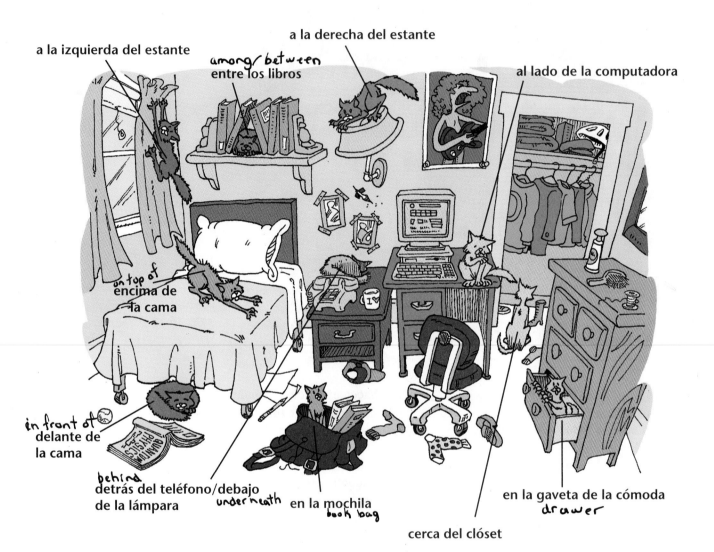

a la izquierda del estante

a la derecha del estante

among/between
entre los libros

al lado de la computadora

on top of
**encima de
la cama**

in front of
**delante de
la cama**

behind
**detrás del teléfono/debajo
de la lámpara**
underneath

en la mochila
book bag

cerca del clóset

en la gaveta de la cómoda
drawer

¿Sabías que...?

● Notice that the verb *estar* is used to indicate location of persons or things.

● The preposition *en* may be used to indicate "in" (*El libro está en la caja.*), "at" (*Luis está en casa.*), and "on" (*La carta está en la mesa.*).

A. El cuarto de Mayra. La madre de Mayra le describe a su esposo el cuarto de Mayra en su nuevo apartamento. Escucha la descripción y contesta las preguntas.

Play Student Tape

1. Mayra's room has a huge   a. bed.   b. closet.   c. window.
2. The bed is   a. to the right of the closet.   b. to the right of the door.
   c. under the window.
3. Between the nightstand and the closet is   a. a bookshelf.   b. a small table.
   c. the T.V.
4. The easy chair is   a. to the right of the door.   b. to the left of the door.
   c. across from the door.
5. Mayra uses the easy chair   a. to work on the computer.   b. to talk on the
   telephone.   c. to study.
6. The dresser is   a. to the right of the door.   b. to the left of the door.   c. to
   the left of the closet.

B. ¿Dónde está mi... ?   Vives en un apartamento con compañeros(as) hispanos(as). Un(a) compañero(a) es muy desorganizado(a) y no encuentra (*finds*) algunas cosas. Mira el dibujo y dile a tu compañero(a) dónde están las cosas que busca.

1. ¿Dónde está mi cartel? No está en mi escritorio.
2. ¡Socorro! ¿Y mi calculadora? Tengo una prueba en mi clase de cálculo y no sé dónde está.
3. ¿Quién tiene mi raqueta de tenis? No está en el cuarto. La necesito esta tarde porque voy a practicar con Ernesto.
4. ¡No veo mi diccionario de inglés! Lo usé para escribir una composición y ahora ha desaparecido.
5. ¿Quién tiene mi suéter nuevo? Hace frío y no lo encuentro.
6. ¡Auxilio! Necesito mi mochila. La he buscado por todas partes.
7. ¿Qué pasó con mi composición? Si no la entrego hoy, el profesor de inglés me va a matar.
8. ¿Dónde está la carta de mis padres? Tiene el cheque que me mandan para pagar mis gastos. Tengo que encontrarla urgentemente.

Gramática

Los verbos *ser* y *estar*

A. El contraste. Both *ser* and *estar* mean "to be"; however, since each verb has different uses, they are not interchangeable. While you have already been introduced to some of the uses of *ser* and *estar*, they are more closely examined and contrasted here.

B. Los usos del verbo *ser*

Use the verb *ser* in the following cases.

- for identification when followed by a noun, to indicate relationships, occupations, professions, and nationalities

Éste **es** mi primo.	*This is my cousin.*
Es un amigo.	*He is a friend.*
Mi tío **es** dentista.	*My uncle is a dentist.*
Mis padres **son** cubanos.	*My parents are Cuban.*

- with adjectives that indicate characteristics

Elisa **es** amable.	*Elisa is kind.*
Mi casa **es** grande.	*My house is big.*
La sala **es** azul.	*The living room is blue.*

- with the preposition *de* to express possession

La cama **es** de Alicia.	*The bed belongs to Alicia.*
Nina **es** prima de Felipe.	*Nina is Felipe's cousin.*

- with the preposition *de* to show origin

La lámpara **es** de Italia.	*The lamp is from Italy.*
Mi abuelo **es** de Bolivia.	*My grandfather is from Bolivia.*

- to tell time and to give dates

Es la una de la tarde.	*It's one o'clock in the afternoon.*
Son las seis y media de la mañana.	*It's six thirty in the morning.*
Ya **es** tarde.	*It's already late.*
Hoy **es** viernes.	*Today is Friday.*

C. Los usos del verbo *estar*

The verb *estar* is used to express the following.

- to indicate location of persons or things

Gregorio **está** en Venezuela.	*Greg is in Venezuela.*
Mis libros **están** en mi apartamento.	*My books are in my apartment.*
La cama **está** a la derecha del sillón.	*The bed is to the right of the easy chair.*

- with adjectives that indicate emotional and physical conditions

Mis padres **están** contentos.	*My parents are happy.*
Mi abuela **está** enferma.	*My grandmother is ill.*
La alfombra **está** sucia.	*The rug is dirty.*
El refrigerador **está** descompuesto.	*The refrigerator is out of order.*

A. Saludos de Puerto Plata. María del Carmen está de vacaciones con su esposo, Leonardo, en Puerto Plata, República Dominicana. Completa la carta que ella les escribe a sus padres con la forma correcta del tiempo presente de *ser* y *estar*.

28 de julio
Querida familia:

¿Qué hay de nuevo? ¿Cómo (1) _____ Uds.? Yo (2) _____ aquí en este paraíso tropical. ¡Puerto Plata (3) _____ un lugar fenomenal!

La ciudad (4) _____ en el norte de la isla. Nuestro hotel (5) _____ en la playa. Se llama Playa Dorada. Nuestra habitación no (6) _____ muy grande, pero (7) _____ cómoda. Algunos de los empleados (employees) del hotel no (8) _____ dominicanos, sino de los Estados Unidos. Todos (9) _____ muy amables y competentes.

Hoy (10) _____ domingo. Desafortunadamente, Leonardo y yo pensamos regresar mañana a Miami. Pensamos pasar dos días allá porque Leonardo y yo (11) _____ un poco cansados. También pensamos visitar a Yolanda; ella (12) _____ la prima favorita de Leonardo. Creo que (ella) (13) _____ enfermera porque trabaja en el hospital Jackson Memorial.

Si todo va bien, vamos a llegar a Charleston el quince de agosto. Creo que (14) _____ jueves. Nosotros (15) _____ contentos de poder visitarlos por unos días.

Bueno, por ahora, ¡saludos de Puerto Plata! Abrazos de
María del Carmen

B. Las diferencias entre la noche y el día. La señora Muñiz acaba de visitar a sus hijos Armando y Arturo, quienes son tan diferentes como la noche y el día. Mira las habitaciones de Armando y Arturo y descríbelas oralmente con un(a) compañero(a).

1. ¿Cómo es el cuarto de Armando?
2. ¿Es grande o pequeño?
3. ¿En qué condiciones está el cuarto?
4. Describe algunas cosas que Armando tiene en su cuarto.
5. ¿Cómo está la madre de Armando? ¿Por qué?
6. Describe a Armando. ¿Cómo es su personalidad?
7. ¿Cómo es el cuarto de Arturo?
8. ¿En qué condiciones está?
9. Describe la condición de los muebles.
10. ¿Cómo puede Arturo mejorar la condición de su cuarto?
11. Después de mirar el cuarto de Arturo, ¿cómo está su madre?
12. Describe a Arturo. ¿Cómo es su personalidad?
13. ¿Cómo es tu cuarto? ¿Se parece al cuarto de Armando o al de Arturo?
14. ¿Conoces a alguien que sea tan diferente a ti como lo es la noche del día? ¿Quién es esa persona? Describe su cuarto.

A. ¿Qué casa prefieres? Lee los anuncios de alquiler de casas y contesta las preguntas oralmente con tu compañero(a). Después, escribe algunas preguntas que le vas a hacer al agente cuando visites el apartamento.

1. ¿Cuál de las dos casas tiene más espacio? Explica tu respuesta.
2. En tu opinión, ¿por qué es más cara la casa A?
3. ¿Cuál de las dos casas incluye más detalles por el precio?
4. ¿Cuáles son los aspectos más positivos de cada casa? ¿Los negativos?
5. ¿Cuál de las dos casas te interesaría más? Justifica tu respuesta.
6. ¿Cuál de las dos casas le interesaría a...
   a. una familia con niños?
   b. un señor con un auto muy caro?
   c. un estudiante sin muebles?
   d. una señora a la que le gusta mucho cocinar?
   e. un(a) aficionado(a) a las plantas?

> **AHORA** magnífica casita duplex, 2 recámaras, cocina integral, alfombrada, encortinada, estacionamiento $1.250.000 mensual en Paseos de Tasquería. 582-46-15.
>
> A
>
> **OPORTUNIDAD.** Casa amueblada, $750.000, gran jardín, dos recámaras, sala, comedor, cocina, baño, Villa del Carbón. Edo. de México. Teléfono 671-35-29.
>
> B

B. Mi domicilio. Contesta las preguntas oralmente con tu compañero(a) sobre tu casa o apartamento.

1. ¿Vives en una casa o en un apartamento?
2. ¿Dónde está tu casa/apartamento?
3. ¿Cuántos cuartos hay en tu casa/apartamento?
4. ¿Cuál es tu cuarto predilecto (*favorite*) en tu casa/apartamento? ¿Por qué te gusta?
5. Describe los muebles en tu cuarto predilecto.
6. ¿Dónde comen Uds. todos los días? ¿Dónde comen cuando tienen invitados?
7. ¿Cuántos baños hay? ¿Son suficientes? Explica. Describe el que tú usas.
8. ¿En qué cuarto pasa más tiempo tu familia? ¿Qué hacen Uds. allí?
9. ¿Cuál es el cuarto menos atractivo de tu casa? Describe el cuarto, su contenido y explica por qué no te gusta.

C. Una casa nueva. El señor Álvarez quiere comprar un condominio y conversa con una corredora de bienes raíces (*real estate agent*). Escribe mini-diálogos que representen su conversación. Luego, presenta los diálogos a la clase.

In this *Paso* you will practice:

○ Describing the activities of family members
○ Describing pastimes

Grammar:

○ Some irregular verbs in the present tense
○ Stem-changing verbs in the present tense: *e→ie, o→ue, o→i*
○ Affirmative and negative expressions

VOCABULARIO TEMÁTICO

Las actividades de mi familia

¿Qué actividades hace tu mamá? ¿Cuáles hace tu papá? ¿Cuáles son tus responsabilidades en la casa?

Los quehaceres de la casa

Normalmente mamá cocina y sirve el desayuno.
el almuerzo
la cena

Mi hermanita siempre hace la cama.
lava la ropa

Mi hermanito nunca quiere poner la mesa.
lavar los platos

A veces papá tiene que limpiar el garaje.
cortar el césped

Durante el día

Todos salimos de casa temprano.
a las 8:30

Mis padres pasan el día en la oficina.
la mañana
la tarde

Mis hermanos siguen sus estudios en el colegio.
en la primaria
en la escuela superior

Papá debe traer trabajo a casa.
conocer a mucha gente por su trabajo

Mis hermanos vuelven a casa tarde.
a las 7:00

Mamá viene a casa antes que papá.
después que

El tiempo libre y los fines de semana

Mis padres pueden pasar tiempo con su familia.
ver las noticias en la televisión

Mis hermanos quieren jugar con sus amigos.
dormir hasta tarde

Yo prefiero hacer ejercicios.
descansar

¿Sabías que...?

- Of the new verbs presented in the preceding section, the following are regular and follow the pattern introduced in *Paso 3* of Chapter 1: *cocinar* (to cook), *limpiar* (to clean), *lavar* (to wash), *pasar* (to spend), *regresar* (to return), and *descansar* (to rest). You will learn more about the other verbs later in this section.

- To indicate that you know or are familiar with people or places, the verb *conocer* is used. It is also used to express "to meet" as in to be introduced to someone for the first time.

Conozco al gobernador.	*I know (am familiar with) the governor.*
¿Conoces a Nueva York?	*Do you know (Are you familiar with) New York?*
¿Conocen Uds. a Karina?	*Do you (plural) know (Have you met) Karina?*

- The verb *poner* literally means "to put"; however, when followed by the phrase *la mesa*, it means "to set the table." When followed by the phrases *la televisión* or *la radio*, it means "to turn on."

- The verb *hacer* means "to do" as well as "to make." While it is frequently used in questions, it is not used in the response unless you are actually making something.

¿Qué haces?	*What are you doing?*
Estudio.	*I'm studying.*
Hago la tarea.	*I'm doing homework.*

- The phrases *tener* + *que* + infinitive, *deber* + infinitive, and *hay que* + infinitive are used to express obligation. Note that there are slight differences in the English equivalents.

Tengo que estudiar.	*I have to study.*
Debo estudiar.	*I should (ought to) study.*
Hay que estudiar.	*One must study.*

ESTRUCTURAS ESENCIALES

Algunas expresiones afirmativas y negativas

- The words below are used to describe what does or does not take place.

Expresiones afirmativas y negativas

Afirmativas	Negativas
siempre *always*	**nunca** *never, not . . . ever*
alguien *someone, somebody, anyone*	**nadie** *nobody, no one, not . . . anyone*
algo *something, anything*	**nada** *nothing, not . . . anything*
también *also, too*	**tampoco** *neither, not either*

Siempre hago la tarea.	*I **always** do the homework.*
Quiero comer **algo** nuevo.	*I want to eat **something** new.*
Nunca hace la cama.	*He **never** makes the bed.*
Nadie cocina los domingos.	*Nobody cooks on Sundays.*

- The easiest way to negate a sentence is by placing the word *no* before the verb.

No quiero cortar el césped.	*I don't want to mow the lawn.*
No tengo que lavar la ropa.	*I don't have to wash the clothes.*

- The words *nunca*, *nadie*, and *nada* may precede or follow the verb. When they follow the verb, the word *no* must precede the verb. Note that double and triple negatives are used in Spanish.

Nunca hago ejercicios.	*I **never** exercise.*
No hago ejercicios **nunca**.	*I **never** exercise.*
No hago ejercicios **nunca** con **nadie**.	*I **never** exercise with **anybody**.*

Ponerlo a prueba

Play Student Tape

A. El día más ocupado. Los miembros de la familia Silva (Rodolfo, Caridad y Sarita) contestan la pregunta "¿Cómo pasa Ud. su día más ocupado?" en una encuesta sobre cómo manejar el tiempo. Escucha lo que dicen y contesta las preguntas.

1. El día más ocupado del Sr. Silva es _____.
2. Muchas de sus actividades tienen que ver con
   a. sus obligaciones con su familia.
   b. su tiempo libre.
   c. su trabajo.
3. El día más ocupado de la Sra. Silva es _____.
4. La Sra. Silva pasa ese día
   a. de compras.
   b. trabajando en casa.
   c. con sus amigas.
5. Para Sara, el día más ocupado es _____.
6. Las actividades de Sara
   a. son una combinación de trabajo y recreo.
   b. están ocasionadas por su pasatiempo.
   c. se deben a su tarea.

B. Dulce y los quehaceres. Lee los comentarios que Dulce hace sobre los quehaceres de su casa. Luego, reacciona oralmente con un(a) compañero(a) con tus propios comentarios sobre los quehaceres de tu casa.

Modelo

En mi familia, tía Felicia siempre lava los platos.
Reacción: En mi familia, mi tía nunca lava los platos.
       En mi familia, mi madre lava los platos.
       En mi familia, nadie lava los platos porque
         tenemos un lavaplatos.

1. En mi familia, mis hermanos y yo salimos de casa a las 8:00 los días de clase.
2. Mi mamá pasa el día en la agencia de turismo.
3. Tía Felicia trabaja de voluntaria en el hospital tres días a la semana.
4. Siempre tengo que hacer la cama.
5. Mi hermano Carlos tiene que cortar el césped durante el fin de semana.
6. A veces, mi padre limpia el garaje los sábados.
7. Mi hermanita Elisa sigue sus estudios en la primaria.
8. Mis amigos y yo vamos al gimnasio todos los días.
9. Mi mamá siempre viene a casa antes que mi papá.
10. Mi hermanita juega con sus amigos por la tarde.
11. Mi mamá cocina la cena todos los días, excepto los domingos.
12. Todos descansamos los domingos.

GRAMÁTICA

Algunos verbos irregulares

A. Verbos con la forma irregular "yo". Some verbs do not follow the regular patterns of the conjugation in the present tense. The following verbs are irregular, but only in the first person singular *yo* form. Use this feature to help you recall them.

conocer (to know a person or a place)
*(Yo) **conozco** al presidente de la universidad.*
(conoces, conoce, conocemos, conocéis, conocen)
dar (to give)
*(Yo) **doy** clases de piano.*
(das, da, damos, dais, dan)
hacer (to do or to make)
*(Yo) **hago** la cena.*
(haces, hace, hacemos, hacéis, hacen)
poner (to put or to place)
*(Yo) **pongo** la televisión.*
(pones, pone, ponemos, ponéis, ponen)
saber (to know information or how to do something)
*(Yo) **sé** tu número de teléfono.*
(sabes, sabe, sabemos, sabéis, saben)
salir (to leave or to go out)
*(Yo) **salgo** con mis amigos.*
(sales, sale, salimos, salís, salen)
traer (to bring)
*(Yo) **traigo** la música.*
(traes, trae, traemos, traéis, traen)
ver (to see, watch)
*(Yo) **veo** las películas de horror.*
(ves, ve, vemos, veis, ven)

B. Los verbos *venir, tener* y *decir*. The verbs *venir* (to come), *tener*, and *decir* are irregular in the first person but also have additional changes in the stem.

decir (to say or to tell)
*(Yo) **digo** la verdad.*
(dices, dice, decimos, decís, dicen)
tener (to have)
*(Yo) **tengo** que limpiar mi cuarto.*
(tienes, tiene, tenemos, tenéis, tienen)
venir (to come)
*(Yo) **vengo** a clase todos los días.*
(vienes, viene, venimos, venís, vienen)

A. Los quehaceres de Carlos. Completa la descripción de Carlos con los verbos de la lista.¡OJO! Solamente puedes repetir un verbo.

cortar	lavar	tener que	volver
descansar	pasar	traer	
dormir	poner	venir	
hacer	salir	ver	

Para mí, los sábados representan un sinfín (*an endless number*) de quehaceres y actividades. Los sábados por la mañana (yo) (1) _____ hasta tarde. Casi siempre (yo) (2) _____ con mis amigos los viernes después de las clases, y no (3) _____ a casa hasta muy tarde.

Primero, (yo) (4) _____ limpiar mi cuarto. Siempre (yo) (5) _____ la cama; no (6) _____ la ropa sucia, pero la (7) _____ en la lavandería. Luego, mi familia y yo (8) _____ tiempo en casa ocupados con diferentes quehaceres. A veces, mi padre y yo (9) _____ el césped o vamos al gimnasio a hacer ejercicios.

Por la tarde, nosotros (10) _____ un poco porque estamos cansados. Luego, mis amigos (11) _____ a visitarme y (nosotros) (12) _____ algún programa deportivo en la televisión. Por la noche, nosotros no (13) _____ mucho porque estamos cansados.

B. Preguntas personales. Contesta las preguntas oralmente con un(a) compañero(a).

Los quehaceres

1. ¿Qué quehaceres haces en tu casa?
2. ¿Haces tu cama todos los días?
3. ¿Quién lava tu ropa?
4. ¿Con qué frecuencia limpias tu cuarto?

La vida estudiantil

5. ¿En qué cuarto haces la tarea?
6. ¿A qué hora vienen tú y tus compañeros a la clase de español?
7. ¿Cómo vienes a la universidad? ¿en auto? ¿a pie? ¿en bicicleta?
8. ¿Conoces bien a tus profesores? ¿A qué profesor conoces mejor?

El tiempo libre y los fines de semana

9. ¿Cuándo sales con tus amigos? ¿Adónde van Uds.?
10. ¿Qué hace tu familia durante las vacaciones?
11. ¿Qué programas ves en la televisión? ¿Ves las noticias?
12. ¿Cuándo descansas o pasas tiempo con tus amigos?

GRAMÁTICA

Los verbos con cambios en la raíz en el tiempo presente

A. Los verbos con cambios en la raíz en el tiempo presente. Stem-changing verbs follow predictable patterns of conjugation. These are the main points to remember about stem-changing verbs.

- A stem-changing verb has a change in the vowel of the stem or root of the verb. The change occurs in all persons **except** the first and second person plural forms. The endings used with these verbs are the same ones used with regular verbs.

- Stem-changing verbs will be identified in the glossary with cues in parentheses like *(ie)*, *(ue)*, *(i)*.
- Stem-changing verbs are sometimes referred to as "shoe-shaped verbs" because if you draw a line around the verb forms with irregular stems, you end up with a shape that resembles a shoe, as in the example below.

pensar (ie) - *to think, to plan (+ infinitive)*	
yo p**ie**nso	nosotros(as) pensamos
tú p**ie**nsas	vosotros(as) pensáis
él/ella/usted p**ie**nsa	ellos/ellas/ustedes p**ie**nsan

Pienso que la clase es interesante.　　*I think that the class is interesting.*

Mi familia y yo pensamos ir a　　　　*My family and I plan to go to Spain*
　España en mayo.　　　　　　　　　　*in May.*

B. Los tres tipos de verbos.
There are three types of stem-changing verbs in the present tense.

- Verbs with a change from *e* to *ie*

preferir (ie) - *to prefer*	
yo pref**ie**ro	nosotros(as) preferimos
tú pref**ie**res	vosotros(as) preferís
él/ella/usted pref**ie**re	ellos/ellas/ustedes pref**ie**ren

querer (ie) - *to want, to love*
(Yo) qu**ie**ro salir con mis amigos esta noche.
(qu**ie**res, qu**ie**re, queremos, queréis, qu**ie**ren)

- Verbs with a change from *o* to *ue*

dormir (ue) - *to sleep*	
yo d**ue**rmo	nosotros(as) dormimos
tú d**ue**rmes	vosotros (as) dormís
él/ella/usted d**ue**rme	ellos/ellas/ustedes d**ue**rmen

volver (ue) - *to return*
(Yo) v**ue**lvo temprano a mi residencia.
(v**ue**lves, v**ue**lve, volvemos, volvéis, v**ue**lven)

poder (ue) - *to be able, "can"*
(Yo) p**ue**do ir a pie a mis clases.
(p**ue**des, p**ue**de, podemos, podéis p**ue**den)

jugar (ue) - *to play (a sport or game)* **(follows the same pattern as *o* to *ue* verbs)**
(Yo) j**ue**go al tenis con mis amigos todos los días.
(j**ue**gas, j**ue**ga, jugamos, jugáis, j**ue**gan)

▶ Verbs with a change from *e* to *i*

servir (i) - *to serve*	
yo sirvo	nosotros(as) servimos
tú sirves	vosotros(as) servís
él/ella/usted sirve	ellos/ellas/ustedes sirven

pedir (i) - *to ask for*
(Yo) pido ayuda en la clase de español.
(pides, pide, pedimos, pedís, piden)

seguir (i) - *to follow, to continue*
(Yo) sigo mis estudios en la universidad.
(sigues, sigue, seguimos, seguís, siguen)

Ponerlo a prueba

A. ¿Con qué frecuencia…? Usa la información en las tres columnas para decirle a tu compañero(a) con qué frecuencia las personas indicadas hacen las actividades.

Modelo

Limpio mi habitación una vez al mes.
Casi nunca juego al baloncesto.
Nunca duermo hasta el mediodía.

(yo)	poder hacer toda la tarea	siempre
mi familia	preferir trabajar los sábados	casi siempre
mi padre	dormir hasta el mediodía	todos los días
mi madre	volver a casa después de medianoche	todos los fines de semana
mi hermano(a)	querer estudiar	a menudo *(often)*
mi mejor amigo(a)	jugar al baloncesto	una vez a la semana *(once a week)*
mi compañero(a)	querer pasar tiempo con tu familia	una vez al mes *(once a month)*
de cuarto	dormir hasta las seis de la mañana	a veces
mis amigos y yo	tener que trabajar	normalmente
mi familia y yo	servir el desayuno a mi mamá en cama	casi nunca
mis padres		nunca
mis hermanos		
mis amigos		

B. Dile a tu compañero(a). Contesta las preguntas siguientes con tu compañero(a).

1. ¿Adónde prefieres ir con tus compañeros los viernes por la noche?
2. ¿Cuántas horas duermes en un día típico?
3. ¿A qué hora vuelves a casa después de tus clases?
4. ¿Qué piensas hacer durante las vacaciones?
5. ¿Dónde quieres vivir en el futuro?
6. ¿Qué deportes juegas con tus amigos?
7. ¿Pides ayuda en tus clases? ¿Cuándo?
8. ¿Cuándo no puedes salir con tus amigos?
9. ¿Adónde quieres ir de vacaciones con tu familia?
10. ¿Qué plan de estudios sigues aquí en la universidad?
11. ¿Qué prefieres hacer con tus hermanos durante el fin de semana?
12. ¿Duermes la siesta? ¿Cuándo?

A. Todo en un día. Aquí tienes a la familia González en su casa. Es un sábado típico a las 9:30 de la mañana. Describe a la familia, sus actividades y su casa con un mínimo de quince frases completas.

Modelo

La casa tiene tres dormitorios y un baño.
El chico es delgado; es un poco más alto que su hermana.
En la sala, hay…

B. Una encuesta. Imagínate que estás preparando un informe para una revista sobre la familia de hoy. Usa el siguiente formulario para entrevistar a un(a) compañero(a) de clase.

1. ¿Cuántas personas hay en tu familia?
   _____ 1–3
   _____ 4–6
   _____ 7 o más

2. ¿En qué tipo de casa vive tu familia?
   _____ casa
   _____ casa móvil
   _____ apartamento
   _____ condominio

3. ¿Dónde vive tu familia?
   _____ en una ciudad
   _____ en el campo (country)
   _____ en las afueras (outskirts, suburbs)

4. ¿Viven otros parientes (abuelos, tíos, etc.) con tu familia?
   _____ no _____ sí
   (Di cuáles)

5. En tu familia, ¿quién tiene que...
   a. hacer las camas?
   b. limpiar el baño?
   c. lavar la ropa?
   d. poner la mesa?
   e. cocinar la cena?
   f. lavar los platos?
   g. cortar el césped?
   h. limpiar el garaje?

6. Indica la participación de tu familia en las siguientes actividades sociales y di con qué frecuencia las practican, si nunca, a veces o a menudo. ¿Con qué frecuencia...
   a. juegan ustedes deportes?
   b. viajan y conocen lugares nuevos?
   c. salen a comer?
   d. escuchan música?
   e. van de excursión?
   f. van al cine?
   g. leen y discuten libros?
   h. ven las noticias?
   i. pasan tiempo juntos (together) en casa?

C. ¿Quién tiene la culpa? Escucha la discusión entre Marta y Adalberto y contesta las preguntas.

1. La discusión de Marta y Adalberto se trata de
   a. dinero.
   b. los quehaceres de casa.
   c. sus padres.

2. En vez de ayudar a Marta a limpiar el garaje, Adalberto
   a. lee el periódico.
   b. trabaja en la oficina.
   c. mira la televisión.

3. En lugar de organizar su oficina, Adalberto prefiere
   a. jugar deportes con sus amigos.
   b. visitar a su familia.
   c. jugar al tenis con sus hijos.

4. Adalberto necesita limpiar el garaje porque
   a. los niños necesitan el espacio para hacer ejercicios.
   b. necesitan espacio para el carro.
   c. el perro necesita el espacio.

5. Según Marta, ¿qué va a hacer Adalberto mañana?
   a. Ir al cine con ella.
   b. Limpiar el patio.
   c. Pasar el día con los niños.

Un paso más

¡Vamos a hablar!

Estudiante A

Contexto: In this activity, you and your partner will practice describing the location of furniture in some rooms of a house. Your partner, *Estudiante B*, has a complete floor plan with all the furnishings in place. You have only the outline of the rooms and must draw in the furniture in the correct place as your partner describes it to you. Before you begin, copy your floor plan onto a sheet of paper. Your partner will begin.

Vocabulario útil

¿Dónde está... ?	*Where is . . . ?*
¿Dónde pongo... ?	*Where do I put . . . ?*
¿A la derecha o a la izquierda?	*To the right or to the left?*

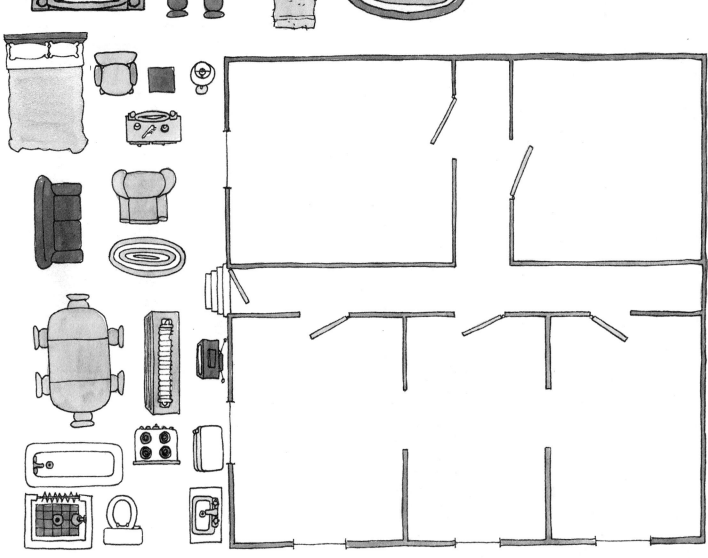

Estudiante B

Contexto: In this activity, you and your partner will practice describing the location of furniture in some rooms of a house. You have a complete floor plan with all the furniture in place. Your partner, *Estudiante A*, has only the outline of the rooms. You must describe to your partner the location of all the furnishings and fixtures. Your partner will draw the furniture in its correct place. You will begin by saying: *Vamos a empezar con el baño. El lavabo está...*

Vocabulario útil

El lavabo está...	*The sink is located . . .*
Pon la mesita al lado de...	*Put the nightstand next to . . .*
(No) está bien.	*That's (not) right.*

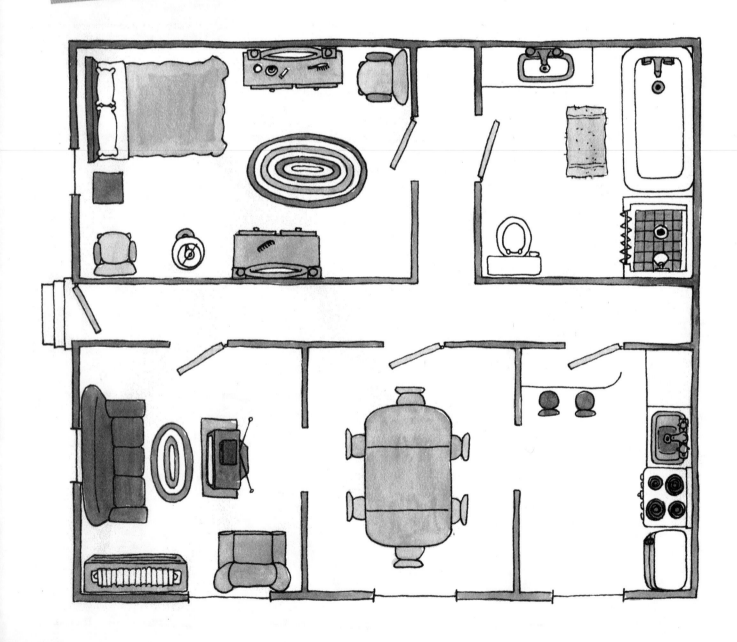

Anticipación

En este episodio Miguel busca un compañero con quien compartir (share) su apartamento. Francisco, un joven español, viene a ver el apartamento. ¿Quién probablemente dice lo siguiente, Miguel o Francisco? Indica tu respuesta con una **M** (Miguel) o una **F** (Francisco).

Discover the Hispanic world.

Video Tape

_____ 1. ¿Hace mucho tiempo que vives aquí?

_____ 2. ¿Y vives aquí solo?

_____ 3. Como ves, éste es el comedor.

_____ 4. Estudio música... pero no te preocupes, no practicaré mucho en casa.

_____ 5. ¿Cuánto es el alquiler?

_____ 6. Mi compañero está a punto de (about to) vender sus muebles.

_____ 7. Bueno, pues, éste es tu cuarto.

_____ 8. Es un sitio estupendo. Me interesa.

_____ 9. Tienes que pagar la mitad (half) del depósito a mi compañero.

_____ 10. Es exactamente lo que buscaba.

Comprensión

¿En qué orden escuchamos la siguiente información en el vídeo? Indica el orden con los números de 1 a 7.

Answers to *Comprensión*: 3, 1, 7, 6, 4, 2, 5

_____ La cocina tiene todos electrodomésticos necesarios.

_____ Hace un año que Miguel vive en el apartamento.

_____ Francisco decide vivir en el apartamento.

_____ El cuarto de Francisco tiene una cama y una mesita.

_____ El alquiler es 70,000 pesetas.

_____ Miguel trabaja como traductor de *comics*.

_____ A Miguel le gusta mucho el patio de la casa.

Estrategias: Predicting/Anticipating content and using suffixes to identify new words

Una tortuga en casa. ¿Tienes algún animal doméstico? Muchas personas tienen un gato o un perro en casa. En este artículo, vas a aprender más sobre las tortugas (turtles).

A. Estrategia. Before you begin reading a newspaper or magazine article, it is often helpful to try to anticipate or predict the content. To do this, you should first look at the title, any subtitles or subdivisions of the article, and any photographs or graphics that accompany the article. You may also want to read the first sentence of the first paragraph. Then, you should try to answer questions such as the following:

- What is the general topic of the article?
- For whom is this article intended? (For experts or a general audience? For men, women, or both? etc.)
- What do you already know about this topic?

After you read over the title, subtitles, and captions for this article on turtles, complete the following activity by selecting the best choice for each question.

1. Este artículo trata de *(deals with)*
   a. las famosas tortugas de Florida.
   b. la posible extinción de las tortugas.
   c. las tortugas como animales domésticos.

2. Este artículo es para
   a. los expertos en ciencia marina.
   b. los padres que buscan una mascota para sus hijos.
   c. los niños que tienen una tortuga.

3. ¿Son ciertas o falsas esta frases?
   a. Las tortugas pueden vivir muchos años.
   b. Las tortugas cuestan mucho.
   c. Las tortugas necesitan agua muy fría.
   d. Las tortugas comen carne.

B. Los sufijos. You have already seen that recognizing cognates can help you read more quickly and with more understanding. Learning common suffixes in Spanish will also expand your vocabulary significantly.

Study the chart below and complete it with the appropriate words from the article.

English	Spanish
-ly	*-mente*
sufficiently	*suficientemente*
periodically	_____

-tion	*-ción*
attention	*atención*
ration, portion	_____

-ty	*-dad*
hyperactivity	_____

C. Comprensión. Lee el artículo y completa las preguntas.

1. ¿Por qué es una buena mascota la tortuga? Escribe tres ventajas *(advantages)*.
2. ¿Cómo es una tortuga de la Florida? ¿Cuánto pesa *(weighs)*? ¿Por cuántos años puede vivir?
3. ¿Por qué necesitan las tortugas una temperatura moderada?
4. ¿Por qué es una buena idea tener agua limpia en el terrario y lavar las tortugas?
5. ¿Qué comen las tortugas?

UNA TORTUGA EN CASA

La tortuga Florida
requiere pocos cuidados.

La tortuga es el animal más indicado para iniciar a los niños en el mundo de las mascotas. Tranquilas, amigables y simpáticas, las tortugas ofrecen un sinfín de ventajas: pocos cuidados, atención mínima, viven mucho tiempo y son baratas, de coste y de mantenimiento.

La más común es la tortuga Florida, de apenas 5 cm de tamaño y unos cuantos gramos de peso, pero que con el tiempo y un poco de cariño puede llegar a pesar 3 kg, medir casi 30 cm y vivir 30 años.

Antes de adquirir un ejemplar conviene informarse bien de qué tipo se trata, cómo mantenerla y cuáles son sus hábitos y características. Su tamaño condicionará el del terrario, que deberá ser lo suficientemente amplio para que pueda moverse, además de ser fácil de limpiar y de esterilizar.

La tortuga Florida puede vivir 30 años

Temperatura ideal

Las tortugas son animales de sangre fría, por lo que dependen de la temperatura exterior para vivir. Si es demasiado fría, caerá en un casi constante periodo de letargo, y si es muy alta, tenderá a la hiperactividad. Lo ideal es una temperatura de entre 21 y 25°, la cual se puede conseguir gracias a unos pequeños calefactores. También necesitan una buena ración de sol -unos 10 minutos-, al menos cada dos días.

Agua limpia

El agua deberá estar limpia, sin restos de comida o excrementos. El estanque se puede adornar con piedras y plantas artificiales, que deben lavarse periódicamente con un jabón suave y un concienzudo aclarado. Las tortugas también conviene lavarlas para evitar la aparición de parásitos, con agua tibia sin jabón y un trapo suave para frotar.

Su dieta se basa en las frutas y verduras. Pero lo mejor es la comida que venden en las tiendas especializadas. ■

Atajo
SOFTWARE

Phrases:
Describing people;
Making transitions;
Talking about the present;
Writing a conclusion;
Writing an introduction;

Grammar:
Adjective agreement;
Adjective position;
Relative pronoun *que*;
Relative pronoun *quien*;
Relatives: Antecedent;
Verbs *ser* and *estar*;
Verb *tener*

Estrategias: Joining sentences with que and writing descriptions

I. El pronombre relativo *que*. In both English and Spanish it is possible to join two short sentences together in a number of ways. One common and easy way to do this is to use relative pronouns. Here are some guidelines on their use.

- In English the relative pronouns include "who," "whom," "that," and "which." In Spanish all these relative pronouns may be expressed by *que*.

  Ésta es mi prima **que** vive
    en San Diego.

  *This is my cousin **who** lives
    in San Diego.*

  La casa **que** quieren comprar
    es muy cara.

  *The house **that** they want to buy
    is very expensive.*

- In Spanish, the relative pronoun *que* must always be stated. In English, sometimes the relative pronoun is omitted, although it is still understood to be part of the sentence.

  Ésta es la señora **que** conocí
    en la reunión.

  *This is the woman (**whom/that**) I met
    at the meeting.*

- In both English and Spanish, a relative clause may be attached to the end of a sentence or embedded within another sentence.

  Tengo una amiga **que vive
    en Florida.**

  *I have a friend **who lives in Florida**.*

  Mi amiga **que vive en Florida**
    trabaja en Disneyworld.

  *My friend **who/that lives in Florida**
    works at Disneyworld.*

Planes para el fin de semana. What is Gregorio telling the Martínez family about his weekend activities? Make sentences by joining logical elements from columns A and B with the relative pronoun *que*. Remember that relative clauses can go in the middle or at the end of a sentence.

Modelo
Me gustaría conocer a tus tíos *que* viven en Maracaibo.

A	B
Me gustaría conocer a tus tíos	estudia en la universidad
Nuestro amigo va a visitarnos	queremos visitar
El museo está lejos	viven en Maracaibo
Voy a salir con una chica	trabaja en el banco
Carlos y yo vamos a tomar un refresco en el café	Carlos conoce
Prefiero ir a la discoteca	está en la esquina

II. Las descripciones. When writing a description, your main objective is to create in words an image that the reader can see and feel. Observing certain organizational techniques can help you achieve that objective more easily. The questions that follow will help you review some of those techniques; answer them as you read "Mi tía Elena."

1. A description generally consists of three parts: an introduction, the main body, and a conclusion. Can you identify the three parts in the description of "tía Elena"? What kinds of information does each section provide?

2. Is this description objective or subjective? What are some examples that support your position?

3. How is the main body of the description organized? (Hint: Notice what kinds of information are presented and decide what they have in common and in what order they are presented.)

4. Why did the author choose this person to describe? In what part of the composition is that made clear?

Who is a special person in your life? What makes that person special? In your notebook, write a description of that person. Try to include an introduction, the main body, and a conclusion. Think about what details you want to include and how you might best organize them. Be sure to include at least two sentences with the relative pronoun *que*. After you finish writing, check for errors in grammar and spelling.

MI TÍA ELENA

Mi tía Elena nació en Cuba, pero llegó a los Estados Unidos hace más de 35 años. Ahora vive con su esposo en un pueblo de Pennsylvania que está muy cerca de donde viven sus hijos y sus nietos. Aunque (*Although*) no puedo visitarla con mucha frecuencia, mi tía Elena es una de mis parientes preferidas.

Mi tía Elena es bajita de estatura y bastante delgada. Tiene el pelo completamente blanco ahora, pero sus ojos son muy azules y brillantes. Para muchas personas, mi tía Elena no es guapa y no es fea; parece una señora "típica" de 65 años. Pero para mí, ella es una señora extraordinaria. Es una persona que siempre está lista a ayudar. Además, es paciente y generosa con todas las personas que conoce. Ella siempre escucha con compasión y no critica.

Mi tía Elena y yo nos escribimos o hablamos por teléfono todos los meses. Es más que una tía —es mi mejor amiga.

PERSPECTIVAS CULTURALES

La importancia de la religión y las celebraciones

Religion often plays a pivotal role in the family and social life of Hispanics. As you read these announcements taken from the social pages of Spanish-language newspapers, complete the exercises that follow.

A. Celebraciones. Answer these questions in English.

1. What occasion or event is commemorated in each of the articles?
2. In which of the events is the role of religion evident?
3. Which of these festivities would be mentioned in your local newspaper? Which ones would not? Why not?
4. Which one of these is visually different and more elaborate than the ones found in English-language U.S. newspapers?

B. Más detalles. Contesta las preguntas en español.

1. ¿De qué nacionalidad u origen es Vanessa? ¿Cómo celebra su cumpleaños?
2. ¿Quiénes son Rubén Pérez y Patricia Morera? ¿Dónde viven?
3. ¿Qué relación existe entre Iraida y Pedro Juan Santana y Ashley?
4. ¿Cuándo y a qué hora falleció (died) el Sr. Elguero? De los parientes mencionados, ¿cuál es la diferencia entre "hermanos" y "hermanos políticos"?

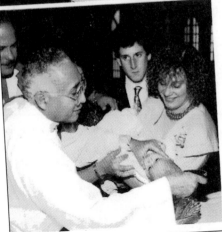

Arriba: Ashley Nakaira con sus padres, Vanessa y David Gloates, y en brazos de su abuelo, Rubén Horta. A la izquierda: El Diácono Ramón Rodriguez derrama las aguas bautismales.

Fotos
Cecilia Salinas

Bautizan a Ashley Nakaira

En la Iglesia San José, de Villa Caparra, recibió el santo sacramento del bautismo Ashley Nakaira Gloates Horta. Ashley fue apadrinada por sus tíos Pedro Juan e Iraida Santana. Pasada la ceremonia los invitados disfrutaron de un agasajo en la residencia de los abuelos maternos, que se celebró en conjunto con el segundo cumpleaños de su hermanita Sarah Nataira.

Pedro J. Santana, padrino, David y Vanessa con su hija en brazos, y la madrina, Iraida Santana.

QUINCEAÑERA. Llegó a sus dorados quince años la gentil señorita Vanessa Perretta, perteneciente a familia cubana de vasto aprecio en nuestros círculos, y alumna consagrada del Colegio de Saint Brendan. El evento fue celebrado con un viaje a Argentina y por el Caribe. La felicitamos y le auguramos toda clase de bendiciones.

PRIMERA COMUNION. Recibió por vez primera la Sagrada Eucaristía durante solemne misa celebrada en la Iglesia de Santa Teresita de Jesús, Coral Gables, la preciosa niña Diane Pérez, hija del señor Rubén Pérez y señora, Patricia Morera de Pérez, muy estimados miembros de nuestros círculos. La saludamos de manera especial y le deseamos muchas alegrías y bendiciones.

EL SEÑOR

PABLO ELGUERO RIBA

falleció ayer a las 18:45 horas, en el seno de Nuestra Madre la Santa Iglesia Católica Apostólica Romana, confortado con todos los auxilios espirituales y la Bendición Papal.

Su esposa, hijos, hermanos, hermanos políticos, sobrinos y demás familiares lo participan a usted con profundo dolor suplicándole ruegue a Dios nuestro Señor por el eterno descanso de su alma.

México, D. F., 22 de junio de 1996

El duelo se despide hoy a las 11:00 horas de Gayosso, Sullivan.

AGENCIA EUSEBIO GAYOSSO
SULLIVAN Y ROSAS MORENO

EXPLORE!
For this chapter's activity, go to
http://puentes.heinle.com

Vocabulario

SUSTANTIVOS

la alfombra *rug*
el almuerzo *lunch*
el (la) amigo(a) *friend*
los anteojos *eyeglasses*
la bañadera *tub*
la barba *beard*
el bigote *moustache*
la cama *bed*
el carácter *character, personality*
la casa *house*
la cena *supper, dinner*
el césped *lawn*
el (la) cliente *customer, client*
el clóset *closet*
la cocina *kitchen, kitchen stove*
el comedor *dining room*
la cómoda *chest of drawers*
el (la) compañero(a) de cuarto *roommate*
el cuadro *painting*
el cuarto *room*
el (la) chico(a) *boy, girl*
el desayuno *breakfast*
el dormitorio *bedroom*

la ducha *shower*
el estante *shelf*
la estufa *stove*
el fregadero *kitchen sink*
las gafas *eyeglasses*
el garaje *garage*
la hamburguesa *hamburger*
el (la) hermanastro(a) *stepbrother, stepsister*
el inodoro *toilet*
la lámpara *lamp*
el lavabo *bathroom sink*
la madrastra *stepmother*
la madrina *godmother*
el mandado *errand*
el (la) medio(a) hermano(a) *half brother, half sister*
la mesa *table*
la mesita *coffee table, end table*
la mesita de noche *night stand*
los muebles *furniture*
la nevera *refrigerator*
el (la) nieto(a) *grandson, granddaughter*

las noticias *news*
el (la) novio(a) *boyfriend, girlfriend*
el ojo *eye*
el padrastro *stepfather*
el padrino *godfather*
el pariente *relative*
el pelo *hair*
la personalidad *personality*
el plato *dish*
el postre *dessert*
el (la) primo(a) *cousin*
los quehaceres *household chores*
el refrigerador *refrigerator*
la ropa *clothes*
la sala *living room*
la silla *chair*
el sillón *easy chair*
el (la) sobrino(a) *nephew, niece*
el sofá *sofa*
el televisor *T.V. set*
la tina *bathtub*
el (la) tío(a) *uncle, aunt*
la tortilla *omelette*

VERBOS

acabar de (+ infinitivo) *to have just . . . (done something)*
alquilar *to rent*
cenar *to eat dinner*
cocinar *to cook*
comprar *to buy*
conocer *to meet, to know*
cortar *to cut*
dar *to give*
deber (+ infinitivo) *ought to, should*
decir *to say, to tell*
descansar *to rest*
dormir (ue) *to sleep*
hacer *to do, to make*

hacer ejercicio (s) *to do (physical) exercise*
hacer la cama *to make the bed*
hay que (+ infinitivo) *one must, it is necessary to*
jugar (ue) *to play (sport/game)*
lavar *to wash*
limpiar *to clean*
llevar *to wear*
pasar *to spend (time)*
pedir (i) *to ask for*
pensar (ie) *to think, to plan*
poder (ue) *to be able, can*
poner *to put, to set (the table), to turn on (T.V., radio)*

preferir(ie) *to prefer*
preparar *to prepare*
querer (ie) *to want*
saber *to know*
salir *to leave, to go out*
seguir (i) *to follow, to continue*
ser *to be*
servir (i) *to serve*
tener (ie) que (+ infinitivo) *to have to . . .*
traer *to bring*
venir (ie) *to come*
ver *to see*
volver (ue) *to return*

OTRAS PALABRAS

agradable *pleasant, good-natured*
a la derecha de *to the right of*
a la izquierda de *to the left of*
al lado de *next to, beside*
alto(a) *tall*
amable *friendly*
amueblado(a) *furnished*
antipático(a) *disagreeable, unpleasant*
azul *blue*
bajo(a) *short (in height)*
barato(a) *inexpensive*
bueno(a) *good*
calvo (a) *bald*
canoso (a) *gray (haired)*
cariñoso(a) *warm, affectionate*
caro(a) *expensive*
castaño(a) *brown (hair, eyes)*
cerca de *near*
corto(a) *short (in length)*
de estatura mediana *medium height*
debajo de *under*
delante de *in front of*
delgado(a) *thin*

descompuesto(a) *out of order*
desordenado(a) *messy*
detrás de *behind*
divertido(a) *fun (to be with), funny*
en *in, on, at*
en buenas (malas) condiciones *in good (bad) condition*
encima de *on top of*
entre *between, among*
ese/esa *that*
esos/esas *those*
este/esta *this*
estos/estas *these*
extrovertido(a) *outgoing*
feo(a) *ugly*
gordo(a) *fat*
grande *big*
gris *gray, hazel (eyes)*
guapo(a) *good-looking*
íntimo(a) *close (relationship)*
joven *young*
largo(a) *long*
limpio(a) *clean*
más... que *more . . . than*
mayor *older, oldest*

mejor *better, best*
menor *younger, youngest*
menos... que *less . . . than*
moderno(a) *modern*
negro(a) *black*
nuevo(a) *new*
optimista *optimistic*
ordenado(a) *neat*
peor *worse, worst*
pequeño(a) *small*
pesado(a) *tiresome, annoying*
rojo(a) *red*
roto(a) *broken*
rubio(a) *blond(e)*
serio(a) *serious*
simpático(a) *nice*
sucio(a) *dirty*
tan... como *as . . . as*
tanto(a)(s)... como *as much (many) . . . as*
temprano *early*
tímido(a) *shy*
tradicional *traditional*
verde *green*
viejo(a) *old*

EXPRESIONES ÚTILES

¿Cómo es... ? *What is . . . like? (for description)*
Mi casa es... *My house is . . . (description)*

Mi casa está... *My house is . . . (condition)*
Éste (Ésta) es mi... *This is my . . .*

Quién es... ? *Who is . . . ?*

For further review, please turn to Appendix E.

OBJETIVOS

1. Speaking and Listening

Discussing foods and meals
Ordering a meal in a restaurant
Shopping for food
Expressing likes and dislikes
Describing some physical/emotional
conditions with *tener*

2. Reading

Review and application of previously
introduced reading strategies

3. Writing

Writing a simple restaurant review

¡Buen provecho!

4

Develop writing skills with *Atajo* software.

Atajo

Practice listening skills with the Student Tape.

Student Tape

WWW Explore!
http://puentes.heinle.com

Internet Activities

Discover the Hispanic world.

Video Tape

4. Culture

Exploring Hispanic influence in restaurants and supermarkets in your community

5. Grammar

The verb *gustar* in the present tense
Direct objects and direct object pronouns
Indirect objects and indirect object pronouns

A primera vista

Lee el menú de Pizza Hut y contesta las preguntas.

menú
para llevar

Pizza Hut®
¡Y nada más!

Vaya a donde vaya...
lleve siempre el gran sabor.

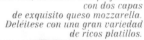

¡Venga en cualquier momento! Será un placer preparar su orden rápidamente para que usted la lleve; o si lo prefiere, llámenos antes y podrá pasar a recogerla en sólo 20 minutos.

PARA LLEVAR

Disfrute la mejor pizza del mundo, crujiente, preparada con los más frescos y abundantes ingredientes, horneada a la perfección, con dos capas de exquisito queso mozzarella. Deléitese con una gran variedad de ricos platillos.

Pizza ¡La Original!

PIZZA SICILIANA

Alta, suave, liviana y horneada a la perfección. Siempre con dos capas de auténtico queso mozzarella. ¡Incomparable!

Ahora usted puede escoger sus ingredientes favoritos para preparar la combinación de su gusto.

	GRANDE	GIGANTE
PIZZA DE QUESO MOZZARELLA	¢72.50	¢84.50
CADA INGREDIENTE ADICIONAL	¢10.50	¢12.50
CADA INGREDIENTE ESPECIAL	¢14.50	¢16.50

Escoja entre: Pepperoni, carne, chorizo español, salchicha italiana, salami, piña, tomates frescos, cebolla, chile verde.

Ingredientes especiales: Hongos, aceitunas, jamón Virginia o mozzarella extra.

NUESTROS PRECIOS INCLUYEN IVA.

Otros favoritos

PAN CON AJO
PARA LLEVAR Y A DOMICILIO
¡Qué sabrosura!
La más deliciosa combinación de Queso Mozzarella, Mantequilla y especies.

	PEQUEÑO (4 rodajas)	JUMBO (6 rodajas)
Supremo (con queso)	¢13.50	¢17.50
Normal (sin queso)	¢ 8.50	¢11.50

BEBIDAS

Pepsi en Lata	¢ 7.50
Pepsi Litro	¢12.50
Cerveza en Lata Nacional	¢10.00
Cerveza Lata Importada	¢15.00
Refresco de Chocolate YO-HOO en Lata	¢ 9.00

¡EN DOS RICAS ESPECIALIDADES!

SOLO ¢120.00

BIGFOOT 1: Pepperoni, jamón y chile verde.
BIGFOOT 2: Salchicha italiana, hongos y pepperoni

SOLO A DOMICILIO.

Express

BIGFOOT PIZZA

Y para acompañar, nuestro delicioso Postre BRESLER'S
En vainilla ó chocolate .... ¢ 21.00
* En restaurantes Pizza Hut, sólo para llevar*

ENSALADA ¡Variedad y Frescura!
El precio de la ensalada no incluye repetición.

	PEQUEÑA	JUMBO
	¢26.00	¢28.50

CHIQUI PACK sólo para niños.

1. Si visitas Pizza Hut, ¿cuáles son tus opciones para comer? ¿En cuántos minutos va a estar lista la pizza?
2. ¿En qué tamaños *(size)* se anuncia la pizza siciliana?
3. ¿Cuáles son algunos de los ingredientes adicionales para la pizza siciliana? ¿Cuáles son algunos de los ingredientes especiales?
4. El menú es de El Salvador. Un dólar norteamericano es igual a 8.70 colones salvadoreños. ¿Cuánto vale una pizza siciliana de queso en dólares?
5. ¿Qué platos se ofrecen para acompañar la pizza? ¿Cuál te gusta más?
6. ¿Qué anuncian para niños solamente?
7. ¿Qué tipo de pizza anuncian para un grupo grande y sólo con entrega a domicilio *(delivery)*?
8. Estás en el restaurante y la camarera te pregunta: ¿Qué desea Ud.? Usa el menú para contestarle.

Paso 1

In this *Paso* you will practice:
- Talking about some common foods eaten at different meals
- Ordering food at restaurants
- Using direct objects and direct object pronouns

VOCABULARIO TEMÁTICO

Las comidas

¿Qué te gusta comer para el desayuno? ¿Dónde almuerzas? ¿Qué prefieres comer de cena?

El desayuno

¿Qué te gusta desayunar?
Desayuno _____.

la mermelada

un vaso de leche

los huevos revueltos

el pan tostado

el cereal

la mantequilla/ la margarina

el jugo de naranja

una taza de café con leche y azúcar

The English equivalents of the *Vocabulario temático* sections are found in Appendix E.

El almuerzo

¿Qué almuerzas?
Prefiero almorzar _____.

una cerveza

el maíz

el bróculi

los mariscos

una copa de vino

los camarones

las chuletas de cerdo

la torta

el pollo

la papa/la patata

La merienda

¿Qué meriendas?
Me gusta merendar _____.

un sándwich de jamón y queso

una taza de té

el helado

una tortilla

los churros

las galletas

una taza de chocolate

un vaso de té frío

La cena

¿Qué comes en la cena?
Ceno _____.

un biftec

el arroz con frijoles

una ensalada de lechuga y tomate con aderezo

un panecillo

la sopa

el flan

Reclassifying information

Another strategy that will help you recall new information is to reclassify it into meaningful groups or categories. For example, the vocabulary in this section was categorized by meals; what are some other ways that it could be classified? One way might be to use the following food types: *carnes* (meats), *pescados* (fish), *mariscos* (seafood), *vegetales* or *verduras* (vegetables), *frutas* (fruits), *postres* (desserts), and *bebidas* (beverages). Try recategorizing the new vocabulary using this system. Which one do you find more meaningful? Why? It does not matter which system you use as long as it helps you remember the information.

¿Sabías que...?

● Hispanics generally eat three meals and a snack in a typical day: a small breakfast *(el desayuno)* is eaten between 7 and 9 A.M. and usually consists of coffee, juice, toast, or pastry; lunch *(el almuerzo)*, consisting of several courses and often the largest meal of the day, is usually eaten between 1 and 3 P.M.; a snack *(la merienda)* of coffee, tea, or hot chocolate with a sandwich or pastries is usually eaten between 4 and 6 P.M.; a smaller evening meal *(la cena)* of soup, salad, sandwich, or omelet is eaten between 8 and 10 P.M.

● Before starting to eat, it is customary to wish others an enjoyable meal by saying *¡Buen provecho!* or *¡Que le aproveche!*

● In addition to *comer*, several verbs are used to talk about the food you eat. *Desayunar* is used to talk about what you eat for breakfast. To discuss what you eat for lunch, use *almorzar (ue)*. To describe what you snack on, use *merendar (ie)*. And *cenar* is used to talk about what you eat for dinner.

● In Spain, people often go out to bars or restaurants before lunch or supper to have *tapas*. These are appetizers or snacks that consist of tidbits of ham, cheese, olives, omelets, etc., and are often accompanied by drinks. This fun tradition has begun to be "exported" to Latin American countries and even to some cities in the United States, where *tapas* bars have started to become popular.

Comentario *cultural*

Costumbres diferentes

En los países hispanos existen algunas costumbres a la hora de comer que son distintas a las que tú tienes. Primero, los hispanos generalmente siguen la etiqueta europea o el estilo "continental" de comer. En otras palabras, no cambian el tenedor de la mano izquierda a la derecha según la práctica de los Estados Unidos. Además, después de la comida principal del día, la familia usualmente se queda un rato más en la mesa para conversar. Esta conversación, que se llama "la sobremesa", es más común durante el fin de semana, cuando las personas tienen más tiempo para almorzar. Esta práctica, que fomenta la unidad de la familia, también puede tomar lugar en restaurantes.

Play Student Tape

Ponerlo a prueba

A. En el restaurante La Estancia. Tus amigos Omar, Adriana y Hugo están
en el restaurante La Estancia. ¿Qué piden tus amigos? Escucha su conversación
con el camarero y escribe las letras que corresponden a la comida que cada persona pide debajo de cada nombre. Van a pedir la comida en este orden: Adriana,
Omar y Hugo.

Adriana	Omar	Hugo

B. Mini-situaciones. Con un(a) compañero(a), contesta las preguntas oralmente.

1. Estás en un restaurante de servicio rápido. ¿Qué vas a pedir?
2. Tu amigo te invita a comer. ¿Qué quieres comer?
3. Es el día de tu cumpleaños y estás en un restaurante elegante. ¿Qué
   vas a pedir?
4. Tu amigo cubano está comiendo un taco. ¿Qué ingredientes hay en un taco?
5. Tu compañero puertorriqueño está a dieta; ¿qué le recomiendas?
6. Tu compañera de conversación colombiana quiere saber por qué son tan
   grandes muchos jugadores de fútbol americano. ¿Qué comen ellos?
7. Tus padres vienen a tu apartamento a cenar contigo; ¿qué vas a preparar?
8. Vas a dar una fiesta en tu casa; ¿qué vas a cocinar (to cook)?
9. Tu profesor(a) de español va a dar una fiesta en su casa; ¿qué va a cocinar?
10. Estás en tu restaurante predilecto; ¿qué postre vas a pedir?

VOCABULARIO TEMÁTICO

En el restaurante

¿Cuál es tu restaurante predilecto? ¿Qué te gusta pedir allí?

Turista	Camarero(a)
¡Camarero(a)!	
Necesito un menú, por favor.	
¿Cuál es el plato del día?	Hoy tenemos paella.
¿Qué ingredientes tiene la paella?	Tiene pollo, mariscos y arroz.
¿Qué me recomienda?	Le recomiendo el pollo asado.
	¿Qué desea pedir?
De primer plato, quiero sopa de tomate.	
De segundo, deseo biftec.	
Voy a probar el pescado frito.	
De postre, prefiero helado de chocolate.	
Para beber, quisiera una copa de vino.	
Por favor, ¿podría traerme un tenedor?	En seguida.
un cuchillo	
una cuchara	
una servilleta	
la sal	
la pimienta	
unos cubitos	
de hielo	
Por favor, tráigame la cuenta.	**¡Cómo no!**
¿Está incluida la propina en la cuenta?	

¿Sabías que...?

In Spanish-speaking countries the meals normally have three or more courses. The courses are as follows: *el entremés* (the appetizer), which can be mushrooms, cheese, ham, etc.; *el primer plato* (the first course), which is usually soup or vegetables; *el segundo plato* (the main dish), which may be red meat, chicken, or fish; and *el postre* (the dessert), which is frequently fresh fruit.

At the end of a meal, the waiter does not bring the bill until you request it. It will frequently include a service charge. If the service was excellent, an additional tip is appropriate, and compliments are greatly appreciated.

Several new verbs were used in this section to introduce food items. You may already be familiar with the regular verbs *desear* (to want, to wish), *beber* (to drink), and *necesitar* (to need). The verbs *recomendar (ie)* (to recommend), *pedir (i)* (to ask for), and *probar (ue)* (to taste, to try) are "stem-changing" verbs.

A. ¿Qué quieren los clientes? Escucha los mini-diálogos siguientes y escribe una E si los clientes quieren una explicación, una P si están pidiendo la comida, una Q si están quejándose *(complaining)* de la comida y una C si la información está relacionada a la cuenta. Vas a oír cuatro conversaciones.

1.

2.

3.

4.

Play Student Tape

B. ¿Qué desean? Escribe mini-diálogos para las situaciones en los dibujos y luego practícalos con tu compañero(a).

1.

2.

3.

4.

5.

6.

La comida hispana

Muchos norteamericanos erróneamente piensan que todos los hispanos comen tacos y enchiladas. La cocina hispana es tan variada como la gente que representa. Generalmente, la comida picante *(spicy, hot)* se come exclusivamente en México, en el Perú y en algunas partes de América Central. En el resto del mundo hispano, la cocina depende de condimentos como el aceite de oliva, las cebollas *(onions)*, el ajo *(garlic)*, la salsa de tomate y el cilantro para sazonar la comida.

Hay algunos platos que son muy populares en el mundo hispano. Probablemente ya has oído mencionar la paella, un plato típico de Valencia que se hace con arroz, pollo y mariscos. Otros platos que también son conocidos son el gazpacho, una sopa fría de vegetales, las empanadas, un pastel de carne, y el picadillo, un plato de carne de res molida *(ground beef)* con aceitunas y pasas.

Paella valenciana

Chorizo

GRAMÁTICA

Los complementos directos

A. Los complementos. While all complete sentences must have a subject and a verb, they may also contain optional elements, such as direct and indirect objects. Notice the difference between these two kinds of objects in the examples that follow.

- An **indirect object** generally refers to a person. It tells **to whom** or **for whom** something is done.

  ¿Podría Ud. traer**me** un tenedor?   *Could you bring **me** a fork? (To **whom** will the fork be brought? To **me**.)*

- A **direct object** may refer to a person or to a thing. The direct object receives the action of the verb; it answers the questions **whom** or **what** with respect to the verb.

  ¿Podría Ud. traerme **una servilleta**?   *Could you bring me **a napkin**? (**What** will be brought? **A napkin**.)*

  No veo a **nuestro camarero**.   *I don't see **our waiter**. (**Whom** do I not see? **Our waiter**.)*

You will learn more about indirect objects, or *complementos indirectos*, in *Paso 2* of this chapter. For now, we will focus on direct objects, or *complementos directos*.

B. Los complementos directos pronominales.
To avoid sounding repetitious, we often replace direct objects with direct object pronouns, as in the following example.

¿Cómo quieres **el café?**	*How do you want **your coffee?***
	*(Want what? **Your coffee.**)*
Lo quiero con azúcar.	*I take **it** with sugar. (**It** replaces the direct object, **coffee.**)*

- In Spanish, direct object pronouns must agree in gender and number with direct objects they are replacing. Study the forms in the chart and the examples in section C below.

Los complementos directos pronominales

	singular	plural
masculino	lo *it, him*	los *them*
femenino	la *it, her*	las *them*

C. La posición en la oración.
Although in English direct object pronouns are placed after the verb, in Spanish the placement depends on the verb form.

- Direct object pronouns are usually placed before the conjugated verb.

¿Necesitas **el menú?**	*Do you need **the menu**?*
No, gracias, no **lo** necesito.	*No, thanks, I don't need **it**.*

- With verb phrases consisting of a conjugated verb and an infinitive, the direct object pronoun is placed either before the conjugated verb or attached to the end of the infinitive.

¿Vas a servir **la torta** ahora?	*Are you going to serve **the cake** now?*
No, **la** voy a servir un poco más tarde.	*No, I'm going to serve **it** a little later.*
No, voy a servir**la** un poco más tarde.	

- Direct object pronouns are always attached to the end of **affirmative** commands, but placed in front of **negative** commands.

¿El vino blanco? Sírva**lo** con el pescado.	*The white wine? Serve **it** with the fish.*
¿El vino tinto? No **lo** sirva con el pollo.	*The red wine? Don't serve **it** with the chicken.*

Ponerlo a prueba

A. En el restaurante.
Mira el dibujo en la página 144 y contesta las preguntas en frases completas. Incluye un complemento directo pronominal en las respuestas.

Modelo

¿Quién sirve **el café?**
Lo sirve Jaime.

[handwritten: Sr. Gómez la paga or La paga Sr. Gómez.]
[handwritten: Amadeo lo llama.]

1. ¿Quién paga la cuenta?
2. ¿Quién llama al camarero?
3. ¿Quiénes comen helado? [handwritten: leche]
4. ¿Quién bebe leche? [handwritten: ← la leche]
5. ¿Quiénes beben vino?
6. ¿Quién pide pollo?
7. ¿Quién desea camarones?
8. ¿Quién come torta?
9. ¿Quién necesita cuchara?
10. ¿Quién prueba el helado de otra persona?

B. Las preferencias. Trabaja con un compañero(a) de clase y contesta las preguntas en frases completas. Incluye un complemento directo pronominal.

Modelo

¿Cómo prefieres las hamburguesas, con queso o sin *(without)* queso?
***Las** prefiero con queso. / **Las** prefiero sin queso.*

1. ¿Cómo comes las hamburguesas, con tomate o sin tomate?
2. ¿Cómo bebes el té frío, con azúcar o sin azúcar?
3. ¿Cómo prefieres las ensaladas, con aderezo francés o con aderezo italiano?
4. ¿Cómo comes el cereal, con bananas o sin bananas?
5. ¿Cómo prefieres los huevos, revueltos o fritos?
6. ¿Cómo bebes el café, con azúcar, con leche o solo *(black)*?
7. ¿Cómo comes las patatas al horno *(baked)*, con mantequilla o con margarina?
8. ¿Cómo prefieres el helado, con fruta o sin fruta?

A. La cita de Gregorio. Escucha la conversación entre Carmen y Gregorio. ¿Son ciertas o falsas las siguientes oraciones?

Primera parte

1. Cuando Gregorio llama a Carmen por teléfono, ella está mirando la televisión.
2. Gregorio la invita a salir el viernes.
3. A Carmen le gusta la comida italiana.
4. Gregorio quiere ir a la Pizzería Napolitana.
5. Carmen no conoce el restaurante.

Segunda parte

6. Carmen prefiere comer las lasañas.
7. Gregorio pide una pizza grande.
8. Los jóvenes van a comer ensalada.
9. Para beber, Gregorio pide vino y café para los dos.

B. Preguntas personales. Contesta las preguntas oralmente con tu compañero(a). Incluye un complemento directo pronominal cuando la pregunta tiene palabras subrayadas.(*underlined*).

1. ¿Desayunas todos los días o solamente a veces? ¿Bebes jugo de naranja con tu desayuno?
2. ¿A qué hora almuerzas? ¿Qué pides de almuerzo cuando tienes mucha hambre y poco dinero? ¿Comes hamburguesas con frecuencia?
3. En general, ¿dónde cenas, con tu familia, en un restaurante, en la cafetería de la universidad o en tu apartamento? ¿Qué prefieres cenar?
4. ¿Qué sirves de plato principal cuando tienes invitados? ¿Siempre sirves postre también? ¿Qué traen los invitados?
5. ¿En qué ocasiones das fiestas? ¿Qué comida pruebas primero cuando asistes a una fiesta?
6. ¿Cuántas tazas de café tomas en un día? ¿Necesitas beber café por la mañana? ¿Bebes leche? ¿Qué más bebes con frecuencia?
7. ¿Prefieres comer en la cafetería de la universidad o preparar la comida en tu casa/apartamento? Cuando preparas la comida, ¿cuál es tu especialidad?
8. ¿Qué supermercado me recomiendas para comprar comestibles? ¿A qué hora se abre? ¿A qué hora se cierra? ¿Aceptan cupones allí?
9. Generalmente, ¿qué comes cuando estudias? ¿Qué comes cuando miras la tele? ¿Comes palomitas *(popcorn)* cuando vas al cine?
10. En tu opinión, ¿es buena o mala tu dieta? ¿Qué necesitas comer para mejorar tu dieta? ¿Qué comida te recomienda tu mamá?

C. Clo-Clo. Lee el artículo sobre el nuevo restaurante. Contesta las preguntas en frases completas en español.

1. ¿En qué país está el nuevo restaurante Clo-Clo?
2. ¿Qué clase de comida sirven allí?
3. ¿Cuáles son algunas de las especialidades?
4. ¿Quién es el chef?
5. ¿Cómo está decorado el restaurante?
6. ¿Quiénes pueden recibir el descuento? ¿Cuánto es el descuento?
7. ¿Te gustaría comer en Clo-Clo? ¿Qué plato quieres probar?

CLO-CLO

En la Costanera Norte de Argentina acaba de abrir un restaurante de "cocina italiana con mucha personalidad". Las paredes, decoradas con creaciones inéditas de pintoras argentinas, impregnan de calidez el lugar, donde se pueden saborear, desde los ya clásicos fettuccinis, preparados por el chef Fernando López Char, acompañados de las tradicionales salsas, hasta pastas saladas o dulces con vegetales, así como pescados y mariscos. Y una rareza; el original "Almuerzo de amigas", un menú especial para mujeres, con un 20% de descuento. ■

CLO-CLO" ES SINÓNIMO DE ALTA COCINA ITALIANA.

Paso 2

In this *Paso* you will practice:

- Making food purchases
- Discussing likes and dislikes
- Expressing some basic physical and emotional conditions with *tener*

Grammar:

- Indirect objects and indirect object pronouns
- The verb *gustar* in the present tense

VOCABULARIO TEMÁTICO

En el mercado

¿Dónde prefieres comprar tus comestibles —en un mercado al aire libre *(open air)* o en un supermercado? ¿Cuáles de los siguientes productos compras con frecuencia?

El (La) vendedor(a)	El (La) cliente
¿Qué desea Ud.?	Necesito un kilo de manzanas.
	bananas/plátanos
	uvas
	una docena de naranjas
	una piña
¿Quiere Ud. algo más?	¿Me puede dar una botella de agua mineral?
	un paquete de azúcar
	una bolsa de arroz
	un litro de leche
	un frasco de mayonesa
	una barra de pan
¿Algo más?	No, gracias, eso es todo.
	¿Cuánto le debo?

¿Sabías que...?

⏺ In most Spanish-speaking countries the metric system of weights and measures is used, so you need to refer to *kilos* and *litros* to make your purchases in a market or store. See the *Comentario cultural* section for a list of the metric equivalents to pounds, quarts, etc.

⏺ Fresh fruits and vegetables are often referred to with their own particular units of measurement. For example, in both English and Spanish, we speak of a "head," or *cabeza*, of lettuce or garlic. Sometimes, however, different languages use different terms. In Spanish, for example, a "clove of garlic" is *un diente de ajo*, a "tooth" of garlic.

Comentario cultural

El sistema métrico

Aunque en los Estados Unidos el sistema métrico se usa principalmente en aplicaciones científicas y técnicas, en España y en Latinoamérica es el sistema preferido para todos los usos diarios. Mientras que aquí hablamos de onzas *(ounces)*, libras *(pounds)* y galones *(gallons)* cuando compramos nuestros comestibles, los hispanos están acostumbrados a usar gramos, kilos y litros. Aquí tienes algunas equivalencias útiles:

Sistema de EE.UU.	Sistema métrico
4 onzas (de carne, queso, etc.)	cien (100) gramos
media libra (de fruta, etc.)	doscientos (200) gramos
una libra	medio kilo
un cuarto	un litro
medio galón	dos litros

Ponerlo a prueba

A. Servicio a domicilio. La señora Santana habla por teléfono con Roberto, el empleado de un pequeño supermercado. Escucha su conversación y escribe en tu cuaderno los datos necesarios para llenar el formulario. Necesitas incluir toda la información excepto los precios.

Play Student Tape

Supermercado Sánchez

Nombre y apellidos: _____

Domicilio: _____

Teléfono: _____

Artículo	Cantidad	Precio
_____	_____	_____
_____	_____	_____
_____	_____	_____
_____	_____	_____

Total _____

B. Hacer la compra. Imagínate que tienes que comprar unos comestibles. Con tu compañero(a), prepara diálogos como los del modelo.

Modelo

—¿Qué desea Ud.?

—Necesito un litro de leche y una bolsa de arroz.

—¿Quiere algo más?

—Sí. ¿Me puede dar un kilo de plátanos?

—Sí, cómo no. ¿Algo más?

—No, gracias, eso es todo. ¿Cuánto le debo?

—Trescientas noventa (390) pesetas.

1. 2. 3.

Comentario *cultural*

El mercado

Uno de los centros comerciales y sociales de cada ciudad, grande o pequeña, es el mercado. Allí se puede comprar de todo: frutas y verduras, carnes y pescados, productos para limpiar la casa y mucho más. Ya que *(Since)* los hispanos aprecian muchísimo la comida fresca, en muchas familias la señora de la casa (o la muchacha de servicio) va al mercado todos los días. Aparte de *(Aside from)* darle la oportunidad de comprar los mejores productos para su familia, esta costumbre también le ofrece la ocasión de saludar y hablar con los dueños de los puestos *(owners of the booths)*.

Aunque en muchas ciudades grandes los supermercados siguen creciendo *(continue to grow)* en popularidad, casi todos los barrios tienen su bodega o pequeña tienda de comestibles donde se puede comprar sal, leche, galletas u otras cosas. También hay muchas tiendas pequeñas que se especializan en una categoría de comida: por ejemplo, en una lechería se puede comprar leche, yogur, huevos, mantequilla y otros productos lácteos. ¿Qué se puede comprar en una carnicería? ¿una pescadería? ¿una panadería? ¿una pastelería?

Un mercado al aire libre en Guadalajara.

GRAMÁTICA

Los complementos indirectos y el verbo *gustar*

A. Los complementos indirectos. As you learned in *Paso 1,* an indirect object, or *complemento indirecto,* is the part of a sentence that tells you **to whom** or **for whom** something is done.

¿Me puede dar un kilo de manzanas?	*Can you give* **me** *a kilo of apples? (To whom are you giving the apples? To* **me.***)*

- Here are the indirect object pronouns in Spanish and English:

me	*to/for me*	**Me** puede traer un tenedor?	*Can you bring* **me** *a fork?*
te	*to/for you (informal)*	**Te** compro el pan.	*I'll buy the bread* **for you.**
le	*to/for you (formal)* / *to/ for him* / *to/for her*	**Le** recomiendo las chuletas.	*I recommend the chops* (**to you**).
nos	*to/for us*	**Tráiganos** un menú.	*Bring* **us** *a menu.*
os	*to/for you (plural)*	**Os** preparo una paella.	*I'm preparing a paella* **for you.**
les	*to/for you (formal/plural)* / *to/for them*	**Les** voy a hacer una torta.	*I'm going to make* **them** *a cake.*

B. Gustar. With most verbs, indirect objects are optional elements that add meaning to the sentence. For example, notice how adding the indirect object pronoun changes slightly the information conveyed in the following sentences.

Preparo la cena.	*I am preparing supper.*
Te preparo la cena.	*I am preparing supper* **for you.**

However, with the verb *gustar* (to like, to be pleasing) an indirect object pronoun must **always** be used.

¿**Te** gustan estas galletas?	*Do you like these cookies? (That is, are these cookies pleasing to you?)*
Sí, **me** gustan.	*Yes, I like them.* *(That is, they are pleasing to me.)*

When using the verb *gustar,* keep in mind the following points:

■ Only two forms of the verb *gustar* are commonly used: *gusta* and *gustan.* The choice between the two forms depends on what comes **after** the verb.

With an activity expressed by an **infinitive,** use *gusta:*

Me **gusta** cocinar.	*I like to cook.*

With a **singular noun,** use *gusta:*

Me **gusta** el vino tinto.	*I like red wine.*

With a **plural noun,** use *gustan:*

Me gustan las hamburguesas.	*I like hamburgers.*

■ Always use an indirect object pronoun to refer to the person who likes something.

¿**Te** gustan las naranjas?	*Do you like oranges? (Are oranges pleasing to you?)*
No **le** gustan los plátanos.	*He doesn't like bananas. (Bananas are not pleasing to him.)*

■ To refer to a person by name, you must add *a* + name to the beginning of the sentence. Also, choose *le* to refer to one person, and *les* for two or more.

A María le gustan las verduras.	*María likes vegetables.*
A los niños no les gustan las verduras.	*The children don't like vegetables.*

C. Aclaración y énfasis.
Since the indirect object pronouns *le* and *les* may refer to different people, sometimes it is helpful to clarify the sentence by adding an additional phrase consisting of *a* + prepositional pronoun.

A él		A ellos	
A ella	le gustan las uvas.	A ellas	les gusta la fruta
A Ud.		A Uds.	

Prepositional pronouns may also be used for emphasis or to establish a contrast between two people. Notice that it is still necessary to use an indirect object pronoun in the sentence.

A ti te gustan los mangos, pero **a mí** no me gustan nada.	*You like mangos, but I don't like them at all.*
A nosotros no nos gusta ese restaurante, pero **a ellos** les gusta mucho.	*We don't like that restaurant, but they like it a lot.*

D. Liking people. It is appropriate to use *gustar* to indicate that you like the work people do.

Me gusta Gloria Estefan.　　　　　　*I like Gloria Estefan. (her songs, not her personally)*

To say that you like someone personally, it is more common to use other expressions, such as these:

Me cae bien Julia.　　　　　　*I like Julia. (She strikes me as a nice person.)*

Aprecio a Julia.　　　　　　*I like Julia. (I hold her in esteem and appreciate her.)*

Quiero a Julia.　　　　　　*I love Julia. (as a girlfriend/ friend/family member)*

Ponerlo a prueba

A. Los gustos. Combina un elemento de cada columna; escribe frases sobre los gustos de tu familia y de tus amigos.

Modelo

A mi padre no le gusta cocinar todos los días.
En mi familia a todos nos gusta (*we all like*) comer en restaurantes elegantes.

A mi padre	(no)	me	gusta	los mariscos
A mi madre		nos	gustan	la comida mexicana
A mi(s) hermano(s)		le		comer en restaurantes elegantes
En mi familia a todos		les		las frutas tropicales
A mis amigos y a mí				los platos exóticos
A mí				cocinar todos los días
A mis amigos(as)				lavar los platos
				ir al supermercado
				el brócoli
				las galletas

B. Más compras. Aquí tienes cuatro anuncios de las páginas amarillas de la guía telefónica de San José, Costa Rica. Léelos y contesta las preguntas en frases completas.

1. ¿En cuál de los negocios venden fruta? ¿Qué frutas mencionan en el anuncio? ¿Cuáles de las frutas mencionadas te gustan a ti? ¿Cuáles les gustan a tus padres?

2. ¿Dónde se puede comprar un postre especial? ¿Qué postres tienen? ¿Cuáles les gustan más a tus hermanos? ¿Cuáles te gustan más a ti?

EL SUPER HUEVO

POLLOS • MUSLOS
PECHUGAS
ALAS • HUEVOS • QUESOS

TODO SIEMPRE FRESCO Y DE LA MEJOR CALIDAD EN SU ÚNICO LOCAL DE SIEMPRE

COSTADO SUR MERCADO BORBÓN

C 8 y 10 a 3........................21-9250
........................23-1639

[Handwritten notes in margin:]
A mi madre no le gusta la comida mexicana.
A mis hermanos les gustan las frutas tropicales.
A mi madre no le gusta lavar los platos.

CARNICERÍA
SANTA ELENA

CARNES FINAS
DE RES
CERDO Y
TERNERO.
ABIERTO
TODOS LOS
DÍAS DE
6:30 A.M. A 7 P.M.
DOMINGOS
7 A.M. A 12 M.

Propietario
ISAIAS GUILLEN CHAVES
22-9780
100 Sur Almacén La Granja
C. 8 - A. 1 y 3

DON SIMÓN PASTELERÍA
LA ESQUINA MÁS
DULCE DE SAN JOSÉ

Sala de té, chocolates, queques,
galletas, panes, pasteles,
postres, bocadillos
SERVICIO A DOMICILIO
Teléfono: 23-5379

Paseo Colón, de Pizza Hut
100 mts. norte-C. 28 y 30 -A. 1

Importadora Diengo
de Costa Rica S.A.

Distribuidor de Frutas:
–Americanas
– Centroamericanas
UVAS
MANZANAS
PERAS
MELOCOTONES
NECTARINAS, ETC.

82-6693
82-6494
Autopista Ciudad Colón
Intersección a Santa Ana 200 Mts. al Sur
Fax: 82-7562

3. ¿Adónde puedes ir para comprar biftec? ¿Qué otras carnes venden? ¿Qué carnes les gustan más a ti y a tus amigos? ¿Cuál no les gusta mucho a Uds.?

4. ¿En qué tienda venden pollo? ¿Qué otros productos tienen? ¿Qué parte del pollo te gusta más: el muslo (*thigh*), la pechuga (*breast*) o el ala (*wing*)? ¿Qué parte le gusta a tu papá? ¿A tu mamá?

VOCABULARIO TEMÁTICO

Cómo expresar algunos estados físicos y emocionales

Muchas expresiones usan el verbo **tener.** Lee éstas y después, piensa: ¿Cómo te sientes (*do you feel*) ahora?

Tengo (mucha) hambre.
    (mucha) sed
    (mucho) frío
    (mucho) calor
    (mucha) prisa
    (mucho) miedo
    (mucho) sueño

Tengo (muchas) ganas de salir.

¿Sabías que...?

- Although the English equivalent of these expressions uses the verb "to be," in Spanish you must use *tener.*

    Tengo hambre.   *I am hungry (literally "I have hunger").*

- Notice that you must choose between *mucha* and *mucho,* depending on the gender of the noun that follows.

    Tengo mucha prisa.   *I am really in a hurry.*
    Tengo mucho **sueño.**   *I am very sleepy.*

A. Tengo... Imagínate en estas situaciones y completa cada frase con *tengo* y una de las expresiones de la presentación (calor, hambre, etc.). No repitas las expresiones.

1. _____; necesito una taza de café porque no quiero dormir ahora.
2. _____ de beber el agua aquí; es posible que esté contaminada. ¿Me puedes dar un vaso de agua mineral?
3. _____; necesito un suéter y una taza de chocolate para calentarme (*warm me up*).
4. _____. ¿Podemos comer ahora?
5. _____ de comer en un restaurante chino hoy. Me gustan mucho los rollos de primavera (*egg rolls*).
6. _____ porque tengo que volver al trabajo a las 2:30. ¿No hay un restaurante de servicio rápido por aquí?
7. _____ ¿Por qué no vamos a un bar y tomamos una cerveza?

B. ¿Qué pasa? Con un(a) compañero(a) de clase, describe oralmente las condiciones físicas y emocionales de la familia Martínez. Es necesario usar una expresión con el verbo *tener*.

El señor Martínez

La Sra. Martínez

Tía Felicia

Elisa

Carlos y un amigo

Dulce

A. El supermercado Publix. Aquí tienes un anuncio del supermercado Publix en Miami. Con un(a) compañero(a) de clase, lee el anuncio y contesta estas preguntas. Escribe tus respuestas en una hoja de papel.

1. ¿Cuáles son los equivalentes en inglés de las ocho categorías del supermercado: carnes, productos lácteos, deli, productos congelados, panadería y repostería, víveres, verduras y viandas, flores?

2. ¿Cuáles de los productos en el anuncio te gustan? Escoge tres productos que te gustan y tres que no te gustan. Compara tus respuestas con las de tu compañero(a) de clase.

3. Imagínate que tienes mucha prisa hoy y no tienes mucho tiempo para cocinar. ¿Qué puedes comprar en Publix para servir de cena a tu familia?

4. Imagínate que tienes hambre y quieres comprar algo de merienda. ¿Qué tienes ganas de comer?

5. Imagínate que tú y tu compañero(a) van a servir un "brunch" o un almuerzo para ocho personas. Uds. tienen solamente $30. Preparan una lista de los productos que van a comprar en Publix.

6. Ahora imagínate que estás haciendo tus compras en Publix. ¿Cómo puedes expresar lo siguiente? Escribe preguntas lógicas para descubrir esta información:

   a. how many pounds of oranges are in the bag

   b. what aisle *(pasillo)* the flour is in

   c. how much a quarter pound of ham costs in the deli

   d. if there is any more broccoli available

Adquiera en Publix el Arreglo Ideal y la Comida Ideal para esta Pascua Florida.

CARNES

Jamón Ahumado
1^{75} lb.

Falda de
Pecho de Res .... lb. **2**^{87}

Paleta de Cordero
Entera para Asar............ lb. **1**^{59}

Pavos Publix............... lb. **69¢**

Pavos Frescos............... lb. **99¢**

Bacon Breakfast Club
1^{69} lb.

PRODUCTOS LÁCTEOS

Crema Agria............ envase 16-oz. **99¢**

Jugo de Naranja............ bot. de 64-oz. **1**^{59}

Requesón............... envase 12-oz. **1**^{29}

Mantequilla
1^{89}

Cena de Pavo Preparado
24^{95} c/u

DELI

Jamones Honey Kut........ lb. **2**^{99}

Cena Preparada de
Pavo Ahumado............ lb. **29**^{95}

Jamón Cocinado............ lb. **2**^{96}

Queso Suiss-Lo............... lb. **3**^{89}

Pollo Frito del Deli........ lb. **2**^{69}

Panecillos para la Cena .... 12 **99¢**

PRODUCTOS CONGELADOS

Helado .... medio galón **2**^{69}

Pancakes .... pqte. 15.6-oz. **1**^{79}

Papas Ore-Ida .... 2 pqtes. 2-lbs. **$3**

Vegetales Publix .... pqte. 16-oz. **99¢**

Papas Inland Valley ...... pqte. **2**^{79}

PANADERÍA Y REPOSTERÍA

Pan Negro con Pasas ...... 1-lb. **1**^{69}

Coffee Cake
"Butter "Streusel".........c/u **1**^{99}

Flaky Croissants...... pqte. de 6 **2**^{89}

Una Docena de Donuts...pqte. **2**^{89}

VÍVERES

Café Maxwell House
1^{79} bolsa de 12-oz.

Clorox .... precio neto **99¢**

Cerveza Coor's............ pqte. de 6 **2**^{99}

Pan Blanco.............. 3 hogazas de 20-oz. **$1**

Harina
88¢

Papel Toalla
2 rollos por **$1**

VERDURAS Y VIANDAS

Papas Blancas............ bolsa 5-lb. **98¢**

Uvas sin semillas........... lb. **98¢**

Bróculi
¢88

FLORES

Tulipanes .... maceta 6-plgds. **6**^{99}

Lirios Blancos para la Pascua
4^{99}

Publix
DONDE COMPRAR ES UN PLACER

B. Rosita hace la compra. Rosita va al supermercado con su papá. Escucha su conversación y contesta las preguntas.

1. ¿Por qué no va al supermercado la madre de Rosita?
   a. Su esposo siempre hace la compra.
   b. El bebé está durmiendo la siesta.
   c. Ella trabaja por la tarde.

2. ¿Por cuál de los siguientes departamentos pasan primero Rosita y su papá?
   a. frutas y verduras
   b. la panadería
   c. carnes y pescados

3. El papá está un poco molesto (annoyed) cuando Rosita
   a. insiste en volver a casa.
   b. dice que tiene hambre.
   c. empieza a jugar con los plátanos.

4. ¿Cuáles de los siguientes comestibles tienen que comprar?
   a. plátanos   e. arroz
   b. pollo   f. frijoles
   c. mariscos   g. sal
   d. biftec   h. azúcar

5. ¿Para qué habla el papá de Rosita con uno de los empleados?
   a. para averiguar dónde se encuentra la sal
   b. para cambiar dinero para comprar una Coca-Cola
   c. para pedir carne
   d. para descubrir dónde está Rosita

6. Y tú, ¿qué piensas? ¿Dónde está Rosita?

C. Entrevista. Tú y tu compañero(a) tienen que entrevistarse con estas preguntas. ¿Son Uds. muy similares o diferentes en sus costumbres (habits)?

Los restaurantes

1. ¿Con qué frecuencia comes en los siguientes tipos de restaurantes?

   (Casi) nunca
   1–2 veces al mes
   1–2 veces a la semana
   3–4 veces a la semana
   (Casi) todos los días

   a. restaurantes de comida rápida
   b. la cafetería de la universidad
   c. restaurantes con especialidades étnicas o regionales
   d. restaurantes elegantes

2. ¿Qué tipos de comida te gustan?

   Me gusta muchísimo.
   Me gusta.
   No me gusta mucho.
   No me gusta nada (not at all).

   a. la comida mexicana
   b. la comida italiana
   c. la comida alemana
   d. la comida francesa
   e. la comida china
   f. otro tipo (di cuál)

3. ¿Cuáles de los siguientes aspectos de un restaurante son importantes para ti?

   Muy importante
   Importante
   No es importante

   a. el precio
   b. el servicio
   c. la sección de no fumar (non-smoking)
   d. el ambiente (atmosphere)

4. Cuando el servicio es bueno, ¿qué porcentaje de la cuenta dejas de propina?
   a. No dejo propina.
   b. del 5 al 10 por ciento
   c. del 10 al 15 por ciento
   d. del 15 al 20 por ciento
   e. más del 20 por ciento

De compras

1. En tu familia, ¿quién compra los comestibles?

   (Casi) siempre
   A veces
   (Casi) nunca

   a. mi madre
   b. mi padre
   c. mi(s) hermano(s)
   d. yo
   e. otra persona (di quién)

2. ¿Qué factores son importantes para ti al escoger (when choosing) un supermercado?

   Muy importante
   Importante
   No es importante

   a. Está cerca de mi casa/residencia.
   b. Los precios son bajos.
   c. Aceptan cupones.
   d. Sus productos son frescos.
   e. Es limpio.
   f. Otro factor (di cuál)

3. En una semana "típica", ¿cuáles de los siguientes productos compras?
   a. leche
   b. galletas, pasteles, dulces
   c. fruta
   d. refrescos
   e. comidas preparadas

Un paso más

Vocabulario útil

Quiero hacer un pedido.	*I want to place an order.*
¿Tienen Uds... ?	*Do you have . . . ?*
A mi amigo(a) no le gusta(n)...	*My friend doesn't like . . .*
¿Qué me recomienda?	*What do you recommend?*
¿Cuánto cuesta... ?	*How much is . . . ?*

Las preferencias de tus amigos:

Martín tiene mucha hambre. Le gusta todo excepto las comidas fritas y los huevos.

Mayra es vegetariana; no come carne. Le gustan muchísimo los postres.

Estudiante A

Contexto: In this activity you and your partner will practice giving and taking food orders over the phone. You (Estudiante A) and your friends Martín and Mayra are working hard on a project and don't want to take time out to cook. You decide to order food from a restaurant that makes home deliveries. Keeping in mind the food preferences of your friends (described to the left), place an order for a complete meal, including dessert and beverages, for the three of you. Since you don't have a menu, you will need to ask what is available. Your partner (Estudiante B) will take your order, and he/she will begin.

Café Exprés

Con entrega a domicilio
Abierto 24 horas al día

Llámenos al 265–3948

Vocabulario útil

Tenemos...	*We have . . .*
Recomiendo...	*I recommend . . .*
¿Qué desea Ud. para beber/de postre?	*What would you like to drink/for dessert?*
...cuesta(n)...pesetas.	*. . . cost(s) . . . pesetas.*

Estudiante B

Contexto: In this activity you and your partner will practice giving and taking food orders over the phone. Your partner (*Estudiante A*) and his or her friends have decided to order some food from a restaurant that makes home deliveries. You (*Estudiante B*) work at that restaurant. It is your job to take the order and complete the form below. (Copy it onto a separate piece of paper.) Your customers do not have a menu, so you will need to tell them what dishes are available and how much they cost. You will begin by saying: *Café Exprés. ¿En qué puedo servirle?*

Café **E**xprés — MENÚ

Platos varios:

Sopa de verduras	275 ptas.
Queso con uvas	425 ptas.
Crema de bróculi	350 ptas.
Jamón italiano	525 ptas.
Ensalada de lechuga y tomate	475 ptas.

Platos principales:

Pescado del día	50 pts.
Biftec con papas fritas	110 ptas.
Arroz con pollo	825 ptas.
Tortilla española	650 ptas.
Tacos de carne de cerdo	775 ptas.

Bebidas:

Refrescos (Coca-Cola, Fanta Limón, Schweppes)	200 ptas.
Té / café	175 ptas.
Vino (de la casa; botella)	275 ptas.
Agua mineral	150 ptas.

Postres:

Helado de piña, vainilla	275 ptas.
Flan	275 ptas.
Torta vienesa de chocolate	325 ptas.

Café **E**xprés

Con entrega a domicilio
Abierto 24 horas al día

Llámenos al 265–3948

Nombre: _____

Dirección: _____

Teléfono: _____

Pedido: _____
_____
_____
_____

Precio: _____

Anticipación

En este segmento, vamos a ver dos restaurantes en el Distrito Federal, la capital de México. Primero, hay dos entrevistas en una taquería, un restaurante que se especializa en tacos y otras comidas de paso. Luego, acompañamos a Laura y a su amiga a un restaurante un poco más formal. ¿Cuáles son algunos de los platos e ingredientes más populares de la comida mexicana? Indica tu respuesta con una equis (x).

Discover the
Hispanic world.

Video Tape

_____ tortillas de maíz

_____ paella valenciana

_____ guacamole

_____ chiles

_____ salsa verde

_____ tortilla de patatas

_____ frijoles

_____ queso

Comprensión

A. En la taquería. En la primera parte del segmento, hay una entrevista con el dueño y el cocinero en una taquería.

1. El dueño describe algunos de los platos que se sirven en la taquería. ¿Qué ingredientes menciona él en la entrevista?

   _____ carne   _____ queso

   _____ cilantro   _____ tomates

   _____ chiles   _____ tortillas de maíz

2. Según el cocinero, ¿dónde tiene la clientela más tiempo para comer y conversar, en una taquería o en un restaurante?

Estrategias: Review of strategies from Chapter 1 to Chapter 3

Repaso de estrategias. This section will help you review some reading strategies and give you an introduction to this article. Read through the exercise and write your answers.

Magia y color en Los Angeles

El 'espíritu intenso' de un celebrado chef del suroeste añade forma al sabor

por Regina Córdova

Sedlar se inspira en la cocina popular de Nuevo México

John Sedlar

John Sedlar, dueño de St. Estèphe en Los Angeles y uno de los chefs más celebrados del país, combina la técnica de la *nouvelle cuisine* francesa con la cocina popular del suroeste americano. Sedlar nació en Santa Fé y uno de sus recuerdos más vivos es la comida de su abuela, Eloísa Rivera, cuyas recetas para empanaditas y bizcochitos se sirven hoy día en el elegante comedor de St. Estèphe.

Tacos, tamales, enchiladas y chiles rellenos se transforman en platos de una delicadeza extraordinaria. Para que sus platos también agraden a la vista, Sedlar se inspira en los colores y texturas del suroeste. "El suroeste es un espíritu intenso que uno siente en la luz viva de Nuevo México, sus desiertos quemados por el sol, sus paisajes rústicos y su comida vital y robusta".

Receta de John Sedlar

Tacos de carne adobada con salsa de cilantro y piña

Relleno
2 libras de carne de cerdo deshuesada
1/2 tallo de apio
1 cebolla mediana, picada
1 zanahoria mediana, picada
2 hojas de laurel secas, desmoronadas
1 cucharadita de tomillo
6 tazas de agua
Opcional: 1/4 taza polvo de chile rojo California o Nuevo México, o en su lugar **16** oz. de chile colorado en lata
2 dientes de ajo, bien picaditos
1 cucharadita de orégano
1 cucharadita de sal
1 cucharadita de pimienta
12 taco shells, preferiblemente de tortillas de maíz azul, o tortillas de maíz fritas y dobladas en forma de taco

Salsa
1/2 piña mediana, picada en cubitos de 1/2 pulgada
1 cebolla mediana, picada
1 diente de ajo pequeño, bien picadito
1/2 cucharadita de chile pequín seco desmoronado
1/2 cucharadita de sal
1/4 cucharadita de orégano seco
1/2 cucharadita de pimienta roja (cayenne pepper)

Para preparar los tacos:
Precaliente el horno a 350°F. Ponga la carne en una cazuela con la cebolla, la zanahoria y el apio. Rocíe la carne con la hoja de laurel y el tomillo y añada el agua. Cubra la cazuela con papel de aluminio y póngala al horno hasta que la carne esté tierna y bien cocinada, alrededor de 1 1/2 horas. Saque la carne. Cuele los jugos de la cazuela y póngalos en un plato hondo en el refrigerador hasta que la grasa se solidifique en la superficie. Quítele la grasa.
Cuando la carne se haya refrescado, deshébrela a mano hasta que quede en hilachas bien finas. Eche los jugos desgrasados en una cazuelita y póngalos a hervir a fuego alto; baje el fuego un poco y déjelos cocinar hasta que los jugos se hayan reducido a la mitad. Añada el chile (opcional), ajo, orégano, sal y pimienta; reduzca el fuego y cocine suavemente, sin tapar, por diez minutos más. Añada la carne deshebrada, ponga a fuego lento (low), y cocine por diez minutos más, revolviendo de vez en cuando, hasta que la mezcla esté bastante espesa, sin líquido excesivo. Mantenga el relleno caliente hasta que esté listo para usarse.

Para preparar la salsa:
Mezcle todos los ingredientes en un plato hondo. Cúbralo y enfríe la salsa en el refrigerador por una hora por lo menos. Rellene cada taco shell con carne adobada y cúbralos con salsa. Sirva los tacos enseguida.

1. Before reading in depth, you will find it helpful to get a general idea of the article. By observing the overall **format** of a text, including the layout, titles and subtitles, and any accompanying photographs or tables and charts, you can generally discover the main topic and intended audience of a text. By **skimming**, or reading "lightly" and selectively (for example, by reading the first sentence of each paragraph), you can confirm and clarify your understanding of the topic. What or whom is this article about? How might you describe the intended audience? In other words, is this article written for children, teenagers, adults, experts in the field, novices, etc.?

2. Once you have a general notion about the text, it is helpful to think about what you already know about this topic. Using that **background knowledge**, you can anticipate and predict the content. What kinds of information would you expect to find in an article of this sort? For example, will you find biographical information, tips on cooking, a review of a restaurant, a recipe?

3. **Scanning is** reading directed at finding specific points of information. You might want to scan, for example, to find evidence that confirms predictions you have made or to find the answers to specific questions. Often an article is separated into **subdivisions,** each of which deals with a particular aspect of the main topic. Taking note of such subdivisions can help you scan more efficiently. As you scan this article, find out the following information: the chef's name, where he was born, and where he works now.

4. Articles may have many unfamiliar words, but you can decipher many of them if you remember to look for **cognates,** to **guess words from context**, and to search for familiar **roots and suffixes**. Can you find the Spanish equivalents of these expressions?
   a. celebrated, well-known
   b. the Southwest
   c. combines (to combine)
   d. most vivid memories
   e. recipe
   f. extraordinary delicateness
   g. find inspiration in, is inspired by
   h. intense spirit
   i. rustic landscape, countryside

Una entrevista. Lee el artículo. Después, imagínate que tú eres John Sedlar y que estás hablando con un periodista. Contesta las preguntas de esta pequeña entrevista por escrito.

1. ¿Dónde nació Ud.?
2. ¿Vive Ud. allí ahora?
3. ¿Cuál es su profesión?
4. ¿Cómo se llama el restaurante donde Ud. trabaja?
5. ¿Qué tipo de comida cocina Ud.?
6. ¿De quién consiguió (*From whom did you get*) las recetas para sus platos hispanos?
7. ¿Cuáles son algunos de los platos que Ud. sirve en su restaurante?

Vamos a escribir

Estrategias: Writing a simple restaurant review

A. Mi reseña del restaurante. Imagínate que vas a escribir una reseña (*review*) de tu restaurante favorito para el periódico que se publica en la comunidad hispana de la ciudad donde vives. Antes de escribirla, lee la reseña a continuación. Luego, contesta las preguntas y sigue las instrucciones.

ALCALA

tapas, sabor y mucho más

Los españoles

han creado una maravilla más; las tapas, deliciosos y variados aperitivos que concentran todo el sabor y la tradición de la afamada cocina ibérica. Y lo mejor de esto es que Nueva York tiene su propio restaurante especializado en tapas: el Alcalá.

Aqui se preparan más de 30 tapas diferentes y disponen de un "tapas-bar" con ¡todas las que se pueda imaginar! Las hay de mariscos, cordero, res, chorizos, vegetales; frias y calientes. ¡De todos las tamaños, sazones y colores! Es un verdadero gusto descubrirlas y degustarlos.

NO SOLO TAPAS

Que conste que te lo advertimos: las tapas del Alcalá crean habito. Tan pronto saboreas una quieres probarlas ¡todas! Cuando decidas ir al restaurante ubicado en el # 349 dé la avenida Amsterdam —entre las calles 76 y 77— en Manhattan, más vale que tengas bastante apetito.

Puedes visitar el salón para sentarte en la barra, tomarte algunas copas de vino (tienen la carta de vinos españoles más variada de la ciudad), ordenar las tapas que más te atraigan del "tapas-bar" y divertirte a montones escuchando la música de castañuelas y panderetas mientras conversas con tus amigos.

La carta de platos está llena de especialidades: sopas, pescados, arroces, aves, postres... todo preparado con mucho sabor español y al estilo inigualable del gran cocinero Esteban Barroso.

CASONA ESPAÑOLA

Espaciosa y confortable, con ventanas de arco y paredes de ladrillo rojizo, como una casona española, así es la sede del restaurante Alcalá.

FIESTAS INOLVIDABLES

El restaurante Alcalá abre sus puertas de lunes a domingo. Teodoro González, el administrador, siempre está esperando a sus clientes para hacerlos sentir como en su casa. El se especializa en organizar fiestas inolvidables para celebrar matrimonios, cumpleaños graduaciones etc. Solo hay que llamarlo al (212) 769-9600 para acordar la fecha y el menú que prefieras para tus invitados.

1. Here are some items typically included in a review. Which of the items were included in the review of Alcalá? What essential information did the reviewer omit in the review?

   - the credentials of the reviewer
   - what was being reviewed
   - the purpose of the review
   - the results of a poll on customer satisfaction conducted by the restaurant owner
   - information about the restaurant's schedule
   - the specialty of the restaurant
   - a physical description of the restaurant and its ambiance
   - an evaluation of the food
   - the advertising strategy of the restaurant
   - other uses of the restaurant
   - estimated cost of eating at the restaurant

2. Now, brainstorm by writing in Spanish, without analyzing or organizing, all of the information that you know or want to include in your review of a restaurant.

3. Examine what you have written and look for the factual information (i.e., address, schedule) that is essential for the reader to know about the restaurant. Refer to the review provided for ideas. Have you omitted anything?

   Read carefully all of the information that you have and decide what you are going to include in your review. Delete any unnecessary or irrelevant information.

   Organize the information in the order that you want it to appear in your review.

4. Here are some phrases that can be used to express your opinion about the restaurant: *Me gusta/No me gusta el restaurante La Villa porque...*, *Pienso que el restaurante La Villa es bueno/es malo porque...* or *Le recomiendo/No le recomiendo el restaurante La Villa porque ....*

   Consider using a rating system with stars or forks (as in Spain) to evaluate your restaurant.

5. Once you finish writing your review, proofread it carefully for spelling, punctuation, and grammatical errors.

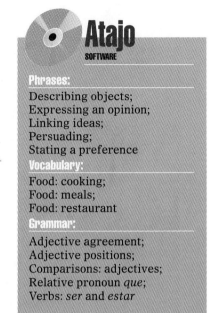

Atajo
SOFTWARE

Phrases:
Describing objects;
Expressing an opinion;
Linking ideas;
Persuading;
Stating a preference

Vocabulary:
Food: cooking;
Food: meals;
Food: restaurant

Grammar:
Adjective agreement;
Adjective positions;
Comparisons: adjectives;
Relative pronoun *que*;
Verbs: *ser* and *estar*

PERSPECTIVAS CULTURALES

La influencia hispana en mi comunidad

How much Hispanic influence is there in your community? Do you know? One way to find out is to research the number of specialty stores, supermarkets, and restaurants that cater to the Hispanic population. In order to split up the work, your teacher will divide the class into three groups. Each group will be assigned one of the following tasks and asked to research the information and report their findings to the class.

A. Las tiendas de comestibles. Have class representatives visit a store and record some of the more unusual items and their prices, or purchase something to share with the class.

1. Are there any stores that specialize in Hispanic foods?
2. How many are there in your community? Where are they located?
3. Is their food strictly Hispanic or do they carry foods of other ethnic groups as well?
4. What are some of their best-selling items?
5. What percentage of their customers is non-Hispanic?

B. En el supermercado. Many grocery stores in the United States are trying to appeal to Hispanics living in this country by carrying some of the more popular items like tropical fruits, vegetables, and beans. Visit or call your local grocery stores and find out what they are doing to attract Hispanic customers. Find out what sells and what doesn't. Be sure to ask what they plan to do in the future to attract these customers.

C. En el restaurante

1. Most cities in the United States have Mexican restaurants. Does your city have restaurants that feature foods from other Spanish-speaking countries as well? Look in the Yellow Pages of your phone book to find out.

2. Sometimes Mexican restaurants will serve dishes from other Hispanic countries to attract other nationalities. Is that the case where you live? Give examples.

3. If you are fortunate enough to have a variety of Hispanic restaurants in your community, call them and ask about their specialties and prices.

EXPLORE!
For this chapter's
activity, go to
http://puentes.heinle.com

Vocabulario

SUSTANTIVOS

el aderezo *dressing*
el almuerzo *lunch*
el arroz *rice*
el azúcar *sugar*
la banana *banana*
la barra (de pan) *a loaf (of bread)*
el biftec *steak, beef*
la bolsa *bag,*
la botella *bottle*
el bróculi *broccoli*
el (la) camarero(a) *waiter/waitress*
los camarones *shrimp*
la cena *dinner*
el cerdo *pork*
el cereal *cereal*
la cerveza *beer*
la chuleta *chop, cutlet*
el churro *fritter, fried dough*
la comida *food*
la copa *goblet, wine glass*
la crema *cream*
el cubito de hielo *ice cube*
la cuchara *spoon*
el cuchillo *knife*
la cuenta *bill*
el desayuno *breakfast*
la docena *dozen*

la ensalada *salad*
el flan *custard*
los frijoles *beans*
la galleta *cookie, cracker*
el helado *ice cream*
el huevo *egg*
el jamón *ham*
el jugo *juice*
el kilo *kilo [metric pound]*
la leche *milk*
la lechuga *lettuce*
el litro *liter*
el maíz *corn*
la mantequilla *butter*
la manzana *apple*
la margarina *margarine*
los mariscos *shellfish, seafood*
la mayonesa *mayonnaise*
el menú *menu*
el mercado *market*
la merienda *snack, snacktime*
la mermelada *marmalade*
la naranja *orange*
la paella *rice dish with saffron, seafood, chicken*
el pan *bread*
el pan tostado *toast*

el panecillo *roll*
la papa/la patata *potato*
el paquete *package*
el pescado *fish (caught)*
la pimienta *black pepper*
la piña *pineapple*
el plátano *banana, plantain*
el pollo *chicken*
el postre *dessert*
el primer plato *first course*
la propina *tip*
el queso *cheese*
el restaurante *restaurant*
la sal *salt*
el segundo plato *second course*
la servilleta *napkin*
la taza *cup (coffee/tea/hot chocolate)*
el té *tea*
el tenedor *fork*
el tomate *tomato*
la torta *cake*
la tortilla *omelet, flour tortilla (Mex.)*
la uva *grape*
el vaso *glass*
el vino *wine*

VERBOS

abrir *to open*
almorzar (ue) *to eat lunch*
beber *to drink*
cenar *to eat supper*
cerrar (ie) *to close*
dar *to give*

decir *to say, to tell*
desayunar *to eat breakfast*
desear *to want, to wish for*
gustar *to like (to be pleasing)*
merendar *to snack*
necesitar *to need*

pedir (i) *to ask for, to order*
preferir(ie) *to prefer*
probar (ue) *to taste, to try*
recomendar (ie) *to recommend*
servir (i) *to serve*
tomar *to take, to drink*

OTRAS PALABRAS

asado(a) *baked*
frito(a) *fried*
revuelto(a) *scrambled*

EXPRESIONES ÚTILES

¡Cómo no! *Of course!*

¿Cuál es el plato del día? *What is the special of the day?*

¿Cuánto le debo? *How much do I owe you?*

Deseo... *I want . . .*

En seguida. *Right away.*

Eso es todo. *That is all.*

¿Está incluido... ? *Is the . . . included?*

¿Me puede dar... ? *Can you (Could you) give me . . . ?*

Necesito... *I need . . .*

¿Podría traerme... ? *Could you bring me . . . ?*

Prefiero... *I prefer . . .*

¿Qué desea Ud. (pedir)? *What would you like (to order)?*

¿Qué ingredientes tiene... ? *What are the ingredients in . . . ?*

¿Qué me recomienda? *What do you recommend?*

¿Quiere Ud. algo más? *Would you like anything else?*

Quisiera... *I would like . . .*

Tengo calor. *I am hot/warm.*
...frío *. . . cold*
...hambre *. . . hungry*
...miedo *. . . afraid/scared*
...prisa *. . . in a hurry*
...sed *. . . thirsty*
...sueño *. . . sleepy*
Tengo ganas de (+ infinitivo) *I feel like . . .*
Tráigame... *Bring me . . .*

For further review, please turn to Appendix E.

OBJETIVOS

1. Speaking and Listening

Describing everyday routines on campus
Discussing classes
Expressing opinions about school life
Identifying professions and occupations
Talking about plans for the future
Narrating actions and events in the past

2. Reading

Distinguishing between fact and opinion

3. Writing

Developing a composition with comparison
and contrast

La vida estudiantil

5

Develop writing skills with *Atajo* software.

Atajo

Practice listening skills with the Student Tape.

Student Tape

WWW Explore!
http://puentes.heinle.com

Internet Activities

Discover the Hispanic world.

Video Tape

---

4. Culture

Bilingualism and bilingual education

5. Grammar

Reflexive verbs
Verbs like *gustar: encantar, interesar*
Preterite tense of regular *-ar, -er,* and *-ir* verbs

Preterite of some irregular verbs: *dar, estar, ir, hacer, ser,* and *tener*
Spelling-changing verbs in the preterite

A primera vista

Eduardo Pérez es un estudiante matricu-
lado en la Universidad de Puerto Rico.
Usa la información en su horario y en las
fotografías para contestar las preguntas
oralmente con un(a) compañero(a).

HORARIO DE CLASES
NOMBRE: Eduardo Pérez

	lunes	martes	miércoles	jueves	viernes
7:00	MATE 3028		MATE 3028		MATE 3028
8:00					
9:00	INGL 3102		INGL 3102		INGL 3102
10:00	MATE 4008		MATE 4008		MATE 4008
11:00	QUIM 3002		QUIM 3002		QUIM 3002
12:00					
13:00					
14:00	MATE 4009		MATE 4009		MATE 4009
15:00					

1. Según la información en el horario, ¿cuál crees que es la carrera (major) de Eduardo?
2. ¿En qué año de su programa de estudios crees que está Eduardo? ¿Por qué?
3. ¿A qué hora empiezan y terminan las clases de Eduardo?
4. En tu opinión, ¿por qué no tiene clase Eduardo entre las 12 y las 14 horas? ¿Adónde va Eduardo durante estas horas?
5. ¿Qué hace Eduardo con sus amigos después de sus clases?
6. ¿Cómo es diferente tu horario al horario de Eduardo?
7. ¿Te gustaría tomar las clases de Eduardo? ¿Por qué sí o por qué no?

In this *Paso* you will practice:

- Talking about everyday routines on campus
- Using expressions of chronological order to connect sentences

Grammar:

- Reflexive verbs

VOCABULARIO TEMÁTICO

La vida estudiantil

¿Cómo es un día normal para ti? ¿Es similar tu día a éste?

Primero, me despierto a las ocho.
　　　　　　　　　　bastante temprano
Me levanto a las ocho y cuarto y me ducho.

Luego, asisto a clases.
　　　　　　la clase de inglés
Mi primera clase empieza a las nueve y cinco.
Después de la clase de español, almuerzo con mis amigos.
　　　　　　　　　　　　en la cafetería

Por la tarde, voy a un laboratorio de biología.
　　mañana
Mi última clase termina a las tres y media.

Por la noche, me divierto en las fiestas.
Los fines de semana
Los sábados

Por fin, me acuesto a medianoche.
　　　　　　a la una de la madrugada

The English equivalents of the *Vocabulario temático* sections are found in Appendix E.

¿Sabías que...?

▶ In expressions like *me levanto, me despierto, me ducho, me acuesto,* and *me divierto,* the word *me* is a **reflexive pronoun.** You will study how reflexive pronouns are used in the next section of this *Paso;* for now, just try to remember to say *me* when you use those expressions.

▶ A new stem-changing verb is introduced in this section: *empezar* (to begin). Its forms in the pre- sent tense are *empiezo, empiezas, empieza, empezamos, empezáis, empiezan.* To express the notion of **to begin doing something,** use *a* + infinitive directly after the conjugated form of *empezar.*

Empiezo a estudiar a las siete y media.	*I begin studying at seven thirty.*

Comentario cultural

La vida universitaria

Cuando piensas en la universidad, ¿cuáles son tus imágenes más claras y vívidas? ¿Piensas en el recinto universitario *(campus)*, en sus residencias estudiantiles y en sus cafeterías? Quizás *(Perhaps)* piensas en los partidos de fútbol americano, las grandes rivalidades y los "cheerleaders". Para muchos estudiantes norteamericanos, es sorprendente descubrir que muchos de los aspectos más "típicos" de la vida estudiantil en los Estados Unidos no forman parte de la vida estudiantil en España y Latinoamérica. La mayoría de los estudiantes hispanos, por ejemplo, no vive en residencias, sino en casa con sus padres u otros parientes. Muchos estudiantes practican deportes y juegan en equipos, pero por lo general los deportes tienen menos importancia que en los EE.UU. Además *(What's more)*, los clubes sociales como *sororities* o *fraternities* casi no existen; los estudiantes prefieren reunirse más informalmente. Los cafés y los bares cerca de los centros universitarios son muy populares con los estudiantes, porque allí pueden pasar un rato *(a while)* hablando de política u otros temas de interés. También se reúnen *(get together)* en fiestas para conversar, para escuchar música y, sobretodo *(above all)*, para bailar.

Play Student Tape

Ponerlo a prueba

A. Un estudiante de primer año. Gustavo acaba de pasar *(has just spent)* su primer mes en la Universidad de Texas. Ahora está en casa hablando con su madre. Escucha su conversación y completa estas frases.

1. Gustavo se despierta a las _____ de la mañana y se levanta a las _____.

2. ¿Toma el desayuno? sí _____ no _____

3. Su primera clase empieza a las _____.

4. Tiene _____ clases por la mañana. (di cuántas)

5. A la una o a la una y media, Gustavo _____.

6. Tiene un laboratorio los _____ por la _____. (di cuándo y a qué hora del día)

7. Antes de *(Before)* cenar, él _____.

8. Por lo general, se acuesta a las _____.

B. Todo en un día. Completa estas oraciones con las palabras y frases adecuadas. Vas a describir tu rutina en dos días diferentes de la semana.

1. Mi día más ocupado es el _____. Me despierto a las _____ y me levanto a las _____. Antes de mis clases, (yo) _____. Después, asisto a _____ clases (di a cuántas); la primera empieza a las _____. Casi siempre almuerzo a las _____ en _____. Por la tarde, tengo que _____. Mi última clase termina a las _____. Después de esa clase, (yo) _____. Después de cenar, generalmente (yo)_____. Por fin me acuesto a la(s) _____.

2. El _____ es mi día favorito porque _____. Generalmente, me despierto a las _____ y luego _____. Por la tarde me gusta _____ o _____. A veces ceno a las _____ con _____, pero a veces _____. Por la noche, (yo) _____ y _____. Por fin me acuesto a la(s) _____.

C. ¿Qué tal tu semestre? Contesta las preguntas oralmente con un(a) compañero(a) de clase.

1. ¿Estás muy ocupado(a) este semestre? ¿Cuántas clases tienes en total? ¿Qué día de la semana estás más ocupado(a)? ¿Menos ocupado(a)?

2. ¿A qué hora empieza tu primera clase? ¿A qué hora es tu última clase? ¿Prefieres tener tus clases por la mañana o por la tarde? ¿Tienes alguna clase por la noche?

3. ¿Tienes un laboratorio este semestre? ¿Cuándo es? ¿Es interesante?

4. ¿Desayunas todos los días? ¿Con quién almuerzas generalmente? ¿Dónde comen Uds.? ¿Cenas en el mismo lugar (*place*)? ¿Cómo es la comida allí, buena, tolerable o mala?

5. ¿Cuándo tienes más tiempo libre para descansar? ¿Cuándo te diviertes con tus amigos? ¿Cuándo pasas tiempo con tu familia?

Comentario *cultural*

Córdoba—Flor de la civilización

Durante la Edad Media (*Middle Ages*), varios grupos étnicos y religiosos vivían en la Península Ibérica (lo que ahora es España y Portugal). Entre ellos estaban los musulmanes (árabes del norte de África), los cristianos (descendientes de los romanos y otros grupos) y los judíos (o hebreos). Todas estas culturas contribuyeron mucho a la vida cultural de la península. Durante el siglo (*century*) X, la ciudad de Córdoba llegó a ser (*came to be*) uno de los centros más importantes de toda Europa para las investigaciones en medicina, botánica y filosofía. Se dice que la biblioteca de Córdoba tenía más de 400.000 libros, todos copiados a mano (*by hand*).

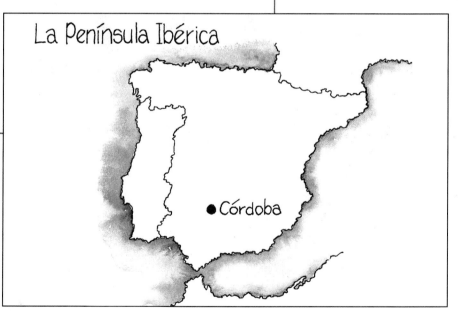

La Península Ibérica

• Córdoba

GRAMÁTICA

Los verbos reflexivos

A. Los verbos reflexivos.   Some of the verbs you used in the previous section of this *Paso*, such as *me levanto, me ducho*, and *me despierto*, are known as reflexive verbs. When a verb is reflexive the person who performs the action also receives the benefit or impact of the action (such as "washing yourself" or "brushing your teeth"). As you will see in the following examples, most verbs can actually be used reflexively or nonreflexively, depending on the meaning of the sentence.

Lavo el coche.	*I wash the car.*	(I perform the action; the car receives the benefit. This verb is **not** used reflexively.)
Después, **me lavo** y salgo.	*Afterwards, I wash up and leave.*	(I perform the action of washing but also receive the benefit of it since I am washing **myself.** This verb **is** used reflexively.)

In order to use reflexive verbs in a sentence, keep in mind the following points:

■ Reflexive verbs must be accompanied by a **reflexive pronoun**. Notice in the following examples that you must choose the reflexive pronoun that corresponds to the subject of the sentence, that is, to the person performing the action.

levantarse (*to get up*)	
yo	**Me levanto** a las seis.
tú	¿A qué hora **te levantas**?
Ud./él/ella	Roberto **se levanta** temprano.
nosotros(as)	**Nos levantamos** tarde los domingos.
vosotros(as)	**¿Os levantáis** ahora?
Uds./ellos/ellas	Mis padres no **se levantan** muy temprano.

■ Reflexive pronouns are placed **before** a single conjugated verb.

Me levanto bastante temprano.   *I get up quite early.*

■ With verb phrases consisting of a conjugated verb plus an infinitive, reflexive pronouns are often **attached** to the end of the infinitive.

Vamos a levantar**nos** temprano mañana.   *We're going to get up early tomorrow.*

Tengo que levantar**me** a las cinco y media.   *I have to get up at five thirty.*

■ When an infinitive is used directly after a preposition, the reflexive pronoun is attached to the end of the infinitive.

Después de levantar**me**, desayuno.   *After I get up (literally, after getting up), I eat breakfast.*

Here are some common reflexive verbs. These verbs are all regular in their conjugation.

Regular verbs	
bañarse	*to take a bath/to bathe*
lavarse el pelo/las manos/la cara	*to wash one's hair/hands/face*
lavarse los dientes	*to brush one's teeth*
ducharse	*to take a shower*
quitarse	*to take off (clothing)*
afeitarse	*to shave*
maquillarse	*to put on make-up*
peinarse	*to comb one's hair*

B. Otros verbos reflexivos. Just like all other verbs, reflexive verbs may have stem changes or irregular forms. Here are some common stem-changing reflexive verbs in the present tense.

Stem-changing verbs		
o → ue stem changes:	**e → ie** stem changes:	**e → i** stem changes:
acostarse *(to go to bed)*	**divertirse** *(to have a good time)*	**vestirse** *(to get dressed)*
me acuesto	me divierto	me visto
te acuestas	te diviertes	te vistes
se acuesta	se divierte	se viste
nos acostamos	nos divertimos	nos vestimos
os acostáis	os divertís	os vestís
se acuestan	se divierten	se visten

Other common stem-changing verbs include *dormirse o→ue* (to fall asleep); *despertarse e→ie* (to wake up); *despedirse e→i* (to say good-bye).

The reflexive verb *ponerse* (to put on) is irregular only in the *yo* form of the present tense.

ponerse *(to put on)*	
yo	me **pongo**
tú	te pones
Ud./él/ella	se pone
nosotros(as)	nos ponemos
vosotros(as)	os ponéis
Uds./ellos/ellas	se ponen

Ponerlo a prueba

A. Un día típico. Combina los elementos para formar frases completas. Vas a describir la rutina diaria de Ángela y sus amigos.

Modelo

(Yo) / levantarse / temprano / todos los días
Me levanto temprano todos los días.

1. (Yo) / despertarse / a las 7:30 / casi todos los días
2. Mi compañera de cuarto / levantarse / a la misma hora
3. Yo / ducharse / por la mañana / pero / ella / preferir / bañarse / por la noche

4. Primero / (nosotras) vestirse / y luego / peinarse

5. Antes de desayunar / (nosotras) maquillarse

6. (Yo) siempre / lavarse los dientes / después del desayuno

7. Los fines de semana / (nosotras) divertirse / con nuestros amigos

8. Mis amigos / acostarse / tarde / los sábados / y / levantarse / tarde / los domingos

9. ¿A qué hora / acostarse / tú / los sábados?

B. ¿Lo (La) conoces bien? Vas a entrevistar a tu profesor(a) para descubrir la siguiente información. Primero, escribe las preguntas que necesitas para la entrevista. Luego, escribe tus "predicciones". Después de la entrevista, compara tus "predicciones" con las respuestas de tu profesor(a). ¿Quién lo (la) conoce mejor?

Tienes que descubrir...

1. a qué hora se despierta tu profesor(a)

2. si se levanta inmediatamente o no

3. si toma café antes o después de vestirse

4. a qué hora sale de su casa por la mañana

5. a qué hora vuelve a casa por la tarde

6. a qué hora se acuesta

7. a qué hora se despierta los domingos

8. a qué hora se acuesta los sábados

9. cómo se divierte los fines de semana

C. Una encuesta. Una compañía grande de mercadeo (*marketing*) quiere investigar los hábitos de los estudiantes en tu universidad. Entrevista a un(a) compañero(a) de clase con las siguientes preguntas. Toma apuntes (*Take notes*) sobre las respuestas.

1. ¿Cuántas veces al día te lavas los dientes? (una vez; dos veces; tres veces; cuatro veces o más)

2. ¿Qué pasta dentrífica prefieres?

3. ¿Cuántas veces a la semana te lavas el pelo? (una o dos veces; tres o cuatro veces; cinco veces o más)

4. ¿Qué champú te gusta más?

5. ¿Usas acondicionador? (sí; a veces; no)

6. ¿Prefieres bañarte o ducharte?

7. ¿Qué tipo de jabón (*soap*) prefieres? (uno con desodorante; uno con crema; no importa)

8. ¿Con qué frecuencia te pones colonia o perfume? (todos los días; a veces; nunca)

9. Para los chicos: ¿Qué crema prefieres para afeitarte?

10. Para las chicas: ¿Qué marca (*brand*) de cosméticos prefieres para maquillarte?

VOCABULARIO TEMÁTICO

Cómo expresar orden cronológico

¿En qué orden cronológico haces tú estas cosas?

Primero, me levanto a las ocho.
Luego, asisto a mis clases.
Después
Por la mañana, tengo que trabajar.
     tarde
     noche

Tengo un laboratorio a las seis y media.
de dos a cuatro
ahora

Antes de **ducharme**, ceno.
Después de

Mientras ceno, leo el periódico.

Por fin me acuesto.

¿Sabías que...?

◆ Notice that an **infinitive** rather than a conjugated verb is used after the expressions *antes de* and *después de*. Infinitives are used whenever the verb after the preposition refers to the subject of the sentence.

Antes de **salir,** me lavo los dientes.

Before leaving/I leave, I brush my teeth.

Después de **cenar,** miramos la tele un rato.

After having/we have supper, we watch T.V. for a while.

Ponerlo a prueba

A. ¿Cuándo? Lee estas preguntas y después escucha las conversaciones entre los dos estudiantes, Nieves y su novio Antonio. Escribe las respuestas correctas.

1. ¿En qué orden hacen estas cosas Antonio y Nieves?
   a. tomar helado   b. salir a comer   c. estudiar para el examen
2. Por fin Nieves decide llamar a su mamá (antes / después) del partido porque _____.
3. Normalmente Antonio trabaja los sábados por la _____, pero este sábado tiene que trabajar de _____ a _____.

Play Student Tape

B. Los lunes. ¿Cómo es un lunes típico para ti? Combina los elementos de la columna A con elementos de la columna B para describir un lunes típico en tu vida. Menciona todas tus actividades.

Modelo

Primero, me despierto a las 8:15. Luego, me quito el pijama y me ducho. Antes de vestirme...

A	B	
primero	despertarse	cenar
luego	levantarse	asistir a _____
antes de _____	acostarse	jugar al _____
después de _____	ducharse	trabajar en _____
de _____ a _____	lavarse los dientes/el pelo	estudiar
a las _____	vestirse	mirar la tele
por la mañana	desayunar	divertirse
por la tarde	almorzar	hacer ejercicio
por la noche	afeitarse	peinarse
por fin	maquillarse	quitarse

A. ¿Cómo es la vida de Carlos? Estos dibujos representan un día normal en la vida de Carlos. Describe todas sus actividades. ¡Ojo! Tienes que usar palabras como *primero* y *luego* para indicar el orden.

Modelo

Primero, Carlos se despierta a las seis de la mañana. Tiene mucho sueño. No le gustan las mañanas.

1.

2.

3.

4.

5.

6.

7.

8.

B. ¿Quiénes son más compatibles? Imagínate que buscas un(a) nuevo(a) compañero(a) de cuarto. En grupos de cuatro personas, entrevista a dos compañeros(as). Decide quién es más compatible contigo. Puedes usar estas preguntas, pero también necesitas escribir tres o cuatro preguntas originales.

1. ¿A qué hora te levantas por la mañana?
2. ¿Te duchas por la mañana o por la noche?
3. ¿A qué hora prefieres acostarte?
4. ¿A qué hora empieza tu primera clase este semestre?
5. ¿A qué hora vuelves a casa después de tus clases?
6. ¿Escuchas música mientras estudias?
7. En general, ¿está ordenado o desordenado tu cuarto?
8. ¿Te gusta cocinar o prefieres comer en la cafetería?
9. ¿Qué te gusta hacer en tu tiempo libre?
10. En general, ¿pasas los fines de semana aquí o sales de la ciudad?

C. Dos españolas en los Estados Unidos. María Cristina Mabrey es profesora y Amelia Carrasco es estudiante. Las dos son de España pero viven en los Estados Unidos. Aquí tienes una descripción de cómo es un día "normal" para ellas. Lee las dos descripciones y contesta las preguntas con un(a) compañero(a).

Amelia Carrasco

Me gusta mucho la vida universitaria. Aunque tengo muchas clases, me queda tiempo libre para hacer otras actividades interesantes. Mi rutina diaria es generalmente la siguiente: me levanto a las siete de la mañana y voy a clase de ocho a tres de la tarde. Estoy estudiando antropología. De una a dos como el almuerzo con dos amigas mías que se llaman Maite y Paula. Compramos el almuerzo en la cafetería más cercana y nos lo comemos sentadas en la hierba *(grass)* del *campus*. Si hace mal tiempo, nos quedamos en la cafetería. A las tres y media me dirijo al centro de educación física. Juego al vóleibol con un equipo de la universidad. Entrenamos dos horas y media al día. Después de practicar deporte me voy a mi apartamento. Vivo con una compañera de piso que es de Ecuador y se llama Marta. En el apartamento cocino un poco de cena o simplemente hago un bocadillo. Estudio de las ocho a las once de la noche. Si no tengo mucho trabajo, salgo a dar un paseo o a tomar un café con Marta. Me acuesto a las once y media.

María Cristina Mabrey

La verdad es que siempre estoy muy ocupada. No sé dónde se va el tiempo. En cualquier día me hallo saltando (*jumping out*) de la cama a las seis y media de la mañana sin ganas, pero movida por la obligación de poner a toda mi familia en marcha. Todavía le preparo el almuerzo a mi hija que es *senior* en la escuela secundaria. A mi marido también le ayudo a hacer el almuerzo; él hace el café, sin el cual yo no podría vivir a las seis de la mañana.

Después de ducharme y vestirme salgo en mi coche para la universidad que está a quince kilómetros de la casa. Tengo que conducir por la carretera I-26. ¡Qué locura de tráfico! Por veinte minutos me parece que estoy en una competición auto-movilística.

Al llegar a la universidad aparco en el garaje, camino a mi oficina y enciendo mi ordenador (*computer*) buscando mensajes en mi correo-electrónico. Así me comunico con mis colegas y amigos.

Normalmente enseño dos o tres clases al día. Éste es el momento favorito cuando me reúno con mis estudiantes. Cuando conversamos, siento que el tiempo no ha pasado y que soy tan joven como ellos.

Cuando puedo, voy a la biblioteca y leo o pido libros que necesito para algunas de mis clases. Trato de escribir al menos una hora al día sobre poesía o cultura, mis áreas favoritas, pero no siempre tengo tiempo de hacerlo.

Entre las 4:30 y las 5:00 subo de nuevo a mi coche, entro en el "Indi 500" y escucho las noticias por la radio.

1. ¿Quién se levanta más temprano por la mañana, Amelia o la profesora Mabrey?

2. ¿Qué tiene que hacer la profesora Mabrey antes de salir por la mañana? ¿Tiene Amelia obligaciones similares?

3. ¿Qué hace la profesora Mabrey primero cuando llega a la universidad? ¿Qué hace Amelia?

4. ¿Dónde y con quiénes almuerza Amelia?

5. ¿Qué parte del día le gusta más a la profesora Mabrey? ¿Qué le gusta menos?

6. ¿Cómo pasa Amelia las tardes? ¿A qué hora vuelve ella a su apartamento?

7. ¿A qué hora sale la profesora Mabrey de la universidad? ¿Qué hace mientras conduce su coche a su casa?

8. ¿Qué hace Amelia después de llegar a su apartamento?

9. En tu opinión, ¿cuál de las dos pasa el día más frenéticamente? Explica.

In this *Paso* you will practice:

- Talking about your schedule, your academic major, and grades
- Describing and comparing your classes and professors
- Expressing opinions about different aspects of school life
- Identifying professions and occupations
- Talking about plans for the future

Grammar:

- Verb phrases used to express future time
- Verbs similar to *gustar: encantar* and *interesar*

VOCABULARIO TEMÁTICO

Las asignaturas y los profesores

¿Cuál es tu carrera? ¿Cómo son tus clases?

¿Cuál es tu carrera?	Todavía no (lo) sé.
	Estudio pedagogía.
	periodismo
	negocios/comercio
	medicina
¿En qué año estás?	Estoy en mi primer año.
	segundo año
	tercer año
	cuarto año
¿Qué notas sacas?	Saco buenas notas.
	malas notas
	notas regulares

¿Cómo son tus clases?

Mi clase de informática es fácil.

historia	difícil
inglés	aburrida
economía	
sicología	

Mi clase de biología es más interesante
que mi clase de arte.

Mi profesor de ciencias políticas es exigente.

música	fascinante
alemán	horrible
francés	
ingeniería	
cálculo	
matemáticas	

¿Sabías que...?

➼ Other ways of asking someone about his or her major are *¿En qué te especializas?*, *¿Cuál es tu especialidad?*, and *¿Cuál es tu especialización?*

These expressions often refer to a field of study within a major.

Comentario cultural

El sistema educativo

Después de terminar el bachillerato (*high school college-prep studies*), los estudiantes que continúan sus estudios en la universidad se encuentran con un sistema educativo muy diferente al de los Estados Unidos. Primero, casi siempre tienen que seguir un plan de estudios que es un poco rígido y que no les da oportunidad de tomar muchos cursos electivos. Además, algunos profesores no toman la asistencia y sus charlas no siempre incluyen discusiones con los estudiantes. Por último, muchas veces los estudiantes solamente tienen un examen final al concluir el año escolar y reciben las notas de esta manera:

sobresaliente (9–10) (*outstanding*)　　aprobado (5) (*pass*)

notable (7–8) (*very good*)　　　　　　suspenso (*fail*)

bien (6) (*good*)　　　　　　　　　　 deficiente

Ponerlo a prueba

Play Student Tape

A. Las clases de Tomás. Escucha la conversación entre Tomás y su nueva amiga Patricia y contesta las preguntas.

1. ¿Qué día de clases describe su horario?

   a. El lunes.　b. El martes.　c. El miércoles.

2. ¿En qué año de estudios está Tomás?

   a. En el primer año.　b. En el segundo año.　c. En el tercer año.

3. Estudia

   a. lenguas extranjeras.　b. matemáticas.　c. ciencia.

4. Tomás piensa que su profesor de biología

   a. es fascinante.　b. es exigente.　c. no es interesante.

5. ¿Cuál es la clase más fácil para Tomás?

   a. Biología.　b. Inglés.　c. Álgebra.

B. Tu horario de clases. Primero, copia la tabla en una hoja de papel y completa el horario con tus clases. Luego, contesta las preguntas oralmente con tu compañero(a).

HORARIO DE CLASES					
NOMBRE: _____	lunes	martes	miércoles	jueves	viernes
8:00					
9:00					
10:00					
11:00					
12:00					
1:00					
2:00					
3:00					
4:00					
5:00					

1. ¿En qué año estás?
2. ¿Cuál es tu carrera?
3. ¿Qué clases tomas este semestre?
4. ¿Cómo son tus clases?
5. ¿Cuál es tu clase más interesante? ¿Por qué?
6. ¿Qué notas sacas?

C. Las clases. Rita va a estudiar ciencias políticas en la Universidad de Puerto Rico el próximo semestre. Usa la información siguiente para ayudarla a escoger sus clases de acuerdo con sus preferencias. Luego, describe oralmente con un(a) compañero(a) el horario de Rita los lunes, miércoles y viernes.

Asignaturas obligatorias

1. Espa. 3101 Español básico
2. Geog. 3155 Elementos de geografía
3. Econ. 3005 Introducción a la economía
4. Cipo. 3035 El sistema político puertorriqueño
5. Cipo. 4185 Teoría política contemporánea

Preferencias

1. No quiere que sus clases empiecen antes de las nueve de la mañana.
2. No quiere terminar después de las tres de la tarde.
3. Necesita por lo menos una hora al mediodía para almorzar.

Asignatura	Código	Crédito	Hora	Días	Aula
DEPARTAMENTO DE ESPAÑOL					
Español 3101	LE10	03	06	l, mi, v	158
Español 3101	LE11	03	08	l, mi, v	159
Español 3101	LE12	03	10	m, j	160
DEPARTAMENTO DE GEOGRAFÍA					
Geografía 3155	GEOGR03	03	12	l, mi, v	124
Geografía 3155	GEOGR04	03	09	l, mi, v	125
Geografía 3155	GEOGR05	03	17	l, mi, v	126
DEPARTAMENTO DE ECONOMÍA					
Economía 3005	ECON05	03	10	m, j	142
Economía 3005	ECON06	03	14	m, j	144
Economía 3005	ECON07	03	19	m, j	146
DEPARTAMENTO DE CIENCIAS POLÍTICAS					
Cipo. 3035	CIPO31	03	07	l, mi, v	120
Cipo. 3035	CIPO32	03	11	l, mi, v	121
Cipo. 3035	CIPO33	03	15	l, mi, v	122
Cipo. 4185	CIPO41	03	09	l, mi, v	150
Cipo. 4185	CIPO42	03	10	l, mi, v	152
Cipo. 4185	CIPO43	03	11	l, mi, v	154

Tus recomendaciones

lunes	martes	miércoles	jueves	viernes

VOCABULARIO TEMÁTICO

Cómo pedir y dar opiniones

¿Qué opinas de tus clases este semestre? ¿Cómo son tus profesores?

¿Qué te parece la clase de historia del arte?
Me encanta. Las conferencias son fascinantes.
  maravillosas

¿Qué piensas de tu clase de antropología?
Me interesa mucho. La profesora es dinámica.
  organizada

No me interesa. La profesora es desorganizada.
  demasiado exigente

¿Qué tal los exámenes en la clase de filosofía?
No me gustan.
Son muy largos.
  difíciles

¿Sabías que...?

• Sometimes people preface their opinions by saying *Creo que* (I believe that) or *Pienso que* (I think that). However, if you decide to use these phrases, be sure not to use them with negatives because that will require a new verb form. This will be discussed in greater detail in Chapter 9.

• If you want to indicate that you are in agreement with a statement, say *Estoy de acuerdo*. To show disagreement, use *No estoy de acuerdo*.

ESTRUCTURAS ESENCIALES

Otros verbos como *gustar: encantar, interesar*

As you saw in Chapter 4, the verb *gustar* follows a special sentence pattern. An indirect object is always used with this verb, and only two verb forms are commonly used in the present tense—*gusta* and *gustan*. *Gusta* is used with a singular subject, and *gustan* with a plural one.

Indirect Object	Verb	Subject
Me	gusta	la clase de inglés.
Me	gustan	sus conferencias.

The verbs *encantar* and *interesar* are used in the same way. Study the following guidelines.

- *Encantar* is used to talk about things or activities that you "love." It is not used to talk about persons for whom you feel affection. Use *encanta* when the subject is a singular noun or the subject is an activity expressed by an infinitive; use *encantan* when the subject is a plural noun.

Me encanta mi horario.	*I love my schedule.*
A Rita le encanta leer.	*Rita loves to read.*
Nos encantan sus conferencias.	*We love her lectures.*

- *Interesar* is used to express something that you are interested in, or that interests you. Once again you must choose between the singular *interesa* and the plural *interesan*. Notice that the English word "in" is not translated when using *interesar*.

¿Te interesa la química?	*Are you interested in chemistry?*
No me interesa tomar otro laboratorio.	*I'm not interested in taking another lab.*
A mis amigas les interesan las matemáticas.	*My friends are interested in mathematics.*

Comentario *cultural*

Los cognados falsos

Al hablar del sistema educativo en español, nos encontramos con muchos "cognados falsos", palabras que no son lo que aparentan. Aquí hay una lista de estas palabras con su significado correcto en inglés:

conferencia	*lecture*
lectura	*a reading*
facultad	*college/school (of architecture, for example)*
colegio	*an elementary or secondary school*

A. ¿Qué opinas? Usa la información en las columnas para expresar por escrito tus opiniones en frases completas. Sigue el modelo y escribe diez oraciones como mínimo.

Modelo

No me gusta mucho la comida en la cafetería.
Me interesa mucho viajar a otros países.
Me encantan las fiestas.

A		B
(No) me interesa(n) mucho/poco	los exámenes orales	viajar a otros países
(No) me gusta(n) mucho/poco	las clases a las ocho de la mañana	conocer a personas interesantes
Me encanta(n)	el costo de los libros	las fiestas
	los (las) chicos(as) de esta universidad	aprender cosas nuevas
	los conciertos de "rock and roll"	la comida en la cafetería
	las residencias en esta universidad	los estudiantes en esta universidad
	el presidente de la universidad	la política de los Estados Unidos
	las conferencias en la clase de historia	los profesores dinámicos

B. ¿Qué te parece(n)... ? Usa la información en el ejercicio anterior (A) para escribir seis preguntas. Entrevista a un(a) compañero(a) de clase. Tu compañero(a) tiene que dar una breve explicación en sus respuestas.

Modelo

—¿Te gusta la comida en la cafetería?
—Me encanta; es muy buena y barata.

—¿Te interesa la política de los Estados Unidos?
—Sí, me interesa mucho; es fascinante.

Using simpler language

Learning a new language can be a frustrating experience at times, especially when trying to communicate at the same intellectual level as you are capable of in your own language. Don't despair because there are ways to compensate for this limitation. One strategy that will help you overcome this frustration is to alter the message that you are trying to convey by simplifying it or omitting details that you are unable to say in the language you are learning. For example, instead of saying "In biology, the classwork is quite varied. We listen as the professor describes how amphibians live in their ecosystem, and then we dissect frogs," you could say "In biology class we listen to lectures and work in the lab."

Aplicación: Simplify the following phrases in English. Then, express them in Spanish.

1. I want to follow in the footsteps of all of the firstborn children in the family and continue the family tradition of dedicating our lives to the study of the law of this land.
2. Most colleges require advisement, and your registration may be blocked until an advisement clearance indicator is sent by your department.

VOCABULARIO TEMÁTICO

Las profesiones, los oficios y los planes para el futuro

¿Cuáles de las profesiones te interesan más? ¿Qué planes tienes para el futuro?

Las profesiones y los oficios

¿En qué trabajas? / ¿En qué trabaja Ud.?	Soy médico/doctora. 　　dueño(a) de un negocio 　　　　pequeño 　　ama de casa 　　dependiente

Los planes para el futuro

¿Qué planes tienes para el futuro?	No estoy seguro(a) todavía.
	Voy a graduarme el año que viene. 　　　　en dos años 　　　　el mes próximo
	Voy a ser gerente. 　　vendedor(a) 　　agricultor(a) 　　hombre (mujer) de 　　　negocios
	Me gustaría estudiar medicina. 　　estudiar derecho 　　hacer estudios de 　　　post-grado
	Pienso ser enfermero(a). 　　maestro(a) 　　abogado(a) 　　sicólogo(a) 　　ingeniero(a)
	Espero trabajar para el gobierno. 　　una compañía 　　　multinacional 　　mí mismo(a)

¿Sabías que...?

• Just like many other categories of nouns, the names for professions and occupations generally have different forms to refer to men and women. With words like *secretario(a)* and *dueño(a)*, the *-o* is used to refer to a man, and the *-a*, to a woman. With words ending in *-tor* or *-dor*, such as *agricultor*, add an *-a* to refer to a woman. But words ending in *-e*, such as *gerente*, may be used to refer to persons of both sexes. Aside from these patterns of usage, some names for professions have their own special peculiarities. For example, a male physician is generally referred to as *médico*, while a female is more often called *doctora*. The word *abogado* may be used to refer to both men and women, although in most areas the term *abogada* is used to refer to a female attorney.

• When identifying a person's occupation in Spanish, you should use the verb *ser*. Also, although in English an indefinite article (a/an) is placed before the name of the profession, in Spanish it is not.

Yo soy abogado y mi esposa es maestra.	*I'm **an** attorney and my wife is **a** teacher.*

• There are many ways to talk about the future. The most common phrase is *ir + a +* infinitive.

Mi hermano Miguel **va a estudiar** economía.	*My brother Miguel **is going to study** economy.*

Other phrases used to talk about future plans are *pensar +* infinitive and *esperar +* infinitive.

Mi hermana **piensa especializarse** en periodismo.	*My sister **plans to major** in journalism.*
Mi compañero de cuarto **espera graduarse** en mayo.	*My roommate **hopes to graduate** in May.*

Another way to express what you would like to do in the future is with the verb *gustar* in the phrase *Me gustaría +* infinitive.

Me gustaría ser maestro.	*I **would like** to be a teacher.*

Comentario *cultural*

Las mujeres y sus papeles

El papel (*role*) de las mujeres ha cambiado mucho en los últimos años. En la actualidad, las oportunidades educativas y profesionales varían según el país y la clase social.

La función tradicional de la mujer, ser madre de familia y ama de casa, está pasando por un período de transición. Hoy día, muchas mujeres de clase alta o de clase media trabajan como profesoras, enfermeras, doctoras, abogadas, escritoras, etc. Para la mujer de la clase social baja, sin embargo, las oportunidades siguen limitadas. Pero, cada día se están abriendo más puertas a oportunidades para la mujer de hoy.

¿Conoces a algunas de las mujeres en las fotos? Son escritoras famosas del mundo hispano.

Julia Álvarez, autora dominicana

Isabel Allende, escritora chilena

**Liz Balmaseda, periodista y
ganadora del Premio Pulitzer**

Play Student Tape

A. Adivina la carrera. Escucha los mini-diálogos entre unos estudiantes y su asesor académico, el Dr. Alejandro Vega. Luego, contesta las preguntas.

a. abogado(a)   f. sicología

b. gerente   g. administración de empresas

c. sicólogo(a)   h. macroeconomía

d. doctor(a)   i. derecho internacional

e. maestro(a)   j. anatomía

1. Josefina Román estudia para _____.

   El semestre próximo, ella tiene que estudiar _____.

2. Humberto Morales va a ser _____.

   Él necesita tomar _____.

3. Ada Quintero quiere ser _____.

   El Dr. Vega le recomienda que tome _____.

B. Las profesiones de mis familiares. Habla con tu compañero(a) sobre las profesiones u oficios de tus padres, hermanos, abuelos, tíos, etc. Después menciona tu carrera y tus planes para el futuro.

Modelo

Mi padre es mecánico de coches. Trabaja para Goodyear. Mi madre es profesora de inglés en la Escuela Secundaria McKinley. Tengo un tío que es periodista y trabaja en Europa. Mi abuelo está jubilado (*retired*). Yo estudio biología porque quiero ser enfermero(a).

C. Los anuncios. Lee los dos anuncios de empleos y contesta las preguntas.

1. ¿A qué campos (*fields*) pertenecen los empleos que se anuncian?

2. ¿En qué países se encuentran los empleos?

3. ¿Qué títulos exigen (*require*) los empleos?

4. ¿Cuántos años de experiencia prefieren?

5. ¿Qué lenguas deben dominar los solicitantes (*applicants*)?

6. ¿Cuál de los empleos menciona conocimiento de computadoras?

7. ¿Qué otros requisitos (*requirements*) se incluyen en los anuncios?

8. ¿Qué debe hacer un solicitante interesado en el empleo A? ¿en el empleo B?

9. ¿Cuál de los anuncios incluye beneficios? ¿Cuáles son algunos de los beneficios?

10. ¿Cuál de los dos anuncios te interesa más? ¿Por qué?

TED DE MEXICO, S.A. DE C.V.

T E D
DE MEXICO

SOLICITA:

INGENIERO DE PROCESOS DE MANUFACTURA ELECTRICA

REQUISITOS:
- Bilingüe Inglés-Español 100%
- Carrera terminada en Ingeniería
- Cinco años de experiencia en Ingeniería de procesos de manufactura electrónica
- Experiencia en desarrollo de procesos, balanceo y planeación de líneas de proceso; desarrollo de hojas de métodos y diseño de herramientas y fixturas
- Conocimiento del JIT

PERSONAS INTERESADAS Y QUE REUNAN LOS REQUISITOS ARRIBA MENCIONADOS, FAVOR DE PASAR A NUESTRAS OFICINAS UBICADAS EN EL PARQUE IND. ANTONIO J. BERMUDEZ DE 8:00 A 3:30 P.M., CD. JUAREZ, CHIH.

TEL. 18-18-81

B

GERENTE DE MERCADEO PARA NICARAGUA

Empresa Nicaragüense de prestigio, con ventas anuales de más de US$ 6.000,000 requiere los servicios, en Nicaragua, de un **GERENTE DE MERCADEO** con los siguientes requisitos:

- Título universitario en Administración de Empresas o área similar, y preferiblemente con grado de maestría (MBA).

- Mínimo 3 años de experiencia en posición gerencial de mercadeo y ventas.

- Conocimiento de computación en ambiente de Windows y los programas Word y Excel.

- Bilingüe español e inglés.

- Excelente relaciones interpersonales.

- Buena Comunicación.

Muy buena remuneración de sueldo y comisiones, seguro de vida, vehículo y los gastos asociados.

Favor enviar Curriculum Vitae a: Mr. Castillo; 800 Douglas Road Suite 355; Coral Gables Fl. 33134. Incluir logros obtenidos en trabajos anteriores.

FAVOR NO LLAMAR TELEFONICAMENTE.

A

A. Los planes de Dulce. Dulce y sus padres están hablando de sus clases y también de sus planes para el futuro. Escucha la conversación y completa el ejercicio.

1. A Dulce le gusta mucho la clase de _____.

2. La semana que viene *(Next week)*, Gregorio va a
   a. practicar el inglés con Dulce.
   b. visitar la clase de inglés de Dulce.
   c. hablar de los Estados Unidos en su clase de historia.

3. A Dulce no le gusta nada la clase de _____; piensa que el profesor es _____.

4. En la universidad, Dulce quiere estudiar _____.

5. Su padre prefiere que estudie _____ porque _____.

B. Una encuesta. Completa esta encuesta *(survey)* con tus compañeros de clase. Compara los resultados con otros grupos.

Las carreras

1. ¿Cuál es tu carrera? _____
2. En tu opinión, ¿qué factores influyen más *(have more influence)* en la decisión sobre una carrera?

	Muy importante	Algo (Somewhat) importante	Insignificante
a. el futuro salario/sueldo	____	____	____
b. el interés personal	____	____	____
c. el prestigio de la profesión	____	____	____
d. la influencia de la familia	____	____	____

Las asignaturas

1. ¿Cuántas asignaturas tienes este semestre?
   sólo 1 _____ 2–3 _____ 4–5 _____
   6 o más _____
2. ¿Cuántas horas en total estudias en un día típico?
   1 o menos _____ 2–3 _____ 4 o más _____
3. ¿Con qué frecuencia estudias los fines de semana?
   (casi) siempre _____ a veces _____ nunca _____

4. ¿Qué notas esperas sacar este semestre?
   buenas _____ regulares _____ malas _____
5. ¿Cuál es tu mejor clase? _____. Justifica tu opinión.
6. ¿Cuál es tu peor profesor(a)? _____. Explica.

Los planes para el futuro

1. ¿En qué año vas a graduarte? _____
2. ¿Piensas hacer estudios de post-grado?
   sí _____ quizás *(maybe)* _____ no _____
3. ¿Qué profesión esperas practicar en el futuro? _____
4. ¿Cuáles son las características de un trabajo bueno?

	Muy importante	Algo (Somewhat) importante	Insignificante
a. ganar *(earn)* mucho dinero	____	____	____
b. la posibilidad de viajar	____	____	____
c. un horario flexible	____	____	____
d. la posibilidad de trabajar independientemente	____	____	____

C. En la Universidad de Navarra. Estás pasando el verano en la Universidad de Navarra. Lee la información sobre la universidad y contesta las preguntas en la página 196 con un(a) compañero(a). Luego, escríbele una carta a tu profesor(a) de español y cuéntale *(tell him or her)* de tu vida en Navarra, tu curso y tus experiencias universitarias. Usa el modelo para empezar la carta y tu imaginación para dar más detalles.

Universidad de Navarra

La sede central de la Universidad y el mayor número de centros está situado en el campus de Pamplona, que se extiende a lo largo del valle del río Sadar. Otros centros radican en San Sebastián, Barcelona y Roma.

Cursos de verano

CURSO INTENSIVO DE LENGUA ESPAÑOLA

El curso está abierto a todos los alumnos universitarios o preuniversitarios y similares. Se celebra durante todo el mes de septiembre. El curso pretende conseguir que los estudiantes extranjeros perfeccionen su conocimiento teórico y práctico de la Lengua Española, para seguir cursos académicos normales de distintas materias en las universidades españolas.

CURSO INTERNACIONAL DE VERANO PARA ESTUDIANTES DE ESPAÑOL

El curso está abierto a todas las personas que, interesadas en la Lengua y Cultura Españolas, deseen un contacto con la realidad viva española. Se celebra durante la segunda quincena del mes de julio. En este curso se presta especial atención a materias de cultura actual y a temas de Lengua Española; también comprende un curso monográfico de Literatura Española.

Informaciones varias

ALOJAMIENTO

La Secretaría del I.L.C.E. en conexión con la Oficina de Alojamiento de la Universidad de Navarra (Edificio Central), Campus Universitario, 31080 Pamplona, informa sobre plazas en Colegios Mayores, Residencias Universitarias, hoteles, pensiones, casas de familia, etc., a quienes lo soliciten directamente de ella.

DINERO DE BOLSILLO

Por término medio un estudiante necesita alrededor de quince mil pesetas, mensualmente, para transporte, relaciones sociales y material escolar.

ASOCIACIÓN DE AMIGOS DE LA UNIVERSIDAD

Contribuye al desarrollo de las actividades universitarias con becas y otras ayudas. Sus recursos proceden de las cuotas de sus socios y de aportaciones de Amigos de la Universidad. Oficinas: Edificio Central. Universidad de Navarra. 31080 Pamplona. Para más información, dirigirse a la Secretaría del I.L.C.E. (tfno. 25 2700, extensión 247). Edificio Central. Universidad de Navarra, 31080 Pamplona, Navarra.

1. ¿En qué ciudad está situada la Universidad Central de Navarra?
2. ¿Cuándo se ofrece *(When do they offer)* el curso intensivo? (Se ofrece en...)
3. ¿A quiénes les va a interesar el curso intensivo?
4. ¿Cuándo es el curso internacional?
5. ¿De qué manera es diferente el curso internacional al curso intensivo?
6. ¿Cuál de los dos te interesa más a ti? ¿Por qué?
7. ¿Dónde viven los estudiantes mientras estudian en la Universidad?
8. ¿Para qué necesitan dinero los estudiantes?
9. ¿Cuál es la función de la Asociación de Amigos de la Universidad?
10. Explica por qué te gustaría o no te gustaría asistir a esta universidad.

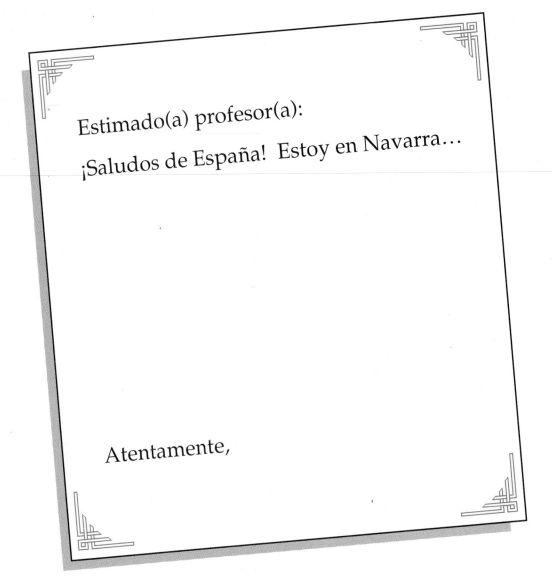

Estimado(a) profesor(a):

¡Saludos de España! Estoy en Navarra...

Atentamente,

In this *Paso* you will practice:

○ Talking about past actions and events

Grammar:

○ Preterite of regular *-ar, -er,* and *-ir* verbs
○ Preterite of irregular verbs: *dar, estar, hacer, ir, ser,* and *tener*
○ Spelling-changing verbs in the preterite

GRAMÁTICA

Cómo hablar del pasado —El pretérito

A. El pretérito. Up to now, you have practiced speaking and writing about things you do every day and things you plan to do in the near future; to do this you have been using the **present tense**. To talk about actions and events that occurred in the past, you will need to use a different verb tense. In fact, in Spanish there are two common verb tenses used to talk about the past, the preterite and the imperfect. Each has a slightly different usage and focus. In this section you will begin learning one of these tenses—the **preterite** (*el pretérito*). Here are some examples of this new verb tense.

Ayer **me desperté** a las ocho menos cuarto; luego **me vestí** y **tomé** el desayuno.	*Yesterday **I woke up** at a quarter to eight; then **I got dressed** and **had** breakfast.*
Mi abuelo **nació** en Irlanda y **llegó** a este país en 1910; **se graduó** de Harvard en 1925.	*My grandfather **was born** in Ireland and **arrived** in this country in 1910; he **graduated** from Harvard in 1925.*

As you can see in the preceding examples, the preterite tense is used to tell what happened or what somebody did with reference to a particular point in time, such as yesterday or in 1925.

B. Verbos regulares. To conjugate regular verbs in the preterite, you must remove the *-ar, -er,* or *-ir* ending from the infinitive and add a new ending. The ending you choose must match the subject of the sentence. Study the following conjugations of regular verbs in the preterite tense; notice that *-er* and *-ir* verbs use the same set of endings.

-ar verbs: **tomar** (*to take*)		
yo	tom**é**	No **tomé** historia este semestre.
tú	tom**aste**	¿Qué clases **tomaste** en tu último año?
Ud./él/ella	tom**ó**	Marta **tomó** biología.
nosotros(as)	tom**amos**	Edgardo y yo **tomamos** inglés con la Sra. Wright.
vosotros(as)	tom**asteis**	¿**Tomasteis** álgebra el semestre pasado?
Uds./ellos/ellas	tom**aron**	Carla y Mayra **tomaron** esa clase en su tercer año.

-er and *-ir* verbs: **volver** (*to return*)		
yo	volv**í**	Anoche **volví** a casa a medianoche.
tú	volv**iste**	**Volviste** a tu residencia tarde, ¿verdad?
Ud./él/ella	volv**ió**	Esteban **volvió** de la fiesta temprano.
nosotros(as)	volv**imos**	**Volvimos** del cine antes que ellos.
vosotros(as)	volv**isteis**	¿**Volvisteis** en taxi?
Uds./ellos/ellas	volv**ieron**	Mis amigos **volvieron** de la fiesta a las once.

- The verb *ver* (to see) is conjugated as a regular *-er* verb but does not use accent marks: *vi, viste, vio, vimos, visteis, vieron.*

C. Más sobre el pretérito. Here are a few tips that will help you learn this new verb tense more easily.

- Remember that the preterite tense uses only two sets of verb endings: *-ar* verbs take one set; both *-er* and *-ir* verbs share the other set. This means that *salir*, for example, would use the same set of endings as *volver* in the previous examples.

- Notice that *-ar* verbs often have the vowel *a* in the verb endings, while *-er* and *-ir* verbs tend to have an *e* or an *i*.

- When studying the present tense, you learned that certain verbs, like *volver*, are stem-changing. In the preterite tense, no verbs that end in *-ar* or *-er* are stem-changing. You conjugate these verbs like any regular *-ar* or *-er* verb. Compare the present tense and the preterite in the following examples.

present:	Me desp**ie**rto a las seis.	*I wake up at six.*
preterite:	Me desp**e**rté a las siete.	*I woke up at seven.*
present:	Iván siempre v**ue**lve tarde.	*Iván always returns late.*
preterite:	Iván v**o**lvió a las doce.	*Iván returned at 12.*

- A number of *-ir* verbs do have stem changes in the preterite tense. You will study these in Chapter 7.

- Reflexive verbs are conjugated like any other verb; just remember to use the reflexive pronoun that corresponds to the subject of the sentence.

  Yo **me desperté** a las siete pero mi   *I woke up at seven but my*
  compañera **se despertó** a las ocho.   *roommate woke up at eight.*

Ponerlo a prueba

A. Una carta. Daniela está en Salamanca, España, donde está tomando un curso de español. Aquí tienes la carta que ella le escribió a su profesora en Michigan. Escoge el verbo más lógico de la lista y escríbelo en el pretérito en una hoja de papel.

Museo del Prado, Madrid, España

Verbos

Primera parte		Segunda parte	
conocer	escuchar	asistir	recomendar
decidir	hablar	conversar	tomar
despertarse	salir	comer	ver
empezar	volver	divertirse	visitar
		mirar	

14 de julio

Estimada profesora Tissera,

¡Saludos de Salamanca! Como Ud. ya sabe, (yo) __(1)__ tomar un curso en España para mejorar mi español y ¡aquí estoy! Me gusta mucho Salamanca y creo que mi experiencia en España va a ser maravillosa.

El primer día de clases yo estaba (*I was*) un poco nerviosa. (Yo) __(2)__ muy temprano por la mañana y __(3)__ de la residencia a las siete y media. La sesión de orientación __(4)__ a las ocho en punto. El director __(5)__ por casi una hora y después, todos nosotros __(6)__ a nuestros profesores. El mío es muy bueno y simpático (pero claro, ¡no es tan simpática como Ud.!). Ese día (yo) __(7)__ a casa tarde y estaba muy cansada, pero ahora estoy más acostumbrada al ritmo de los días.

•••••••••••••••••••••••••••••••••••••••

El fin de semana pasado nuestra clase fue (*went*) a Madrid. (Nosotros) __(8)__ el Museo del Prado y __(9)__ los cuadros (*paintings*) de Goya y de Velázquez; ahora tengo más ganas que nunca de estudiar arte. Por la tarde (nosotros) __(10)__ vino y tapas en un bar cerca de la Plaza Mayor y __(11)__ con varios estudiantes españoles. Imagínese, dos de ellos __(12)__ a la Universidad de Michigan el año pasado y ahora están continuando sus estudios de ingeniería aquí. El mundo es un pañuelo (*It's a small world*), ¿no? Bueno, por la noche, todos nosotros __(13)__ en el restaurante más viejo de Madrid, la Casa Botín. Los camareros nos __(14)__ unos platos "típicos" que nos gustaron mucho. ¡(Nosotros) __(15)__ mucho en Madrid y esperamos volver pronto!

Ahora tengo que acostarme porque mañana tengo un examen. Espero que Ud. pase un verano muy bueno y relajante.

Un abrazo de su estudiante,

Daniela

B. Ayer. ¿Qué hizo la familia Martínez ayer? Describe sus actividades en frases completas. Hay que usar el pretérito y escribir tres o cuatro frases para cada dibujo. Algunos verbos útiles: asistir, beber, comer, escribir, escuchar, estudiar, explicar, hablar, jugar, mirar, nadar, tomar, trabajar, ver.

Modelo

Ayer don Arturo trabajó en su oficina. Habló con sus clientes por teléfono. Estudió algunas estadísticas para el banco en su computadora.

ARTURO

ELISA Y TÍA FELICIA

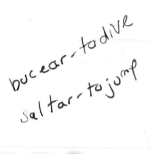

bucear—to dive
saltar—to jump

BEATRIZ

DULCE Y SUS COMPAÑEROS DE CLASE

CARLOS Y SUS AMIGOS

Sonrieron

C. ¡Qué exagerado(a) eres! ¿Cuáles de las siguientes expresiones asocias con un día muy bueno? ¿Cuáles asocias con un día pésimo? Con un(a) compañero(a) de clase, inventa dos pequeños diálogos, uno sobre un día muy bueno y otro sobre un día muy malo. Puedes usar otras expresiones si quieres, y ¡se permite exagerar!

Modelo

TÚ:	¿Qué tal tu día?
TU COMPAÑERO/A:	¡Pésimo! Primero, me levanté tarde para mi primera clase. Después... Y tú, ¿qué tal tu día?
TÚ:	¡Yo también lo pasé fatal!...

almorzar en un restaurante nuevo
acostarse y tomar una siesta
dormir en el sofá
encontrar algo extraño *(something strange)* en el cereal
levantarse tarde para mi primera clase
mirar películas viejas en la tele
perder (to miss) un examen importante
recibir una carta de mi banco
sacar una C en el examen de química
sentirse enfermo(a)
trabajar toda la noche
ver una película estupenda en el cine
el profesor *cancelar* nuestro examen
mis padres me *mandar* un paquete con galletas
mi novio(a) me *comprar* flores
mi novio(a) no me *llamar* por teléfono
unos amigos me *visitar*
unos amigos me *invitar* a una fiesta

GRAMÁTICA

Más sobre el pretérito —Algunos verbos irregulares y con cambios ortográficos

A. Verbos irregulares. Just as in the present tense, certain verbs do not follow the usual pattern for forming the preterite tense of *-ar*, *-er*, and *-ir* verbs; they must be memorized individually. Here are six important irregular verbs in the preterite tense. As you study the conjugations, notice that the forms for *ir* and *ser* are identical. Also, irregular verbs do not use accent marks.

	ir (*to go*) **ser** (*to be*)	**dar** (*to give*)
yo	fui	di
tú	fuiste	diste
Ud./él/ella	fue	dio
nosotros(as)	fuimos	dimos
vosotros(as)	fuisteis	disteis
Uds./ellos/ellas	fueron	dieron

	hacer (*to do; to make*)	**tener** (*to have*)	**estar** (*to be*)
yo	hice	tuve	estuve
tú	hiciste	tuviste	estuviste
Ud./él/ella	hizo	tuvo	estuvo
nosotros(as)	hicimos	tuvimos	estuvimos
vosotros(as)	hicisteis	tuvisteis	estuvisteis
Uds./ellos/ellas	hicieron	tuvieron	estuvieron

Generally it is easy to distinguish *ser* from *ir* through the context of the sentence.

El Sr. González **fue** profesor durante muchos años.

*Mr. González **was a** teacher for many years.*

El profesor González **fue** a Chile para ver a su familia.

*Professor González **went** to Chile to see his family.*

B. Cambios ortográficos. Some verbs have regular endings but undergo spelling changes in the stem. One group of verbs undergoes a spelling change in the *yo* form of the preterite; the other persons (that is, *tú, él,* etc.) are not affected in any way.

- **Verbs that end in** *-car* **. . . change** *c* **to** *qu:*

sacar	yo	sa**qu**é (sacaste, sacó, sacamos, sacasteis, sacaron)
to**c**ar	yo	to**qu**é (tocaste, tocó, tocamos, tocasteis, tocaron)

- **Verbs that end in** *-gar* **. . . change** *g* **to** *gu:*

llegar	yo	lle**gu**é (llegaste, llegó, llegamos, llegasteis, llegaron)
pagar	yo	pa**gu**é (pagaste, pagó, pagamos, pagasteis, pagaron)

- **Verbs that end in** *-zar* **. . . change** *z* **to** *c:*

empezar	yo	empe**c**é (empezaste, empezó, empezamos, empezasteis, empezaron)
almorzar	yo	almor**c**é (almorzaste, almorzó, almorzamos, almorzasteis, almorzaron)

A second group of verbs undergoes a change only in the third person singular and plural, that is, for *Ud./él/ella* and *Uds./ellos/ellas.* This spelling change occurs in *-er* and *-ir* verbs that have a vowel right before the infinitive ending.

- **Verbs that end in vowel +** *-er* **or vowel +** *-ir* **. . . change** *i* **to** *y:*

	leer	**creer**
yo	leí	creí
tú	leíste	creíste
Ud./él/ella	leyó	creyó
nosotros(as)	leímos	creímos
vosotros(as)	leísteis	creísteis
Uds./ellos/ellas	leyeron	creyeron

Ponerlo a prueba

A. En el recinto universitario. Completa las siguientes mini-conversaciones con el pretérito.

1. Fernando y Lupita, dos buenos amigos, conversan durante la primera semana de clases.

   FERNANDO: ¿Qué tal pasaste tus vacaciones?

   LUPITA: De lo mejor. Mi familia y yo (ir) _____ a la Argentina y (divertirse) _____ muchísimo.

   FERNANDO: ¡Qué suerte! Bueno, cuéntame (*tell me*)... ¿Qué (hacer) _____ Uds. allí? ¿(Ir) _____ a Buenos Aires?

   LUPITA: Sí, claro, pero para mí, lo más interesante (ser) _____ nuestra excursión a Bariloche. Las montañas allí son tan hermosas... bueno, (yo/sacar) _____ miles de fotos. Y tú, ¿qué (hacer) _____ durante las vacaciones?

   FERNANDO: Pues, para decirte la verdad, (yo) no (hacer) _____ nada de particular. (Tener) _____ que trabajar este año.

2. Beti y Martika, dos compañeras de clase, hablan antes del primer examen del semestre.

BETI: Oye, Martika, ¿(leer/tú) _____ el capítulo que el profesor nos mandó para el examen?

MARTIKA: Bueno, (yo/empezar) _____ a leerlo pero no pude (*I couldn't*) comprender nada. Luego, (llegar) _____ mi novio y (nosotros/ir) _____ al cine. En fin, (yo/llegar) _____ a casa muy tarde y no (hacer) _____ nada. Y tú, ¿(leer) _____ la tarea?

BETI: Yo tampoco (*Me neither*). (Yo/estar) _____ enferma anoche... Ay, ¡qué desastre! A lo mejor (*Probably*) Raúl lo (leer) _____. Oye, Raúl...

3. Julio y Martín, dos amigos, hablan del fin de semana.

JULIO: ¿Qué tal tu fin de semana, Martín?

MARTÍN: Fenomenal. Carmen (dar) _____ una fiesta el viernes por la noche. (Yo/ir) _____ y (conocer) _____ a una chica simpatiquísima. (Yo) la (invitar) _____ a salir y el sábado los dos (*the two of us*) (almorzar) _____ en un restaurante. Y tú, ¿qué (hacer) _____?

JULIO: Pues, los padres de Miguel (ir) _____ a las Bahamas por un par de semanas, así que él (hacer) _____ una fiesta en su casa el sábado. Yo también (conocer) _____ a una chica bien simpática y guapa. Tiene el pelo rubio, los ojos verdes... Creo que es de San Diego.

MARTÍN: Y ¿acaso (*by any chance*) se llama Carolina...?

JULIO: ¡Miér...coles! (*Shhh . . . oot!*)

B. Evitando (*Avoiding*) problemas.
¿Qué dicen estas personas para evitar (*to avoid*) problemas? Completa los diálogos por escrito. Usa el pretérito lo más posible.

1. Iliana tiene 15 años y es estudiante en una escuela secundaria. Su padre le hace muchas preguntas.

   a. PAPÁ: Oye, Iliana, ¿qué tal tu examen de física? ¿Qué nota sacaste por fin?

   ILIANA: _____.

   b. PAPÁ: Iliana, ¿por qué no limpiaste tu cuarto? Ya sabes que tu mamá trabaja todo el día y está cansada cuando vuelve a casa.

   ILIANA: _____.

   c. PAPÁ: Hija, ¿todavía estás mirando la televisión? ¿Cuándo piensas hacer tu tarea para mañana?

   ILIANA: _____.

   d. PAPÁ: Iliana, volviste a casa muy tarde anoche. ¿Dónde estuviste?

   ILIANA: _____.

2. Amparo, la novia de José Luis, es un poco celosa (*jealous*). Amparo le hace preguntas a su novio.

   a. AMPARO: Te llamé por teléfono anoche a las once y media pero no contestaste. ¿A qué hora llegaste a la casa?

   JOSÉ LUIS: _____.

   b. AMPARO: Saliste con tus amigos, ¿no? ¿Adónde fueron Uds.?

   JOSÉ LUIS: _____.

   c. AMPARO: ¿Con quién almorzaste ayer en la cafetería? Un pajarito me dijo (*A little bird told me*) que fue con una chica muy guapa.

   JOSÉ LUIS: _____.

   d. AMPARO: ¿Es verdad que le diste un ramo (*a bouquet*) de flores a Susana?

   JOSÉ LUIS: _____.

C. Ayer. Tú y tus compañeros de clase van a entrevistarse sobre sus actividades ayer. Contesta las preguntas oralmente en frases completas.

1. ¿A qué hora te levantaste ayer? ¿A qué hora tuviste que salir de casa? ¿Adónde fuiste primero?

2. ¿Tuviste un examen o una prueba ayer? ¿Cuál de tus profesores te dio el examen (la prueba)? ¿Qué nota piensas que sacaste?

3. ¿Dónde almorzaste? ¿Con quién? ¿Qué comiste?

4. ¿Adónde fuiste después del almuerzo? ¿Qué hiciste? ¿A qué hora llegaste a casa?

5. ¿Practicaste algún deporte con tus amigos ayer? ¿Jugaron Uds. a las cartas (cards)? ¿Hicieron Uds. ejercicios aeróbicos?

6. ¿A qué hora empezaste a estudiar por la noche? ¿Cuántas horas dedicaste a tus estudios? ¿Cuántas páginas leíste para tus clases?

7. ¿A qué hora te acostaste anoche? ¿Te bañaste o te duchaste antes de acostarte?

VOCABULARIO TEMÁTICO

Expresiones temporales—Referencias al pasado

¿Cuándo te graduaste de la escuela secundaria? ¿Cuándo empezaste a trabajar por primera vez?

Martín estudió para su examen **ayer.**
anoche
esta mañana
esta tarde
el martes

Carlota se graduó de la universidad **la semana pasada.**
el mes pasado
el año pasado
en 1995 (mil novecientos noventa y cinco)

La Sra. Gil empezó a trabajar para esa compañía **hace tres meses.**
hace diez años
en julio

¿Sabías que...?

● To tell how long ago something happened, use the phrase *hace* + amount of time; for example, "a week ago" is *hace una semana*.

● Another way people often refer to the past is by telling how old they were when something happened. In this case, the verb *tener* is used in the imperfect tense.

| Aprendí a conducir **cuando tenía 18 años.** | *I learned how to drive when I was 18 years old.* |

A. Una reunión. Hoy hay una fiesta para celebrar el aniversario de la graduación de la escuela secundaria. Escucha las conversaciones entre los graduados de 1980 y contesta las preguntas en español.

Play Student Tape

1. Javier y Cristina hablan con Miguel sobre su ascenso (*promotion*).
   a. ¿Cuál es el nuevo trabajo de Miguel?
   b. ¿Por cuántos años trabajó Miguel en su primer puesto (*position*)?
   c. ¿Cuándo supo (*did he find out*) la buena noticia de su ascenso?
2. Ana le explica a Pablo qué hizo después de graduarse de la escuela secundaria.
   a. ¿Cuál es el diploma o el título más avanzado que recibió Ana?
   b. ¿Cuándo empezó a trabajar para el gobierno?
   c. ¿Cuándo se casaron (*got married*) Ana y Eric?

B. ¿Cuándo fue? Combina los elementos de las tres columnas para escribir frases verdaderas sobre tu vida y la de tus amigos y compañeros.

Modelo

Mi amiga Sally tomó un examen difícil la semana pasada.

Yo	sacar una nota buena en física	ayer
Mi compañero(a) de cuarto	empezar a estudiar español	anoche
	tomar un examen difícil	la semana pasada
Mis compañeros(as) de clase y yo	graduarse de la escuela secundaria	el año pasado
		en septiembre
Mi amigo(a) **Pat**	aprender a usar las computadoras	en 1992
Otra persona (di quién)		el lunes
	escribir el primer trabajo de investigación (*research paper*)	hace dos semanas
	limpiar el cuarto	en otro momento (di cuándo)
	hacer ejercicios en el gimnasio	
	ir a la playa	
	acampar en las montañas	
	comer una pizza con anchoas	
	tener que escribir un informe muy largo	
	otra cosa (di qué)	

A. La vida estudiantil de la señora Martínez. Escucha la entrevista entre Elisa y Beatriz y completa las oraciones con la información correcta. Antes de escuchar la entrevista, lee las oraciones.

1. La Sra. Martínez asistió a la universidad de _____.
2. A la Sra. Martínez le gustaba más _____ porque _____.
3. En la universidad, ella hizo la carrera de _____.
4. Escogió esa carrera para _____.
5. Su peor clase era _____.

B. Preguntas personales. Tú y tu compañero(a) van a entrevistarse. Primero, el (la) Estudiante A completa la frase con una expresión temporal. Luego, el (la) Estudiante B le hace muchas preguntas sobre el evento o la experiencia. El (La) Estudiante A tiene que contestar las preguntas con frases completas en el pretérito.

Modelo

Estudiante A	Estudiante B
Fui a una fiesta <u>el viernes por la noche.</u>	¿Bailaste mucho? ¿Qué comieron y bebieron Uds.? ¿Qué más hiciste en la fiesta?

Estudiante A	Estudiante B
1. Fui al cine ____.	¿Qué película (ver)? ¿Te (gustar)? ¿Qué (ocurrir) en la película?
2. Tomé dos exámenes ____.	¿Qué notas (sacar / tú)? ¿Cuántas horas (estudiar / tú)? ¿(Ir / tú) a la biblioteca para estudiar?
3. Comí en un restaurante bueno ____.	¿Qué (comer / tú)? ¿Qué (beber / tú)? ¿(Recibir / tú) buen servicio?
4. Fui a la playa ____.	¿(Nadar / tú) y (tomar / tú) el sol? ¿Quiénes (ir) contigo? ¿Qué más (hacer) Uds.?
5. Compré los libros para mis clases ____.	¿Dónde los (comprar / tú)? ¿Cuánto (costar) cada libro? ¿Cómo (pagar / tú) por tus libros?
6. Mis padres me visitaron ____.	¿Cuánto tiempo (pasar) aquí tus padres? ¿Dónde (quedarse—*to stay*) ellos? ¿Qué lugares (visitar / ellos)?

C. El inventario. ¿Quién en tu clase hizo estas cosas? Primero, cambia todas las oraciones a preguntas. El sujeto es "tú" en todos los casos. Luego, usa las preguntas para entrevistar a tus compañeros(as). Si te contestan de una manera positiva, entonces firman su nombre al lado de la pregunta. Si te contestan de una manera negativa, entonces no firman tu inventario. No se permite tener más de tres firmas de la misma persona.

Modelo
sacó una A en un examen la semana pasada

(tú escribes y preguntas) ¿Sacaste una A en un examen la semana pasada?
(tu compañero/a contesta y firma tu hoja) Sí, saqué una A en el examen de sociología.

1. se levantó antes de las siete esta mañana
2. tomó dos clases que tomaste el semestre pasado
3. viajó a un país extranjero recientemente
4. asistió al mismo concierto que tú
5. leyó el periódico esta mañana
6. nació el mismo mes que tú
7. trabajó el fin de semana pasado
8. se levantó antes de las nueve de la mañana el sábado pasado
9. esta mañana comió lo mismo que tú para el desayuno
10. conoció a una persona famosa
11. se acostó antes de las once de la noche el viernes pasado
12. hizo toda la tarea de español anoche
13. salió en una cita romántica el fin de semana pasado
14. habló español fuera de clase recientemente

Un paso más

Estudiante A

Contexto: Tú *(Estudiante A)* tienes un dibujo y tu compañero(a) *(Estudiante B)* tiene otro. Los dos dibujos son muy similares pero no idénticos. Uds. tienen que descubrir diez diferencias entre los dibujos, ¡pero sin mirar el dibujo de la otra persona! Para encontrar las diferencias, concéntrense en los detalles, por ejemplo:

- la descripción física de los dos chicos
- la ubicación *(placement)* de las cosas en el cuarto
- las actividades de las personas

Tú vas a empezar con esta frase: En mi dibujo son las siete de la mañana.

Estudiante B

Contexto: Tú (*Estudiante B*) tienes un dibujo y tu compañero(a) (*Estudiante A*) tiene otro. Los dos dibujos son muy similares pero no idénticos. Uds. tienen que descubrir diez diferencias entre los dibujos, ¡pero sin mirar el dibujo de la otra persona! Para encontrar las diferencias, concéntrense en los detalles, por ejemplo:

- la descripción física de los dos chicos
- la ubicación (*placement*) de las cosas en el cuarto
- las actividades de las personas

Tu compañero va a empezar.

Anticipación

En este segmento, Miguel entrevista a dos estudiantes españoles, Alonso y Alejandro. En España, como en otros países, los estudiantes están muy ocupados. Tienen que dividir su tiempo entre los estudios, el trabajo y sus pasatiempos. Contesta estas preguntas en frases completas.

1. ¿Cuáles son las carreras *(majors)* más populares en tu universidad?
2. ¿Qué porcentaje de los estudiantes trabaja?
3. Por lo general, ¿cuándo tienen tiempo los estudiantes para descansar o divertirse?

Discover the Hispanic world.

Video Tape

Comprensión

A. Alonso. Escoge la mejor respuesta para completar cada frase.

1. Alonso estudia la carrera de
   a. medicina.
   b. derecho.
   c. administración de empresas (negocios).
   d. ingeniería.

2. Alsonso tiene _____ años.
   a. 18
   b. 21
   c. 24
   d. 28

3. Trabaja en
   a. un despacho de abogados.
   b. una farmacia.
   c. un restaurante.
   d. un banco.

4. Alonso estudia
   a. los fines de semana.
   b. todos los días de 4 a 10.
   c. por la mañana.
   d. cuatro horas al día.

5. Alonso vive
   a. en una residencia estudiantil.
   b. en un apartamento con amigos.
   c. con su esposa.
   d. con su madre.

6. Para Alonso, es importante trabajar porque
   a. quiere experiencia práctica en su carrera.
   b. acaba de comprar un coche nuevo.
   c. tiene que pagar casi todos los gastos *(expenses)* en su casa.
   d. piensa estudiar en los Estados Unidos el próximo año.

7. Cuando Alonso tiene tiempo libre, le gusta
   a. jugar al fútbol y montar en bicicleta.
   b. leer y tocar el piano.
   c. salir con sus amigos.
   d. escuchar música o bailar.

B. Alejandro. Contesta las preguntas en español.

1. ¿Qué carrera estudia Alejandro?
2. ¿Le gusta su carrera?
3. ¿Cuántas asignaturas tiene este año?
4. ¿Por qué no le gusta mucho la asignatura de derecho internacional privado?
5. ¿En qué trabaja?

¡Vamos a leer!

Estrategia: Distinguishing between fact and opinion

Debate. Esta sección de la revista *Tú internacional* presenta el debate de un problema polémico *(controversial)* con argumentos de todos los lados, la opinión de un consejero *(counselor)* y la oportunidad de formar tus propias conclusiones. En este artículo Sergio, un chico de 17 años, ha tomado *(has taken)* una decisión muy seria sobre sus estudios. Lee el artículo y completa los ejercicios.

DEBATE

Habla Sergio: "Estoy seguro".

¡Nadie me comprende! No tomo esta decisión a lo loco. Sinceramente, creo que es lo mejor para mi novia y para mí. Susana y yo somos novios desde hace tres años y lo nuestro es muy en serio. Queremos casarnos. Si voy a la universidad, tendríamos que esperar por lo menos cuatro años para la boda y, la verdad, estamos muy enamorados. No queremos esperar.

El padre de Sergio comenta:

Mi hijo es muy impulsivo y no se detiene a pensar en las consecuencias a largo plazo de esta clase de decisión. Sergio quiere casarse porque —vamos a hablar la realidad— quiere tener relaciones íntimas con Susana. Eso no es criticable; lo que veo mal es 1: Que no es capaz de tener la madurez de decidir qué es lo mejor para ambos y 2: Que tampoco tiene la disciplina de saber esperar por lo que desea. Las cosas no se logran de la noche a la mañana.

La madre declara: "Ella presiona a mi hijo".

Mi hijo dice que no tiene vocación, pero eso no es cierto. Siempre le gustó la carrera de abogado. Era lo que planeaba estudiar antes de conocer a esa chica. Lo que sucede es muy simple: Susana quiere escapar de la casa de sus padres —que por lo que tengo entendido son muy dominantes— y mi hijo es la solución a su problema. Ella lo presiona para que abandone los estudios y se case con ella. ¡Qué error!

El maestro de Sergio opina:

Sergio no entiende que el mundo cada día se hace más especializado; hace falta gente preparada, bien entrenada, para asumir posiciones de mando y responsabilidad. Pero aun los puestos más simples requieren algún tipo de entrenamiento. A la persona que no estudia le resulta más difícil abrirse camino; ésa es una realidad innegable. Él desea formar un hogar... pero, ¿cómo espera mantenerlo? ¿Qué clase de vida o de seguridad económica piensa ofrecerles a su esposa y a los hijos que vengan? Sinceramente, pienso que ésta es una decisión que él ha hecho "a lo loco", porque desea gratificación instantánea. Lo trágico es que —a los 17 años— está tomando una decisión que afectará su vida y la de su futura esposa y sus hijos.

Susana confiesa: "Es Sergio quien me presiona".

La madre de Sergio no sabe lo que habla. A mí, francamente, no me importa si él deja los estudios o no. Creo que esta decisión le corresponde a él; para eso ya es casi mayor de edad. La realidad es que yo no presiono a mi novio; él me presiona a mí para que tenga relaciones íntimas con él y yo le he dicho una y mil veces que no. No estoy preparada para eso. Quiero esperar a casarme.

A. Estrategia. There are many ways to express an opinion or state a fact in a convincing way. Read about some of these ways below and answer the accompanying questions.

- In order to give credibility to an argument or an opinion, people frequently preface their statements with the adverbs "honestly" as in "I honestly believe that . . . " or "frankly" as in "Frankly, I think that . . . " In Spanish, similar words are used to create the same effect. Here is how to form an adverb from an adjective:

  > singular adjective (feminine, if it has a gender) + *mente*
  > *clara* (clear) + *mente = claramente* (clearly)

  Give the adverb forms for the following:

	español		**inglés**
perfecto	_____	=	_____
especial	_____	=	_____
sincero	_____	=	_____

  Find two adverbs that are used in the article to give credibility to the argument, give the English equivalents, and write the names of the person(s) who used them.

- Another way to highlight the sincerity of your statement is to use phrases like "the truth is " and "the reality is." In Spanish, for example, the words *la verdad* or *la realidad* might be used. These expressions could precede fact or opinion. They may also be used to enhance your credibility and make your argument more persuasive. Look in the article for similar terms, and write down the sentence in which it is used and the person who uses it.

- Now, look at the names of the people who have used adverbs and other phrases to give a sense of honesty to their confessions. Which person(s) used them the most frequently? What do you think that implies?

B. ¿Un hecho o una opinión? Read the statements in the following chart and determine whether they express a fact *(hecho)* or an opinion *(opinión)*. If they express an opinion, write down the phrase that indicates it.

	Hecho	Opinión
1. Sinceramente, creo que es lo mejor para mi novia y para mí.	_____	_____
2. Susana y yo somos novios desde hace tres años...	_____	_____
3. Siempre le gustó *(he liked)* la carrera de abogado.	_____	_____
4. Creo que esta decisión le corresponde a él...	_____	_____
5. Sergio es menor de edad.	_____	_____
6. Sergio y Susana son estudiantes.	_____	_____
7. Sinceramente, pienso que ésta es una decisión que él ha hecho "a lo loco" *(that he has made without thinking)*...	_____	_____

C. Comprensión. Lee el artículo de nuevo y contesta las preguntas.

1. El conflicto en este artículo es entre
   a. la novia, los padres y el maestro de Sergio.
   b. Sergio, sus padres y el maestro.
   c. Sergio y su novia, sus padres y su maestro.

2. La causa del conflicto es que
   a. a los padres de Sergio no les cae bien su novia.
   b. los padres de Sergio quieren que él termine su carrera antes de casarse.
   c. la novia de Sergio no quiere casarse.

3. Escribe el punto más importante que hace cada persona en su argumento.
   a. Sergio: …   d. el padre: …
   b. Susana: …   e. el maestro: …
   c. la madre: …

4. Analiza todos los puntos y contesta las preguntas.
   a. ¿Crees que la decisión de Sergio es correcta? ¿Por qué?
   b. Escribe tu recomendación para Sergio.

¡Vamos a escribir!

Estrategia: Developing a composition with comparison and contrast

Unlike descriptive writing, which appeals to the reader's physical senses, expository writing, or *la exposición*, is directed more towards the reader's intellect. It may seek to inform, define, analyze, classify, etc. *La comparación y el contraste* is a kind of expository writing that compares and contrasts two entities or objects of study.

A. Ideas. Imagine that you are studying in Spain and need to write a brief composition for class on some major aspect of the U.S. educational system. You have decided to compare and contrast high schools with universities. First, you will need to consider in what ways U.S. high schools and universities might be similar or different. To do this you might make a chart like the one that follows. Possible points of comparison are listed in the left-hand column. The remaining columns provide space to jot down any similarities (*semejanzas*) or differences (*diferencias*) between high schools and colleges. Make a chart like this one on a separate sheet of paper, and add on any other points of comparison you find appropiate.

Puntos de comparación/contraste	Semejanzas	Diferencias
el tamaño (*size*) de las clases		
los tipos de clases/laboratorios		
los profesores		
la tarea		
los exámenes		
la vida social		
otras observaciones		

Atajo
SOFTWARE

Phrases:
Comparing and contrasting;
Comparing and distinguishing;
Expressing an opinion;
Linking ideas;
Making transitions;
Writing a conclusion;
Writing an introduction

Vocabulary:
Studies;
University

Grammar:
Comparisons: with adjectives;
Comparisons: of equality;
Comparisons: of inequality;
Comparisons: Irregular;
Relatives pronoun *que*;
Relatives pronoun *lo que*;
Relatives: Antecedent

B. Transiciones. In order to make comparisons and contrasts, you might like to use some of the expressions below. Study the new phrases and the examples here and on page 214. Incorporate the information from your chart and complete the following practice sentences in Spanish.

1. En general, la vida social en la universidad... Por ejemplo, muchos estudiantes... Además...
2. En contraste con los estudiantes universitarios, los estudiantes de la escuela secundaria... Por eso,...
3. En la escuela secundaria, muchos profesores... al igual que en la universidad. Sin embargo...

Para semejanzas

Las clases en la universidad y las clases en la escuela secundaria **tienen mucho (poco) en común.**	*University classes and high school classes **have a lot (little) in common.***
La mayoría de los profesores universitarios presenta la información en conferencias, **al igual que** en las escuelas secundarias.	*The majority of university professors present information in lectures, **just like/as** in high school.*
De la misma manera, los estudiantes tienen sólo una participación mínima.	***Similarly/In the same way**, students have only minimal participation in class.*
Tanto en la universidad *como* en la escuela secundaria, el estudiante tiene que asimilar mucho material en poco tiempo.	***Both** in the university **and/as well as** in high school, students must assimilate a lot of material in a short amount of time.*

Para diferencias

Las clases universitarias **son diferentes de** las clases en la escuela secundaria.	*University classes **are different from** high school classes.*
En contraste con los profesores de la escuela secundaria, los profesores universitarios presentan casi toda la información mediante conferencias.	***In contrast to/with** high school teachers, college professors present almost all the information through lectures.*
Los estudiantes en la escuela secundaria pueden participar activamente en la clase; los estudiantes universitarios, **en cambio**, tienen que escuchar pasivamente.	*High school students can participate actively in class; university students, **on the other hand**, must listen passively.*

Otras palabras útiles

en general	*in general*
por ejemplo	*for example*
además	*besides; in addition; furthermore*
sin embargo	*nevertheless; however*
por eso	*for that reason; therefore*

C. Redacción. Using the preparatory materials you have generated, write a brief composition in which you compare and contrast one or two aspects of university and high school life. After you write your first draft, it is a good idea to set it aside and let it "rest" awhile. This period of time away from your writing will help you make your revisions for the final draft with more objectivity and clarity.

PERSPECTIVAS CULTURALES

El bilingüismo y la educación bilingüe

El bilingüismo y la educación bilingüe son temas polémicos en muchas partes de los Estados Unidos. Algunas personas piensan que el inglés debe ser el idioma "oficial" de los Estados Unidos; muchos creen que debemos limitar la educación bilingüe y poner más énfasis en el estudio del inglés. Otras personas creen que la educación bilingüe ayuda a los niños a adaptarse al idioma y a la cultura de los Estados Unidos.

¿Hay programas bilingües en las escuelas donde tú vives? ¿Piensas que son necesarios? ¿Un lujo *(luxury)*? Aquí tienes unas opiniones de Jorge Ramos, quien escribe para el periódico *Éxito* de Chicago. Lee estas secciones tomadas de su artículo y completa el ejercicio.

Lo esencial. Según el artículo, ¿son ciertas o falsas estas oraciones?

1. La organización U.S. English quiere que el inglés sea el idioma oficial de los Estados Unidos.
2. El director de U.S. English es un inmigrante.
3. Mauro Mújica nunca habla español con sus hijos en casa porque tienen que aprender inglés.
4. Algunas personas creen que la propuesta de U.S. English es un ataque a los inmigrantes.
5. La propuesta permite la educación bilingüe.
6. El doctor García considera la propuesta buena y positiva.
7. Muchos inmigrantes a los Estados Unidos vienen de América Latina.
8. Según Ramos, la educación bilingüe es necesaria para la integración de los niños a la sociedad.

Comentario
Prohibido hablar español

Hacer del inglés el idioma oficial tendría serias consecuencias para miles de niños inmigrantes

En los próximos meses vamos a escuchar a muchos políticos decir que es necesario que se declare al inglés como el idioma oficial de los Estados Unidos. […]

Detrás de la propuesta está la organización U.S. English. Este grupo cuenta ya con 640 mil miembros. Siempre a la búsqueda de una buena discusión, tomé el teléfono y llamé a Washington al director de U.S. English. Para mi sorpresa, me contestó un hombre que hablaba el inglés con acento. Es un inmigrante chileno, arquitecto de profesión. Se llama Mauro Mújica, habla cuatro idiomas (español, inglés, francés e italiano) y está estudiando cuatro más (finlandés, checo, mandarín y portugués). Tiene tres hijos y les habla en español en su casa.

"Es absurdo creer que nuestra propuesta divide a los Estados Unidos", me dijo Mújica. "No tienen fundamento las críticas de que U.S. English ataca a los inmi-grantes... yo jamás estaría involucrado con un grupo que ataca a los inmigrantes." Pero cuando le mencioné que su propuesta acabaría con la educación bilingüe y con las boletas de votación en otros idiomas, me contestó que efectivamente su objetivo es que el gobierno estadounidense se ahorre al menos 8 mil millones de dólares dedicados a esos programas. "La herencia cultural es un deber de la familia, no del gobierno", concluyó. […]

El doctor Eugene García, encargado de la educación bilingüe en los Estados Unidos, criticó la propuesta de la siguiente manera: "Decirle a un niño que tiene que aprender [inglés] para que aprenda lo que estamos enseñando aquí, es una injusticia."

Cada año llegan más de un millón de inmigrantes a los Estados Unidos. La mayoría lo hacen como residentes legales. El resto son refugiados políticos o indocumen-tados. Casi todos vienen de Asia y América Latina. Y […] no vienen solos. Traen a sus familias.

Esos niños, […] tienen el derecho, bajo la Constitución, a recibir educación. Para miles de ellos, la educación bilingüe […] es la única oportunidad que tienen para integrarse a su nueva sociedad. Sólo como inversión social tiene más sentido tenerlos en clase, que en la calle. […]

Aunque muchos estudiantes tienden a aprender el inglés rápidamente, la educación bilingüe es la única garantía de que nadie se quede en el camino. Las virtudes de una democracia se miden, no por la forma en que trata a la mayoría, sino por su benevolencia con las minorías y los menos favorecidos. […]

La propuesta de hacer del inglés el idioma oficial de los Estados Unidos está dividiendo aún más a una sociedad que se ha desarrollado gracias a su diversidad cultural.

EXPLORE!
For this chapter's activity, go to
http://puentes.heinle.com

Vocabulario

SUSTANTIVOS

el (la) abogado(a) *lawyer, attorney*
el (la) agricultor(a) *farmer*
el álgebra *algebra*
el ama de casa *housewife*
el arte *art*
la biología *biology*
el cálculo *calculus*
la cara *face*
la carrera *major (field of study)*
las ciencias políticas *political science*
el comercio *business*
la compañía multinacional *multinational company*
la conferencia *lecture*
el (la) dependiente *clerk*
el derecho *law*
el diente *tooth*

la doctora *doctor (fem.)*
el (la) dueño(a) *owner*
la economía *economics*
el (la) enfermero(a) *nurse*
el examen *exam*
el fin de semana *weekend*
el (la) gerente *manager*
el gobierno *government*
la historia *history*
el hombre de negocios *businessman*
la informática *computer science*
la ingeniería *engineering*
el (la) ingeniero(a) *engineer*
el inglés *English*
el laboratorio *laboratory*
la literatura *literature*
la madrugada *dawn, early morning*

el (la) maestro(a) *teacher*
la mano *hand*
las matemáticas *mathematics*
la medianoche *midnight*
la medicina *medicine*
el médico *doctor, physician*
la mujer de negocios *businesswoman*
la música *music*
los negocios *business*
la nota *grade*
el oficio *occupation, trade*
la pedagogía *education*
el pelo *hair*
el periodismo *journalism*
la profesión *profession*
la sicología *psychology*
el (la) sicólogo(a) *psychologist*
el (la) vendedor(a) *salesclerk*

VERBOS

acostarse (ue) *to go to bed*
afeitarse *to shave*
asistir a *to attend (classes, etc.)*
bañarse *to bathe, to take a bath*
desayunar *to eat breakfast*
despedirse (i) *to say good-bye*
despertarse (ie) *to wake up*
divertirse (ie, i) *to have a good time*
dormirse (ue, u) *to fall asleep*

ducharse *to take a shower*
empezar (ie) (a) *to begin (to)*
graduarse *to graduate*
hacer estudios de post-grado *to go to graduate school*
lavarse *to wash (oneself), to get washed*
levantarse *to get up*
maquillarse *to put on make-up*
merendar (ie) *to have a snack*
pagar *to pay (for)*

peinarse *to comb one's hair*
ponerse *to put on*
quitarse *to take off*
sacar *to get a grade*
terminar *to end, to finish, to be over*
tocar *to play (a musical instrument)*
vestirse (i) *to get dressed*

OTRAS PALABRAS

aburrido(a) *boring*
ahora *now*
anoche *last night*
antes de *before*
ayer *yesterday*
bastante *quite, enough*
desorganizado(a) *disorganized*
después *afterwards*
después de *after*
difícil *difficult*
dinámico(a) *dynamic*

esta mañana *this morning*
esta tarde *this afternoon*
exigente *demanding*
fácil *easy*
fascinante *fascinating*
horrible *horrible*
interesante *interesting*
largo(a) *long*
luego *then, next, later*
el mes próximo *next month*
mientras *while*

mí mismo(a) *myself*
organizado(a) *organized*
por fin *finally*
por la mañana *in the morning*
por la noche *at night*
por la tarde *in the afternoon*
regular *average, so-so*
temprano *early*
último(a) *last*

EXPRESIONES ÚTILES

¿Cuál es tu carrera? *What is your major?*
¿En qué año estás? *What year (of study) are you in?*
¿En qué trabaja Ud.? *What do you do (for a living)?*
Espero trabajar para... *I hope to work for . . .*
Estoy en mi primer (segundo, tercer, cuarto) año. *I'm a freshman (sophomore, junior, senior).*
Me interesa(n)... *I'm interested in . . . , . . . interests me.*
(No) estoy de acuerdo. *I (don't) agree.*

(No) estoy seguro(a) todavía. *I'm still (not) sure.*
Pienso ser... *I'm thinking about being a . . . , I'm planning on being a . . .*
¿Qué piensas de...? *What do you think about . . . ?*
¿Qué planes tienes para el futuro? *What are your plans for the future?*
¿Qué te parece(n)...? *What do you think of . . . ?*
Se gradúa... *He (She) is graduating . . .*
el año que viene *next year*
la semana que viene *next week*

Se graduó... *He (She) graduated . . .*
el año pasado *last year*
hace tres años *three years ago*
el mes pasado *last month*
la semana pasada *last week*
Y tú ¿qué piensas? *And how about you? What do you think?*

For further review, please turn to Appendix E.

O B J E T I V O S

1. Speaking and Listening

Asking for and giving directions around a city
Giving instructions and advice
Describing customary actions
Discussing minor illnesses common to travelers

2. Reading

Consulting a bilingual dictionary for reading

6

Somos turistas

Develop writing skills with *Atajo* software.

Atajo

Practice listening skills with the Student Tape.

Student Tape

WWW Explore! http://puentes.heinle.com

Internet Activities

Discover the Hispanic world.

Video Tape

A primera vista

Tú y tu compañero(a) van a hablar un poco de los viajes. Contesten las preguntas oralmente.

la Ciudad de Panamá

Caracas, Venezuela

Sagrada Familia, Barcelona

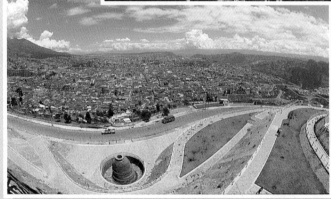

Quito, Ecuador

1. ¿Qué ciudades grandes conoces en los Estados Unidos? ¿Cuál te gusta más? ¿Qué otras ciudades grandes te gustaría visitar?

2. ¿Conoces alguna ciudad en México, España u otro país donde se habla español? (¿Sí? ¿Cuál? ¿Cuándo fuiste allí?) ¿Qué países o ciudades en el extranjero (abroad) te gustaría visitar? ¿Por qué?

3. A veces cuando viajamos tenemos pequeños problemas; por ejemplo, perdemos el pasaporte o los cheques de viajero, sufrimos un accidente o nos enfermamos. ¿Has tenido un problema de este tipo alguna vez (ever)? (¿Sí? ¿Cuándo? ¿Qué pasó?)

Paso 1

In this *Paso* you will practice:

- Asking for and giving directions around a city
- Using commands to influence the behavior of others
- Describing customary actions

Grammar:

- Formal commands
- Impersonal and passive *se*

VOCABULARIO TEMÁTICO

Cómo pedir y dar direcciones

¿Hay un banco cerca de tu universidad? ¿Dónde está?

Unas diligencias

Un(a) turista

**Perdone, ¿dónde se puede
   comprar sellos?
   cambiar dinero
   comprar aspirina**

¿Se puede ir a pie?

Un(a) habitante

En el correo.
   el banco
   la farmacia

Sí, está bastante cerca.
No, está lejos de aquí. Hay que
   tomar el metro.
      el autobús n° 16
      un taxi

Pidiendo direcciones

**Oiga, ¿dónde está la parada de autobuses?
      el correo
      el Museo de Arqueología
      la Iglesia de San
         Juan Bautista**

Está en la esquina.
   enfrente del restaurante
      Luigi
   a tres cuadras de aquí
   en la segunda calle a la
      derecha

The English equivalents of the
Vocabulario temático sections
are found in Appendix E.

**Por favor, ¿cómo se va al centro comercial?
      a la Clínica de
         la Merced
      a la oficina
         de turismo**

Vaya a la esquina.
Tome la Avenida de la
   Independencia.
Siga derecho por cuatro
   cuadras.
Doble a la izquierda en la calle
   República.
Está allí mismo, a mano
   izquierda.

¿Sabías que...?

⬧ To get the attention of a stranger on the street, in English you might say "Excuse me," or "Pardon me"; in Spanish, you can say *Disculpe* (Pardon me), *Oiga* (Say there), or *Por favor* (Please). It is also common, but not necessary, to address the stranger with a title such as *señor* or *señora*.

⬧ Another way of prefacing your request for directions around a city is to explain that you are lost: *Estoy perdido(a)*.

⬧ Don't forget that there are only two contractions in the Spanish language: the preposition *a* + the definite article *el* = *al* (to the); and the preposition *de* + the definite article *el* = *del* (from the/of the). The other definite articles do not form contractions with these prepositions.

¿Cómo se va **al** cine Rex?	*How do you get **to the** Rex Theater?*
¿Cómo se va **a la** farmacia Betimar?	*How do you get **to the** Betimar Pharmacy?*

Comentario *cultural*

La plaza

Una característica de las ciudades hispanas es la plaza. Casi todas las ciudades en España y en Latinoamérica tienen varios de estos grandes espacios abiertos. Generalmente, en la plaza principal de una ciudad se encuentran los edificios más importantes, como el ayuntamiento *(town hall)* o la catedral. Las plazas más pequeñas muchas veces tienen pequeños parques con árboles, fuentes *(fountains)* y bancos *(park benches)*. La plaza es el alma *(soul)* de los pueblos. La gente viene a comerciar *(to do business)*, a pasear *(to stroll)*, a encontrarse con amigos, a lucir *(to show off)* su ropa nueva, a comprar billetes de lotería y muchas cosas más.

La Plaza Mayor en Madrid, España

A. ¿Para ir a... ? Aquí tienes un plano de la pequeña ciudad de Otavalo, Ecuador. Un policía y un turista están en el punto indicado con una X en el mapa. En tu casete, vas a escuchar las direcciones que el policía le da al turista. Tienes que determinar adónde quiere ir el turista en cada caso; completa las frases y las preguntas en una hoja de papel o en tu cuaderno.

Play Student Tape

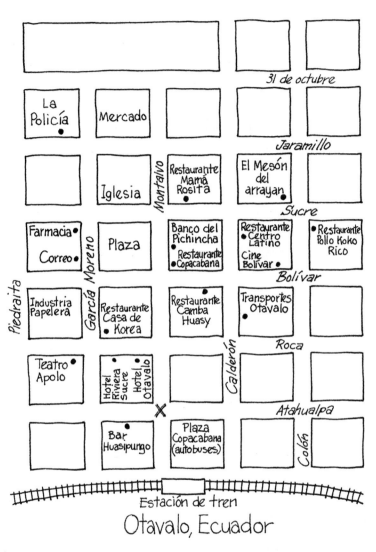

Modelo

(primero escuchas al policía)

No está lejos de aquí. Siga por esta calle, la calle Montalvo, por una cuadra. En la primera esquina, doble a la derecha. Siga por la calle Roca una cuadra más y doble a la izquierda en la esquina. Está a la derecha.

(después completa las preguntas del turista)

Oiga, ¿dónde está <u>Transportes Otavalo</u>?

1. Por favor, ¿cómo se va a(l) _____?
2. ¿Se puede ir a pie al _____?
3. Perdone, ¿hay un(a) _____ por aquí (*around here*)?
4. ¿Cómo se va al _____?
5. ¿Dónde se puede _____ _____?

B. Disculpe... Imagínate que estás de visita en la ciudad de Otavalo. Acabas de llegar por autobús y estás en el lugar indicado con una X en el mapa. Le pides direcciones a un policía. Completa los mini-diálogos en tu cuaderno o en una hoja de papel. Después, léelos con un(a) compañero(a).

1. TÚ: _____, ¿ _____?
   UN POLICÍA: En el correo, en la calle García Moreno.
   TÚ: ¿_____?
   UN POLICÍA: Sí, está a cuatro cuadras de aquí.

2. TÚ: Perdone, ¿dónde está el Hotel Otavalo?
   UN POLICÍA: _____.

3. TÚ: Por favor, ¿cómo se va a la iglesia?
   UN POLICÍA: _____.

4. TÚ: Me robaron la billetera (*wallet*) y quiero hacer una denuncia. ¿Dónde está la comisaría de policía?
   UN POLICÍA: _____.

5. TÚ: _____, ¿_____?
   UN POLICÍA: Siga derecho por la calle Montalvo; doble a la derecha en la calle Sucre. Está allí a la izquierda.

6. TÚ: ¿Cómo se va al mercado?
   UN POLICÍA: _____.

GRAMÁTICA

Los mandatos formales

A. Los mandatos formales. Commands are often used to give directions and instructions:

Vaya a la esquina.	*Go to the corner.*
Abran los libros.	*Open your books.*

Since the understood subject of commands is "you," in Spanish there are both familiar (*tú/vosotros*) commands and formal (*usted/ustedes*) commands. In this section you will practice **formal commands**, or those that can be used with persons you normally address as *usted* or *ustedes*.

B. Formación. To form the singular *usted* command (to give directions to **one** person) follow these two steps:

	tomar	volver	salir
First, conjugate the verb in the *yo* form of the present indicative.	tom**ø**	vuelv**ø**	salg**ø**
Next, drop the -*o* ending; add -*e* to -*ar* verbs; or -*a* to -*er* and -*ir* verbs.	tom**e**	vuelv**a**	salg**a**

To form the plural (*ustedes*) command, used with two or more people, add an -*n* to the *usted* command. To make the command negative, just add the word *no* in front of it.

Tomen este dinero para el taxi.	*Take this money for the taxi.*
No vuelvan tarde.	*Don't come back late.*

C. Verbos irregulares y con cambios ortográficos. Certain verbs have irregular command forms which must be individually memorized.

ir	**Vaya(n)** a la esquina.	*Go to the corner.*
saber	**Sepa(n)** este vocabulario para mañana.	*Know these words for tomorrow.*
dar	**Dé (Den)** esos documentos a mi secretaria.	*Give those documents to my secretary.*
ser	No **sea(n)** tonto(s).	*Don't be silly.*
estar	Por favor, **esté(n)** aquí antes de las seis.	*Please be here before six o'clock.*

Other verbs undergo small spelling changes in the command forms:

	Infinitive	Formal command
Verbs ending in -*gar* use -*gue(n)*	llegar	lle**gue(n)**
Verbs ending in -*zar* use -*ce(n)*	empezar	empie**ce(n)**
Verbs ending in -*car* use -*que(n)*	sacar	sa**que(n)**

D. Alternativas a los mandatos. It is common to use commands for giving instructions and directions even to persons we do not know well. At the same time, in some formal situations, it is often considered more polite to make requests of others by using a different kind of phrasing.

¿Podrían Uds. hacerme el favor de llamar antes de venir?	*Could you please call before coming over?*
¿Quieren Uds. llamarme antes de venir?	*Will you call me before coming over?*

Ponerlo a prueba

A. ¿Qué dicen? ¿Qué instrucciones o direcciones dan estas personas? Lee la descripción de las personas; luego escoge (*pick*) las expresiones más lógicas de la lista y escribe tres mandatos formales para cada situación. Usa el mandato singular o el plural, según la situación.

Modelo

El profesor Cruz enseña negocios en un programa de estudios de post-grado. Sus estudiantes tienen entrevistas mañana. ¿Qué consejos (*advice*) les ofrece?

Sean puntuales para la entrevista.
Investiguen la compañía antes de la entrevista.
No pregunten por el salario hasta el final de la entrevista.

✓ ser puntuales para la entrevista
   no comer galletas en la sala
   no sacar fotos dentro de la catedral
   doblar a la izquierda en la esquina
   no hablar inglés en clase
   observar la escultura de la Virgen al lado del altar
   no jugar en la calle

no hablen con(la) boca llena.

✓ investigar la compañía antes de la entrevista
ir cuatro cuadras por la calle Ribera
hacer sus camas inmediatamente
practicar esto con un(a) compañero(a)
cerrar los libros
tomar la Avenida Montalbán
✓ no preguntar por el salario hasta el final de la entrevista
no salir de la iglesia antes de que llegue nuestro autobús

1. Ana María es ama de casa y tiene tres hijos pequeños. Hoy los niños están "insoportables" (*unbearable*). ¿Qué les dice Ana María a sus hijos?
2. El señor Marín está visitando un pequeño pueblo en Andalucía (en el sur de España). Ahora está completamente perdido y le pide direcciones a un policía. ¿Qué le dice el policía?
3. Es la primera semana de clases en la universidad. La profesora Lagos tiene 25 estudiantes en su clase de español. ¿Qué instrucciones les da la profesora a sus estudiantes?
4. La señora Ramos es guía turística en la ciudad de Quito. Ahora le está dando un tour a un grupo de 30 turistas. ¿Qué les dice a los turistas durante su visita a la catedral?

B. De visita. Todos los turistas del tour están reunidos con su guía, la señorita Medina. Ella les da unos consejos para el día. Completa los siguientes consejos oralmente con tu compañero(a) de clase. Hay que escoger la expresión más lógica y cambiar el infinitivo a un mandato.

Modelo

<u>Compren los sellos en esta papelería.</u> Está más cerca que el correo.

almorzar en el restaurante El León — no perder el pasaporte
no beber el agua de la llave (*faucet*) — probar los helados de la heladería italiana
cambiar su dinero en un banco, no en el hotel — tener cuidado en el mercado
— visitar el Museo de Arte por la mañana
✓ comprar los sellos en esa papelería — volver al hotel antes de las nueve
no dar propinas a los camareros — pagar con cheques de viajero

1. _____. Es el documento más importante que ustedes tienen.
2. _____. La tasa de cambio (*exchange rate*) es más favorable.
3. _____. Hay menos personas y ustedes podrán ver los cuadros (*paintings*) más fácilmente.
4. _____. Hay muchos carteristas (*pickpockets*) que buscan sus víctimas allí.
5. _____. Allí ustedes pueden probar todos los platos típicos.
6. _____. Son riquísimos y naturales.
7. _____. Nuestra gran cena de gala es a las nueve y cuarto en el salón B.
8. _____. Ya está incluida en el precio de la cena.

Handwritten notes (left margin):

Siéntense
¡Cállense!
Páren(se)
Duerman(se)
Escúchan(me)

Salgan de esta casa
Vaya a la estación de información

Hagan la tarea
Levántense la mano
Estudien cada noche.
No hablen durante la clase.
Traigan los libros a la clase cada día.
Sea silencio
No corra en la catedral.
Quítense los sombreros

cuidada

C. Preparativos necesarios. ¿Piensas hacer un viaje en el futuro? En el siguiente artículo puedes informarte sobre algunas precauciones para prevenir *(prevent)* un desastre. Lee el artículo en la página 228 y completa las actividades con un(a) compañero(a) de clase.

Comprensión

Lee las siguientes frases e indica cuál es la respuesta más lógica.

1. En algunos países, es mejor
   a. comprar agua mineral para beber y lavarse los dientes.
   b. poner mucho hielo en las bebidas.
   c. beber solamente refrescos o cerveza.

2. Si necesitas tomar medicina, es preferible
   a. llevar la receta *(prescription)*.
   b. llevar la medicina en la maleta.
   c. poner la medicina en la bolsa de mano *(hand luggage)*.

3. Si tienes una enfermedad seria, es recomendable
   a. pedirle permiso a tu médico antes de viajar.
   b. llevar un documento que identifique tu problema.
   c. no hacer viajes largos.

4. Si tienes problemas con el *jet lag,* debes
   a. dormir menos antes de tu viaje.
   b. dormir más antes de tu viaje.
   c. adaptar el horario de dormir antes de tu viaje.

5. Los viajeros experimentados *(experienced)* saben que es muy importante llevar
   a. gafas de sol.
   b. una sola maleta.
   c. protector solar.

Práctica

Imagínate que trabajas en una agencia de viajes en Miami. Una cliente, la Srta. Marini, quiere tus consejos. Basándote en el artículo, escribe un consejo apropiado (con un **mandato**) para cada pregunta de la Srta. Marini.

Modelo

Mis amigos me dicen que no es buena idea beber agua durante mi viaje. ¿Qué debo hacer?

Beba agua embotellada; no use hielo.

1. Tengo diabetes y necesito tomar mi medicina todos los días. ¿Recomienda Ud. alguna precaución especial?
2. Siempre sufro mucho del *jet lag.* ¿Qué puedo hacer para no estar tan desorientada en mi próximo viaje a España?
3. Llevo lentes de contacto y tengo miedo de perderlos *(losing them).*

Si está planeando viajar

Tenga en cuenta algunos consejos para que sus vacaciones no se conviertan en una pesadilla

Las largas y arduas preparaciones para resistir los viajes a zonas distantes son parte del pasado. Hoy en día el proceso es más simple, pues los viajes son relativamente cortos y los medios de transporte mucho más cómodos. De todas maneras es prudente tomar ciertas precauciones para prevenir sustos y disgustos. Aquí le ofrecemos algunas recomendaciones:

Preparativos necesarios

➤ Tenga cuidado con el agua que bebe. En los países en vía de desarrollo es preferible no tomar agua de la llave ni para lavarse los dientes. Use agua embotellada o hervida y evite el hielo en las bebidas.

➤ Lleve consigo la(s) medicina(s) que le indicó su médico y en cantidad suficiente para que le dure(n) todo el viaje. Cargue la medicina en su equipaje de mano, pues existe la posibilidad de que haya retrasos o que su maleta se pierda.

➤ Si padece de alguna enfermedad crónica como diabetes, si está tomando cortisona regularmente o es alérgico a la penicilina, lleve una identificación consigo que lo diga claramente. En caso de una emergencia, esto puede salvarle la vida.

➤ Si después de un vuelo prolongado se siente sumamente cansado es posible que esté sufriendo de "jet lag", una sensación de desorientación y debilidad producto de cambios severos de horario. Para disminuir esta sensación pruebe lo siguiente: si viaja hacia el Este, procure dormir más temprano las tres noches anteriores al viaje; si viaja hacia el Oeste, acuéstese más tarde, duerma en el avión y tome una siesta cuando llegue a su destino.

➤ Si planea viajar a otro país, investigue si necesita alguna vacuna, o algún tratamiento preventivo.

➤ Lleve calzado cómodo, ropa apropiada al clima y no olvide el protector solar.

➤ Si usa anteojos o lentes de contacto, lleve repuestos y el líquido para limpiarlos.

➤ Evite los abusos al comer y al beber bebidas alcohólicas.

GRAMÁTICA

El *se* impersonal y el *se* pasivo

The Spanish word *se* has many uses and meanings. Here are two common uses. Notice how both are used to describe customary actions.

A. El *se* impersonal. The impersonal *se* is used to indicate an unspecified person or persons as the "impersonal" subject of the sentence. The third person singular verb form is used. This is equivalent to the English subjects *one, they, "you," it, people.*

- *se* + **third person singular verb**

¿Cómo **se va** al correo?	*How do **you get/go** to the post office?*
	*How does **one get/go** to the post office?*
En España, **se cena** muy tarde.	*In Spain, **people eat supper** very late.*
	*In Spain, **they eat supper** very late.*

This same pattern is also often used with infinitives and infinitive phrases.

- *se* + **third person singular verb** + **infinitive**

No **se debe nadar** inmediatamente después de comer.	*One shouldn't swim right after eating.*
¿**Se puede ir** a pie?	*Can one/you get there on foot?*

B. El *se* pasivo. The passive *se* is used when the action of the verb is emphasized and the performer of the action is unknown, irrelevant, or de-emphasized. The third person singular or plural verb form is used depending on whether the thing acted upon is singular or plural. A singular verb form is used when the noun following the verb is singular; a plural verb form is used with a plural noun.

The same patterns are sometimes used when an infinitive precedes the noun.

- *se* + **third person singular verb** + **singular noun**

Aquí **se habla** español.	*Spanish **is spoken** here.*
Se sirve desayuno entre las ocho y las diez de la mañana.	*Breakfast **is served** between eight and ten in the morning.*
Se debe pelar la fruta.	*The fruit **should be** peeled.*

- *se* + **third person plural verb** + **plural noun**

Aquí **se venden** sellos.	*Stamps **are sold** here.*
Se necesitan guías turísticos.	*Tour guides **are needed.***
Se deben evitar estas comidas.	*These foods **should be** avoided.*

Comentario cultural

Los horarios

En España y Latinoamérica, las tiendas y los bancos siguen horarios diferentes. En algunos países, por ejemplo, los bancos se cierran a las dos o tres de la tarde. En muchos pueblos y ciudades pequeñas las tiendas se abren desde las nueve de la mañana hasta la una o las dos de la tarde; luego se cierran desde las dos hasta las cuatro y media o las cinco, a la hora de comer, y se abren de nuevo hasta las ocho y media. Sin embargo, en las ciudades grandes muchas tiendas tienen un horario continuo y ya no se cierran durante la tarde. Los horarios varían bastante de país a país (*from country to country*).

Ponerlo a prueba

A. ¿Qué se hace? Completa las frases con las actividades que normalmente tienen lugar en los sitios indicados. Usa *se* y un verbo lógico en el presente.

Modelo

En el banco _____ el dinero.
En el banco <u>se cambia</u> el dinero.

En las ciudades grandes _____ los museos.
En las ciudades grandes <u>se visitan</u> los museos.

1. En la agencia de viajes _____ las reservaciones.
2. En el aeropuerto _____ los boletos.
3. En el avión no _____ fumar (*to smoke*).
4. En el taxi _____ direcciones.
5. En el restaurante _____ los platos típicos.
6. En las tiendas _____ muchos recuerdos (*souvenirs*).
7. En la plaza _____ mucho.
8. En el museo de arqueología, _____ muchos artefactos antiguos.

B. Contraste de costumbres. Acabas de regresar de España y quieres hacer un contraste de las costumbres (*customs*). Primero, combina las palabras para describir una costumbre de España. Después, cambia la frase para describir una costumbre de los Estados Unidos. Tienes que usar el *se pasivo* o el *se impersonal* en las dos frases.

Modelo

beber vino con la comida
(tú escribes) En España se bebe vino con la comida.
          En los Estados Unidos se bebe agua o un refresco con la comida.

1. comer un desayuno muy ligero (*light*)
2. deber comer con el tenedor en la mano izquierda
3. tomar las vacaciones en agosto
4. viajar mucho en tren
5. jugar mucho al fútbol

6. hablar español, catalán, gallego y vascuence
7. celebrar muchos días de fiesta
8. poder comer mariscos excelentes
9. usar el transporte público con frecuencia
10. fumar *(to smoke)* mucho

C. Preguntas personales. Contesta las preguntas siguientes oralmente con tu compañero(a).

1. ¿A quién se debe consultar para hacer los arreglos de un viaje? ¿Por qué? ¿Quién hace tus arreglos?
2. ¿Qué medio de transporte se tiene que usar en un viaje largo y de poco tiempo? ¿Por qué? ¿Qué medio prefieres tú?
3. ¿Qué comidas se deben evitar al viajar al extranjero? ¿Por qué? ¿Cuáles evitas tú?
4. En caso de emergencia, ¿con quién se debe hablar en un país extranjero? ¿Por qué?
5. ¿Qué factores se deben considerar al seleccionar el destino de las vacaciones? ¿Por qué?

Síntesis

A. Un viaje a Lima. Imagínate que tú y tus amigos están de vacaciones en Lima, Perú. Tu hotel es el Hostal Miraflores, que está en una zona muy bonita de la ciudad. Aquí tienes varias notas que tus amigos te han escrito. Basándote en el plano de la ciudad y también usando tu imaginación, escribe una respuesta a cada una de las notas.

EL PRIMER HOSTAL DE MIRAFLORES

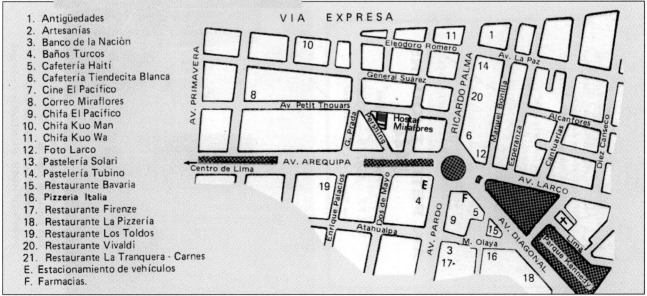

1. Antigüedades
2. Artesanías
3. Banco de la Nación
4. Baños Turcos
5. Cafetería Haití
6. Cafetería Tiendecita Blanca
7. Cine El Pacífico
8. Correo Miraflores
9. Chifa El Pacífico
10. Chifa Kuo Man
11. Chifa Kuo Wa
12. Foto Larco
13. Pastelería Solari
14. Pastelería Tubino
15. Restaurante Bavaria
16. Pizzería Italia
17. Restaurante Firenze
18. Restaurante La Pizzería
19. Restaurante Los Toldos
20. Restaurante Vivaldi
21. Restaurante La Tranquera - Carnes
E. Estacionamiento de vehículos
F. Farmacias.

1 Tengo que comprar unas estampillas para mis postales. ¿Sabes en qué calle está el correo? ¿Crees que se puede ir a pie?

Anita

2 ¿Dónde quieres comer esta noche? Decide tú y déjanos (leave us) las direcciones para llegar.

Anita y Roberto

3 ¡Estoy sin dinero! Bueno, tengo algunos cheques de viajero, pero no sé si hay un banco por aquí o no. ¿Sabes dónde puedo cambiar mis cheques?

Roberto

4 La dueña de la pensión dice que hay un concierto mañana en el Parque Kennedy y Roberto y yo pensamos ir. Tú fuiste allí ayer, ¿no? Por favor, ¿puedes explicarnos cómo ir?

Anita y Roberto

B. Por nuestro recinto universitario. Imagínate que estás hablando con Beatriz y Fernando, dos estudiantes de Colombia que estudian en tu universidad. Ellos no conocen bien la ciudad y te hacen muchas preguntas. Completa los diálogos oralmente con tu compañero(a) de clase.

1. Cambiando dinero

   BEATRIZ: ¿Dónde se puede cambiar dinero?
   TÚ: _____.
   BEATRIZ: ¿Está lejos de aquí?
   TÚ: _____.
   BEATRIZ: ¿A qué hora se abren los bancos aquí?
   TÚ: _____.
   BEATRIZ: ¿Qué documentación se necesita?
   TÚ: _____.

2. El correo

   FERNANDO: ¿Cuánto cuesta mandar una carta por correo aéreo a Colombia?
   TÚ: _____.
   FERNANDO: ¿Tarda mucho tiempo (*Does it take long*) en llegar?
   TÚ: _____.
   FERNANDO: ¿Se pueden comprar estampillas en la universidad o hay que ir al correo?
   TÚ: _____.
   FERNANDO: ¿Dónde se venden postales de la universidad?
   TÚ: _____.

3. De turista

   BEATRIZ: Quiero visitar algunos de los sitios de interés en la ciudad. ¿Qué lugar debemos visitar primero?
   TÚ: _____.
   BEATRIZ: ¿Hay que pagar la entrada?
   TÚ: _____.
   BEATRIZ: No tenemos coche... ¿se puede ir a pie?
   TÚ: _____.

4. Vamos a comer

   FERNANDO: Queremos comer comida típica norteamericana. ¿Puedes recomendarnos un restaurante?
   TÚ: _____.

FERNANDO: ¿Cómo se va desde aquí?

TÚ: _____.

FERNANDO: ¿Se necesita una reservación?

TÚ: _____.

FERNANDO: ¿Cuáles son algunas de las especialidades de ese restaurante?

TÚ: _____.

C. La oficina de turismo.

Imagínate que trabajas en la oficina de turismo de Madrid. Aquí tienes algunas preguntas que los turistas te hacen. Con un(a) compañero(a), consulta la información en el folleto *(pamphlet)* y contesta las preguntas de los turistas. *(Sometimes you will be able to give a direct answer; other times you will have to direct the tourists to another agency or give them a phone number to call.)*

1. Por favor, ¿dónde se puede cambiar dinero?

2. Quiero hacer una llamada telefónica a los Estados Unidos, pero no sé cómo hacerla. ¿Qué número hay que marcar *(dial)* para hablar con la operadora internacional?

3. ¡He perdido *(I've lost)* mi cámara! Creo que la dejé *(left)* en el taxi. ¿A quién debo llamar?

4. Quiero ir a Francia. ¿Me puede dar información sobre pasaportes y visas aquí, o necesito hablar con el consulado?

5. Perdone, ¿cuál es el teléfono de la policía?

6. Oiga, ¿a qué hora se abren las tiendas por la tarde?

7. Quisiera ir de compras al Corte Inglés. ¿Está cerrado al mediodía?

8. Queremos ir a Segovia para ver el famoso acueducto romano. ¿Está lejos de Madrid?

9. Mañana vamos a Toledo. ¿Cuáles son algunos de los sitios de interés allí?

en Madrid

INFORMACION DE INTERES

Información Turística:
- Oficina Municipal de Turismo. Plaza Mayor. 3. Tel. 266 54 77.
- Oficinas de Turismo de la Comunidad de Madrid:
  — Aeropuerto de Barajas. Llegadas internacionales. Tel. 205 86 56.
  — Plaza de España. Torre de Madrid. Tel. 241 23 25.
  — Duque de Medinaceli, 2. Tel. 429 49 51.
  — Estación de Chamartín. Tel. 315 99 76.

Cambio - Exchange - Change
- Bancos: De 9 a 14 horas. Sábados, de 9 a 13 horas.
- Agencias de Viajes y hoteles 5 y 4*.

Conferencias por Teléfono:
- Información Madrid: 003.

- Información España: 009.
- Información Europa: 008.
- Información Internacional: 089.

Embajadas - Consulados:
- Oficina Información. Tel. 265 86 05.

Urgencias - Urgencies - Urgences
- 1.º de Octubre. Tel. 469 76 00.
- La Paz. tel. 734 26 00.

Policía - police - Police:
- Policía. Tel. 091
- Policía Municipal. Tel. 092

Objetos perdidos - Objets perdus
Lost and found
- Taxis. Tel. 447 07 13.
- Autobuses. Tel. 401 99 00.
- Iberia (Aeropuerto). Tel. 205 40 90.

OLGA RAMOS

A su paso por Madrid, no deje de visitar "NOCHES DEL CUPLE". Unico en su género.
C/ Palma, 5. 28004 MADRID. Tels.: 416 56 83 - 232 71 15 / 16

ALREDEDORES

Aranjuez, 47 Km. Palacio Borbónico y Jardines.

Alcalá de Henares, 30 Km. Universidad renacentista, Casa de Cervantes, Colegiata y Hostería.

El Escorial, 51 Km. Monasterio construido por orden de Felipe II. Biblioteca y Panteón Reyes de España.

La Granja, 77 Km. Palacio y Jardines Borbónicos famosos por sus fuentes.

Segovia, 88 Km. Acueducto romano, Alcázar, Catedral e Iglesias de interés.

Toledo, 70 Km. «Ciudad Museo»: Catedral, Casa de El Greco, Iglesias y Sinagogas.

Avila, 113 Km. Ciudad amurallada: Catedral, Iglesias y Palacios.

Salamanca, 210 Km. Universidad renacentista, Plaza Mayor, Catedral...

Reserva en cualquier Agencia de Viajes.

MADRID DE COMPRAS

Horario comercial: De 9,30 a 13,30 y de 17,30 a 20 horas. Los grandes almacenes (Corte Inglés, Galerías Preciados) no cierran a mediodía. Los Vips permanecen abiertos hasta las 3 de la madrugada.

Comprar en comercios tradicionales: Pequeñas y variadísimas tiendas del Centro: Puerta del Sol, Plaza Mayor y sus innumerables calles vecinas.

Comprar en los clásicos Comercios «con estilo», dedicados principalmente a joyería, modas, piel y muebles. Gran Vía, Calle del Carmen y Preciados, y las Boutiques del Barrio de Salamanca.

Comprar en los nuevos: Lo último en sus escaparates. Calle Princesa, Centro Azca y el modernísimo Centro Comercial Madrid-2 (La Vaguada), al norte de la ciudad.

Antigüedades. Existen tres zonas:

El Rastro, mercado de todo, cuenta con valiosos anticuarios. Ribera de Curtidores y calles cercanas.

Barrio de Salamanca, prestigiosas tiendas diseminadas por sus calles.

Zona de Carrera de San Jerónimo, Santa Catalina y El Prado.

Comentario *cultural*

La Ciudad de México

Con más de 18.000.000 de habitantes en el área metropolitana, la capital de México es una de las ciudades más grandes del mundo. También es una de las más modernas e impresionantes, con su hermosa arquitectura, fascinantes museos y bellos parques.

México, D.F. está a unos 7.240 pies de altitud; por eso, su clima es primaveral: no hace mucho frío ni mucho calor. De mayo a octubre, la época de lluvia, llueve (*it rains*) casi todos los días.

El origen de la Ciudad de México es fascinante. En el siglo XIV, los aztecas construyeron su capital, Tenochtitlán, en una pequeña isla (*island*) del lago Texcoco; la ciudad moderna de México está construida sobre las ruinas de la vieja capital azteca.

Palacio Nacional, Ciudad de México, D.F.

Paso 2

In this *Paso* you will practice:

- Talking about the human body
- Describing symptoms of illnesses common to travelers
- Understanding the doctor's orders

Grammar:

- Introduction to present subjunctive

VOCABULARIO TEMÁTICO

El cuerpo humano

¿Qué partes del cuerpo usas en la clase de español?

Las partes del cuerpo

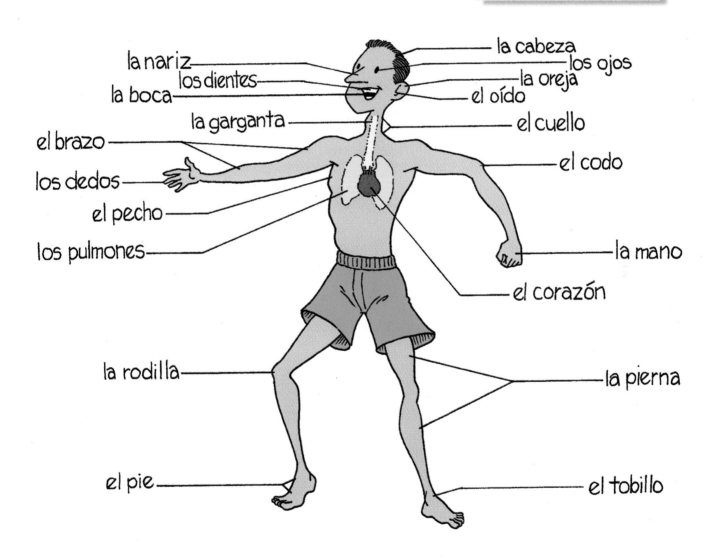

la nariz
los dientes
la boca
la garganta
el brazo
los dedos
el pecho
los pulmones
la rodilla
el pie

la cabeza
los ojos
la oreja
el oído
el cuello
el codo
la mano
el corazón
la pierna
el tobillo

Para indicar lo que te duele

¿Qué te duele después de correr en un maratón?

El (La) doctor(a)

¿Qué le duele? (formal)
¿Qué te duele? (informal)

El (La) paciente

Me duele el pecho.
Me duelen los pies.
Tengo dolor de cabeza.
        garganta
        estómago

¿Sabías que...?

◆ When expressing what hurts, the stem-changing verb *doler* (o→ue) is used. *Doler* follows the same structural pattern as the verb *gustar*. The singular verb form *duele* is used for one part of the body, while *duelen* is used for more than one. Note also that the indirect object pronouns (*me, te, le, nos, les*) are used with this verb.

Me duele el pecho.   *My chest hurts.*
Me duelen los pies.   *My feet hurt.*
A mi abuela **le**   *My grandmother's*
  duele la espalda.   *back hurts.*

◆ In addition to *Me duele...* and *Me duelen...*, the phrase *Tengo dolor de...* may also be used to describe symptoms.

Me duele la cabeza.   *My head hurts.*
Tengo dolor de   *I have a headache.*
  cabeza.

◆ Generally, when talking about parts of the body, avoid using possessive adjectives (*mi, mis, tu, tus, su, sus*, etc.) and instead use the definite article.

Me duele el brazo   *My left arm hurts.*
  izquierdo.

◆ The word *oído* is used for the "inner ear," while *oreja* means "ear."

Play Student Tape

Ponerlo a prueba

A. ¿Qué médico me recomienda? Lee los anuncios de médicos en la página 237. Luego, escucha los fragmentos de llamadas telefónicas de varios pacientes en San José, Costa Rica y, según los síntomas que describen, escribe el nombre del médico que les vas a recomendar. Vas a escuchar cuatro conversaciones.

1	4	7

1

MUÑOZ CAVALLIM, MARCO ANTONIO DR.

CIRUJANO DENTISTA
ESPECIALISTA EN PRÓTESIS DENTAL

SERVICIOS EN: IMPLANTES DENTALES •
DISFUNCIÓN • TEMPOROMANDIBULAR

U. de C.R.
U. de Missouri, U.S.A.
University of California
Philadelphia College of Osteopathic
Medicine
Normandie Study Group
Montgomery AL U.S.A.
Edificio URU 2º piso

ofc 1 a 5 y 7   22-8443

2

ÁLVAREZ COSMELLI, PATRICIO

BARRIO LA CALIFORNIA	Traumatología Ortopedia Columna Vertebral

Edificio Dallas 2ᵈᵒ piso
Del Cine Magaly 50 mts. Sur
y 50 mts. Este

Consultorio   33-5637
Emergencias   21-4545
                                23-2424
r. Escazú   28-0119

3

JOHANNING MULLER, ALYARD MED.

OTORRINOLARINGÓLOGO

NIÑOS Y ADULTOS

CLÍNICA PEDIÁTRICA

Residencia: 24-0357

ofc 20 a ctl y 2   22-1319

4

HERNÁNDEZ VARGAS, ENRIQUE MED.
NEURÓLOGO

Oficina: 21-3812
25 mts. Este Esquina Sur • Clínica Bíblica
de 4 p.m. en adelante
Emergencias: 23-2424 y 21-4545
r. Coronado   29-2949

5

LLOBET SÁENZ, JORGE DR.

EDIF. UNIDAD MÉDICA	Pediatría, Enfermedades, Alérgicas, Asma, Rinitis, Bronquitis Asmática

Horario: 1:30 a 6 P.M.
Universidad de Toronto
Universidad McGill (Montreal)
Universidad de Toronto
Costado Oeste Hospital
Nacional de Niños

Consultorio: 22-03955   33-1338
r. Sn Raf Escazú   28-2318

6

VARGAS GONZÁLEZ, ALFREDO DR.

Cirugía Plástica Reconstructiva
y Estética • Cirugía de la Mano
Cirugía General
Universidad de París, Francia

Oficina: Estatua Cleto González Víquez
250 mts. al Este. San José
Apartado: 196-2300 Curridabat

Emergencias: 33-3333
r. Curridabat   34-0141

7

IZQUIERDO SANDI, EDGAR MARIO

ESPECIALISTA EN APARATO DIGESTIVO
Y MEDICINA INTERNA

Residencia: 25-2535
Clínica Morazán • 200 mts. oeste de I.N.S.
ofc. 5 a 7   33-1302

8

RODRÍGUEZ ESPINOZA, JOSÉ J. DR.

CLÍNICA SAN ÁNGEL	Cardiólogo

HORARIO: 4 P.M. A 7 P.M.
Frente a Parqueo Público
Clínica Católica, Guadalupe
TELÉFONOS:
Habitación: 35-4493
Localizador: 21-4545
Oficina

Sn Antonio Guadalupe   53-6767

9

TOVAR FAJA, MARIANO MED.
OFTALMÓLOGO

MÉDICO CIRUJANO • OFTALMÓLOGO
CIRUGÍA DE CATARATA
LENTES
INTRA-OCULARES
HOSPITAL CLÍNICA BÍBLICA

Oficina c 1 a 14 y 16   21-3922
                                21-9179
r. Guadalupe   22-6864

B. ¿Qué parte(s) del cuerpo usa? Con tu compañero(a), identifica oralmente la(s) parte(s) del cuerpo que cada persona usa.

Modelo

Una artista usa los ojos, las manos y los brazos.

1. un instructor de ejercicio aeróbico
2. un jugador de básquetbol
3. una cantante de ópera
4. un boxeador
5. una dentista
6. un violinista
7. una telefonista
8. un conductor de orquesta
9. una bailarina de ballet
10. un jugador de fútbol *(soccer)*

C. El viaje inolvidable. La familia Trujillo está de vacaciones en México. Con un(a) compañero(a), lee sobre sus aventuras (página 238) y describe los síntomas que tienen como consecuencia.

Modelo

Comí muchos tacos de pollo y chiles rellenos en el restaurante El Cacique.
(tú dices) Ahora me duelen el estómago y la cabeza.

1. Mis padres subieron la pirámide más alta.
2. Fui a la playa y pasé todo el día allí.
3. El vuelo de Magdalena llegó a las tres de la madrugada.
4. Me lavé los dientes con el agua del hotel.
5. La cama en nuestra habitación es muy incómoda.
6. Fuimos a una cantina y bebimos tequila.
7. Mi hermano bailó toda la noche en la discoteca.
8. Hay mucha contaminación *(pollution)* en la Ciudad de México.

VOCABULARIO TEMÁTICO

Las enfermedades y los síntomas

¿Qué síntomas tienes con un catarro *(cold)*?

El (La) doctor(a)

¿Qué le pasa?
¿Qué tiene?

El (La) paciente

Me siento mal.
      mejor
      peor

Tengo tos.
      fiebre
      diarrea
      náusea

Estoy resfriado(a).
      mareado(a)
Me torcí el tobillo.
Me corté el pie.
Me quemé la espalda en el sol.

Ud. tiene la gripe.
      un catarro
      un virus
      una fractura
      una quemadura muy grave

Voy a recetarle estos antibióticos.
      este jarabe para la tos
      una crema

¿Se vende esta medicina sin receta?
      en la farmacia
      de la esquina?

Le recomiendo que tome una pastilla cada cuatro horas.
      dos aspirinas cuatro veces al día

Voy a sacarle una radiografía.
      tomarle unos puntos
      ponerle un yeso

¿Sabías que...?

⏺ The phrases *¿Qué le pasa?* and *¿Qué tiene?* are used in formal situations to ask "What is the matter?" The phrases *¿Qué te pasa?* and *¿Qué tienes?* are the informal equivalents.

⏺ When describing how you feel, the reflexive verb *sentirse (e→ie)* (to feel) may be used. It is conjugated as a stem-changing *-ir* verb, and reflexive pronouns are used. Here are the forms: *me siento, te sientes, se siente, nos sentimos, se sienten.*

⏺ If you are running a fever, the doctor or nurse will want to know your temperature in degrees centigrade. The formula to convert from Fahrenheit to centigrade is the following: degrees centigrade = (degrees Fahrenheit − 32) X 5/9. The normal body temperature of 98.6°F is approximately 37°C; a low-grade fever of 100°F is approximately 38°C, and a fever of 102°F is approximately 39°C.

Comentario *cultural*

Las farmacias

En España y en Latinoamérica, la farmacia o botica es donde puedes comprar medicinas o artículos de uso personal como champú o pasta dentrífica. Generalmente, no hay una gran variedad de artículos como en las farmacias de los Estados Unidos. Sin embargo, si tienes una enfermedad ordinaria y necesitas atención médica, los farmacéuticos te pueden recetar medicinas sin necesidad de consultar con un médico. Es aconsejable ir al médico si los síntomas son graves.

Estrategia

Listening in "layers"

It is quite common for language students to feel frustrated about their listening abilities; it often seems that native speakers are talking too quickly and running their words together. That is why it is important to be able to use phrases like *¿Cómo?* (What did you say?) and *Más despacio, por favor* (Slower, please) with ease in your conversation. When listening to tapes, however, there is another technique that may help you glean more information from the barrage of words and sentences—listening in "layers."

This technique involves listening to a passage or conversation repeatedly, but focusing upon a different aspect of the recording during each repetition, moving from the very general to the very specific. During the first listening, the emphasis should be on getting the "gist" of the conversation, or just figuring out the general topic. For example, you might hear a conversation and decide that two people seem to be talking about an accident. The next step is to narrow down the topic a bit by making educated guesses as to the actual context of the discussion; you might try to discover, for example, who was involved in the accident, if there were any injuries or how it happened. It is a good idea at this point to think of Spanish words you know that are related to the situation and might come up in the conversation. You then listen to the recording again to confirm or reject your hypotheses. In further listenings, you continue to refine and narrow your hypotheses; in the example, you may finally decide that the young woman fell while she was snow skiing and broke her leg.

You will practice the technique of "listening in layers" in Exercise A.

Ponerlo a prueba

Play Student Tape

A. ¿Qué le pasa? Antes de escuchar los diálogos, repasa la información que se presenta en la *Estrategia* en esta página. Primero, mira los dibujos y describe oralmente con un(a) compañero(a) los síntomas o las enfermedades de las personas. Después, escucha los tres diálogos y escoge el dibujo que le corresponde a cada uno. Por último, escucha los diálogos otra vez y contesta las preguntas.

1. Según la doctora, ¿qué tiene su primera paciente? ¿Qué le recomienda?
2. ¿Cuánto tiempo hace que el segundo paciente está enfermo? ¿Por qué piensa la doctora que él tiene la gripe? ¿Qué le receta? ¿Qué le advierte *(warn)* la doctora?
3. ¿Por qué está un poco preocupado el tercer paciente? ¿Qué debe hacer si no se mejora *(get better)* para el viernes?

B. En el consultorio de la Dra. Sánchez. Mira los pacientes que están en el consultorio de la Dra. Sánchez en el Ejercicio A. Identifica a los que no tuvieron la oportunidad de describirle sus síntomas a la doctora. Entonces, escribe mini-diálogos que representen la conversación entre el (la) paciente y la doctora. Luego, practica los mini-diálogos oralmente con tu compañero(a).

Modelo

DOCTORA: ¿Qué tienes?

RAÚL: Acabo de comer mariscos en un restaurante y me siento muy mal. Estoy mareado y tengo dolor de estómago.

DOCTORA: Bueno, tranquilo, que no es nada grave. Es una mala reacción a los mariscos y te voy a recetar unas pastillas.

RAÚL: Gracias, doctora.

¿VIAJA A UNA ISLA?
PAQUETE DE PRIMEROS AUXILIOS

FOTO: ARCHIVO PUCOME

Un bloqueador solar para piel y labios es imprescindible si se quiere disfrutar, sin riesgos, del sol. Prefiera los que son a prueba de agua y de alto factor de protección solar.

Si próximamente va a viajar a una isla, asegúrese de llevar estos artículos en su equipaje: 1. Bloqueador solar para piel y labios. Elija los que son a prueba de agua y con fórmulas de alto factor de protección solar. Nade con playera. 2. Medicamentos contra la diarrea para adultos y paquetes de hidratación oral para niños. 3. Un purificador, yodo, tabletas de cloro o gotas para esterilizar agua. 4. Repelente de insectos, espiral de mosquitos e insecticida en spray (y medicamentos contra la malaria si es necesario). 5. Crema de hidrocortisona para picaduras y heridas. 6. Curitas (Band-Aids). Si se corta con algún coral o una concha, primero lave perfectamente la herida para remover fragmentos. 7. Pastillas contra el mareo, antiácidos y calmantes. También considere la prescripción de antibióticos, pero verifique primero con su médico. 8. Si usa lentes de contacto, lleve varios pares (los desechables son ideales); también lleve unas gotas de antibióticos para los ojos. Llame a un centro de salud para recomendaciones de vacunas. Si tiene una urgencia médica, recurra a ayuda experta. ◑

C. El paquete de primeros auxilios. Lee el artículo y completa las frases o contesta las preguntas por escrito.

1. Según el artículo, para protegerte contra el sol cuando viajas, debes...
2. Para evitar problemas estomacales, es preferible...
3. Para protegerte de los insectos, necesitas...
4. Si te cortas, tienes que...
5. Si anticipas que vas a necesitar antibióticos, debes...
6. Para proteger los ojos...
7. ¿Qué otras precauciones debes tomar antes de ir de viaje?
8. ¿Cuáles de los artículos que se mencionan normalmente llevas cuando viajas?
9. De todos los artículos que se mencionan, ¿cuáles son los más importantes? ¿Por qué?
10. En tu opinión, ¿se deben llevar estos artículos solamente cuando se viaja a una isla o es recomendable llevarlos cada vez que se viaja? Explica.

Comentario *cultural*

Para no enfermarte

Debes tomar algunas precauciones para no enfermarte mientras viajas por el extranjero. Primero, en algunos países, es mejor que no tomes el agua local ni bebidas con hielo. Tampoco se recomienda que comas frutas ni verduras frescas. Es preferible que comas comida bien cocinada. En resumen, es importante que tengas cuidado y que no experimentes mucho con la comida para que puedas disfrutar de tu viaje.

GRAMÁTICA

El presente del subjuntivo

A. El presente del subjuntivo. So far, you have used commands to give advice or directions. The **subjunctive** allows you to make recommendations in a more polite or less direct way. Observe the difference in the following examples.

Formal Commands

Compre (Ud.) esta crema
  para la quemadura.

Buy this cream for your sunburn.

No vayan (Uds.) a la playa con
  esa quemadura.

*Don't go to the beach with that
  sunburn.*

Subjunctive

Es necesario que (Ud.) **compre**
  esta crema para la quemadura.

*It is necessary that you buy this
  cream for your sunburn.*

Les recomiendo a Uds. que no **vayan**
  a la playa con esa quemadura.

*I recommend that you (pl.) not
  go to the beach with that sunburn.*

B. Frases que ocasionan el uso del subjuntivo. Here are some of the more commonly used verbs or verb phrases that usually require the subjunctive. Notice how all of them are used to give advice in a more indirect way.

Le recomiendo que haga ejercicio.

I recommend that you exercise.

Te aconsejo que no fumes.

I advise you (fam.) not to smoke.

Es mejor que los niños coman
  frutas y legumbres.

*It is better that the children
  eat fruits and vegetables.*

Es necesario que tome vitaminas
  todos los días.

*It is necessary that you take
  vitamins every day.*

Es preferible que ustedes no
  coman carne.

*It is preferable that you
  (plural) not eat meat.*

C. Formación del subjuntivo. The present subjunctive is formed in the same way as the formal commands you practiced in *Paso 1* of this chapter.

- To form the present subjunctive of all regular and most irregular verbs, drop the -*o* ending of the first person singular form of the present indicative and add the appropriate endings. Add -*e* for -*ar* verbs and -*a* for -*er* and -*ir* verbs

llevar (*to carry*)		
Es necesario que (yo)	**lleve**	las pastillas.
Es necesario que (tú)	**lleves**	los antibióticos.
Es necesario que (él/ella, Ud.)	**lleve**	las aspirinas.
Es necesario que (nosotros/as)	**llevemos**	la crema.
Es necesario que (vosotros/as)	**llevéis**	el jarabe.
Es necesario que (ellos/as, Uds.)	**lleven**	la medicina.

comer (*to eat*)		
Es mejor que (yo)	**coma**	comidas balanceadas.
Es mejor que (tú)	**comas**	mariscos.
Es mejor que (él/ella, Ud.)	**coma**	ensaladas.
Es mejor que (nosotros/as)	**comamos**	poco.
Es mejor que (vosotros/as)	**comáis**	desayuno.
Es mejor que (ellos/as, Uds.)	**coman**	bien.

recibir (*to receive*)		
Es preferible que (yo)	**reciba**	atención médica.
Es preferible que (tú)	**recibas**	atención de tus padres.
Es preferible que (él/ella, Ud.)	**reciba**	atención positiva.
Es preferible que (nosotros/as)	**recibamos**	ayuda.
Es preferible que (vosotros/as)	**recibáis**	ayuda económica.
Es preferible que (ellos/as, Uds.)	**reciban**	ayuda académica.

■ Verbs that have an irregular stem in the first person singular form in the present indicative maintain the same change in all forms of the present subjunctive.

conocer: cono**zco**, conozcas, conozca, conozcamos, conozcáis, conozcan
hacer: ha**go**, hagas, haga, hagamos, hagáis, hagan
tener: ten**go**, tengas, tenga, tengamos, tengáis, tengan
decir: di**go**, digas, diga, digamos, digáis, digan

■ Verbs that end in *-car, -gar, -zar,* and *-ger* require a spelling change in all persons. Study the following examples.

practicar: practi**que**, practi**que**s, practi**que**, practi**que**mos, practi**qué**is, practi**que**n
llegar: lle**gue**, lle**gue**s, lle**gue**, lle**gue**mos, lle**gué**is, lle**gue**n
alcanzar: alcan**ce**, alcan**ce**s, alcan**ce**, alcan**ce**mos, alcan**cé**is, alcan**ce**n
escoger: esco**ja**, esco**ja**s, esco**ja**, esco**ja**mos, esco**já**is, esco**ja**n

Ponerlo a prueba

A. ¡Auxilio! ¡Socorro! Estás en la Clínica San Ángel en San José, Costa Rica. Usa la(s) frase(s) adecuadas para completar los mini-diálogos a continuación entre los pacientes y los doctores.

beber líquidos	guardar cama	comer comida blanda
no usar el pie	no caminar mucho	usar el bloqueador
no salir al sol	no comer mucho	tomar Pepto-Bismol
tener cuidado con...	descansar en casa unos días	no viajar
preparar té caliente	tomar aspirinas	hacer sopa de pollo
usar la crema	comprar jarabe para la tos	

Modelo

SR. ALONSO: Doctor, no puedo caminar. Me caí y me torcí el tobillo. Ahora, me duele mucho el pie derecho. No sé qué hacer porque estoy aquí de vacaciones. ¿Debo regresar a mi país?

DR. LÓPEZ: ¡Cálmese, Sr. Alonso! Si usted se torció el tobillo, le recomiendo que no <u>use el pie</u> por varios días. Entonces, es mejor que <u>no viaje</u> por un tiempo.

1. SRA. MORENO: Dra. Aguilar, me siento mal. Todos en mi familia han tenido la gripe. Hace dos días que tengo dolor de cabeza, fiebre y una tos horrible.

DRA. AGUILAR: Sí, tenemos casi una epidemia con la gripe. Le recomiendo a usted que _____. Por último, es necesario que usted _____ y _____.

2.   FÉLIX: Doctor, fui a la playa con mis amigos ayer, pero no usé el bloqueador de sol y me quemé la espalda.

DR. POVEDA: Pero, ¿cómo fue posible esto, Félix? Déjame ver. Tienes razón. Tienes una quemadura terrible en la espalda. En el futuro, es preferible que _____. Te aconsejo que _____.

3.   SR. BLANCO: Doctor, soy turista; acabo de llegar del Canadá. Desde que llegué he tenido problemas estomacales. No puedo comer nada. Tengo dolor de estómago y diarrea.

DR. FIGUEROA: Sr. Blanco, su problema es típico de los turistas. Es necesario que usted _____. También, le recomiendo que _____.

B. ¿Qué me recomienda? Varios turistas le piden consejos a su agente de viajes sobre su viaje a Cancún. Completa las frases a continuación de una manera lógica.

Modelo:

TURISTAS: Vamos de vacaciones a Cancún. Pensamos ir a nadar a la Isla de Mujeres.

AGENTE: Les recomiendo a ustedes que usen un bloqueador.

1.   TURISTAS: Queremos subir las pirámides en Tulum.
     AGENTE: Les aconsejo a ustedes que _____.

2.   TURISTA: Tengo miedo de tener problemas estomacales.
     AGENTE: Le recomiendo que _____.

3.   TURISTA: Quisiera ir a bucear pero llevo lentes de contacto.
     AGENTE: Es necesario que _____.

4.   TURISTA: Quisiera comprar algunas chaquetas de cuero *(leather jackets)*.
     AGENTE: Es mejor que _____.

5.   TURISTAS: ¿Dónde debemos cambiar el dinero? ¿Aquí o en México?
     AGENTE: Les recomiendo que _____.

6.   TURISTA: No me gusta mucho la comida picante. ¿Qué me recomienda comer?
     AGENTE: Le recomiendo que _____.

7.   TURISTA: Padezco de dolor de garganta. ¿Qué debo hacer si tengo dolor de garganta?
     AGENTE: Es necesario que _____.

8.   TURISTA: Mis amigos no saben hablar español. ¿Qué les recomienda?
     AGENTE: Les recomiendo que _____.

9.   TURISTAS: Siempre llegamos atrasados al aeropuerto. Nuestro vuelo sale a las seis y cuarto de la mañana.
     AGENTE: Les aconsejo a Uds. que _____.

10. TURISTA: ¿Cuál es mejor, un hotel de lujo o uno de precio moderado?
     AGENTE: Es mejor que _____.

Síntesis

A. La enfermedad de Gregorio. Greg está enfermo y le pide consejos a tía Felicia. Antes de escuchar la conversación lee las preguntas. Luego, escucha el diálogo y contesta las preguntas.

1. Gregorio tiene
   a. dolor de garganta, tos y fiebre.
   b. dolor de garganta, poca energía y tos.
   c. dolor de garganta y poca energía.

2. Tía Felicia piensa que Gregorio tiene
   a. alergias.
   b. un virus.
   c. la gripe.

3. Tía Felicia le recomienda a Gregorio que
   a. vea al médico inmediatamente.
   b. vaya a la farmacia.
   c. vaya a la sala de emergencia.

4. Don Alfonso es
   a. farmacéutico e íntimo amigo de la familia.
   b. médico y un amigo de los vecinos.
   c. un médico interno e íntimo amigo de la familia.

5. Tía Felicia le dice a Gregorio que
   a. doble a la izquierda, siga por cuatro cuadras y que doble a la derecha.
   b. doble a la izquierda, vaya por cuatro cuadras y que doble a la izquierda.
   c. doble a la izquierda, siga por tres cuadras y que doble a la derecha.

6. Gregorio está preocupado
   a. de perderse.
   b. de llegar tarde.
   c. de lo que va a costar la atención médica.

B. La farmacia Bertita. Estás de vacaciones en Lima, Perú. Necesitas ir a la farmacia Bertita. Usa la información en el anuncio para completar la conversación telefónica con el (la) farmacéutico(a).

FARMACÉUTICO(A): ¡Farmacia Bertita! ¡A sus órdenes!

TÚ: Sí, estoy de vacaciones y necesito comprar medicina. ¿Donde está la farmacia?

FARMACÉUTICO(A): _____.

TÚ: ¿A qué hora(s) se abre y se cierra la farmacia?

FARMACÉUTICO(A): _____.

TÚ: Mire, solamente tengo cheques de viajero y tarjetas de crédito. ¿Qué métodos de pago se aceptan?

FARMACÉUTICO(A): _____.

TÚ: ¿Qué me recomienda, tomar un taxi o conducir?

FARMACÉUTICO(A): Le recomiendo que _____ _____.

Pero, para servirle mejor nosotros tenemos _____ _____.

TÚ: ¡Qué conveniente! Entonces, prefiero _____.
Una pregunta más. Hoy es viernes. Por casualidad, ¿va a estar abierta la farmacia mañana?

FARMACÉUTICO(A): _____.

BERTITA FARMACIA

NO CERRAMOS
de Lunes a DOMINGOS
de 9.00 a.m. a 9.00 p.m.

• DESCUENTOS
• TARJETAS DE CREDITO
• ATENCION A DOMICILIO
• AMPLIO ESTACIONAMIENTO

RAMON RIBEYRO 201
SAN ANTONIO
MIRAFLORES

Teléf: 45-4528

*Excepto Domingos y Feriados

C. ¡Atención, turista!   Lee el artículo y contesta las preguntas en oraciones completas.

1. ¿Qué problemas físicos pueden tener los turistas después de vuelos largos?
2. ¿Qué impacto tiene la baja humedad (*low humidity*) en los aviones en el cuerpo humano?
3. ¿Cuáles son algunas precauciones que deben tomar los turistas para evitar tener problemas físicos durante los vuelos?
4. ¿Cuándo es peor la ventilación en un avión?
5. ¿Qué medidas (*measures*) podemos tomar con las aerolíneas para remediar la situación? ¿Por qué?
6. Tengo que hacer una reservación para un vuelo a Europa. ¿Qué preguntas les puedo hacer a los empleados sobre la calidad de la ventilación durante el vuelo?
7. Estoy en un vuelo ruta a la Argentina. No puedo respirar bien porque no hay buena ventilación en el vuelo. ¿Qué me recomiendas?
8. En tu opinión, ¿por qué limitan el aire fresco en las cabinas los pilotos?

Geo turismo

¡Cuidado con el síndrome del avión enfermo!

Son los dolores de cabeza, los vahídos y las náuseas los únicos inconvenientes de la inadecuada ventilación en las cabinas de los aviones? Aparentemente no.

Los asistentes de vuelo y muchos viajeros frecuentes se quejan de que a menudo se enferman de gripe después de los vuelos largos. La pobre calidad del aire también puede complicar la bronquitis, el asma, el enfisema y las alergias de los pasajeros. La baja humedad requerida en los aviones agrava estos problemas secando las membranas mucosas y disminuyendo las defensas contra infecciones.

Regularmente, la ventilación en la cabina de los aviones es inadecuada porque se respira aire parcialmente reciclado. La ventilación mejora si viaja en primera clase.

Lo más inquietante es que la pobre ventilación y los asientos estrechamente apiñados pueden conducir a la transmisión de serias enfermedades. Hace dos años, una

asistente de vuelo infectó de tuberculosis a 13 de sus compañeros de trabajo, antes de que fuera diagnosticada y tratada.

¿Qué hacer contra la pobre calidad del aire en la cabina del avión? Aquí cuatro sugerencias:

• Si su avión hace una parada en ruta, salga a estirar las piernas y a respirar aire más fresco en la terminal. Cuando un avión está estacionado, regularmente la ventilación es peor que durante el vuelo.

• Evite los Boeing 757, conocidos por tener niveles altos de dióxido de carbono en la cabina. El aire reciclado se vuelve rápidamente rancio en aviones de cuerpo estrecho, como los 757 y 737, porque tienen muy poco espacio por pasajero. En cambio, trate de volar en aviones de cuerpo ancho como los DC-10, L-1011, 747-100 y 747-200. El relativamente nuevo 747-400 también tiene un excelente sistema de ventilación.

• Haga saber a las aerolíneas que usted está interesado en este tema. Cuando documente un vuelo directamente con una aerolínea, pregunte al agente si su avión tiene aire totalmente fresco o parcialmente reciclado. Sólo cuando las quejas del humo en vuelo lleguen a los ejecutivos de las aerolíneas, interesará la preocupación del público sobre la calidad del aire.

• Usted se puede quejar también durante el vuelo. Si el aire comienza a sentirse sofocante, dígaselo a los asistentes del vuelo; el piloto puede ser capaz de aumentar la ventilación. ◑

Un paso más

Vocabulario útil

Para iniciar la conversación: ¿Dónde está la agencia de viajes Turisol?

Para dar direcciones: Está a la izquierda de…
Tome la avenida…
Doble a la derecha en…

Necesitas localizar estos sitios que no están en tu plano:

la agencia de viajes
    Turisol
la Librería Universal
la oficina de turismo
el cine Rex
la oficina de correos
la tienda Unisex

Estudiante A

Contexto: Tú *(Estudiante A)* y otro(a) turista *(Estudiante B)* que acabas de conocer están de vacaciones en San Felipe. Desgraciadamente, ustedes tienen un plano (mapa) incompleto de la ciudad. Debes intercambiar información con la otra persona para completar tu plano. Tú *(Estudiante A)* vas a iniciar la conversación. Debes empezar tus instrucciones desde el punto marcado con una X.

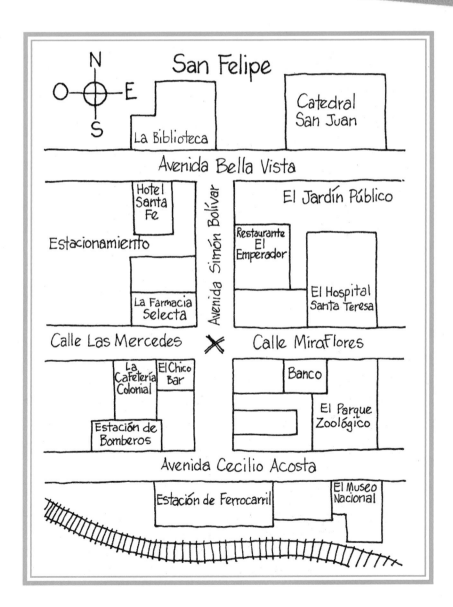

Estudiante B

Contexto: Tú (*Estudiante B*) y otro(a) turista (*Estudiante A*) que acabas de conocer están de vacaciones en San Felipe. Desgraciadamente, ustedes tienen un plano (mapa) incompleto de la ciudad. Debes intercambiar información con el (la) turista para completar tu plano. El (La) turista (*Estudiante A*) va a iniciar la conversación. Cuando sea tu turno, debes empezar tus instrucciones desde el punto marcado con una X. Luego, debes mantener la conversación con una pregunta.

Vocabulario útil

Para dar direcciones:

Para mantener la conversación:

Estos edificios no están en tu mapa:

el Chico Bar
la biblioteca
la farmacia Selecta
el Hospital Santa Teresa
la cafetería Colonial
el Museo Nacional

La agencia de viajes Turisol está a la izquierda de la estación de ferrocarril. Tome la avenida Simón Bolívar hacia el sur. Doble a la izquierda en la Avenida Cecilio Acosta y está allí.

¿Dónde está el Chico Bar?

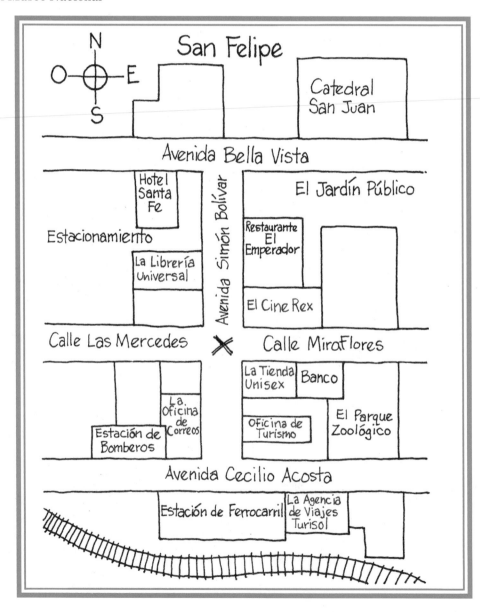

Anticipación

Discover the
Hispanic world.

Video Tape

En España, los farmacéuticos (*pharmacists*) pueden recomendar un remedio a sus clientes algo cuando no se sienten bien. En este segmento, Miguel va a la farmacia. Lee las siguientes frases e indica quién habla, la farmacéutica (**F**) o Miguel (**M**).

_____1. ¿Qué te pasa?

_____2. Me duele un poco la garganta.

_____3. Creo que estas pastillas te harán bien.

_____4. Me vas a dar una caja de pastillas.

_____5. ¿Cuánto es?

Comprensión

Contesta las preguntas en frases completas.

1. ¿Qué síntomas tiene Miguel?
2. ¿Qué le recomienda la farmacéutica?
3. ¿Que más compra él?
4. ¿Cuánto paga Miguel?

Estrategia: Consulting a bilingual dictionary

En España y en Latinoamérica, hay muchas ciudades grandes y modernas. En el siguiente artículo, tomado de la revista *Vanidades*, se describen las maravillas de la capital de la Argentina. Antes de leer el artículo, completa el siguiente ejercicio sobre el uso del diccionario. Escribe en una hoja de papel.

A. Cómo usar un diccionario bilingüe. Reading newspaper and magazine articles in another language can be a frustrating task because of the vast number of new words that such texts contain. While the reading strategies you have been studying can help you decipher the meaning of many words, there are times when it is necessary to look up unfamiliar words in a dictionary. This is especially so when you notice that the same word is used several times in the article or when you cannot decode the key nouns and verbs of the topic sentence of a paragraph.

Remember, however, that identifying which words to look up is only the first step in the process of using the dictionary. Here are some other tips that will assist you when using a dictionary:

- The entries for verbs are listed according to the whole infinitive, not the conjugated form. For example, the verb *debe* in the first sentence of this article would appear under its infinitive form *deber*.
- Some words may be classified under different parts of speech; that is, the same word may have different functions depending upon its use in the sentence. For example, the English word *university* may be a noun (*He works in the university.*) or an adjective (*He is a university professor.*).
- Within the listing for a single part of speech, several definitions may be given. You must decide which of the definitions best fits the context of the sentence.

Now study the dictionary entries for the key words underlined in the first sentence of the article on Buenos Aires. Which meanings best fit the context of the sentence and the article?

...me parece que el secreto de <u>su encanto</u> <u>se debe</u> a una sutil y muy especial <u>mezcla</u> de ingredientes diversos...

encanto m. *(hechizo)* enchantment, bewitchment; FIG. *(fascinación)* delight, fascination; *(magia)* magic ♦ **encantos** charms.

deber[1] tr. to owe *<le debo diez dólares* I owe him ten dollars>; to ought to *<debemos proteger nuestros recursos naturales* we ought to protect our natural resources> ♦ **d. de** to be probable *<debe de estar en su oficina* he's probably in his office> —reflex. to be due to *<su falta de apetito se debe a la fiebre* his lack of appetite is due to fever>.

mezcla f. *(acción de mezclar)* mixing; *(combinación)* mixture, combination; *(de personas)* mixture, assortment; *(tejido)* tweed; CONST. mortar.

En la célebre calle Florida hay tiendas y "boutiques" para volvernos locas. Al final de la calle aparecen la Plaza y Monumento al heroico San Martín.

Les recomiendo también recorrer la ciudad a pie y en ómnibus público, para que no sólo la disfruten más, caminándola pulgada a pulgada, sino porque conocerán a su gente mucho mejor, y de barrio en barrio podrán apreciar los componentes de su sociedad y el porqué de los versos de sus tangos. El comienzo de un recorrido por Buenos Aires por supuesto que es la Casa Rosada, frente a la famosa **Plaza de Mayo** y la pirámide de su centro. Aquí es donde hablaba Evita al pueblo y años después las familias de los desaparecidos iban a protestar. Sitio histórico como pocos en la historia de América Latina y muy cerca de la **Catedral de Buenos Aires**, y de la enorme **Plaza del Congreso**.

UNA VISITA A BUENOS AIRES

LLAMADA "REINA DEL PLATA", TIENE EL ENCANTO DEL ESTILO EUROPEO Y UNA FORMA MARAVILLOSA DE DISFRUTAR LA VIDA

Por Mari Rodríguez Ichaso

Buenos Aires es una ciudad como pocas en el mundo, y me parece que el secreto de su encanto se debe a una sutil y muy especial mezcla de ingredientes diversos: el estilo supereuropeo de su diseño como ciudad grandiosa y muy bella; el carácter francamente sibarita y hedonista de sus habitantes, quienes saben disfrutar los placeres de la vida tal como debe ser; y una combinación de lo español con lo italiano y lo parisiense, que forma un *je-ne-sais-quoi* difícil de explicar.

Por ejemplo, el tango, con sus diferentes acordes y el melodrama de sus palabras, me parece se ajusta de maravilla con la ciudad, sus habitantes y su pulso diario. Hay recovecos y sitios escondidos aquí y allá, igual que hay maravillosos cafés al aire libre; hay calles casi siniestras, junto a avenidas espectaculares; hay una mansión presidencial con el romántico nombre de **Casa Rosada**... y todo me parece estar siempre dispuesto a que suba el telón y comience la función.

Para los que no somos argentinos, Buenos Aires guarda un encanto casi legendario... aunque a los porteños les fascina su ciudad y viven realmente enamorados de ella. Y no sólo es una ciudad donde todavía se puede disfrutar una exquisita parrillada por menos de 20 dólares, sino donde las exquisiteces de la vida son cosa natural. Ejemplo de esto son sus bombonerías, sus salones de té, sus tiendas y boutiques; su afición por el teatro y la ópera y todas las maravillas que podemos encontrar en su simpatiquísimo mercado de pulgas en la Plaza Dorrego, del barrio **San Telmo**.

Camine después hacia la famosa **Avenida 9 de Julio**, que se supone sea la más ancha del mundo—más ancha que los propios campos Elíseos—coronada por el Obelisco que aparece en todas las postales turísticas. Un poco más allá encontrará el venerable y legendario **Teatro Colón**. Y le recomiendo el *tour* que visita el teatro en sus diferentes niveles y entretelones. Realmente vale la pena tomarlo.

Otro día, o ese mismo día si tiene tiempo, después de almorzar y merendar en diferentes restaurantes, pizzerías, cafés o confiterías a lo largo del pesco, lléguense a la famosa **calle Florida**, donde la profusión de tiendas y *boutiques* son una tentación irresistible para nosotras. La mujer argentina adora estar a la moda, tiene un estilo muy *chic* y en la calle Florida hay suficiente como para volverla loca. Y más allá, al final de la calle, la **Plaza San Martín**.

B. Una visita a Buenos Aires. Lee el artículo sobre Buenos Aires (página 250) y completa los ejercicios. *(Note that for easier reference the questions have been arranged by paragraph.)*

Párrafo 1

1. ¿Cómo es la ciudad de Buenos Aires?
   a. Es típica de las ciudades argentinas.
   b. Tiene un carácter como el de las ciudades de Europa.
   c. Es similar a las grandes ciudades de los Estados Unidos.

2. ¿Cuáles de estos países han tenido una influencia sobre esta ciudad?
   a. Estados Unidos   d. Alemania
   b. Italia   e. España
   c. Francia

Párrafo 2

3. The first sentence of the second paragraph can be simplified in this way:

   > Por ejemplo, el tango...<u>se ajusta</u>...con la ciudad, sus habitantes...

   Consult the dictionary entry and determine the best meaning for the key underlined word. (Hint: Notice that *ajustarse* is used reflexively in this sentence.)

   > **ajustar** tr. *(modificar)* to alter, fit <*el sastre ajustó el vestido* the tailor altered the dress>; *(adaptar)* to adapt, adjust; *(arreglar)* to arrange <*a. un matrimonio* to arrange a marriage>; *(reconciliar)* to reconcile <*a. a los contrincantes* to reconcile the opponents>; *(precios)* to fix (prices); *(contratar)* to contract, hire <*a. a un criado* to hire a servant>; COM. *(liquidar)* to settle (accounts); *(asestar)* to deal, give <*le ajustaron un golpe* they dealt him a blow>; PRINT. *(justificar)* to justify (type); MECH. *(encajar)* to fit; AMER. to catch, come down with (an illness); COL. to scrimp ♦ **a. las cuentas** to settle accounts —intr. to be tight —reflex. *(conformarse)* to adjust, conform; *(ponerse de acuerdo)* to come to an agreement.

4. As you saw in the previous item, the author is trying to draw a comparison between the tango and the city. Look closely at the words she uses to describe the tango and examine the corresponding dictionary entry; then determine which of the following words might describe both the tango and the city:

   tranquilo   dramático   muchos contrastes   muy uniforme

   > ...el tango, con sus diferentes <u>acordes</u> y el melodrama de sus palabras...

   > **acorde I.** adj. *(conforme)* agreed, in agreement; *(con armonía)* harmonious, in tune **II.** m. MUS. chord.

Párrafo 3

5. ¿Cuáles son cinco atracciones de la ciudad?

Párrafos 4 y 5:

6. Según la autora, ¿cuál es la mejor manera de visitar la ciudad?
   a. tomar un tour organizado
   b. caminar o tomar el autobús
   c. tomar el metro

7. ¿Qué deben visitar los turistas primero? ¿Qué otros sitios interesantes hay?

Atajo
SOFTWARE

Grammar:
Nouns: Irregular gender;
Nouns: Orthographic changes
z to *c*;
Verbs: Infinitives

Estrategia: Using a bilingual dictionary when writing

As part of the writing process, you may have to look up unfamiliar words in a bilingual dictionary occasionally. This is something that should be done with care.

A. No abuses del diccionario. While your Spanish vocabulary may be limited, do not rely on the dictionary excessively for the Spanish equivalents of English words or phrases.

Before consulting a dictionary, first try to apply the strategy that was introduced in Chapter 5 with regard to simplifying English sentences. Restating the ideas in English may allow you to find the appropriate Spanish phrase without using the dictionary. When simplifying, avoid using slang or colloquial phrases that may complicate the sentence.

Simplify the following English sentences; then give the Spanish equivalent for each one.

Modelo

I was grounded for two weeks.

Simplify:

My parents did not allow me to go out for two weeks.
Mis padres no me permitieron salir por dos semanas.

1. Latchkey kids need adult supervision.
2. Due to the financial instability of the firm, I plan to change jobs.

B. Conoce tu diccionario. When used properly, the dictionary is a tool that will provide you with a wealth of information. Complete the following activities with your own Spanish-English dictionaries.

1. First, familiarize yourself with your personal dictionary. Read the introductory section and, if it contains one, examine the diagram that explains a typical entry. Be sure to record any abbreviations that are unfamiliar or are not identified so that you can discuss them in class.

2. Next, read and examine carefully the entry from *The American Heritage Larousse Spanish Dictionary.*

   What do you think the classifications "I" and "II" mean?

   Why are the abbreviations "tr." and "intr." used in the first section?

   > **delay** (dilay') **I.** tr. *(to postpone)* postergar; *(to defer)* diferir; *(to make late)* retrasar, demorar; *(to hinder)* estorbar; *(to hold up)* entretener —intr. *(to procrastinate)* demorarse; *(to linger)* tardar **II.** s. *(act)* demora; *(postponement)* postergación *f.; (time)* retraso, atraso <*the train will arrive with a five minute d.* el tren llegará con cinco minutos de atraso>.

   What do the abbreviations "s." and "f." mean in the second section?

In this particular dictionary the first section (I.) of this entry is for verbs *(verbos)* that are transitive (a verb that is accompanied by a direct object) and intransitive (a verb that does not take a direct object). The second section (II.) is devoted to nouns *(sustantivos)*, and the "f." that follows the entry *postergación* indicates that it is a feminine noun. This order of presentation may be reversed depending on the most frequent use of the word. How does your dictionary compare to this one?

C. Usa tu diccionario con cuidado. When looking up a word, you should first identify the part of speech of the word you need and the context in which you will use it. By knowing the part of speech (that is, whether a word is functioning as a noun, verb, adjective, etc.), you will avoid errors that will greatly interfere with communication. When different meanings are provided for the same part of speech, choose the one that best fits the sense of the sentence. You may have to look up each one in the Spanish-English section until you find the one you want.

1. Use the information provided in Exercise B to first identify the part of speech of each of the following uses of the word *delay*. Then, give the Spanish word that is appropriate for each use.

    a. I apologize for the delay in answering your letter.

    b. Don't delay in making your reservation!

    c. Mr. Jones will be delayed a few minutes.

2. Use the information provided in the entries below to complete the missing elements in the following sentences.

    a. El restaurante está _____ *(inside of)* el hotel.

    b. *(The people)* _____ de la ciudad de Buenos Aires es muy cosmopolita.

    c. Pepín *(hurt)* _____ el brazo en el accidente.

    d. Mi novio es guapo, alto y *(dark)* _____.

    e. *(The bar)* _____ es famoso por sus tapas.

    f. El museo está en *(the corner)* _____ de la avenida Bolívar y la calle Colón.

---

bar¹ (bär) **I.** s. *(rod)* barra; *(of gold)* lingote *m; (lever)* palanca; *(of a prison)* barrote *m; (of soap)* pastilla (de jabón); *(of chocolate)* tableta; *(of color)* raya, franja; *(obstacle)* obstáculo; *(tavern)* bar *m; (counter)* mostrador *m;* MARÍT. banco (de arena, grava); DER. *(tribunal)* tribunal *m; (legal profession)* abogacía; *(lawyers)* cuerpo de abogados; MÚS. *(line)* barra; *(measure)* compás *m* ♦ **behind bars** entre rejas • **prisoner at the b.** DER. acusado **II.** tr. **barred, bar·ring** *(to fasten)* cerrar con barras; *(to obstruct)* obstruir; *(to exclude)* excluir; *(to prohibit)* prohibir; *(to mark)* rayar **III.** prep. ♦ **b. none** sin excepción.

corner (kôr'nər) **I.** s. *(exterior angle)* esquina; *(interior angle)* rincón *m; (intersection)* esquina; *(predicament)* aprieto, apuro; FIG. *(place)* región *f,* rincón (de país, ciudad); *(guard)* cantonera, rinconera; *(monopoly)* monopolio, acaparamiento; ANAT. rabillo (del ojo); *(commissure)* comisura (de los labios) ♦ **around the c.** a la vuelta de la esquina • **in a c.** en un aprieto • **out of c. of one's eye** con el rabillo del ojo • **the four corners of the earth** las cinco partes del mundo • **to cut corners** *(to go directly)* tomar atajos; *(to economize)* reducir gastos • **to drive someone into a c.** arrinconar *o* acorralar a alguien • **to turn the c.** doblar la esquina; *(to improve)* pasar el punto crítico.

dark (därk) **I.** adj. **-er,-est** *(without light)* oscuro, sin luz; *(dim)* opaco, gris; *(said of a color)* oscuro; *(complexion)* moreno, morocho; *(threatening)* amenazador; *(deep)* profundo (sonido, voz); *(dismal)* triste; *(evil)* siniestro; *(unknown)* desconocido, misterioso; *(secret)* secreto, oculto; *(ignorant)* ignorante **II.** s. *(darkness)* oscuridad *f,* tinieblas *f; (nightfall)* anochecer *m,* noche *f;* PINT. *(shade)* sombra ♦ **to be in the d.** no estar informado.

hurt (hûrt) **I.** tr. *(to injure)* hacer daño, herir; *(to distress)* hacer sufrir, angustiar; *(to damage)* dañar, perjudicar *<high prices will h. sales* los precios altos perjudicarán las ventas> ♦ **to h. someone's feelings** ofenderle a alguien —intr. doler *<my head hurts me duele la cabeza>; (to suffer)* sufrir ♦ **to get h.** lastimarse, hacerse daño • **to h. oneself** lastimarse **II.** s. *(harm)* daño; *(pain)* dolor *m; (injury)* herida; *(anguish)* angustia; *(wrong)* mal *m.*

inside (ĭn-sīd', ĭn'sīd') **I.** s. *(inner part)* interior *m,* parte de adentro *f <the i. of my washing machine is rusting* la parte de adentro de mi lavadora se está oxidando> ♦ **insides** FAM. entrañas, tripas • **to be on the i.** *(position of confidence)* ocupar un puesto de confianza; *(to have access to information)* tener acceso a información confidencial • **to know something** *o* **someone i. out** conocer algo *o* a alguien a fondo • **to turn something i. out** poner algo al revés (prenda, bolsa)

II. adj. *(inner)* interior, interno *<an i. room* una habitación interior>; *(confidential)* confidencial, secreto *<i. information* información confidencial> ♦ **an i. job** delito cometido por alguien que trabaja en el lugar de un crimen **III.** adv. *(within)* dentro, adentro *<it's raining, come i.* está lloviendo, ven adentro>; *(on the inside)* por dentro *<blue outside and yellow i.* azul por fuera y amarillo por dentro> **IV.** prep. dentro de ♦ **i. of** FAM. en menos de, dentro de *<the car will be ready i. of a week* el automóvil estará listo dentro de una semana>.

people (pē'pəl) **I.** s. [p. **people**] *(nation)* pueblo *<the American p.* el pueblo norteamericano>; *(persons)* gente *m <country p.* gente del campo>; *(in definite numbers)* personas *<only about ten p. came* sólo vinieron unas diez personas>; *(citizens)* ciudadanos; *(subordinates)* gente, empleados; *(inhabitants)* gente, personas, habitantes *m <a city with several million p.* una ciudad de varios millones de habitantes>; *(family)* familia; *(ancestors)* antepasados; *(human beings)* personas, seres humanos *<they're p., not animals* son personas, no bestias>; *(beings)* seres *m <the furry little p. of the woods* los pequeños seres peludos del bosque> ♦ **many p.** mucha gente, muchas personas • **most people** la mayoría de la gente • **peoples** pueblos • **people's republic** república popular • **old p.** los viejos • **poor p.** los pobres • **the common p.** *o* **the p.** el pueblo, la gente común y corriente • **young p.** los jóvenes **II.** tr.**-pled, -pling** poblar.

Perspectivas culturales

Los servicios públicos en mi comunidad

¿Sabes si hay servicios públicos para ayudar a los extranjeros que visitan tu ciudad? El propósito de este ejercicio es averiguar qué oportunidades existen para estas personas. La clase debe dividirse en grupos pequeños para hacer la siguiente investigación.

EXPLORE!
For this chapter's activity, go to
http://puentes.heinle.com

1. Llama al departamento de relaciones públicas de los hospitales en tu ciudad y pregunta: ¿Qué arreglos hay en los hospitales locales para pacientes que no hablan inglés? ¿Existen reglas federales para proteger a estos pacientes? ¿Cuáles son?

2. En la estación de policía pregunta: ¿Qué arreglos hay disponibles localmente para proteger los derechos de los ciudadanos extranjeros que necesitan ayuda policíaca en tu comunidad?

3. En el departamento de servicios internacionales de los bancos locales pregunta: ¿Es posible cambiar dinero antes de viajar al extranjero? ¿Cómo se llama el dinero en Venezuela, Perú, Argentina, Uruguay, Chile, Colombia...? ¿Cuál es la tasa de cambio entre el dólar de los Estados Unidos y el dinero de algunos de estos países?

Letreros bilingües

Vocabulario

SUSTANTIVOS

el **antibiótico** *antibiotic*
la **aspirina** *aspirin*
la **avenida** *avenue*
el **banco** *bank*
la **boca** *mouth*
el **brazo** *arm*
la **cabeza** *head*
la **calle** *street*
la **carta** *letter*
el **catarro** *cold*
la **catedral** *cathedral*
el **centro comercial** *business district, shopping center*
la **clínica** *(medical) clinic*
el **codo** *elbow*
el **corazón** *heart*
el **correo** *post office*
la **crema** *cream*
la **cuadra** *block (of a street)*
el **cuello** *neck*
el **cuerpo** *body*
el **dedo** *finger*

la **diarrea** *diarrhea*
el **diente** *tooth*
la **espalda** *back*
la **esquina** *(street) corner*
la **estampilla** *postage stamp*
el **estómago** *stomach*
la **farmacia** *pharmacy*
la **fiebre** *fever*
la **fractura** *fracture*
la **garganta** *throat*
la **gripe** *flu*
el **horario** *schedule*
la **iglesia** *church*
el **jarabe** *(cough) syrup*
la **mano** *hand*
el **metro** *subway*
el **museo** *museum*
la **nariz** *nose*
la **náusea** *nausea*
la **oficina de turismo** *tourist information office*
el **oído** *inner ear*

el **ojo** *eye*
la **oreja** *ear*
el (la) **paciente** *patient*
la **parada de autobuses** *bus stop*
la **pastilla** *pill, tablet*
el **pecho** *chest*
el **pie** *foot*
la **pierna** *leg*
el **pulmón** *lung*
los **puntos** *stitches*
la **quemadura del sol** *sunburn*
la **radiografía** *x-ray*
la **receta** *prescription*
la **rodilla** *knee*
el **sello** *(postage) stamp*
el **sol** *sun*
la **tarjeta postal** *postcard*
el **taxi** *taxi*
el **tobillo** *ankle*
la **tos** *cough*
el **virus** *virus*
el **yeso** *cast*

VERBOS

cambiar *to change, to exchange*
ir a pie *to go on foot*
quemarse *to get burned*

recetar *to prescribe*
saber *to know (information)*
sacarle *to take*

torcer *to twist*

OTRAS PALABRAS

allí mismo *right there*
bastante *quite*
cerca *near(by)*

derecho *straight ahead*
enfrente de *opposite, across from*

lejos *far*
mejor *better*
peor *worse*

EXPRESIONES ÚTILES

¿Cómo se va a... ? *How can one/I get to . . . ?*
Doble... *Turn . . .*
¿Dónde está... ? *Where is . . . ?*
¿Dónde se puede... ? *Where can one/I . . . ?*
Estoy mareado(a). *I am dizzy/nauseated.*
Estoy resfriado(a). *I have a cold.*
Hay que... *One/You should . . .*

Le recomiendo *I recommend to you*
Me duele(n)... *My . . . hurt(s).*
Me siento mal. *I feel poorly.*
Oiga... *Excuse me (to get someone's attention) . . .*
Perdone... /Por favor... *Excuse me . . .*
¿Qué le duele? *Where does it hurt? (formal)*

¿Qué te duele? *Where does it hurt? (informal)*
¿Qué te pasa? *What's wrong (with you)? (informal)*
¿Qué tiene? *What do you have? (formal)*
Siga... *Continue . . .*
Tengo dolor de... (cabeza, estómago). *I have a . . . (headache, stomachache).*
Vaya... *Go . . .*

For further review, please turn to Appendix E.

OBJETIVOS

1. Speaking and Listening

Discussing leisure time activities
Talking about the weather in different seasons
Extending, accepting, and declining invitations
Describing present and past holidays and celebrations
Telling stories in the past

7

¡A divertirnos!

Develop writing skills with *Atajo* software.

Atajo

Practice listening skills with the Student Tape.

Student Tape

WWW Explore! http://puentes.heinle.com

Internet Activities

Discover the Hispanic world.

Video Tape

A primera vista

Rolando y Magaly Goya son de Venezuela. Ellos decidieron pasar sus vacaciones en la ciudad de Nueva York con sus hijos, Verónica y Rolandito. Usa la colección de anuncios que ellos guardaron de recuerdo para recrear sus actividades en Nueva York.

KENNETH FELD PRESENTS

The WIZARD of OZ ON ICE

¡NO HAY NADA COMO OZ SOBRE EL HIELO!

Incluyendo los Talentos Vocales de BOBBY McFERRIN

17-21 de ENE.   MADISON SQUARE GARDEN
ITT/Cablevision

° Vier. 19 de ENE. ☆ 7:00 PM
NOCHE FAMILIAR
TODO EN ESPAÑOL ¡NO SE LA PIERDAN!

Jue. 18 ENE.	10:30am†	7:00PM†
Vier. 19 ENE.		7:00PM†
Sáb. 20 ENE.	11:00AM	3:00PM	7:00PM†
Dom. 21 ENE.		1:00PM	7:00PM†

†¡NIÑOS AHORREN $2.50
EN BOLETOS PARA NIÑOS MENORES DE 12 AÑOS!

Miér. 17 de ENE. ☆ 7:00 PM
NOCHE DE ESTRENO
AHORRE $4
EN TODOS BOLETOS
Cortesía de 95.5 WPLJ

95.5 WPLJ NEW YORK

Información: (212) 465-MSG1
Grupos: (212) 465-6080

PARA COMPRAR BOLETOS
☆ Taquilla de MADISON SQUARE GARDEN
(sin cargos de servicio)
☆ Todos los TICKETMASTER incluyendo Tower
Records/Video, HMV Record Stores y Marshall's
($3.50 sobrecarga de servicio por cada boleto)
☆ CON TARJETA DE CRÉDITO POR
TELÉFONO: (516) 888-9000,
(201) 507-8900, (212) 307-7171,
(914) 454-3388 ($2 sobrecarga de servicio por boleto,
$6 máximo por orden–$2 sobrecarga de servicio por boleto de primera fila)

ASIENTOS DEBEN SER RESERVADOS $12.50 - $16.50 - $19.50   PRECIO INCLUYE IMPUESTOS
ASIENTOS DE VIP DISPONIBLES DONDE SE VENDEN BOLETOS   (DESCUENTOS NO SE APLICAN)

La Única Forma Para Ir De Broadway A México En 5 Mi...

EL AZTECA

Almuerzo Especial $5.95
Lunes a Viernes de 11:30am a 3:00pm

"Happy Hour"
Todos los Días de 4 a 7 de la Noche

◆ ◆ ◆ ◆ ◆ ◆ ◆ ◆ ◆ ◆

Deliciosa cocina Mexicana en un ambiente cálido y comfortable. Céntricamente localizado. Porciones generosas. Precios razonables.

◆ ◆ ◆ ◆ ◆ ◆ ◆ ◆ ◆ ◆

Abierto 7 Días
Domingo a Jueves 11:30am - 12:00am
Viernes y Sábado 11:30am - 1:00am

783 9th Ave. (calle 52) Tel: 307-061...

NEW YORK APPLE TOURS SM
RECORRIDO TURISTICO

TOUR COMPLETO de la CUIDAD
Vea todo Nueva York por sólo $25.
Usted crea su propio tour, bajando del autobús y volviendo a subir cuantas veces quiera durante dos días consecutivos.
¡La Mejor Oferta de Nueva York!

Para más información, pregunte al conserje de su hotel o llame al:
1-800-876-9868

COPACABANA
Música Disco y Salsa

Cada uno en un salón diferente

Martes, Viernes y Sábado

2 Grandes Orquestas cada viernes y sábado

Martes de 6 pm hasta 3 am

Viernes y sábado 10 pm hasta las 4:30 am

COPACABANA

1. ¿En qué mes fueron de vacaciones a Nueva York?
2. De todas las actividades, ¿cuál fue la más cara para la familia? ¿Por qué?
3. ¿Qué actividades fueron más interesantes para los padres?
4. ¿Qué actividades fueron más interesantes para los hijos que para los padres?
5. ¿Qué tipo de música les gusta a los Goya?
6. En tu opinión, ¿por qué almorzaron en el restaurante El Azteca?
7. Con un(a) compañero(a), haz un resumen oral del viaje de la familia Goya.
8. De todas las actividades, ¿cuál te gusta más? ¿Por qué?

In this *Paso* you will practice:

- Talking about leisure time activities
- Extending, accepting, and declining invitations
- Narrating in the past

Grammar:

- Stem-changing and irregular verbs in the preterite tense

VOCABULARIO TEMÁTICO

¡A disfrutar del tiempo libre!

¿Qué te gusta hacer en tu tiempo libre? ¿Qué piensas hacer este fin de semana?

El tiempo libre

¿Qué te gusta hacer en tu tiempo libre?
                  los fines de semana

Me gusta salir con mis amigos.
        hacer ejercicios
          (aeróbicos)
        ir de compras
        descansar

Muchas veces juego al vóleibol.
A veces   golf
De vez en cuando   béisbol
Casi nunca   básquetbol

Las invitaciones

¿Qué piensas hacer el sábado?

No sé. ¿Quieres ir al cine?
              al teatro
              al Museo de Arte
                 Moderno
              a un concierto

¡Qué buena idea!
¡Cómo no!

¿Qué película dan?
¿Qué van a presentar?

Dan la película Casablanca.
Van a presentar una obra de García Lorca.

¿Qué exhiben?
¿Quiénes van a tocar?

Tienen una exhibición de Miró.
Va a tocar el conjunto "4.40".

¿A qué hora vamos?
          empieza

Vamos a las siete.
Empieza
La primera función es a las ocho.

¿Dónde nos encontramos?

Paso por tu casa a las siete y media.
Te espero en el cine.
             el teatro

¿Por que no jugamos a las cartas
       esta tarde?
     vamos de "picnic"
     damos un paseo

Lo siento pero tengo que estudiar.
No puedo porque estoy cansado(a).
          no sé jugar a eso.
          tengo un
            compromiso.

Bueno, entonces la próxima vez.

◉ The phrase *casi nunca*, "hardly ever," may precede or follow the verb. If it follows the verb, the negative *no* must be used before the verb. For example, *Casi nunca juego al tenis* may also be expressed as *No juego al tenis casi nunca*.

◉ When someone invites you, you might want to ask additional information: *¿Dónde es?*, *¿Cuándo quieres ir?*, *¿Cuánto cuesta?*

◉ An invitation often implies that the person extending the invitation will pay all of the expenses related to the activity. You may want to inquire discreetly before accepting an invitation.

◉ There are several different ways to say "ticket". Depending on the country, the words *boleto* or *entrada* may be used.

Comentario *cultural*
El tiempo libre

El tiempo libre, aunque no muy abundante en algunos países hispanos, se ocupa de diferentes maneras. En España y algunos países de América del Sur, la mayoría de los jóvenes prefiere jugar al fútbol o mirar partidos en la televisión. Sin embargo, el deporte más popular en el Caribe es el béisbol. En general, hay muchas actividades populares en los países hispanos. Algunas son: salir con la familia, visitar parientes, dar un paseo, tomar café al aire libre, ir a las discotecas, bailar, escuchar música, coleccionar estampillas, ir al cine, etc.

Ponerlo a prueba

Play Student Tape

A. ¿Quieres ir a... ? Primero, escucha el anuncio de radio y la reacción de las jóvenes. Luego, contesta las preguntas.

1. El anuncio es para
   a. una obra teatral.   b. un ballet.   c. un concierto.

2. El acontecimiento *(event)* va a tener lugar
   a. el 10 de noviembre.   b. el 12 de noviembre.   c. el 16 de noviembre.

3. Se pueden comprar los boletos
   a. por correo.   b. en el Palacio de Bellas Artes.   c. 24 horas al día.

4. Carmen no está segura si puede ir porque
    a. tiene que estudiar para los exámenes.
    b. no le gusta el acontecimiento.
    c. los boletos cuestan mucho dinero.

5. Las chicas no pueden comprar los boletos porque
    a. la taquilla del Palacio de Bellas Artes ya cerró.
    b. prefieren ir de compras.
    c. tienen otro compromiso el mismo día.

B. Las invitaciones. En una hoja de papel, completa los mini-diálogos por escrito; luego practícalos oralmente con tu compañero(a).

1. TU AMIGO(A): Oye, ¿quieres ir al cine?
       TÚ: ¿_____?
   TU AMIGO(A): Dan *El día de la independencia*.
       TÚ: ¿_____?
   TU AMIGO(A): Esta noche. Empieza a las nueve y veinte.
       TÚ: Sí, de acuerdo. ¿_____?
   TU AMIGO(A): Te espero en el cine a las nueve.

2.   TÚ: ¿Por qué no jugamos a las cartas?
   TU AMIGO(A): ¿_____?
       TÚ: Esta tarde. No tengo mi clase de historia.
   TU AMIGO(A): _____.
       TÚ: Bueno, entonces la próxima vez.

C. Actividades de familia. Con tu compañero(a), completa las siguientes frases con las actividades que haces con tu familia y tus amigos.

Modelo

Los fines de semana, muchas veces <u>salgo con mis amigos(as)</u>, pero a veces <u>visito a mi familia</u>.

1. Los fines de semana, muchas veces (yo)..., pero a veces...
2. Los viernes por la noche (yo)..., pero mi familia...
3. Cuando visito a mi familia los sábados, (nosotros)..., pero los domingos...
4. Muchas veces mis amigos(as) y yo... durante el fin de semana, pero este fin de semana...
5. Cuando mi familia va de vacaciones, mis padres..., pero mis hermanos(as) y yo...
6. Cuando voy a acampar con mis amigos(as), yo..., pero mis amigos(as)...
7. En las fiestas yo..., pero mi compañero(a) de cuarto...
8. Con respecto a los deportes, mis amigos(as)..., pero yo...

VOCABULARIO TEMÁTICO

El fin de semana pasado

¿Qué acostumbras hacer durante el fin de semana? ¿Qué hiciste el fin de semana pasado?

¿Qué tal tu fin de semana?	Lo pasé bien.
	mal
	así, así
¿Qué hiciste?	Mis amigos y yo fuimos al campo, montamos a caballo y pescamos.
	Mis amigos y yo fuimos a un festival, vimos mucha artesanía y probamos algunos platos sabrosos.
¿Adónde fuiste anoche?	Fui al gimnasio, corrí cinco kilómetros y levanté pesas.
el sábado por la noche	Fui a una fiesta, bailé y conocí a mucha gente.
¿Cómo pasaste tu fin de semana?	¡Regular! Lo pasé en la biblioteca. Tuve que terminar la investigación para un informe de la clase de historia.
	¡Fatal! Me enfermé. Me quedé en casa y dormí todo el fin de semana.

¿Sabías que...?

⇒ Another way to respond to the question *¿Qué hiciste anoche?* is to say *Nada en particular* (Nothing in particular), if you did not do anything special or worth mentioning. A variant of this is *Nada de particular*.

⇒ Some verbs, like *tener* and *dormir*, have irregular forms or stem changes in the preterite. You will learn more about them later on in this *Paso*. To review the preterite of regular verbs, turn to page 197.

Estrategia

Tips on sustaining a conversation

It is important to remember that in order to sustain a conversation, you have to be an active participant. An active participant listens and asks appropriate follow-up questions. In addition, he or she shows interest in what is being said by reacting with appropriate phrases. In Spanish, the following phrases may be used to sustain a conversation.

¡Qué buena suerte!	*What good luck!*
¡Qué bien!	*How nice!*
¡Qué mala suerte!	*What bad luck!*
¡Qué lástima!	*What a pity! (What a shame!, That's too bad!)*

Play Student Tape

A. ¿Qué tal el fin de semana? Escucha la conversación entre tres amigos, Pilar, Marcos y Guillermo, mientras hablan de su fin de semana; luego completa las preguntas.

1. Identifica las actividades que hizo cada persona.

a. estudiar	f. ir al cine	k. ir al gimnasio
b. mirar la televisión	g. descansar	l. pescar
c. ir a una fiesta	h. correr	m. ir a la biblioteca
d. levantar pesas	i. enfermarse	n. ir al campo
e. montar a caballo	j. comer	o. hacer ejercicio

2. Escribe oraciones en el pretérito para hacer un resumen de lo que hicieron los tres amigos.

En resumen, el fin de semana pasado:
Pilar... fue al gimnasio, etc.; Marcos... Guillermo...

B. ¿Qué hiciste? Usa la información en las columnas para crear mini-diálogos según el modelo. Luego, practícalos con tu compañero(a).

Modelo

tú: ¿Cómo pasaste el fin de semana?

tu compañero(a): Mis amigos y yo fuimos a un concierto, escuchamos música de jazz y después comimos pizza en Luigi's.

tú: ¡Qué bien!

A	B	C
¿Cómo pasaste el fin de semana?	al campo	montar a caballo	¡Qué buena suerte!
	a la biblioteca	pescar	¡Qué bien!
¿Qué tal tu fin de semana?	al trabajo	hacer una investigación	¡Qué mala suerte!
	a las montañas		¡Qué lástima!
¿Qué hiciste anoche?	a un concierto	ver artesanía	
	a un festival	esquiar	
	al gimnasio	bailar	
	a una fiesta	escuchar a "4:40"	
		levantar pesas	
		descansar	
		ganar dinero	
		otras actividades (di cuáles)	

GRAMÁTICA

Más sobre el pretérito

The preterite tense is one of several tenses used to talk about actions and events that occurred in the past. The regular verb forms were introduced on page 197. Several irregular verbs, as well as the spelling changing verbs, were presented on pages 201–202. In this section you will study several stem-changing and additional irregular verb forms.

A. Los verbos con cambios en la raíz. The following verbs are known as stem-changing verbs because they have a change in the vowel of the stem. This change occurs in the third person singular and plural, and only in certain -*ir* verbs; -*er* and -*ar* verbs do not have changes in the stem in the preterite. Note that the endings are the same ones used for regular verbs.

e → i		
servir (*to serve*)	serví	servimos
	serviste	servisteis
	sirvió	sirvieron
Ejemplo:	El camarero sirvió la comida.	
pedir (*to ask for*)	pedí	pedimos
	pediste	pedisteis
	pidió	pidieron
Ejemplo:	El empleado me pidió los boletos.	
divertirse (*to have fun*)	me divertí	nos divertimos
	te divertiste	os divertisteis
	se divirtió	se divirtieron
Ejemplo:	José se divirtió en el partido de fútbol.	

Other common *e → i* verbs: *conseguir, repetir, vestirse*

o → u		
dormir (*to sleep*)	dormí	dormimos
	dormiste	dormisteis
	durmió	durmieron
Ejemplo:	El niño durmió una siesta.	
morir (*to die*)	morí	morimos
	moriste	moristeis
	murió	murieron
Ejemplo:	Los soldados murieron en la guerra.	

B. Los verbos irregulares. The following *-ar, -er, -ir* verbs have irregular stems, but they share the same endings. In fact, these are the same endings that you learned with *estar* and *tener*. Note that verbs whose preterite stem ends in *-j* drop the *i* from the third person plural endings: *decir → dijeron.*

Infinitive	Stem	Endings	Example
estar	estuv-	-e	Estuve en el hospital por una semana.
poder	pud-	-iste	¿No pudiste ir al concierto?
poner	pus-	-o	¿Dónde puso mis libros, Ana?
saber	sup-	-imos	Supimos la noticia ayer.
tener	tuv-	-isteis	¡Qué suerte tuvisteis!
venir	vin-	-ieron	Vinieron a visitarte ayer.
querer	quis-		Mis padres no quisieron acampar.
decir	dij-	-e	No dije eso.
traer	traj-	-iste	¿Trajiste este plato tan sabroso?
conducir	conduj-	-o	¿Quién condujo a la fiesta?
		-imos	No condujimos a la fiesta.
		-isteis	¿Dijisteis algo?
		-eron	Mis amigos trajeron la música.

C. Los usos del pretérito. Study carefully the following uses of the preterite.

- The preterite is used to express a particular past action or specific event with reference to a specific time.

Mis padres me **visitaron ayer**.	*My parents **visited** me **yesterday**.*
Nací en **1980**.	*I **was born** in **1980**.*

- The preterite is used whenever the length of time of an action is expressed or when you specify how many times an action took place.

Mi compañero de cuarto y yo **estudiamos por tres horas**.	*My roommate and I **studied for three hours**.*
Mis padres **vivieron** en la Florida **por cinco años**.	*My parents **lived** in Florida **for five years**.*
Vi la película *Lo que el viento se llevó* **dos veces**.	*I **saw** the movie* Gone with the Wind *twice*.

- The preterite is used to narrate the (completed) main actions of a story.

Cuando **llegué** a casa, **abrí** la puerta y **entré**.	*When I **arrived** home, I **opened** the door, and I **entered**.*
Primero Elena **se levantó, se duchó** y, por último, **se vistió**.	*First, Elena **got up**, she **showered**, and finally, **she got dressed**.*

Ponerlo a prueba

A. La fiesta de Aurora. Ayuda a Mercedes a completar las notas en su diario sobre lo que ocurrió en la fiesta de Aurora. Consulta la lista de verbos para completar este ejercicio. ¡No repitas ningún verbo!

invitar	pedir	tomar
dar	poner	venir
hacer	traer	volver
servir	tener	

Querido diario,

¡Aurora (1)_____ una fiesta fabulosa en su casa! Yo (2)_____ un taxi para ir a la casa de Aurora. Yo no (3)_____ nada de comer, pero algunos invitados (4)_____ unos platos deliciosos. Aurora (5)_____ la cena a eso de las nueve; después, ella (6)_____ música para bailar. Un chico estupendo me (7)_____ a bailar. Luego, él me (8)_____ mi número de teléfono. Desgraciadamente, yo (9)_____ que irme temprano para poder ir a trabajar mañana. ¡Ahora no puedo dormir! En el apuro, yo (10)_____ a casa sin darle mi número de teléfono al chico. ¡Qué tonta soy!

B. ¿Cómo lo pasaste? Usa el pretérito de los verbos para completar las preguntas sobre uno de los temas a continuación; luego entrevista a tu compañero(a). Él (Ella) te va a entrevistar a ti sobre el otro tema. Incluye algunas de tus propias preguntas.

Tema A: Anoche

¿(Hacer-tú) algo interesante anoche?
¿(Estar) en casa toda la noche?
¿(Tener) que hacer alguna *(some)* tarea?
¿(Poder) salir con tus amigos? ¿Adónde (ir) Uds.?
¿(Visitar) a alguien *(someone)*? ¿A quién?
¿A qué hora (acostarse)? ¿Por qué?

Tema B: El fin de semana pasado

¿(Salir-tú) con alguien a algún *(some)* lugar interesante?
¿Qué (hacer) allí?
¿(Jugar) algún deporte? ¿Cuál?
¿(Divertirse) mucho? ¿Cómo?
¿Cuándo (regresar)?

C. La fiesta de Paloma. Con tu compañero(a), mira la escena de la fiesta de Paloma y contesta las preguntas oralmente sobre lo que ocurrió.

1. ¿Cuándo fue la fiesta de Paloma?
2. ¿Por qué dio una fiesta?
3. ¿A qué hora llegó Miguel? ¿Qué le trajo Miguel a Paloma?
4. ¿Qué hizo doña Eugenia para la fiesta?
5. ¿Qué sirvió don Patricio durante la fiesta?
6. ¿A qué jugaron Antonio y Felipe?
7. ¿Qué hicieron Neeka y Kelly durante la fiesta?
8. ¿Cómo se divirtieron Ricardo y Margarita? ¿Celso y Bernadette?
9. ¿Cómo pasaron el tiempo en la fiesta Paco y Juan?
10. En tu opinión, ¿quiénes se divirtieron más en la fiesta? ¿Por qué?

Síntesis

A. El dilema de Dulce. Primero, escucha la conversación que Dulce tiene con Tomás y con sus padres y contesta las preguntas. Luego, escribe tu propia conclusión para el dilema de Dulce.

1. El problema de Dulce es que ella
   a. no quiere salir con Tomás.
   b. tiene miedo de salir con Tomás.
   c. piensa que sus padres no van a permitirle pasar el día con Tomás.

2. El sábado, ellos piensan
   a. jugar al golf, nadar y bailar.
   b. montar a caballo, esquiar y jugar al tenis.
   c. nadar, hacer el "snorkeling" y jugar al vóleibol.

3. Tomás
   a. es el hijo del director del banco donde trabaja el Sr. Martínez.
   b. trabaja en el banco con su padre.
   c. es el hijo de un empleado del Sr. Martínez.

4. La Sra. Martínez está preocupada porque
   a. la excursión es muy lejos de su casa.
   b. Dulce no tiene transporte.
   c. no va a estar presente ningún adulto.

5. En tú opinión, ¿los padres de Dulce van a permitirle ir al campo?
   Si no se lo permiten, ¿cómo va a reaccionar Dulce?

B. Madrid en verano. Estás de vacaciones en Madrid en el mes de septiembre. Lee el folleto en la página 268 y contesta las preguntas. Luego, oralmente, invita a tu compañero(a) a que te acompañe a uno de los espectáculos.

Septiembre

CONCIERTOS
Días 6, 13, 20 y 27: Conciertos interpretados por la Banda Municipal de Madrid en el Templete del Parque del Retiro. Entrada por la Plaza de la Independencia (Metro Retiro). A las 12 h.

MÚSICA Y VARIEDADES
• Las siguientes actuaciones tendrán lugar en el Auditorio del Parque de Atracciones de la Casa de Campo (Metro Batán):

Días 1, 2, 8 y 9: Antología del Musical y de la Opera Rock. A las 22 h.

Días 4 y 5: Amaya. A las 19,30 y 22 h.

Día 6: Martirio. A las 19,30 y 22 h.

Días 11, 12 y 13: Joan Manuel Serrat. A las 20 h.

ZARZUELA
Durante la primera quincena continúan las representaciones de piezas de este género en el Centro Cultural de la Villa. Plaza del Descubrimiento (Colón). Tel. 275 60 80 (Metros Colón y Serrano).

TEATRO
Días 24 al 30: *Antes que todo es mi Dama,* de Calderón de la Barca. Por la Compañía Nacional de Teatro Clásico. Dirección: Adolfo Marsillach. Teatro de la Comedia. Príncipe, 14. Tel. 521 49 31 (Metro Sevilla).

Última semana del mes: Dios está lejos, de Marcial Suárez. Dirección: Emilio Hernández. Teatro Español. Príncipe, 25. Tel. 429 62 97 (Metro Sevilla).

• Los siguientes espectáculos se podrán ver en el Teatro La Latina. Plaza de la Cebada, 2. Tel. 265 28 35 (Metro La Latina):

Primera quincena del mes: Los Caciques, de Carlos Arniches. Dirección: José Luis Alonso.

Segunda quincena del mes: Lina Morgan y su nuevo espectáculo.

EXPOSICIONES
• Las exposiciones que se citan a continuación tendrán lugar en el Centro de Arte Reina Sofía. Santa Isabel, 52. Tel. 467 50 62 (Metro Atocha):

Días 1 al 15: Pabellón Español del 37. La muestra conmemora el 50 aniversario de la participación española en la Exposición Internacional de París de 1937.

Días 1 al 26: American Dreams. La exposición recoge un siglo de fotografía americana.

TOROS
Días 6, 13, 20 y 27: Corridas de toros en la Plaza Monumental de Las Ventas (Metro Ventas).

DEPORTES
Día 13: Gran Premio de Portugal de Motociclismo, puntuable para el Campeonato del Mundo. Circuito del Jarama. Carretera de Burgos, km. 28. Tel. 447 32 00.

• Los siguientes eventos deportivos se celebrarán en nuestra ciudad, en fechas sin confirmar al cierre de esta edición:

Grand Prix de Tenis de Madrid. Club de Campo. Carretera de Castilla, km. 3. Tel. 207 03 95.

Campeonato del Mundo de Fisiculturismo. Tendrá lugar en el Palacio de los Deportes, Avda. de Felipe II, o bien en el Palacio de Exposiciones y Congresos, Paseo de la Castellana, 99.

SEMANA DE LA JUVENTUD
Durante la última semana del mes aproximadamente, se celebra esta Semana de la Juventud, organizada por la Concejalía de Cultura del Ayuntamiento de Madrid. Cine, teatro, vídeo, arte joven y música se ponen al alcance de los jóvenes con actuaciones en la calle o a precios muy asequibles en teatros y locales de la noche madrileña.

1. De todas las actividades que se anuncian, ¿cuáles incluyen música?

2. ¿Qué espectáculos les van a gustar principalmente a los jóvenes? ¿Por qué?

3. ¿Qué actividades son exclusivamente españolas? ¿Cuáles se pueden encontrar en cualquier ciudad de los Estados Unidos?

4. ¿Qué actividades probablemente les van a gustar a los turistas norteamericanos? ¿Por qué?

5. De todas las actividades, ¿cuáles te interesan más a ti? ¿Por qué?

6. Después de leer sobre las actividades que se ofrecen en Madrid, ¿qué te parece la ciudad? ¿Por qué?

7. ¿Qué espectáculo(s) le interesaría(n) a...
   a. un fotógrafo?
   b. una persona a la que le gusta la música rock?
   c. el dueño de una motocicleta?
   d. un aficionado a las corridas *(bullfights)*?
   e. un dramaturgo?

8. Ahora escoge una actividad e invita a tu compañero(a).

viernes

9 a.m. ir a la reunión en el hotel

10 a.m. (Arturo) jugar al golf

11 a.m. (los agentes) hacer una excursión por El Pueblo

2 p.m. almorzar con Arturo en La Cocina de Leña

4 p.m. (Arturo y yo) conducir al Valle de Orosi

6 p.m. dar un paseo en bote por la laguna

8 p.m. dormir en el hotel en los jardines Lankester

sábado

9 a.m. explorar los jardines con un guía

1 p.m. (Arturo y yo) viajar por tren a Puntarenas

3 p.m. (los dos) descansar

5 p.m. ir por yate a la isla de Tortugas a pescar

9 p.m. dormir en Puntarenas

domingo

9 a.m. volver a San José

C. De viaje en Costa Rica. Arturo acompaña a Beatriz a un congreso para agentes de viaje en San José, Costa Rica. A continuación hay una carta que ellos les escriben a sus hijos y a tía Felicia en Venezuela. Usa la información en la agenda y el pretérito para completar la carta.

Hotel Simón Bolívar
....
4 de agosto

Querida familia:

¿Cómo están todos? Espero que bien. Nosotros bien, aunque extrañándolos (missing you) a todos muchísimo. Les diré que desde que llegamos a Costa Rica hemos estado ocupadísimos. Por lo visto, en estos congresos (conferences/meetings) no lo dejan a uno descansar. Aprovecho esta oportunidad, hoy domingo que estamos de regreso a San José, para contarles de nuestro viaje.

El viernes por la mañana…

El sábado…

Bueno, como Uds. pueden ver, ha sido un viaje maravilloso. Nos hemos divertido muchísimo. Ojalá que algún día todos podamos visitar Costa Rica juntos. ¡Es un verdadero paraíso! Como les dije, nosotros vamos a llegar a Maracaibo el próximo jueves por la mañana. ¡Hasta entonces!

Fuertes abrazos para todos de sus padres que los quieren mucho,

Mami y papi

Paso 2

In this _Paso_ you will practice:

- Talking about the seasons and the weather
- Describing present and past vacations and holiday celebrations

Grammar:

- The imperfect tense

VOCABULARIO TEMÁTICO

Las estaciones y el tiempo

¿Cuál es tu estación favorita? ¿Qué tiempo hace en tu estación favorita?

Las estaciones

En primavera, llueve mucho.

En otoño, hace viento.

En verano, hace sol.

En invierno, nieva.

El tiempo

¿Qué tiempo hace?	Hace fresco.
	calor
	frío
	buen tiempo
	Está lloviendo.
	nevando
	despejado
	nublado
	El día está pésimo.
	fatal
¿Cuál es la temperatura?	Está a 20 grados.
¿Qué tiempo va a hacer mañana?	Va a llover.
	hacer buen tiempo
	nevar

¿Sabías que...?

- Note that *hace* is used to describe most weather conditions: *hace frío, hace calor, hace sol,* etc.; however, it is not used with snow or rain.

- The verb *estar* is used to describe weather conditions that exist at the moment in which you are describing them. *Está lloviendo* means "It is raining (right now)." However, if you want to say that "it rains" or that "it snows," the third person singular of the verbs *llover* and *nevar* must be used. Notice that they are stem-changing verbs.

Aquí llueve mucho en primavera.	*It rains a lot here in the spring.*
Aquí no nieva en invierno.	*It does not snow here in the winter.*

- The nouns for snow and rain are *la nieve* and *la lluvia,* respectively.

A los niños les gusta jugar en la nieve.	*Children like to play in the snow.*

Comentario cultural

El clima

El clima de los países hispanos es tan variado como la geografía del Caribe, América Central y América del Sur. Más del 75 por ciento de las tierras de América Central y del Sur se encuentran en la zona tropical. En las islas del Caribe, con algunas excepciones, el clima es tropical. Entre junio y noviembre la región puede recibir depresiones tropicales o huracanes. En América Central, al igual que en América del Sur, el clima depende de la altitud del país; algunos tienen clima tropical, mientras que los que están a gran altitud muestran variaciones de clima. Los países al sur del ecuador tienen estaciones opuestas a los que están situados al norte del ecuador. Así, cuando es invierno en los Estados Unidos es verano en Chile y Argentina.

Ponerlo a prueba

A. El pronóstico para los Estados Unidos. Vas a escuchar un pronóstico del tiempo para los Estados Unidos. Escribe las letras que corresponden a los símbolos del tiempo al lado de cada zona y cada ciudad. Antes de escuchar el pronóstico, oriéntate bien con los símbolos en la página 272.

Play Student Tape

1. Noreste _____ ,
   _____
   Nueva York _____
2. Sureste _____ ,
   _____
   Miami _____
3. Zona Central Norte _____ ,
   _____ , _____
   Chicago _____
4. Zona Central Sur _____
   Houston _____
5. Oeste _____ , _____
   Los Ángeles _____ ,
   _____

B. ¿Qué tiempo hace en... ? Con un(a) compañero(a), usa la información siguiente para hablar del tiempo y del clima en diferentes lugares.

Modelo

—¿Qué tiempo hace en primavera en España?

—Hace fresco y llueve.

—¿Cuál es la temperatura media en España en primavera?

—Es 60 grados (Fahrenheit).

	diciembre enero febrero	marzo abril mayo	junio julio agosto	septiembre octubre noviembre
Madrid, España	45°	60°	85°	55°
Buenos Aires, Argentina	73°	62°	52°	60°
Tegucigalpa, Honduras	52°	89°	80°	65°

Comentario *cultural*

Cómo cambiar los grados de temperatura

En España y en Latinoamérica se acostumbra a usar el sistema de grados centígrados o Celsius para hablar de la temperatura. Para convertir de grados Fahrenheit a Celsius, se deben restar 32 grados, multiplicar por 5 y dividir por 9. Para convertir de Celsius a Fahrenheit, se debe multiplicar por 9, dividir por 5 y agregar 32 grados.

F → C   si la temperatura está a 80° F: $80 - 32 = 48$
$48 \times 5 = 240$
$240 \div 9 = 27° \text{ C}$

C → F   si la temperatura está a 15° C: $15 \times 9 = 135$
$135 \div 5 = 27$
$27 + 32 = 59° \text{ F}$

VOCABULARIO TEMÁTICO

Las vacaciones y los días festivos

¿Qué te gusta hacer en las vacaciones? ¿En qué estación prefieres ir de vacaciones? ¿Cuál es tu día festivo predilecto? ¿Cómo lo celebras?

Las vacaciones

¿Qué te gusta hacer en las vacaciones?

En el verano, prefiero ir a la playa.
        invierno   a las montañas.

Me encanta tomar el sol, nadar y esquiar.
            acampar al aire libre y hacer caminatas

Los días festivos

¿Cómo celebras el Día de la Independencia?
                el Día de Acción de Gracias
                Jánuca
                la Navidad

El Día de la Independencia vamos a ver un desfile en mi pueblo.
De niño(a), me gustaba ver los fuegos artificiales.

El Día de Acción de Gracias toda la familia se reúne en mi casa.
De niño(a), me gustaba jugar al fútbol americano con mis primos.

En Jánuca, encendemos las velas del candelabro.
De niño(a), me gustaba recibir regalos.

En la Navidad vamos a la iglesia.
De niño(a), me gustaba decorar el árbol.

¿Sabías que...?

● The phrase *me gustaba* is the imperfect form of *gustar*. It is translated as "I used to like." You will study the imperfect later in this *Paso*.

● The infinitive for *se reúne* is *reunirse*, which means "to meet" or "to get together." The other

forms in the present tense are: *me reúno, te reúnes, se reúne, nos reunimos, os reunís, se reúnen.*

● The infinitive for *encendemos* is *encender (ie)* (to light or to turn on).

Comentario *cultural*

Los días festivos

No todos los días festivos en tu país son días festivos universales. Cada país tiene su propia herencia y, por consecuencia, una tradición que influye en aspectos de su cultura tales como los días festivos. En el mundo hispano hay días festivos patrióticos, religiosos y de celebraciones locales.

Lee la lista de días festivos que se incluyen en el calendario del Ecuador. ¿Puedes identificar algunas celebraciones religiosas? ¿Hay algunas celebraciones universales? ¿Cuáles son celebraciones patrióticas? ¿Cuáles son diferentes a las que tú celebras?

Calendario de fiestas:

enero:	1 Día de Año Nuevo
	6 Día de los Reyes Magos
febrero:	Festival de las Flores y las Frutas en Ambato
febrero/marzo:	Carnavales (tres días antes del Miércoles de Ceniza). Festejos en todo el país. ¡Cuídese de que no lo empapen!
marzo/abril:	Semana Santa
mayo:	1 Día del Trabajo
	24 Batalla de Pichincha
junio:	Jueves, mediados de junio: Corpus Christi. Festivales de la cosecha en las poblaciones serranas
	24 Fiesta de San Juan Bautista Festivales, especialmente en Otavalo
julio:	24 Natalicio de Simón Bolívar
agosto:	10 Día de la Independencia

septiembre:	Primera quincena: Festival del Yamor, en Otavalo. Máscaras nativas, trajes típicos, danzas
	20–26 Feria del Banano en Machala
	24–28 Festival del Lago en Ibarra
octubre:	9 Independencia de Guayaquil Feria Internacional
	12 Día de la Raza
noviembre:	2 Día de los Fieles Difuntos Visitas a los cementerios
	3 Independencia de Cuenca
diciembre:	Primera semana: Fundación de Quito (Dic. 6). Corridas de toros, espectáculos folklóricos, eventos deportivos, bailes
	24 Noche Buena. Concursos de disfraces
	25 Navidad
	31 Noche del Año Viejo. Quema de muñecos que representan los acontecimientos más importantes del año que termina

274 Puentes

Play Student Tape

A. ¿Adónde vamos de vacaciones? Escucha la conversación entre los señores Quesada y su agente de viajes, la Srta. Arenas; luego completa las frases con la información correcta.

1. Humberto y Olivia Quesada van de viaje para celebrar _____.
2. La Srta. Arenas primero menciona un viaje a las ciudades de _____, _____ y _____.
3. La preocupación más grande del Sr. Quesada es _____.
4. El Sr. Quesada prefiere ir a _____ para _____.
5. Con respecto al viaje, la Sra. Quesada está _____ porque _____.

B. Preguntas orales. Contesta las preguntas oralmente con tu compañero(a).

1. ¿En qué estación te gusta ir de vacaciones?
2. ¿Qué te gusta hacer en verano? ¿en invierno?
3. ¿Qué piensas hacer en tus próximas vacaciones?
4. ¿Cómo celebras el Día de la Independencia?
5. ¿Cuál es tu día festivo predilecto? ¿Cómo lo celebras?
6. ¿Prefieres ir a las montañas o a la playa en las vacaciones? ¿Por qué?
7. ¿Adónde fuiste en tus últimas vacaciones?
8. ¿Qué hiciste en tus últimas vacaciones?
9. De niño(a), ¿qué te gustaba más de Jánuca o de la Navidad?
10. De niño(a), ¿qué te gustaba más del Día de Acción de Gracias?
11. ¿Qué te gusta hacer cuando está lloviendo?
12. ¿Qué prefieres hacer en el otoño?
13. ¿En qué estación te gusta hacer caminatas?
14. ¿Te gusta esquiar? ¿Dónde?
15. ¿Acampaste al aire libre recientemente? Describe lo que hiciste.

C. Los días festivos. Primero, lee la lista de días festivos y escoge uno para decirle a tu compañero(a) cómo lo celebra tu familia. Debes seguir el modelo, usar frases como **siempre, muchas veces, a veces, casi siempre, de vez en cuando, casi nunca**, e incluir las tradiciones de tu familia en tu descripción.

Modelo

El Día de Año Nuevo es muy especial en mi familia porque casi siempre lo celebramos en casa de mis abuelos. Todos llegamos temprano para mirar los partidos de fútbol americano. Mi abuela siempre prepara una cena fenomenal: arroz y frijoles, carne y verduras verdes como espinacas. Mi abuela piensa que la espinaca nos va a traer dinero en el año nuevo. Después de la cena, muchas veces mi papá y mis tíos toman una siesta mientras que mi mamá y mis tías lavan los platos. Pero mis primos y yo a veces salimos al patio a jugar al fútbol. Al final, siempre regresamos a casa contentos.

1. Jánuca
2. la Navidad
3. el Día de la Independencia
4. el Día de Acción de Gracias
5. el Día de Año Nuevo

GRAMÁTICA

El imperfecto

A. Una breve introducción. In Spanish, verb tenses are generally used to indicate a change in the time of the action. You have already learned that the present indicative is used to express actions in the present and that the preterite tense is used to describe past actions. The imperfect is also used to express past actions. However, the imperfect tense cannot be used interchangeably with the preterite because they describe different **aspects** of past time. Here are some of the uses of the imperfect tense.

- It is used to describe **habitual, routine,** or **customary** past actions. The verbs frequently are translated as "used to" or "would."

    De niño, yo **visitaba** a mis abuelos todos los veranos.

    *As a child, I **used to visit** my grandparents every summer.*

    Durante el verano, me **levantaba** a las ocho todos los días.

    *During the summer, I **would get up** at eight every day.*

- It is used to describe **conditions** or **qualities** such as physical, mental, and emotional states, physical appearance, intellectual ability, and personality traits. Also, the imperfect is used for age, occupation, nationality, and religion.

    Felipe **era** alto, inteligente y simpático.

    *Felipe **was** tall, smart, and nice.*

    Mis vecinos **eran** peruanos.

    *My neighbors **were** Peruvian.*

    La profesora **tenía** cincuenta años, pero **parecía** más joven.

    *The professor **was** fifty years old, but she **appeared** younger.*

- It is used to describe **the background** or **the setting** of actions. This might include **the time of day** or **the weather**.

    Eran las once de la noche y **nevaba**.

    *It **was** eleven at night, and it **was snowing**.*

    Era una mañana tranquila, fresca y llena de paz.

    *It **was** a quiet, cool, and peaceful morning.*

- It is used to describe actions that were in progress in the past. Note that the English equivalent is the past progressive (*was/were* + *-ing* verb form).

    ¿Qué **hacías**?

    *What **were you doing**?*

    El perro **dormía** en mi cuarto.

    *The dog **was sleeping** in my room.*

B. Los verbos regulares. To form the imperfect, add the following endings to the stem:

	-ar verbs	**-er** and **-ir verbs**
	tomar	**escribir**
yo	tom**aba**	escrib**ía**
tú	tom**abas**	escrib**ías**
Ud./él/ella	tom**aba**	escrib**ía**
nosotros(as)	tom**ábamos**	escrib**íamos**
vosotros(as)	tom**abais**	escrib**íais**
Uds./ellos/ellas	tom**aban**	escrib**ían**

C. Los verbos irregulares.
The imperfect tense is much more regular than the preterite tense. There are only three irregular verbs in the imperfect. Also, there are no stem changes in the imperfect tense. Therefore, verbs that have a stem change in the present tense are regular in the imperfect tense.

Siempre v**ue**lvo a casa a las diez.	*I always return home at ten.*
Cuando era joven, siempre v**o**lvía a casa a las ocho.	*When I was young, I always came home at eight.*

	ir (*to go*)	ser (*to be*)	ver (*to see*)
yo	iba	era	veía
tú	ibas	eras	veías
Ud./él/ella	iba	era	veía
nosotros(as)	íbamos	éramos	veíamos
vosotros(as)	ibais	erais	veíais
Uds./ellos/ellas	iban	eran	veían

D. Haber.
The verb *hay*, from the infinitive *haber*, is *había* in the imperfect.

Siempre **había** una fiesta para mi cumpleaños.	*There was always a party for my birthday.*

Ponerlo a prueba

A. La niñez de tía Felicia. Completa la carta que la tía Felicia le escribe a su mejor amiga, Anadela, sobre los recuerdos de su niñez. Usa el imperfecto de los verbos en la lista y no repitas ninguno.

acampar	celebrar	cerrar	estar	gustar
invitar	ir	nadar	tener	tomar el sol

Querida Anadela,

Fue un placer recibir tu tarjeta felicitándome por mi cumpleaños. ¿No te dije que a mi edad ya no se celebran los cumpleaños? Me parece que era ayer cuando tú y yo __(1)__ nuestra fiesta de los quince años. Tú __(2)__ tan nerviosa y yo __(3)__ la gripe. ¡Qué desastre!

Mis recuerdos más gratos son de nuestras vacaciones. ¿Recuerdas cuando nosotras __(4)__ al lago (*lake*), __(5)__ y __(6)__ todo el día como peces? ¿Recuerdas como todos los 5 de julio, el Día de la Independencia, mis padres __(7)__ a los vecinos a comer con nosotros? A nosotras nos __(8)__ ir a ver los desfiles y los fuegos artificiales. Pero, tú siempre tenías miedo y __(9)__ los ojos. Luego, por la noche nosotras __(10)__ al aire libre en el patio de tu casa. ¡Qué días más felices!

Te agradezco mucho tus felicitaciones y espero verte para la Navidad como siempre.

Muy cariñosamente,

Felicia

B. Una mini-encuesta. En grupos de tres o cuatro estudiantes hagan una mini-encuesta sobre los temas siguientes. Primero, completen las preguntas en el imperfecto. Luego, entrevisten a sus compañeros y comparen los resultados con el resto de la clase. Las preguntas se refieren a tus actividades cuando tenías diez u once años.

Preguntas generales

1. ¿Dónde (vivir) cuando (ser) joven?
2. ¿Cómo (ser) tu casa? ¿Tu cuarto favorito?
3. ¿Quién (ser) tu mejor amigo(a)?
4. ¿Qué (hacer) con tu mejor amigo(a) a los diez años?
5. A los diez años, ¿qué (hacer) (tú) en un día típico?

La escuela

1. ¿A qué escuela (asistir)?
2. ¿Cómo (ser) tu escuela?
3. ¿Cómo (ser) tu maestro(a) favorito(a)?
4. ¿En qué actividades extracurriculares (participar)?
5. ¿Cuál (ser) tu asignatura favorita?

El tiempo libre

1. ¿Qué (hacer) en tu tiempo libre?
2. ¿Qué deportes (jugar)?
3. ¿Cómo (pasar) el tiempo con tus amigos?
4. ¿Qué programas (mirar) en la televisión?
5. ¿Cuál (ser) tu actividad favorita?

Las vacaciones

1. ¿Adónde (ir) tu familia de vacaciones?
2. ¿Por qué te (gustar) o no te (gustar) ir allí?
3. ¿Cómo (divertirse) allí?
4. ¿Qué (hacer) con tus amigos?
5. ¿Qué (hacer) con tu familia?

C. El cumpleaños de Felicia. Con tu compañero(a), mira una de las fotos más representativas de las fiestas de cumpleaños de Felicia y describe lo que normalmente hacían los invitados.

Generalmente, ...

1. ¿dónde tenían la fiesta de cumpleaños de Felicia?
2. ¿quiénes asistían a las fiestas de cumpleaños?
3. ¿qué servían los padres de Felicia?
4. ¿cómo se vestían los invitados?
5. ¿qué hacían los invitados?
6. ¿qué entretenimiento tenían para los niños?
7. ¿quién encendía las velas de la torta?

En la fiesta de cumpleaños de 1945, ...

8. ¿qué tiempo hacía ese día?
9. En tu opinión, ¿cuántos años tenía Felicia en esta foto?
10. ¿qué hacía Felicia en el momento que se tomó esta foto?

Síntesis

A. El paraíso terrenal. ¿Cuál es tu lugar *(place)* predilecto para las vacaciones? ¿Es una ciudad? ¿Una playa? ¿Un lugar en las montañas? Ahora vas a hacer un folleto *(brochure)* turístico para ese lugar. Incluye breves descripciones de lo siguiente:

- Cómo se llama el lugar y dónde está
- Algunos datos básicos sobre el lugar
- El clima en las cuatro estaciones del año
- Actividades populares
- Festivales y otras celebraciones especiales

Modelo

¡Vengan a San Antonio!

La bonita ciudad de San Antonio fue fundada en el siglo XIX por misioneros españoles. Está ubicada en el sur de Texas. Tiene un clima ideal para el turismo. Hace mucho sol y llueve poco. En el invierno, la temperatura es de 50° F; en el verano es de 90° F.

Sitios de interés y atracciones:

El Álamo: El famoso sitio histórico donde los héroes tejanos Davey Crockett, Jim Bowie y William B. Travis lucharon contra el general mexicano Santa Anna por la independencia de Texas.

Paseo del Río: El centro social y comercial de la ciudad, con numerosos restaurantes, hoteles, galerías de arte y boutiques.

Misión de San José: La bella e histórica iglesia es una de las misiones originales del área.

Festivales:

Abril - Fiesta de San Antonio: Una gran celebración de 10 días, con desfiles por el Paseo del Río.

Diciembre - Las Posadas: Representación dramática de la llegada de José y María a Belén para el nacimiento de Jesús.

Otras actividades:

Baloncesto: Los "Spurs" juegan en el Alamodome de noviembre a abril.

Sea World: Espectáculos marinos, con delfines y otros animales del mar.

Fiesta Texas: Parque de atracciones, a sólo 15 minutos de la ciudad.

B. Antes... y ahora. ¡Cómo ha cambiado (*has changed*) la vida! Cuando los niños eran más pequeños, los Martínez pasaban la mayoría de su tiempo libre juntos (*together*); ahora, sus hijos son mayores y más independientes y pasan más tiempo con sus amigos. Con tu compañero(a) de clase, describe oralmente qué hacían los Martínez antes y también qué hacen ahora en su tiempo libre.

Modelo

Antes... toda la familia iba a la playa. Arturo, el padre...
Ahora... Arturo juega al golf con sus compañeros de trabajo.

Arturo   Elisa   Beatriz   Felicia   Dulce   Carlos

C. Dos celebraciones. Los hispanos que viven en los Estados Unidos celebran los días festivos de su propia herencia y también participan en las celebraciones típicas de los Estados Unidos. Aquí tienes dos artículos sobre este tema. Completa las actividades.

Vocabulario útil

durar	*to last*
llevarse a cabo	*to be held; to carry out*
carrozas flotantes	*floats*
la cosecha	*harvest*
peregrinos	*pilgrims*
cacique	*chief*
compartir	*to share*

Comprensión. Lee el artículo y contesta las preguntas por escrito.

1. ¿En qué país se originó el Día de "Thanksgiving"?
2. ¿Con quiénes se reunieron los peregrinos?
3. ¿Por qué celebramos hoy el Día de Acción de Gracias?
4. ¿Cuándo es la fiesta de San Antonio?
5. ¿Cuántas personas asisten a la fiesta en un año típico?
6. ¿Cómo son las celebraciones?

Conversación. Contesta las preguntas oralmente con tu compañero(a).

1. ¿Cuál es un festival popular en tu ciudad o estado? ¿Cuándo se celebra? ¿Asisten muchas personas? ¿Cuáles son algunos de los acontecimientos (*events*)? ¿Qué comidas especiales se venden?

2. Cuando eras pequeño(a), ¿había un festival o una feria (*fair*) que te gustaba mucho? ¿Qué recuerdos (*memories*) tienes de ese festival? ¿Qué hacías?

3. ¿Se reúne toda tu familia para el Día de Acción de Gracias? ¿Hay otros invitados (*guests*) en casa también? ¿Comen Uds. en casa o en un restaurante? ¿Cómo pasan Uds. el día?

4. Cuando eras niño(a), ¿participabas en programas especiales en tu escuela para el Día de Acción de Gracias? ¿Cómo eran esos programas? ¿Cómo celebrabas el día con tu familia?

REUNIDOS EN TORNO A LA MESA

ES LA ÉPOCA DE COSEcha, el momento de dar gracias por la generosidad de la naturaleza. Es el día de Thanksgiving. Esta tradición comenzó en 1620, con la llegada de un grupo de peregrinos europeos a Nueva Inglaterra. Ese día, noventa indios acompañados de su cacique Massasoit, celebraron junto a los colonos la abundancia de la cosecha y todos juntos dieron gracias por la generosidad de la naturaleza.

Desde ese día, en Estados Unidos miles de personas de procedencias diferentes, celebran el Día de Thanksgiving o Día de Acción de Gracias, como una forma simbólica de reconocer lo bueno que se ha recibido en ese año. Las familias se reú-

Pavo relleno con chorizo y acompañado de camotes al ajonjolí, salsa de arándano y panecitos de elote o maíz

nen y la comida se convierte en excusa perfecta para compartir unidos y para mantener una tradición que permite el diálogo y el reencuentro entre los humos de la cocina. Por todo esto, damos gracias.

MARZO Y ABRIL, DOS MESES PARA NO DEJAR DE FESTEJAR

FIESTAS, CARNAVALES Y FESTIvales siempre han gozado de merecida popularidad entre nosotros los hispanos. Y los meses de marzo y abril parecen ser la época del año preferida para realizar estos eventos.

La Fiesta de San Antonio dura diez días y atrae a unos tres millones de personas anualmente. Este año, la fiesta, que se llevará a cabo entre el 18 y el 26 de abril, incluye tres desfiles, fuegos artificiales, innumerables presentaciones

Ritmo y sabor con Luis Enrique en el Carnaval de Miami de la Calle Ocho

musicales, fiestas étnicas, exhibiciones de arte, bailes, carrozas flotantes en el río y calles rebosantes de celebraciones. En total, habrá más de 150 eventos para satisfacer todos los gustos, organizados por más de 100 asociaciones afiliadas con la Fiesta San Antonio Commission, coordinadora del evento.

In this *Paso* you will practice:
- Telling stories about past events
- Reacting to stories that others tell

Grammar:
- Contrasting the imperfect and the preterite verb tenses

GRAMÁTICA

El imperfecto y el pretérito — El primer contraste

A. El imperfecto vs. el pretérito. As you have seen in the first two *Pasos* of this chapter, two major verb tenses are used in Spanish to talk about the past: the imperfect and the preterite. These tenses work hand in hand whenever you want to tell a story, whether you are reminiscing about an event from your childhood or recounting an adventure you just had over Spring Break. In general, the imperfect is used when you want to express what was going on at a certain time or when you want to describe the way things used to be. The preterite, on the other hand, is used when you want to express what somebody did or to narrate what events took place.

B. Usos específicos. Study carefully the examples for each of the uses of the imperfect and the preterite.

El imperfecto

a. The imperfect is used to describe past actions that were **habitual, routine,** or **customary.** In English we often refer to such actions by using the words "used to" or "would." Also, certain adverbs are often associated with the use of the imperfect and may serve as "cues" to its use: *(casi) siempre, todos los días, generalmente, con frecuencia, a menudo* (often), and *a veces* (at times).

Cuando yo era niña, mi hermano y yo siempre **pasábamos** los veranos en el campo, donde nos **quedábamos** con nuestros abuelos.	*When I was a child, my brother and I always used to spend summers in the country, where we would stay with our grandparents.*

b. In addition to describing past customs and routines, the imperfect is used to describe a number of **conditions** and **qualities,** such as:

- physical appearence (*grande, bonito, ojos verdes,* etc.)
- age, occupation, nationality, religion, and other similar categories
- nonphysical traits or characteristics (*inteligente, interesante, difícil,* etc.)
- mental, physical, and emotional states (*agitado, enfermo, furioso, hambre,* etc.)
- location (*en la esquina, lejos de las montañas,* etc.)
- beliefs, opinions, wishes, and similar mental or thought processes (*creía, pensaba, sabía, quería,* etc.)

La casa de nuestros abuelos **era** pequeña y **tenía** sólo tres habitaciones. **Estaba** a 15 kilómetros del pueblo.	*Our grandparents' house was small and only had three rooms. It was 15 kilometers from town.*

c. The imperfect is also used to describe **the setting** against which the main events of a story take place. In addition to encompassing many of the elements mentioned in b, the setting may include:

- time of day (*medianoche, tarde, las seis y media,* etc.)
- weather (*hacía frío, estaba nublado,* etc.)
- actions that were ongoing or in progress at some point in time, which in English are often expressed by using the verbs *was/were + -ing* verb form (we were dancing, they were singing, etc.)

Recuerdo un día en particular. **Era** una mañana fresca en el mes de agosto.	*I remember one day in particular. It was a cool morning in the month of August.*
Estaba nublado e **iba** a llover. Nana, mi abuela, **lavaba** la ropa y Tati, mi abuelo, les **daba** de comer a las gallinas. De repente...	*It was cloudy, and it was going to rain. Nana, my grandmother, was washing clothes and Tati, my grandfather, was feeding the chickens. Suddenly...*

El pretérito

a. Rather than describing customary or habitual actions, the preterite is used to recount **a particular completed action or event.** Such events are often identified by mentioning a specific point in time; for that reason, the use of the preterite is often associated with adverbs such as *una vez* (once/one time), *un día, anoche, ayer, la semana pasada, el año pasado,* etc.

Cuando yo era niña, mi hermano y yo casi siempre pasábamos los veranos en el campo; pero una vez, **fuimos** a la capital para estar con nuestros tíos.	*When I was a child, my brother and I almost always used to spend our summers in the country, but once we went to the capital city to stay with our aunt and uncle.*

b. The preterite is used whenever you specify **how long** an action or condition lasted or when you specify **how many times** an action was repeated.

Mis abuelos **vivieron** en el campo desde 1938 hasta 1991.	*My grandparents lived in the country from 1938 to 1991.*
Mi abuelo **fue** granjero por más de 50 años.	*My grandfather was a farmer for more than 50 years.*
Mi abuela **estuvo** enferma por casi 18 meses; la **operaron** dos veces.	*My grandmother was sick for nearly 18 months; they operated on her twice.*

c. The preterite is used to narrate the main actions or events of a story—to express, in other words, what somebody did and what took place. At times such actions are recounted as a series of steps, which may be associated with words such as *primero, después, luego,* and *finalmente.*

De repente... mi hermano **gritó** desde la casa. Tati y Nana inmediatamente **corrieron** a la casa para investigar. Un momento después Tati **salió** con Paquito en sus brazos y Nana los **siguió.** Entonces vi las llamas...	*Suddenly, my brother shouted from the house. Tati and Nana immediately ran to the house to see what was the matter. A moment later, Tati came out with Paquito in his arms and Nana followed them. Then I saw the flames . . .*

A. Las vacaciones de mi niñez. En el siguiente cuento, Nuria habla de cómo pasaba los veranos cuando era niña. Para cada verbo, escoge el tiempo adecuado (*proper verb tense*). También indica con *a*, *b*, *c* o *d* por qué escogiste (*why you picked*) el imperfecto o el pretérito.

El imperfecto

   a. Costumbres, rutinas o acciones habituales

   b. Descripción de condiciones, características, etc.

El pretérito

   c. Las acciones principales de un cuento; una acción acabada (*completed*)

   d. Una acción o una condición para la cual se especifica la duración o el número de repeticiones

Modelo

De niña, yo casi siempre (pasaba / pasé) las vacaciones en la playa de Bellavista con mi familia. a. Costumbres, rutinas o acciones habituales

1. Bellavista (era / fue) un lugar muy bonito donde siempre (hacía / hizo) sol.
2. Es más (*What's more*), mi tío Alfonso (era / fue) dueño de un pequeño hotel que (estaba / estuvo) muy cerca del mar.
3. Todos los días mis hermanos y yo (nadábamos / nadamos) en el mar.
4. A veces nosotros (salíamos / salimos) en un pequeño barco con nuestro papá y (pescábamos / pescamos).
5. Pero un año, cuando yo (tenía / tuve) ocho años, (hacíamos / hicimos) un viaje a Nueva York.
6. Allí (nos quedábamos / nos quedamos) en un hotel de lujo en Manhattan, en el centro de la ciudad.
7. Como (*Since*) el hotel (era / fue) caro, (estábamos / estuvimos) en la ciudad por sólo unos cinco días.
8. Pero (podíamos / pudimos) hacer y ver muchas cosas diferentes.
9. Por ejemplo, un día mis hermanos y yo (veíamos / vimos) un partido de béisbol en el famoso estadio de los "Yankees".
10. Otro día, (íbamos / fuimos) a "Broadway" para ver un musical.
11. Recuerdo muy bien el Parque Central porque (era / fue) muy grande y muy bonito y también porque (montábamos / montamos) a caballo allí un día por la tarde.
12. Mamá, como siempre, (sacaba / sacó) un montón de fotos de nuestro viaje a Nueva York.

B. Los veranos. La familia Martínez está hablando de los veranos y de las vacaciones. Lee sus comentarios, y después escribe una frase parecida (*similar*) con información sobre las actividades de tu familia y de tus amigos.

Modelo

TÍA FELICIA: Cuando yo era niña, mi familia y yo íbamos al campo casi todos los veranos. Allí montábamos a caballo y hacíamos caminatas.

TÚ: Cuando yo era niño(a), mi familia y yo íbamos a la playa en la costa de Carolina del Sur casi todos los veranos. Allí tomábamos el sol y nadábamos en el mar.

1. CARLOS: Cuando yo era adolescente, me gustaba jugar a deportes en el verano. Casi todos los días jugaba al fútbol o al tenis con mis amigos.

2. ARTURO: Cuando los niños eran pequeños, casi siempre íbamos a la playa durante las vacaciones. Pero un año fuimos a Disneyworld en Orlando y los chicos se divirtieron mucho.

3. DULCE: El año pasado hice un viaje a Bariloche, Argentina, con mi amiga Teresa para celebrar sus quince años. Esquiamos en la nieve y conocimos a muchos chicos. Lo pasé muy bien.

4. BEATRIZ: De niña, yo era bastante tranquila. Cuando hacía buen tiempo, jugaba con mis muñecas (*dolls*) en el patio de nuestra casa. Cuando llovía, jugaba a las cartas o leía mis libros.

5. ELISA: Recuerdo que un año llovió mucho durante las vacaciones. Tuvimos que quedarnos en casa por tres días. ¡Qué aburrido! No hice más que ver televisión por horas y horas.

GRAMÁTICA

El imperfecto y el pretérito —El segundo contraste

A. El imperfecto y el pretérito en frases contiguas. As you have seen in the first section of this *Paso*, there are a number of specific guidelines that can help you decide when to use the imperfect and when to use the preterite. Another way of making this choice is to consider the time relationship between the verbs in two parts of the same sentence or between adjacent sentences. There are three main ways of conceptualizing this relationship.

B. Acciones simultáneas. The imperfect is used to describe two or more actions (or conditions) that were ongoing at the same time. Simultaneous actions are often linked with words such as *mientras* (while) or *mientras tanto* (meanwhile). It is often helpful to visualize these actions with a wavy line, which represents their "ongoing" aspect.

Mientras Ángela **estaba** en la sala, yo **estaba** en la cocina.	*While Ángela was in the living room, I was in the kitchen.*
Ella **leía** el periódico mientras yo **cocinaba.**	*She was reading the newspaper while I was cooking.*

```
〰〰〰〰 estaba  ⎫
〰〰〰〰 leía      ⎬  acciones simultáneas
〰〰〰〰 cocinaba ⎭
```

C. Acciones en serie. The preterite is used to express the notion that two or more actions occurred one after the other, that is, in a series or sequence. A sequence of actions may be represented visually by a series of vertical lines; each line represents a single, completed action.

Después de leer el periódico, Ángela **puso** la tele y **miró** las noticias. Luego, **dio** un paseo con su amiga y **tomó** un helado.	*After reading the paper, Ángela turned on the T.V. and watched the news. Then she went for a walk with her friend and had ice cream.*

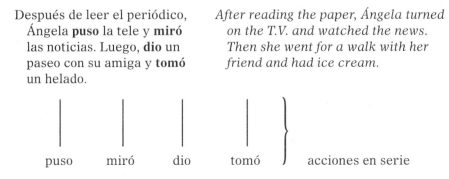

```
 |      |      |      |  ⎫
puso   miró   dio   tomó ⎭  acciones en serie
```

D. Interrupciones. Have you ever been taking a shower when the phone started to ring? In that case, one action was in progress—you were taking a shower—when another action began or interrupted the first—the phone rang. To express that kind of time relationship, the imperfect is used to describe the ongoing action and the preterite is used to recount any action that began, ended, or otherwise interrupted the ongoing action. You might think of the ongoing action as a long, wavy line and the interruption as a short, straight, vertical line that cuts through the wavy one.

Ton **estaba** en el baño cuando el teléfono **sonó**.	*Ton was in the bathroom when the telephone rang.*
Empezó a llover mientras **hacíamos** nuestro picnic.	*It began to rain while we were having our picnic.*

~~~~~~~~|~~~~ estaba
    sonó

~~~~~~~~|~~~~ hacíamos
  empezó a llover

Ponerlo a prueba

A. El accidente de Gloria Estefan. En 1990 la cantante Gloria Estefan sufrió un accidente serio. Después de un año, pudo volver a dar conciertos, pero tuvo una operación y pasó unos meses muy duros de terapia física. Aquí tienes la historia de su accidente. Complétala con el pretérito o el imperfecto según el caso.

1. (Ser) _____ un día frío de marzo.
2. Gloria Estefan (viajar) _____ en su autobús privado a su próximo concierto.
3. Ella (tener) _____ sueño y (decidir) _____ acostarse en un sofá en el autobús.
4. Mientras ella (dormir) _____ , (empezar) _____ a nevar mucho.
5. De repente, el conductor del autobús (ver) _____ un camión (*truck*) enorme parado (*stopped*) en la carretera.
6. El conductor (parar - *to stop*) _____ el autobús.
7. Pero mientras el autobús (estar) _____ parado, otro camión (chocar - *to run into*) _____ con el autobús desde atrás (*from behind*).
8. El impacto (lanzar - *to throw*) _____ a Gloria como un proyectil y (romperse) _____ dos vértebras de la espalda.
9. Ella no (poder) _____ mover las piernas bien y (tener) _____ miedo de estar paralizada.
10. Después de una hora, las ambulancias (llegar) _____ y la (transportar) _____ al hospital.

B. Algunas experiencias. Ahora vas a compartir (*share*) algunas experiencias con tu compañero(a) de clase. Completa las frases oralmente. Puedes hablar de experiencias verdaderas (reales) o imaginadas.

1. Completa las frases con el **imperfecto** para expresar acciones y condiciones **simultáneas.**
   a. Era un día bonito en la playa. Algunos de mis amigos jugaban al vóleibol y otros _____. Mientras tanto, yo _____.
   b. Era un día lluvioso y aburrido. Yo miraba una vieja película en la televisión mientras que mi padre/mi madre _____ y mis hermanos _____.

2. Completa estas frases con el **pretérito** para indicar una **serie** de acciones.

   a. El sábado pasado decidí limpiar mi cuarto (¡por fin!). Primero hice la cama y _____. Luego _____ y por fin _____.

   b. Después de pasar una semana muy difícil, decidí descansar el domingo. Primero, me levanté tarde. Luego, _____ y _____. También, _____.

3. Completa las siguientes frases con el **pretérito** para expresar **qué pasó** (*what happened*).

   a. Una noche, cuando caminaba solo(a) a casa, _____.

   b. Una vez, cuando mis amigos y yo nadábamos en la piscina, _____.

4. Ahora completa las frases con el **imperfecto** para expresar **qué hacías** (*what you were doing*).

   a. Anoche alguien me llamó por teléfono mientras yo _____.

   b. Tuve un pinchazo (*a flat tire*) mientras _____.

C. Cuéntame... Escribe pequeños cuentos para cada dibujo. Tienes que usar el imperfecto y el pretérito e incorporar el vocabulario correspondiente.

Modelo

ser las once de la noche / estar en una fiesta / bailar con Elena / ver a su ex novia

Eran las once de la noche. Miguel estaba en una fiesta. Mientras bailaba con Elena, vio a su ex novia. ¡Qué sorpresa!

1. montar en bicicleta / ver a una chica / correr en el parque / ser muy guapa / perder (*to lose*) la concentración / chocar con (*to run into*) un árbol

2. ser un día bonito / hacer mucho sol / decidir ir al campo / hacer un picnic / ver a unos extra-terrestres / correr al coche

3. estar en un barco / todo estar tranquilo / nadar en el agua / pescar / ver un tiburón (*shark*) / gritar (*to shout*)

4. llover mucho / estar aburridos / oír (*to hear*) la música del vendedor de helados / mamá darles dinero / comprar dos helados / estar contentos

VOCABULARIO TEMÁTICO

Cómo contar un cuento

¿Has tenido un accidente semejante (*similar*) a éste?

¿Qué me cuentas?

¿Sabes lo que (me) pasó?
Déjame contarte.
A Carlos se le rompió la pierna.

Dime, ¿qué pasó?
¡No me digas!
¿De veras? ¿Cuándo ocurrió?
¿Dónde estaba?
¿Cómo fue?

Esta mañana.
Estaba en el campo de fútbol.
(la hora) Eran las diez.
(el tiempo) Llovía muchísimo.
(los acontecimientos) Carlos jugaba con sus amigos y cuando iba a marcar un gol, chocó con un jugador del otro equipo.

Ay, pobrecito. ¡Qué lástima!

¿Sabías que...?

◆ In the section *Estrategia* in *Paso 1*, you learned several strategies for keeping a conversation going. Did you notice how those strategies were used in this story about Carlos?

Asking questions		**Reacting to what is said**	
¿Qué (te) pasó?	*What happened (to you)?*	¡No me digas!	*You're kidding!*
¿Cuándo ocurrió?	*When did it happen?*	¿De veras?	*Really?*
¿Dónde estaba?	*Where was he?*	Ay, pobrecito.	*Oh, the poor thing.*
¿Cómo fue?	*How did it happen?*	¡Qué lástima!	*What a shame!*

◆ Here are a few more expressions that are useful for keeping conversations going.

¿Qué hora era?	*What time was it?*
¿Qué tiempo hacía?	*What was the weather like?*
Y luego, ¿qué?	*And then what (happened)?*
¡Qué horror!	*How awful!*
¿De verdad?	*Really?*
¡Qué alivio!	*What a relief!*
Eso es increíble.	*That's incredible.*
¡Menos mal!	*Thank goodness. / That's a relief.*

◆ In some countries, the verb *partir* is used instead of *romper* to refer to broken bones.

A Carlos se le partió la pierna.   *Carlos broke his leg.*

Ponerlo a prueba

A. Y luego, ¿qué? Escucha la conversación entre Elisa y su mamá. Elisa le está contando lo que le pasó a Carlos. Luego, indica la respuesta correcta para cada una de las preguntas.

Play Student Tape

1. ¿Cómo estaba Elisa cuando llegó a casa?
   a. contenta
   b. triste
   c. agitada

2. ¿Cuándo ocurrió el accidente de Carlos?
   a. antes de su partido de fútbol
   b. mientras jugaba al fútbol
   c. después de su partido de fútbol

3. ¿Quién examinó a Carlos primero?
   a. el padre de otro jugador
   b. otro jugador del equipo
   c. un auxiliar médico en la ambulancia

4. ¿Adónde llevaron a Carlos?
   a. a casa
   b. a un hospital
   c. al consultorio médico

5. ¿Qué se le rompió a Carlos?
   a. la pierna derecha
   b. la pierna izquierda
   c. el pie izquierdo

6. ¿Qué hizo Beatriz (la madre) al final de este cuento?
   a. Esperó en casa la llamada del médico.
   b. Llamó a su esposo.
   c. Fue al hospital.

B. El accidente. Aquí tienes una conversación entre Gonzalo y Patricia. Completa el diálogo con las expresiones más lógicas. ¡Hay que usar un poco de imaginación también!

GONZALO: Hola, Patricia. ¿Qué tal?

PATRICIA: _____. ¿Y tú?

GONZALO: Para decirte la verdad, las cosas no andan muy bien. ¿_____?

PATRICIA: Hombre, ¿_____?

GONZALO: Estuve en un accidente de coche.

PATRICIA: ¡¿_____?!

GONZALO: Sí, estoy hablando en serio. Pero gracias a Dios no fue muy grave. El coche fue totalmente destruido, pero Alejandro y yo salimos ilesos *(unharmed)*.

PATRICIA: ¿_____?

GONZALO: La semana pasada, el miércoles.

PATRICIA: ¿_____?

GONZALO: Íbamos a un concierto.

PATRICIA: ¿_____?

GONZALO: Bueno, (la hora) _____ y estábamos en la calle Romero. No podíamos ver casi nada porque (el tiempo) _____. Yo doblaba a la derecha, cuando de repente (los acontecimientos) _____.

PATRICIA: ¡_____! Pero, ¿nadie se hizo daño *(got hurt)*?

GONZALO: No, nadie. Gracias a Dios.

PATRICIA: ¡_____!

C. Trágame tierra. A veces, todos metemos la pata *(put our foot in our mouth)*. Para algunos, es un momento de horror; para otros, puede ser un momento de risa *(laughter)*. En el siguiente artículo, dos chicas cuentan sus momentos inolvidables. Lee los artículos, mira el vocabulario y contesta las preguntas en oraciones completas. Trabaja con tu compañero(a) de clase.

1. "Alergia inoportuna"

ponerse de acuerdo	*to agree on*
besar	*to kiss*
acercarse	*to approach; to draw near*
estornudo	*sneeze*
volver a ver	*to see again*

a. ¿Adónde fueron los dos amigos?

b. ¿Cómo se sentía la chica?

c. ¿Qué tipo de película era?

d. ¿Qué pasó cuando el chico trató de besar a la chica?

e. ¿Qué pasó al final?

2. "Mi futura suegra me detesta"

marcar	*to dial*
molestarse	*to get upset; to become annoyed*
gritar	*to shout*
colgar	*to hang up*
darse cuenta	*to realize*

a. ¿Con quién hablaba la chica?

b. ¿Quién marcaba otro número al mismo tiempo?

c. ¿Por qué pensó la chica que era su hermana?

d. ¿Qué hizo la chica?

e. ¿Qué pasó al final?

Alergia inoportuna

Llevaba meses detrás de un chico y hacía lo imposible porque él se diera cuenta de mi existencia. Un día me invitó al cine y acepté. Nos pusimos de acuerdo para salir esa noche. Mis nervios estaban a millón y mi alergia insoportable. La película era romántica y el chico quiso besarme, pero cuando se acercó, lo bañé con un estornudo horrible. ¿Resultado? ¡Debut y despedida! Nunca más lo he vuelto a ver.

Mi futura suegra me detesta

Mientras hablaba por teléfono con mi novio, su mamá marcaba otro número. Pensé que era mi hermana y me molesté muchísimo. Es que ella siempre me interrumpe. Comencé a gritarle: "Cuelga el teléfono, tonta, ¿no oyes que estoy hablando?" Cuando me di cuenta de quién era, corté. La señora se ofendió taaanto, que ahora ¡¡¡no quiere conocerme!!!

A. Mini-cuentos. Vas a escuchar una serie de conversaciones sobre las vacaciones, los fines de semana, los días festivos, etc. Después de escuchar cada conversación, escribe un pequeño resumen (*summary*), completando las frases que siguen.

1. Para las vacaciones, Diana _____. Ella quería _____ pero no pudo porque no _____. Mientras acampaba, tuvo que irse porque _____.

2. Carmen pasó el fin de semana en _____ porque Daniel _____. El sábado, los dos _____ y el domingo _____. Alfredo se quedó en casa también porque su esposa _____ y él tuvo que _____.

3. La cita de David y Marilú empezó muy bien; primero _____ y después _____ donde tomaron _____. Pero cuando llegó la cuenta, David descubrió que _____.

B. Una carta de Marina. Marina, una estudiante norteamericana, está pasando las vacaciones en España, donde viven sus abuelos maternos. Aquí tienes una carta que le escribió a una compañera de clase. Léela y luego haz las actividades.

Querida Elvira,   3 de enero

¡Feliz Año Nuevo!
Como ya sabes, mis abuelos (por parte de mi mamá) viven en las afueras de Madrid y estoy pasando las vacaciones este año con ellos. Acabamos de pasar un fin de año maravilloso. Para la Noche Vieja mis abuelos querían enseñarme una celebración "típica". Así que fuimos todos, mis abuelos, mis primos y unos vecinos de mis abuelos, a la Puerta del Sol, una de las plazas más antiguas de Madrid. Cuando llegamos, eran solamente las nueve y media pero la plaza ya estaba llena (*full*) de gente. Tocaban música y todos hablaban, se reían y tomaban cava, el champán español. El ruido y la alegría siguieron creciendo (*kept growing*) hasta un poco antes de medianoche. Entonces, mientras esperábamos que el reloj diera (*to strike*) las doce, todos se callaron (*got quiet*) y sacaron ¡uvas! Cuando las campanas (*bells*) del reloj empezaron a dar las doce, todos empezaron a comerse las uvas: doce en total, una para cada campanada (*each toll of the bell*). Por lo visto, eso trae buena suerte para el año nuevo y es una costumbre que se practica por toda España. Bueno, después de la "ceremonia de las uvas" todos fueron a discotecas y a otros sitios para continuar la celebración durante toda la noche. Mis abuelos y yo fuimos a la casa de los vecinos, quienes habían preparado (*had prepared*) churros con chocolate y otros platos muy sabrosos para esa ocasión.
Ahora estamos comprando los regalos y haciendo los demás preparativos para el Día de los Reyes, el 6 de enero. Muy pronto después de ese día festivo tendré que (*I will have to*) volver a casa. Y tú, ¿qué tal tus vacaciones? ¿Cómo celebraste el fin de año? Escribe pronto.

                          Un fuerte abrazo de tu amiga,
                          Marina

Comprensión. Decide si las siguientes oraciones son ciertas o falsas; cambia las falsas para que sean *(so that they are)* verdaderas.

1. Los abuelos de Marina viven en la capital de España.
2. Marina va a pasar todo el año con sus abuelos.
3. La Noche Vieja es el 31 de diciembre.
4. La celebración con las uvas en la Puerta del Sol es una tradición.
5. La celebración en la Puerta del Sol empieza un poco antes de las doce de la noche.
6. Después de la celebración en la Puerta del Sol, todos volvieron a sus casas.
7. La fiesta de los Reyes es antes del Año Nuevo.
8. Marina va a regresar a los Estados Unidos el 6 de enero.

Composición. Imagínate que eres un(a) amigo(a) de Marina. Escríbele una carta y describe cómo pasaste tus vacaciones de invierno. Incluye la siguiente información.

1. ¿Adónde fuiste para las vacaciones de invierno? ¿Con quién(es)?
2. ¿Cuánto tiempo pasaste allí?
3. ¿Dónde te quedaste?
4. ¿Qué hiciste?
5. ¿Te divertiste?
6. ¿Cómo celebraste el fin de año?
7. ¿Cuándo volviste a casa / a la universidad?

C. La primera cita.

Las escenas en la página 294 representan la primera cita *(date)* de Ana. Describe cómo fue, contestando las preguntas oralmente con un(a) compañero(a) de clase.

1. ¿Qué hacía Ana cuando Ramón la llamó por teléfono? ¿Qué la invitó a hacer? ¿Cómo reaccionó ella?
2. ¿Estaba lista Ana cuando Ramón llegó a su casa? ¿Qué llevaba ella? ¿Qué le trajo Ramón? ¿Qué hizo el papá de Ana?
3. Cuando Ramón y Ana llegaron a la fiesta, ¿qué hacían sus amigos? ¿Qué clase de música tocaba la orquesta?
4. ¿Qué le pasó a Ramón mientras bailaba con Ana?
5. ¿Adónde tuvo que ir Ramón? ¿Lo acompañó Ana? ¿Qué tratamiento médico recibió Ramón? ¿Tuvieron que ponerle yeso?
6. ¿Adónde fueron Ana y Ramón después de salir del hospital? ¿Qué hicieron? En tu opinión, ¿se divirtieron Ramón y Ana en su primera cita?

¡Vamos a hablar!

Desiderio (Desi) Arnaz

Frida Kahlo

Roberto Clemente

Gabriela Mistral

Estudiante A

Contexto: Hay muchos hispanos que se destacan por sus duraderas y valiosas contribuciones al mundo hispano. Tú y tu compañero(a) van a usar la información a continuación para conversar sobre algunos de ellos. Debido a que la información sobre estas personas está incompleta, Uds. deben averiguarla a través de su conversación. Tú (*Estudiante A*) vas a iniciar la conversación.

Antes de comenzar:

1. Examina el contenido (fecha, nacionalidad, profesión y contribución) y decide si necesitas usar el pretérito o el imperfecto para hablar de ellos.

2. Prepara las preguntas necesarias para hablar de los temas.

Modelo

¿Cuándo nació Sor Juana Inés de la Cruz?

¿Cuándo murió Gabriela Mistral?

¿Cuál era la nacionalidad de Desi Arnaz?

¿Cuál era la ocupación de Ernesto Lecuona?

¿Por qué era famosa Frida Kahlo?

Vocabulario útil

poetisa	*poet (female)*
monja	*nun*
compositor	*composer*
jugador	*player*
Salón de la Fama	*Hall of Fame*

	Fechas	Nacionalidad	Ocupación	Famoso(a) por
Gabriela Mistral	1889–?	chilena	? ?	? recibir el premio Nóbel de Literatura
Desiderio (Desi) Arnaz	?–1986	?	director de orquesta ?	? casarse con Lucille Ball
Sor Juana Inés de la Cruz	1651–?	mexicana	? monja	? ser "la Décima Musa"
Ernesto Lecuona	?–1963	cubano	?	componer canciones, danzas y obras líricas: "Malagueña"
Frida Kahlo	1907–?	?	pintora	? casarse con Diego Rivera
Roberto Clemente	?	puertorriqueño	?	ser el primer hispano nombrado al Salón de la Fama

Estudiante B

Contexto: Hay muchos hispanos que se destacan por sus duraderas y valiosas contribuciones al mundo hispano. Tú y tu compañero(a) van a usar la información a continuación para conversar sobre algunos de ellos. Debido a que la información sobre estas personas está incompleta, Uds. deben averiguarla a través de su conversación. Tu compañero(a) *(Estudiante A)* va a iniciar la conversación.

Antes de comenzar:

1. Examina el contenido (fecha, nacionalidad, profesión y contribución) y decide si necesitas usar el pretérito o el imperfecto para hablar de ellos.
2. Prepara las preguntas necesarias para hablar de los temas.

Modelo

¿Cuándo nació Sor Juana Inés de la Cruz?
¿Cuándo murió Gabriela Mistral?
¿Cuál era la nacionalidad de Desi Arnaz?
¿Cuál era la ocupación de Ernesto Lecuona?
¿Por qué era famosa Frida Kahlo?

Desiderio (Desi) Arnaz

Frida Kahlo

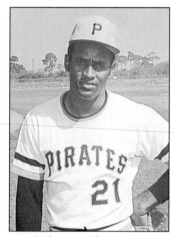

Roberto Clemente

Gabriela Mistral

Vocabulario útil

poetisa	*poet (female)*
monja	*nun*
compositor	*composer*
jugador	*player*
Salón de la Fama	*Hall of Fame*

	Fechas	Nacionalidad	Ocupación	Famoso(a) por
Gabriela Mistral	?–1957	?	maestra poetisa	escribir *Los poemas a las madres* ?
Desiderio (Desi) Arnaz	1917–?	cubano	? actor	fundar Desilú (compañía de tele- producción) ?
Sor Juana Inés de la Cruz	?–1695	?	poetisa ?	escribir las poesías "Romance" ?
Ernesto Lecuona	1895–?	?	compositor	?
Frida Kahlo	?–1954	mexicana	?	pintar *Autorretrato* ?
Roberto Clemente	1934–1972	?	jugador de béisbol	ser el primer hispano nombrado al Salón de la Fama

Discover the Hispanic world.

Video Tape

¡Vamos a mirar!

Anticipación

En este segmento, vamos a escuchar dos conversaciones telefónicas entre unos jóvenes mexicanos. En la primera conversación, Gilberto llama a Mauricio para pedirle su ayuda con una fiesta. En la segunda, Mauricio invita a Irma a la fiesta.

Cuándo tú das una fiesta, ¿cuáles son algunos de tus preparativos? Lee la lista indica con un lo que tú haces generalmente.

_____ Limpio la casa.
_____ Llamo a mis amigos por teléfono y los invito.
_____ Escribo invitaciones y se las mando a mis amigos.
_____ Preparo la comida.
_____ Compro comida ya *(already)* preparada.
_____ Escojo la música.
_____ Practico los pasos *(steps)* del último baile.
_____ Otro (Explica qué haces.)

Comprensión

Contesta en frases completas en español.

1. ¿Cuándo y dónde es la fiesta?
2. ¿A qué hora empieza?
3. ¿Con qué aspecto de la fiesta necesita Gilberto la ayuda de Mauricio?
4. ¿Quién es Irma?
5. ¿Por qué no puede ir Irma a la fiesta?

¡Vamos a leer!

Estrategias: Paraphrasing and summarizing

Ahora vas a leer parte de un artículo sobre Selena, una cantante méxicoamericana. También vas a practicar dos estrategias importantes: cómo parafrasear y cómo resumir. Primero lee el artículo en la página 298. Luego completa las actividades.

A. La paráfrasis: primer paso. When you paraphrase *(parafrasear)* a sentence or a paragraph, you explain the main ideas in your own words. Four examples follow but are not in the correct order. Can you match the following paraphrases *(paráfrasis)* to their corresponding paragraphs in the article "Un símbolo llamado Selena"?

- Como otros cantantes hispanos, Selena vivía y trabajaba dentro de dos culturas, la cultura de los Estados Unidos y la de México. Pero la música de Selena tenía más influencia mexicana que la música de Gloria Estefan o Jon Secada.
- La muerte de Selena fue trágica; una empleada la mató. Esto afectó a muchas personas, y ahora Selena es un símbolo de la comunidad hispana.
- Según un locutor de radio, Selena representaba bien a las dos comunidades. Por eso ganó tanta fama y popularidad.
- Los hispanos están muy tristes por la muerte de Selena. Todos los días muchas personas visitan su tumba y van al hotel donde ella murió.

B. La paráfrasis: segundo paso. It is also possible to paraphrase a Spanish text in English. In this case, you are not translating but simply expressing the main ideas in English. To compare the difference between a translation and a paraphrase, study the following translation of the last sentence of the fifth paragraph.

Un símbolo llamado *Selena*

La comunidad latina sigue de luto dos semanas después de la trágica muerte de Selena. Cientos de personas visitan diariamente su tumba en el Seaside Memorial Park en Corpus Christi. Y el cuarto del hotel donde fue asesinada se ha convertido en un santuario donde sus admiradores rinden su último tributo.

Representante de la frontera

Selena Quintanilla Pérez era la representación física y cultural de la frontera que divide a los Estados Unidos y México. Al igual que Jon Secada y Gloria Estefan, Selena se sentía muy cómoda viajando entre dos mundos culturalmente diferentes. Pero, mientras el idioma musical de estos dos cantantes está más enraizado en la música pop estadounidense, el elemento mexicano siempre ha estado presente en la música de Selena.

"Ella estaba en la frontera del orgullo latino", comenta Javier Salas, locutor de WOPA-AM 1200. "No se puede considerar a Selena como mexicana. Representaba también a la sociedad americana por medio del inglés, que lo hablaba mucho mejor que el español. Tenía un balance entre las dos comunidades. Creo que allí estribaba el secreto de su carisma".

Su trágica muerte a manos de una empleada acorralada por acusaciones de defraudar económicamente a la cantante, revela el poder que los mitos de la cultura popular tienen sobre la comunidad latina. Tras su muerte, Selena logró alcanzar un estatus que, tristemente, jamás se imaginó lograr en vida, y se convirtió en un nuevo símbolo cultural latino.

El nacimiento de un símbolo

Selena Quintanilla Pérez nació un 16 de abril de 1971 en Lake Jackson, Texas. Su padre, Abraham Quintanilla Segundo había sido miembro del grupo de música tejana Los Dinos durante siete años. Selena inició su carrera a los nueve años de edad, cuando, inspirada por su padre, formó con sus hermanos Abe y Suzette el grupo Los Dinos, con el que actuó en el programa *Estrellas de Texas*, en la estación latina de la cadena Univisión en San Antonio.

En 1987, cuando contaba 16 años de edad, conquistó por primera vez los títulos de cantante y artista del año en los premios a la música tejana, galardones que dominó durante siete años consecutivos. Apenas el pasado 11 de febrero acaparó seis de los 15 trofeos en disputa.

Además de ser la estrella tejana más popular de la actualidad, en 1993 obtuvo los premios *Lo Nuestro* de Univisión, a la cantante femenina, canción y álbum del año en música méxicoamericana con su producción *Entré a mi mundo*.

Semanas antes de su muerte, la cantante méxicoamericana se preparaba para grabar su primer disco de larga duración en inglés. Ya había grabado cuatro canciones del mismo y planeaba viajar a Los Angeles para trabajar en este proyecto discográfico.

De acuerdo con los datos de su casa discográfica, la producción musical de Selena, que incluye la canción *Amor prohibido*, ha logrado vender 350,000 copias en México y 500,000 en los Estados Unidos.

Víctima de la tragedia latina

A pesar de su éxito, Selena sufrió el destino violento que ha acabado con la vida de muchos jóvenes latinos. Sin quererlo, Selena se convirtió, como señalaría el *San Antonio Express News*, en la víctima más prominente de los 30,000 estadounidenses que mueren víctimas de un revólver en los Estados Unidos.

El padre de Selena reaccionó tomando una posición firme a favor del control de las armas de fuego. En una declaración publicada el pasado 3 de abril en el *Houston Chronicle*, Abraham Quintanilla Segundo declaró su oposición ante una legislación presentada por el representante estatal Ron Wilson (D-Houston), la cual permitiría a cualquiera la posesión de un arma oculta.

Sea ya como un estandarte de lucha o como un reflejo de las esperanzas de triunfar en este país por parte de la comunidad latina, Selena se ha convertido en algo que su propio padre quería evitar: un símbolo.

Selena began her career at nine years of age, when, inspired by her father, she formed with her brother Abe and her sister Suzette the group "Los Dinos," with which she appeared on the program "Estrellas de Texas," on the Latino station of the Univisión chain in San Antonio.

Compare that translation to the following paraphrase of the same sentence:

When she was nine, Selena followed her father's example and, together with her brother and sister, formed a group, "Los Dinos," that appeared on the local television show "Estrellas de Texas."

Now complete the following activities:

1. Write your own paraphrases in English of the sixth and seventh paragraphs of the article (paragraph six: "*En 1987, ...*" and paragraph seven: "*Además de ser...*"). Keep in mind that you must include all the main ideas and use your own words to express them.

2. Next, try the same technique in Spanish. Using your own words, write a paraphrase of the ninth paragraph ("*De acuerdo con los datos...*")

C. El resumen. When you summarize *(resumir)* an article, you provide an overview of the whole piece by recounting only the most important points. Your summary *(resumen)* should be much shorter than the original article. Using the following list as a starting point, write a brief summary (about seven or eight sentences) of this article in Spanish. Remember to use your own words.

a. introductory sentence: Identify the person under discussion and explain why this article was written about her.

b. background information: Provide biographical details and recount the growth of her career.

c. her death: Explain briefly how she died and describe the reactions of her father and of the Hispanic community.

¡Vamos a escribir!

Estrategia: Writing a personal narrative in the past

When you write a narrative *(una narración)*, you are simply telling a story or recounting some action or event. The story might be real or imaginary; it could be funny or sad; it might revolve around something that happened to you, or it could deal with something that happened to somebody else.

A. La narración. As you read the following story, write your answers to the following questions. They will help you focus upon the most important factors to consider when writing a narrative.

1. Although the events of a narrative may be told in any order, the most straightforward way is to narrate them in chronological order. When this is the case, the narrative is generally divided into three parts: (a) *la situación*, or introduction, which sets the scene and tells the events leading up to the main action of the story; (b) *el punto culminante*, or climax, which describes the main events or high point of the story; and (c) *el desenlace*, or denouement, which tells the outcome or consequences of the events. Identify the three parts of this narrative; and write the first sentence of each of the three sections.

2. Is this an event that happened to the narrator (the person telling the story) or to someone else? Why do you think so?

3. What feelings does the story evoke? Is the mood the same throughout the narrative?

Atajo
SOFTWARE

Phrases:
Describing the past;
Describing weather;
Expressing time relationships;
Making transitions;
Sequencing events;
Talking about habitual actions;
Talking about past events.
Vocabulary:
(Check the menu for topics appropriate to your narrative.)
Grammar:
Verbs: Imperfect
Verbs: Irregular Preterite
Verbs: Preterite
Verbs: Preterite and Imperfect

El accidente

Un bonito día de agosto, mi novio Eric y yo decidimos ir a Santee Park, un parque estatal que está a cincuenta millas de nuestra ciudad. Era un día maravilloso para hacer un picnic. El cielo estaba completamente despejado; hacía calor, pero no tanto para el mes de agosto. Y claro, llevábamos todos nuestros platos favoritos: pollo frito, ensaladilla de patatas, pasteles de coco.

Aunque no había mucho tráfico, cuando ya llevábamos treinta minutos de camino, apareció un enorme camión *(truck)* delante de nosotros. Como el camión iba muy despacio, Eric decidió pasarlo. Estábamos muy cerca del camión, a punto de pasarlo, cuando de repente el camión empezó a doblar a la izquierda sin poner el indicador *(without signaling)*. Eric trató de parar *(to stop)* el carro, pero no hubo suficiente tiempo. Chocamos *(We hit)* con el camión y escuchamos un ruido tremendo.

Todo pasó en un instante. Después de calmarnos un poco, nos bajamos del carro. Todos estábamos bien, incluso el conductor del camión, pero nuestro carro estaba destruido. Después de hablar con la policía, llamamos por teléfono a una amiga que nos llevó a casa. Dejamos la comida del picnic en el camino para las hormigas *(ants)*. El sol ya no parecía tan brillante como antes.

B. Ahora me toca a mí. Write a short narrative of something memorable that happened to you—an accident, a surprise, a disastrous first date, the first time you . . . , etc. Try to include the three parts of the narrative: *la situación, el punto culminante, el desenlace*. After you have written your story, double-check the verbs for correct use of the imperfect and the preterite.

PERSPECTIVAS CULTURALES
La música en el mundo hispano

¿Una fiesta sin música para bailar? ¡Imposible! ¿Un festival sin canciones *(songs)* y orquestas? ¡Jamás! Desde los villancicos *(carols)* para la Navidad, hasta el primer vals de una quinceañera, la música es un elemento integral de casi todas las celebraciones hispanas.

A. Músicos famosos. Muchos de los músicos y de las canciones hispanas son de gran renombre *(renown)* internacional. ¿Conoces a algunos de estos músicos y cantantes? Mira las fotos y lee la información.

Manuel de Falla, compositor español

Manuel de Falla (1876–1946), un compositor español, es conocido por sus óperas, ballets y otras composiciones. Aunque la influencia de Debussy y Ravel es evidente en sus obras, su música se caracteriza por su harmoniosa mezcla *(blend)* de lo clásico y lo folklórico. Entre sus obras más conocidas están *El amor brujo* y *El sombrero de tres picos*.

Celia Cruz, cantante cubana

Muchos de los bailes más conocidos de Latinoamérica tienen sus raíces *(roots)* en los ritmos africano-cubanos: la rumba, la conga, el mambo y el chachachá. Uno de los mayores exponentes de esta música ha sido el puertorriqueño Tito Puente. Este gran director de orquesta es conocido en todo el mundo como El Rey *(The King)*. Otra cantante conocida por este estilo de música es la cubana Celia Cruz.

Montserrat Caballé,
soprano española

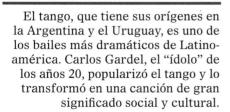

Tito Puente

Plácido Domingo,
cantante de ópera español

José Carreras, tenor español

¿Te interesa la ópera? Si contestas que
sí, indudablemente conoces a estos
tres españoles: los tenores Plácido
Domingo y José Carreras y la soprano
Montserrat Caballé.

Bailando tango

El tango, que tiene sus orígenes en
la Argentina y el Uruguay, es uno de
los bailes más dramáticos de Latinoamérica. Carlos Gardel, el "ídolo" de
los años 20, popularizó el tango y lo
transformó en una canción de gran
significado social y cultural.

B. La bamba. Lee esta selección sobre "La bamba", una canción muy popular; luego contesta las preguntas.

LA
BAMBA

Existe la posibilidad de que esta canción, indudablemente una de las más populares de todos los tiempos, haya llegado al puerto de Veracruz con los esclavos procedentes de un lugar en África llamado Mbamba.

SERÁ "LA BAMBA" LA CAN-ción mejor conocida en el hemisferio occidental? Probablemente sí. Su reconocimiento es instantáneo, feliz y bilingüe.

La canción pertenecía sólo a la América hispano-hablante hasta finales de 1958, cuando Richard Valenzuela, cuyo nombre artístico era Ritchie Valens, la amplificó y le injertó a la melodía tradicional un alegre ritmo de rock and roll—como se vio en la película de Luis Valdez. Treinta años después de que Valens introdujera la canción con su letra en español en la cultura americana, "La Bamba" se ha convertido en un clásico en prácti-camente todos los países desde Canadá hasta Argentina.

La canción que ahora resuena en clubs nocturnos, fiestas y radios de todas partes tuvo sus orígenes en la costa sur de Vera-cruz, donde la música regional se caracteriza por el humor de sus letras y sus instrumentos de cuer-da: guitarras de varios tamaños, un arpa pequeña, a menudo un bajo de pie, y algunas veces un violín.

Desde que Hernán Cortés arribó a la costa del golfo en 1519, Veracruz ha presenciado la llega-da de misioneros católicos, piratas caribeños, esclavos africanos, tropas extranjeras y comerciantes de ultramar. El resultado ha sido la fusión de la tradición española con la vida africana, caribeña y nativa. La población de sangres mezcladas vino a ser llamada "mestiza". De los centenares de melodías que evolucionaron de ese híbrido, la de "La Bamba" es la más duradera.

"La Bamba" vivirá por siem-pre, pero sus orígenes pre-cisos son desconocidos. Entre las teorías existentes, una de las más interesantes es la de su posible origen africano. A princi-pios del siglo XVII, los españoles trajeron esclavos a la costa del golfo de diferentes partes de África occidental incluyendo un lugar llamado Mbamba. Hacia el final de ese siglo, una canción lla-mada "La Bamba" surgió en esa misma parte de Veracruz. "La Bamba" era aparentemente una fusión de español y lenguas africanas.

Otra explicación del nombre proviene del sonido puertorrique-ño llamado "bomba", música de ascendencia africana que se basa en la acción entre los músicos y los bailadores. Una última expli-cación ve "bamba" como una con-fusión de "banda", la palabra que designa la faja que usa el hombre al bailar. La verdad puede ser una, todas o ninguna de esas. "La Bamba" no tiene certificado de nacimiento.

1. ¿Cuál es el tema principal de este artículo?

   a. El artículo explica por qué "La bamba" es tan popular en todo el mundo.

   b. El artículo da una breve historia de los orígenes de la canción.

   c. El artículo describe las contribuciones de los varios intérpretes de la canción.

2. ¿Qué papel *(role)* tuvo Ritchie Valens en la historia de esta canción?

   a. Cantó una versión con elementos de *rock and roll* que fue muy popular entre las personas no hispanas.

   b. Valens fue la estrella *(star)* de una película del director Luis Valdez sobre los orígenes de la canción.

   c. El conjunto *(band)* de Valens tocó en clubes en muchos países desde Canadá hasta la Argentina.

3. ¿Cuál es el origen de "La bamba"?

   a. Es una canción española que el conquistador Hernán Cortés trajo al Nuevo Mundo en 1519.

   b. Se originó en un pequeño club de Veracruz, México, donde un cantante desconocido *(unknown)* la hizo popular.

   c. Es una de las muchas canciones que tienen su origen en la mezcla *(blending)* de las culturas española, africana, caribeña y nativa.

4. ¿Cuál de las siguientes oraciones **no** se considera una explicación adecuada de la palabra bamba?

   a. Es una combinación de una palabra española con una palabra derivada de una lengua africana.

   b. Es el nombre de una pequeña guitarra puertorriqueña.

   c. Se confundió la palabra bamba con la palabra banda, una faja *(sash)* que los hombres usaban cuando bailaban.

EXPLORE!
For this chapter's
activity, go to
http://puentes.heinle.com

Vocabulario

SUSTANTIVOS

el árbol *tree*
el básquetbol *basketball*
el béisbol *baseball*
el campo *country(side)*
el candelabro *Menorah, candelabra*
las cartas *(playing) cards*
el cine *cinema, movie theater*
el concierto *concert*
el conjunto *(musical) group*
el desfile *parade*
el Día de Acción de Gracias *Thanksgiving*
el Día de la Independencia *Independence Day*
el día festivo *holiday*

el equipo *team*
la estación *season (of the year)*
la exposición *exhibition*
el festival *festival*
los fuegos artificiales *fireworks*
la función *show*
el gimnasio *gym*
el golf *golf*
el informe *report*
la investigación *research*
el invierno *winter*
la Jánuca *Hanukkah*
el (la) jugador(a) *player*
la lluvia *rain*
la montaña *mountain*
la Navidad *Christmas*

la nieve *snow*
la obra (de teatro) *play, drama*
el otoño *fall, autumn*
la película *movie*
la playa *beach*
la primavera *spring*
el regalo *present, gift*
el teatro *theater*
el tiempo *weather*
el tiempo libre *free time*
las vacaciones *vacation*
la vela *candle*
el verano *summer*
el vóleibol *volleyball*

VERBOS

acampar *to go camping*
bailar *to dance*
celebrar *to celebrate*
chocar con *to run into*
conocer *to meet, to be introduced to*
dar un paseo *to take a walk*
decorar *to decorate*
disfrutar (de) *to enjoy*
encender (ie) *to light*
enfermarse *to get sick*
esquiar *to ski*

exhibir *to be on exhibit*
hacer caminatas *to go hiking*
hacer ejercicios (aeróbicos) *to exercise, to do (aerobic) exercises*
ir de compras *to go shopping*
ir de picnic *to go on a picnic*
levantar pesas *to lift weights*
llover (ue) *to rain*
montar a caballo *to go horseback riding*
nadar *to swim*

nevar (ie) *to snow*
ocurrir *to happen, to occur*
pescar *to fish*
presentar *to present*
quedarse *to stay, to remain*
recibir *to receive*
reunirse *to get together*
salir *to go out (on a social occasion)*
tomar el sol *to sunbathe*

OTRAS PALABRAS

a veces *sometimes*
casi nunca *almost never, hardly ever*

de vez en cuando *from time to time*
muchas veces *frequently*

pésimo(a) *terrible, awful*
sabroso(a) *delicious*

EXPRESIONES ÚTILES

¿Adónde fuiste? *Where did you go?*

A lo mejor... *Maybe, probably . . .*

A (person) se le rompió... *(Person) broke his/her . . .*

¡Ay, pobrecito! *Oh, the poor thing!*

¿Cómo fue? *How did it happen?*

¡Cómo no! *Of course!*

¿Cómo pasaste el fin de semana? *How did you spend last weekend?*

¿Cuál es la temperatura? *What is the temperature?*

Déjame contarte... *Let me tell you . . .*

¿De veras? *Really?*

Dime... *Tell me . . .*

Está despejado (nublado). *It's clear (cloudy).*

Estamos a... grados. *The temperature is . . . degrees.*

Está nevando (lloviendo). *It's snowing (raining).*

¡Fatal! *Terrible! A disaster!*

Hace buen (mal) tiempo. *It's good (bad) weather.*

Hace sol (calor, fresco, frío, viento). *It's hot (sunny, cool, cold, windy).*

La próxima vez. *Next time.*

Lo pasé bien (mal, así así.) *I had a good (bad, so-so) time.*

Lo siento pero... *I'm sorry, but . . .*

Nada en (de) particular. *Nothing special. Nothing in particular.*

¡No me digas! *You're kidding!*

No puedo porque... *I can't because . . .*

Paso por tu casa... *I'll come by your house . . .*

¿Por qué no... ? *Why don't . . . ?*

¡Qué bien! *How nice!*

¡Qué buena idea! *What a good idea!*

¡Qué buena (mala) suerte! *What good (bad) luck!*

¿Qué hiciste anoche? *What did you do last night?*

¡Qué lástima! What a shame!

¿Qué tal tu fin de semana? *How was your weekend?*

¿Qué (te) pasó? *What happened (to you)?*

¿Qué tiempo hace? *What is the weather like?*

¿Quieres ir a... ? *Do you want to go to . . . ?*

¿Sabes lo que (me) pasó? *Do you know what happened (to me)?*

Te espero allí. *I'll wait for you / meet you there.*

Tengo un compromiso. *I have an engagement (another commitment).*

For further review, please turn to Appendix E.

OBJETIVOS

1. Speaking and Listening

Naming items of clothing and colors
Handling shopping transactions for clothing,
accessories, and souvenirs
Referring to floors of a building with ordinal numbers
Bargaining for souvenirs

APROVECHE
BOTA ALTA D PiEL
GARANTIZADA

N$

REMATE
MOCASIN Y NIÑO
15 AL 21% COSIDO
APROVECHE
25.00

De compras

Develop writing skills with *Atajo* software.

Atajo

Practice listening skills with the Student Tape.

Student Tape

WWW Explore!
http://puentes.heinle.com

Internet Activities

Discover the Hispanic world.

Video Tape

---

2. Reading

Making inferences

3. Writing

Editing and proofreading

4. Culture

Clothing and handicrafts of the Hispanic world

5. Grammar

Some verbs like *gustar*
Direct object pronouns
Indirect object pronouns

A primera vista

¿Conoces los grandes almacenes de JCPenney? Aquí tienes una página de su catálogo en español, para los hispanos de los Estados Unidos. Lee la información y contesta las preguntas oralmente en español con uno(a) o dos compañeros(as) de clase.

JCPenney En Español
CATALOG
Presenta Primavera y Verano '96

Llame Gratis
1-800-336-7337

Ordenar es Fácil

Disfrute de la comodidad de comprar desde su hogar. Nuestros Representantes de Servicio al cliente con gusto le tomarán su pedido y le contestarán cualquier pregunta los 7 días de la semana, de lunes a sábado de 7AM-11PM y domingos de 9AM-11PM. Solamente llámenos gratuitamente al:

1-800-336-7337

Para ordenar en inglés, 24 horas al día y 7 días a la semana, llame gratuitamente:

1-800-222-6161

© J.C. Penney Company, Inc., 1996. All Rights Reserved. Printed in U.S.A.

Opción de Entrega

Nos gusta darle alternativas cuando usted hace su pedido, usted decide si desea que le mandemos su orden a su hogar por UPS o si prefiere recogerlo en cualquier Departamento de Catálogo. Se le dará una fecha aproximada de entrega. Para información acerca del costo de manejo y envío, llame al **1-800-336-7337**

¡Somos muy rápidos!

La mayoría de los pedidos se entregan de 2 a 3 días.

Moda y Calidad

Este catálogo representa la moda, calidad y valor sobresaliente que usted espera de JCPenney.

¡Definitivamente... garantizado!

¡Todo lo que Ud. compre en JCPenney está garantizado! Si no está completamente satisfecho, nosotros le cambiamos su mercancía o le reembolsamos su dinero incluyendo el costo de manejo y entrega. Queremos que Ud. esté satisfecho.

1. ¿Te gusta ir de compras? ¿Compras ropa de catálogos a veces? ¿De cuáles?
2. En el catálogo JCPenney, ¿a qué número de teléfono debes llamar para hacer un pedido (para ordenar)?
3. ¿Se puede hacer un pedido en español, o solamente en inglés?
4. ¿Cuándo se puede llamar?
5. ¿Cuál es una ventaja *(advantage)* de comprar en JCPenney, según el anuncio?

Paso 1

In this *Paso* you will practice:

- Naming articles of clothing and colors
- Making clothing purchases in a store
- Expressing your reactions to the style and fit of clothing

Grammar:

- Some verbs like *gustar*
- Direct object pronouns

VOCABULARIO TEMÁTICO

En un gran almacén

¿Cuáles de estas prendas de vestir (*articles of clothing*) llevas hoy? ¿De qué colores son?

Los grandes almacenes

Cliente

Por favor, ¿dónde se encuentran
   los pantalones para hombres?
   las blusas para niñas
   los zapatos para mujeres

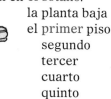

Dependiente

Están en el sótano.
      la planta baja
      el primer piso
         segundo
         tercer
         cuarto
         quinto

The English equivalents for the *Vocabulario temático* sections are found in Appendix E.

Otras prendas de vestir

un traje

una camisa

una corbata

unos calcetines

una falda

un vestido

unos vaqueros

unos pantalones cortos

una sudadera

un cinturón

un traje de baño

unas sandalias

un abrigo

una chaqueta

unas botas

unos guantes

una camiseta

Los colores y otros detalles

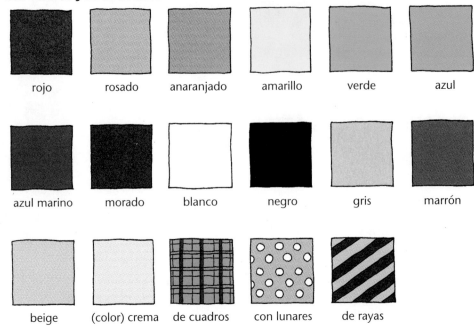

rojo   rosado   anaranjado   amarillo   verde   azul

azul marino   morado   blanco   negro   gris   marrón

beige   (color) crema   de cuadros   con lunares   de rayas

¿Sabías que...?

• When the names of colors are used as adjectives to describe clothing (or other things), you must make the color words agree in number and gender with the noun they are describing.

| Necesito una blusa rosada. | I need a pink blouse. |
| ¿Tienen Uds. vestidos amarillos? | Do you have yellow dresses? |

This agreement is **not** made, however, when you say **in** what color you would like an item.

| ¿Tienen Uds. estos zapatos **en negro**? | Do you have these shoes **in black?** |

• The word *brown* has several equivalents in Spanish: for hair and eye color, *castaño* is often used; for clothing and other items, *marrón* or *café* is more common. The color *pardo* refers to a grayish-brown, or taupe, shade.

• In many Hispanic countries, the ground floor or street level is called *la planta baja* and the second floor is called *el primer piso*. Sometimes *planta* is used instead of *piso* for other floors as well. A basement is called *el sótano*.

• Ordinal numbers are adjectives, and must agree in number and gender with the nouns they modify; also, ordinal numbers are generally placed before the noun. Note also that *primer* and *tercer* are used before a masculine singular noun.

los primeros exploradores	the first explorers
el primer piso	the first floor
la tercera vez	the third time
el tercer presidente	the third president

• Additional ordinal numbers are *sexto* (sixth), *séptimo* (seventh), *octavo* (eighth), *noveno* (ninth), and *décimo* (tenth). After *décimo*, Spanish speakers tend to use cardinal numbers (*once, doce, trece,* etc.)

| Su apartamento está en **el noveno piso.** | My apartment is on the ninth floor. |
| Mi apartamento está en **el piso doce.** | My apartment is on the twelfth floor. |

Comentario *cultural*

De compras en el mundo hispano

En el mundo hispano, al igual que en los Estados Unidos, las grandes ciudades ofrecen una gama completa de tiendas, boutiques y grandes almacenes *(department stores)* donde se puede ir de compras. En Madrid, España, por ejemplo, puedes comprarlo todo, desde comida para tus perros hasta lujosos *(luxurious)* abrigos de piel *(fur)*, en El Corte Inglés, el gran almacen más importante del país. O si prefieres, puedes caminar por el barrio de Salamanca e "ir de escaparates" *(go window-shopping)* en las boutiques de famosos diseñadores. Si quieres buscar gangas *(bargains)* o curiosidades, entonces debes ir al Rastro, el gigantesco pulguero *(flea market)* que se extiende por las calles de la Plaza Mayor los domingos por la mañana.

Un punto de diferencia y, a veces, de confusión entre los Estados Unidos y los países hispanos son las tallas y los números de zapatos. En España y en Latinoamérica las tallas se basan en el sistema métrico; puedes ver las diferencias en la tabla. En España usan el sistema de tallas europeo; en Latinoamérica usan los tres sistemas, según el país *(depending on the country)*. ¿Qué tallas llevas tú en el sistema europeo?

LAS TALLAS Y LOS NÚMEROS							
Caballeros							
Zapatos							
Estados Unidos	7	8	9	10	11	12	
Gran Bretaña	6	7	8	9	10	11	
Europa	39	41	43	44	45	46	
Trajes / Abrigos							
Estados Unidos	34	36	38	40	42	44	46	48
Gran Bretaña	44	46	48	50	54	56	58	60
Europa	44	46	48	50	52	56	58	60
Camisas							
Estados Unidos	14	14½	15	15½	16	16½	17	17½
Gran Bretaña	14	14½	15	15½	16	16½	17	17½
Europa	36	37	38	39	40	41	42	43
Damas							
Zapatos							
Estados Unidos	4	5	6	7	8	9	
Gran Bretaña	3	4	5	6	7	8	
Europa	35	36	37	38	39	40	
Vestidos / Trajes							
Estados Unidos	8	10	12	14	16	18	
Gran Bretaña	10	12	14	16	18	20	
Europa	36	38	40	42	44	46	

Ponerlo a prueba

A. Una orden por catálogo. La Sra. Davis quiere pedir algunas cosas del catálogo de JCPenney. Escucha la conversación entre ella y la operadora; después, completa la información del formulario en una hoja de papel.

Play Student Tape

Apellido: _____ Nombre: _____

Dirección: _____

Estado: _____ Código postal: _____

Teléfono: (Área) _____

Método de pago: _____ Cargar a su cuenta # _____; Al contado _____

Entrega a domicilio _____ Recoger en la tienda _____

Número del artículo	Artículo	Talla	Color	Cantidad	Precio

B. De compras en El Corte Inglés. Imagínate que estás de compras en El Corte Inglés. Primero lee la guía y luego usa la información para completar el ejercicio oralmente con tu compañero(a) según el modelo.

Modelo

tú:	Por favor, ¿dónde se encuentran las cámaras?
tu compañero(a):	Están en el primer sótano.
tu compañero(a):	¿Dónde se venden las copas de vino?
tú:	Se encuentran en la primera planta.

1 SÓTANO

Tejidos. Mercería. Sedas. Lanas. **Supermercado.** Alimentación. Limpieza. **Imagen y Sonido.** Cassettes. Fotografía. Hi-Fi. Ordenadores. Radio. TV. Vídeos. Discos.

SERVICIOS:

Patrones de moda. Sala de audición de Hi Fi. Laboratorio Fotográfico. Revelado rápido de Fotografías. Tintorería. Consultorio Esotérico.

B PLANTA BAJA

Complementos de Moda. Perfumería y Cosmética. Joyería. Bisutería. Bolsos. Fumador. Librería. Tienda de Tabaco. Marroquinería. Medias. Pañuelos. Papelería. Relojería. Sombreros. Turismo.

SERVICIOS:

Reparación relojes y joyas. Estanco. Información. Quiosco de Prensa. Servicio de Intérprete. Objetos perdidos.

1 PLANTA

Hogar Menaje. Artesanía. Cerámica. Cristalería. Cubertería. Accesorios Automóvil. Bricolage. Loza. Orfebrería. Porcelanas (Lladró, Capodimonte). Platería. Regalos. Vajillas. Saneamiento. Electrodomésticos. Muebles de Cocina.

SERVICIOS:

Reparación de Calzado. Plastificado de Carnet. Duplicado de llaves. Grabación de objetos. Floristería. Listas de Boda.

2 PLANTA

Niños/as. (4 a 10 años) Confección. Boutiques. Complementos. Juguetería. **Chicos/as.** (11 a 14 años) Confección. Boutique Agua Viva. **Bebés.** Confección. Carrocería. Canastillas. Regalos bebé. Zapatería bebé. **Zapatería.** Señoras, Caballeros y Niños.

SERVICIOS:

Estudio Fotográfico y realización de retratos.

3 PLANTA

Confección Caballeros. Confección Ante y Piel. Boutiques. Ropa Interior. Sastrería a Medida. Artículos de Viajes. Complementos de Moda. Zapatería.

SERVICIOS:

Unidad Administrativa (Tarjeta de compra El Corte Inglés. Venta a plazos. Envíos al extranjero y nacionales. Post-Venta). Peluquería Caballeros y Niños. Centro de Seguros. Agencia de Viajes.

4 PLANTA

Señoras. Confección. Punto. Peletería. Boutiques Internacionales. Lencería y Corsetería. Futura Mamá. Tallas Especiales. Complementos de Moda.

SERVICIOS:

Peluquería Señoras. Conservación de pieles. Cambio de moneda extranjera. Devolución IVA.

6 PLANTA

Muebles y Decoración. Dormitorios. Salones. Lámparas. Cuadros. Tienda Dalí. **Hogar Textil.** Mantelerías. Toallas. Visillos. Alfombras y Moquetas. Cortinas. Edredones. Ropa de cama y mesa.

SERVICIOS:

Enmarque de cuadros. Realización de Retratos. Estudio de decoración. Centro de Comunicaciones. (Llamadas telefónicas nacionales e internacionales).

5 PLANTA

Juventud. Confección. Tienda Vaquera. Lencería y Corsetería. Punto. Boutiques. Complementos de Moda. **Deportes.** Prendas Deportivas. Zapatería deportiva. Armería. Complementos. Marcas internacionales.

7 PLANTA

Oportunidades. Promociones.

SERVICIOS:

Cafetería. Buffet. Restaurante.

1. los pantalones vaqueros para los jóvenes de 16 años
2. las faldas para chicas de unos 13 años
3. los zapatos para mujeres
4. las tostadoras
5. los trajes para hombres
6. las raquetas de tenis
7. las lámparas
8. las muñecas (*baby dolls*)
9. los vídeos
10. los vestidos para mujeres

C. ¡Cuántos problemas! Basándote en los pequeños dibujos, completa los siguientes mini-diálogos con los nombres de la ropa y los colores. Después, lee las conversaciones en voz alta (*aloud*) con tu compañero(a) de clase.

1. En la tintorería (*dry cleaner's*):

DEPENDIENTE: Bueno, señor Rodríguez, aquí tiene Ud. su ropa, toda limpia y planchada (*pressed/ironed*)...

EL SEÑOR RODRÍGUEZ: Pero, señora, ¡ésa no es mi ropa! Yo le traje _____.

2. En el aeropuerto, en el Servicio de Equipaje:

DEPENDIENTE: Por fin encontramos su maleta grande, pero, desafortunadamente, no pudimos encontrar la pequeña (*the little one*). Lo siento mucho. ¿Puede Ud. darme una descripción de los artículos que llevaba en la maleta pequeña?

LA SEÑORITA LEVY: ¡Qué lata! Bueno, déjeme pensar... Creo que en la pequeña tenía _____ .

3. En una tienda, en el Departamento de Objetos Perdidos:

LA SEÑORA CANAS: Mire, señorita, acabo de perder una bolsa (*a shopping bag*) con todos los artículos que compré en esta tienda. No sé en dónde la habré dejado (*where I might have left it*)...

DEPENDIENTE: No se preocupe, señora. Dígame, por favor, ¿qué tenía en la bolsa?

LA SEÑORA CANAS: _____ .

4. Con la policía: Imagínate que mientras estabas de compras en un gran centro comercial (*shopping mall*), alguien te robó varios paquetes que tenías en el maletero (*trunk*) de tu coche. Escribe un mini-diálogo entre tú y el (la) policía que está investigando el caso.

VOCABULARIO TEMÁTICO

De compras

¿Es bueno el servicio en las tiendas de tu ciudad? ¿Cuáles son tus tiendas favoritas?

Dependiente	Cliente
¿Lo atienden? La	Gracias, sólo estoy mirando.
¿Qué desea?	Estoy buscando un suéter de lana. de algodón de seda

¿De qué color?	Prefiero un suéter verde.

¿Qué talla lleva Ud.?	Llevo la talla mediana.
	           pequeña
	           grande
	           extra grande

¿Qué le parece éste?	Me parece un poco caro. demasiado formal
	¿Tiene otro más barato? más sencillo
¿Quiere probarse éste?	Sí, ¿dónde está el probador?
¿Cómo le queda el suéter?	Me queda bien. mal
	¿Tiene una talla más grande? pequeña
	¿Cuánto cuesta?
Está rebajado. Cuesta $40.00.	Voy a llevármelo.

¿Sabías que...?

> In most stores, a clerk will wait on you as soon as you enter; however, should you need to ask for assistance, simply say *Señor, Señora,* or *Señorita* to get a clerk's attention.

> Did you notice that a clerk hoping to wait on you must choose between the masculine direct object pronoun *lo* and the feminine *la* when asking if someone is helping you? In a similar way, when you say "I'll take it/them," you must choose the word for "it" or "them" that matches the gender and number of the object to which you are referring.

Masculine:	it	**lo**	(for example, *un suéter,* "Voy a llevárme**lo.**")
Feminine:	it	**la**	(for example, *una falda,* "Voy a llevárme**la.**")
Masculine:	them	**los**	(for example, *unos vaqueros,* "Voy a llevárme**los.**")
Feminine:	them	**las**	(for example, *unas sandalias,* "Voy a llevárme**las.**")

> Do you remember the demonstrative adjectives *este* (this) and *ese* (that)? When an accent mark is added, these adjectives may be used as pronouns to express "this one" and "that one."

¿Cuál te gusta más, **esta falda azul** o **esa falda gris?**	*Which do you like better—**this blue skirt** or **that gray skirt?***
Me gusta más **ésa.**	*I like **that one** better.*

> In Spanish, you must use different words for "size" and "to wear" when referring to shoes or footwear.

For shoes or other footwear:

¿Qué **número calza** Ud.?	*What size shoes do you wear?*
Calzo el **número 43.**	*I wear a size 9.*

For shirts or other clothing:

¿Qué **talla lleva** Ud.?	*What size shirt do you wear?*
Llevo la **talla 39.**	*I wear a 15 1/2.*

ESTRUCTURAS ESENCIALES

Otros verbos como *gustar*

You have already seen that, when using the verbs *gustar* (to like), *interesar* (to be interested in), and *encantar* (to love something), you must follow a special sentence pattern that includes an indirect object pronoun and the placement of the subject at the end of the sentence.

A mi madre no **le gusta el azul claro**.	*My mother doesn't like light blue.*
A Elisa **le encantan los grandes almacenes**.	*Elisa loves department stores.*

Two other common verbs, *parecer* (to think about/to seem) and *quedar* (to fit), also use indirect object pronouns, but follow a slightly different pattern.

■ In **statements,** the subject often goes **before** the indirect object pronoun with these verbs. An adjective generally follows the verb.

Esos pantalones nos parecen un poco caros.	*Those pants seem a little expensive to us.*
Ese vestido me parece demasiado formal.	*That dress seems too fancy to me.*
La chaqueta le queda grande.	*The jacket is too big on him/her/you (formal).*
Esos zapatos le quedan mal.	*Those shoes don't fit him/her/you (formal) well.*

■ In **questions,** the subject goes **after** the verb.

¿Qué **te parecen estas sandalias?**	*What do you (familiar) think about these sandals?*
¿Cómo **le queda el abrigo?**	*How does the coat fit him/her/you (formal)?*

Ponerlo a prueba

Play Student Tape

A. En Celso García. Carla está de compras en Celso García, una tienda elegante de Madrid, España. Escucha la conversación entre ella y una dependiente; después, contesta las preguntas.

1. ¿Qué está buscando Carla?
   a. un vestido para su boda *(wedding)*
   b. un vestido para la boda de una amiga
   c. un vestido para la boda de su hermana

2. ¿Qué talla lleva?
   a. 36
   b. 48
   c. 38
   d. Ella no sabe su talla.

3. ¿De qué color prefiere el vestido?
   a. un color dramático, como el negro
   b. el color tradicional—blanco
   c. un color claro *(light)*, como el rosado

4. ¿Qué le parece el primer vestido?
   a. Le encanta.
   b. Le parece muy caro.
   c. No quiere un vestido de seda.

5. ¿Cómo le queda el vestido que se prueba?
   a. Le queda un poco grande.
   b. Le queda perfectamente.
   c. Le queda un poco pequeño.

6. ¿Cuánto cuesta el vestido que quiere comprar?
   a. 4.200 pesetas
   b. 42.000 pesetas
   c. 420.000 pesetas

B. Ropa nueva. Julián quiere comprar ropa nueva para llevar a la universidad. Basándote en el dibujo, completa el siguiente diálogo entre él y el dependiente de la tienda.

DEPENDIENTE: ¿Lo atienden, señor?

JULIÁN: _____.

DEPENDIENTE: ¿Unos pantalones? ¿Cómo los quiere, de algodón o de lana?

JULIÁN: _____.

DEPENDIENTE: ¿De qué color?

JULIÁN: _____.

DEPENDIENTE: ¿Qué talla lleva Ud.?

JULIÁN: _____.

DEPENDIENTE: Bueno, aquí tenemos varios modelos en su talla. ¿Qué le parecen éstos?

JULIÁN: _____.

¿_____?

DEPENDIENTE: Aquí tiene otro modelo. ¿Le gustan?

JULIÁN: _____.

¿_____?

DEPENDIENTE: Dos mil quinientos colones. Están rebajados. Y aquí hay otro modelo parecido (similar). ¿Quiere probarse los dos pares (pairs)?

JULIÁN: _____ . ¿_____?

DEPENDIENTE: Está allí, en el fondo a la derecha.

(Unos momentos después)

DEPENDIENTE: Bueno... ¿cómo le quedan?

JULIÁN: _____.

DEPENDIENTE: Ud. tiene razón. Lo siento, no tenemos ese modelo en una talla más pequeña, pero... aquí hay unos en otro modelo. ¿Por qué no se prueba éstos?

JULIÁN: _____.

DEPENDIENTE: Lo siento mucho. Vuelva Ud. otro día. Adiós.

JULIÁN: _____.

GRAMÁTICA

El complemento directo

A. El complemento directo. A **direct object**, or *complemento directo*, is the part of the sentence that receives the action of the verb. As you saw in Chapter 4, a direct object may refer to a person or to a thing and answers the questions **whom?** or **what?** with respect to the verb.

Ayer vi a **Marta** en El Corte Inglés.   (***Whom** did I see in El Corte Inglés?* **Marta**.)

Ella compró un **abrigo** nuevo.   (***What** did she buy? A new **coat**.)

B. Los pronombres. Direct objects are often replaced with direct object pronouns in conversation and in writing to avoid repetition.

—¿Dónde compraste **esos pantalones**?   *"Where did you buy **those trousers**?"*

—**Los** compré en El Corte Inglés.   *"I bought **them** at El Corte Inglés."*

To use direct object pronouns, follow these guidelines.

- To refer to things, use the following pronouns:

lo	*it (masculine)*	¿El suéter? **Lo** compré en Sears.	*The sweater? I bought **it** at Sears.*
la	*it (feminine)*	¿La falda? **La** compré por $35.00.	*The skirt? I bought **it** for $35.00.*
los	*them (masculine)*	¿Los vaqueros? **Los** llevo todos los días.	*Jeans? I wear **them** every day.*
las	*them (feminine)*	¿Las sandalias? No **las** llevo nunca.	*Sandals? I never wear **them**.*

- To refer to people, use the following direct object pronouns:

me	*me*	Papá no **me** vio en la tienda.	*Dad didn't see **me** in the store.*
te	*you (informal)*	No **te** vi allí.	*I didn't see **you** there.*
lo	*him/you (formal-masc.)*	¿Miguel? No **lo** veo a menudo.	*Miguel? I don't see **him** often.*
la	*her/you (formal-fem.)*	¿Teresa? **La** veo todos los días.	*Teresa? I see **her** every day.*
nos	*us*	Mamá **nos** acompañó a la tienda.	*Mom accompanied **us** to the store.*
os	*you (plural, informal/Spain)*	No **os** comprendo.	*I don't understand **you**.*
los	*them (masc.)/ you (plural-masc.)*	¿Los chicos? No **los** veo.	*The boys? I don't see **them**.*
las	*them (fem.)/ you (plural-fem.)*	¿Las chicas? No **las** veo.	*The girls? I don't see **them**.*

- To refer to an idea or to a whole clause, use the pronoun *lo*.

—¿Sabes dónde puedo encontrar las camisetas de seda?   *"Do you know where I can find some silk T-shirts?"*

—No, no **lo** sé.   *"No, I don't know (**it**; that is, "where you can find them.")."*

C. La posición en la oración. The position of direct object pronouns depends upon the kind of verb used in a sentence.

- When a sentence has a single conjugated verb, the direct object pronoun is placed directly in front of the verb.

  ¿Esta falda? **La** compré en una nueva boutique en la calle Ocho.

  That skirt? I bought it at a new boutique on Eighth Street.

  ¿Más calcetines? Gracias, pero no **los** necesito.

  More socks? Thanks, but I don't need them.

- When the sentence contains a verb phrase consisting of a conjugated verb + infinitive, the pronouns may be placed before the conjugated verb or attached to the infinitive.

  Mi sobrina está en el hospital. Pienso visitar**la** mañana.

  My niece is in the hospital. I plan to visit her tomorrow.

  ¡Qué rosas más bonitas! **Las** voy a comprar para mi sobrina.

  What pretty roses! I'm going to buy them for my niece.

- Pronouns are attached to the end of **affirmative** commands and an accent mark is added:

  Esa chaqueta le queda bien. ¡Cómpre**la**!

  That jacket fits you (formal) well. Buy it!

- Pronouns are placed in front of the verb in **negative** commands.

  Esa chaqueta le queda mal. ¡No **la** compre!

  That jacket doesn't fit you (formal) well. Don't buy it!

Ponerlo a prueba

A. ¿Cuándo? Explica cuándo o en qué circunstancias llevas estas prendas de vestir.

Modelo

botas   **Las** llevo en el invierno cuando nieva.
          No **las** llevo nunca.

1. traje de baño
2. sandalias
3. pantalones cortos
4. guantes
5. zapatos de tacón alto (*high-heeled*)
6. corbata de seda
7. suéter de lana
8. sudadera

B. En una tienda. Aquí tienes varias conversaciones que tienen lugar (*take place*) en una tienda. Léelas y complétalas con los pronombres más lógicos.

1.   ALEJANDRO: Luis, ¿dónde está **la dependiente**?

     LUIS: No sé, no _____ veo.

2.   DEPENDIENTE: ¿Quiere Ud. **este suéter** también?

     ROBERTO: No, no _____ quiero. Me parece un poco caro.

3.   LA SRA. HUANG: Si estás muy cansado, ¿por qué no **me** esperas en la cafetería en el segundo piso?

     EL SR. HUANG: Muy bien. _____ espero en la cafetería.

4.   MAMÁ: Sarita, ¿por qué quieres comprar **esa falda?** Ya tienes muchas en casa.

    SARITA: Pero, mamá, _____ necesito para ir al baile el sábado.

5.   LA SRA. CALVO: Por favor, señorita. Estoy buscando a **mis hijas gemelas.** Son altas, rubias, tienen quince años...

    DEPENDIENTE: ¡Ah sí! _____ vi en el probador hace un momento.

6.   DEPENDIENTE: ¿**La** atienden?

    MARTA: Sí, ya _____ atiende la otra señorita.

C. Cuéntame. Contesta estas preguntas con un(a) compañero(a) de clase. Tienes que incorporar los pronombres de complemento directo en tus respuestas.

Modelo

—¿Dónde compras tus **vaqueros?**
—**Los** compro en "The Gap".

1. En general, ¿dónde compras tu **ropa?** ¿Y tus **zapatos?** ¿Por qué prefieres esas **tiendas?**

2. ¿Prefieres vestirte formal o informalmente? (Para los chicos): ¿En qué ocasiones llevas **traje?** ¿**Vaqueros?** (Para las chicas): ¿En qué ocasiones llevas **vestido?** ¿**Falda y blusa?**

3. ¿Compras la **ropa** de los grandes diseñadores a veces? ¿Conoces al **diseñador** Oscar de la Renta? ¿A la **diseñadora** Paloma Picasso? ¿Sabes **de dónde son?**

4. Cuando eras chico(a), ¿**te** acompañaba tu madre cuando ibas de compras? ¿Recuerdas **la primera vez que fuiste de compras solo(a)?**

Comentario *cultural*

Los diseñadores

Aunque muchos jóvenes hispanos llevan vaqueros y camisetas, hay una tendencia en los países latinos a vestirse un poco más formalmente para salir a la calle (*to be in public*). Quizás debido a (*on account of*) este interés en la apariencia personal, España y Latinoamérica han producido muchos diseñadores (*designers*) de fama internacional: el dominicano Oscar de la Renta, los españoles Paloma Picasso y Fernando Peña, la venezolana Carolina Herrera y el cubano Luis Estévez.

Oscar de la Renta con una de sus modelos

Paloma Picasso presenta sus diseños

A. El último grito de la moda. Contesta estas preguntas oralmente con tu compañero(a) de clase.

1. ¿Te gusta ir de compras? ¿Con qué frecuencia vas a los grandes centros comerciales *(shopping malls)*? Cuando tienes que comprar ropa, ¿cuál es el factor más importante, la calidad *(quality)*, el precio *(price)* o la moda *(style, fashion)*?

2. Durante la década de los 60, muchos jóvenes llevaban vaqueros acampanados *(bell-bottoms)* y camisetas "tie-dyed". ¿Sabes qué otras prendas de vestir estaban de moda *(in style/fashionable)*? ¿Cómo es la moda hoy entre los jóvenes? ¿Qué colores están de moda?

3. En muchos colegios hispanos y también en algunos colegios privados norteamericanos, los estudiantes llevan uniforme. ¿Qué te parece esa idea? Cuando tú asistías a la escuela secundaria, ¿cómo se vestían los estudiantes para clase? ¿Estaba permitido llevar pantalones cortos cuando hacía calor?

4. ¿Cómo se viste el estudiante "típico" de tu universidad para asistir a clase? ¿Para ir a una fiesta? ¿Hay reglas *(rules)* sobre lo que se puede llevar a clase? En tu opinión, ¿es apropiado tener reglas de ese tipo en la universidad?

5. ¿Cuándo fue la última vez que fuiste de compras? ¿Adónde fuiste? ¿Qué ropa compraste? ¿Compraste otras cosas también? ¿Cómo pagaste?

B. Mini-drama. Con un(a) compañero(a) de clase, escribe un mini-drama para la siguiente situación y preséntaselo a la clase.

Imagínate que estás en una tienda de ropa. Quieres comprar un regalo para el cumpleaños de tu novio(a). El (La) dependiente tiene varias sugerencias *(suggestions)*, pero no te gusta ninguna. Por fin, encuentras el regalo perfecto. Completa esta conversación por escrito.

Modelo

DEPENDIENTE: ¿Qué desea?

ALBERTO: Estoy buscando un regalo para mi novia, pero no sé qué comprar.

DEPENDIENTE: Estas blusas de seda son bonitas. ¿Qué le parece ésta?

ALBERTO: Sí, es bonita pero me parece demasiado formal.

DEPENDIENTE: Aquí tenemos...

C. Viaja cómodamente. Lee este artículo de la revista *Tú* y completa las actividades.

Comprensión: Contesta las preguntas oralmente.

1. ¿Adónde van las chicas en septiembre?
2. ¿Qué consejo *(advice)* necesitan?
3. Según la respuesta, ¿por qué es importante llevar ropa que puedan ponerse más de una vez?
4. ¿Qué prendas básicas deben llevar?
5. ¿Por qué es mejor llevar una mochila y no usar una maleta?
6. ¿Cuál es otra recomendación útil?

Práctica. Imagínate que vas de vacaciones a los siguientes lugares. ¿Qué prendas piensas llevar en tu maleta? Escribe una lista de la ropa más indicada.

1. Vas a pasar una semana en la playa en Cancún, México.
2. Piensas ir a Bariloche, Argentina, para esquiar en la nieve.
3. Tú y unos amigos van a hacer camping en los parques nacionales del oeste de los Estados Unidos.

VIAJA COMODAMENTE

Mis amigas y yo nos vamos a ir en septiembre de viaje a recorrer varios países de Europa. Nos dicen que lo mejor es llevar pocas cosas y una maleta tipo "back pack" para que nos podamos mover con facilidad en los trenes y albergues. Pero, ¿exactamente que debemos llevar? ¡Por favor, ayúdenos!

Las viajeras.
México

Lo ideal es llevar poca ropa y que dure varias puestas sin tener que lavarse, porque en la mayoría de los albergues no hay baños privados donde puedan lavar, también toma en cuenta que andarán de un lado para otro y no tienen mucho tiempo ni privacidad para secar su ropa. Los jeans y shorts de mezclilla son básicos, porque les durarán varias puestas, lleven camisetas y blusas sin manga de telas delgadas que sequen rápido. Lleven un vestidito de algodón para algo más formal. Acuérdate que es verano y hace mucho calor lo cual te ayudará a viajar con ropa muy ligera.

Como van a andar de un lado a otro, caminando como locas, muchas veces con la maleta a cuestas, la mejor opción es una "back pack" tamaño mediano. Lleven unos tenis y un par de zapatos que sean muy cómodos. Una cangurera es súper necesaria para guardar el dinero, los boletos, la cámara, el pasaporte y las direcciones. ¡No se separen nunca de ella!

¡Buen viaje!

Paso 2

In this *Paso* you will practice:

- Shopping in a market
- Bargaining

Grammar:

- Indirect object pronouns

VOCABULARIO TEMÁTICO

En un mercado

¿Te gusta ir de compras? ¿Adónde prefieres ir de compras? ¿Por qué?

En un mercado se puede comprar:

un paraguas

una gorra

unas gafas de sol

un bolso de cuero

una guayabera

una billetera

un plato de cerámica

un sarape

unas maracas

una piñata

un sombrero

un collar

unos aretes

un brazalete de plata

una cadena de oro

¿Sabías que...?

- The words *cuero* and *piel* may both be translated as "leather." However, *cuero* may be used to refer to a rougher and less expensive product, and *piel* may also be used to mean fur.

A. Tesoros puertorriqueños. Imagínate que estás de compras en este mercado. Usa la información en el dibujo para contestar las preguntas.

1. ¿Cómo se llaman los puestos *(stalls)*?
2. Necesito comprar unas gafas de sol. ¿Dónde las debo comprar?
3. Quisiera comprar unas maracas. ¿Dónde cuestan menos?
4. ¿Dónde cuestan menos las camisetas?
5. ¿Dónde se venden las guayaberas? ¿Cuánto cuestan?
6. Mi amiga quiere comprar un bolso, pero solamente tiene $21.00. ¿Dónde lo puede comprar? ¿Por qué?
7. ¿Dónde cuestan más las billeteras? ¿Cuánto valen?
8. Quiero comprarle un brazalete de plata a mi hermana. ¿Dónde lo puedo comprar? ¿Cuánto cuesta?
9. ¿Qué tipo de prendas son más baratas? ¿Cuál es la diferencia entre el precio de una cadena de plata y una cadena de oro? ¿Cuál de las dos prefieres?
10. Tienes $30.00 para comprar tres recuerdos: uno para tu padre, uno para tu hermanito(a), uno para tu mejor amigo(a). ¿Qué vas a comprar?

B. En el mercado de San Juan. Primero, lee el anuncio en la página 324 y escribe respuestas a las preguntas. Luego, escribe un mini-diálogo que represente la venta de uno de los artículos. Finalmente, presenta el diálogo oralmente a tu clase con un(a) compañero(a).

1. ¿A qué distancia está el mercado del Palacio de Bellas Artes?
2. ¿Por qué mencionan esta información en el anuncio?
3. ¿Qué instrumentos musicales se venden en el mercado?
4. ¿Cuándo se abrió el mercado?
5. ¿En cuántos locales individuales se puede comprar en este mercado?
6. ¿A qué hora se abren y se cierran los sábados?
7. ¿Qué ventajas *(advantages)* hay en comprar en el mercado?
8. ¿Qué te gustaría comprar en el mercado? ¿Por qué?

MERCADO DE CURIOSIDADES "SAN JUAN"

En el mundo nos conocen como "San Juan Basket Market". Tenemos la más extensa y fina selección de artesanías mexicanas como: Joyería en plata y Oro, Artículos de piel, Ropa típica, Onix, Amates, Cobre, Madera tallada, Sarapes, Guitarras, malaquita, Hamacas, Cerámica, Emplomados, Esmaltes, etc. etc. Así como toda clase de curiosidades en los más variados materiales.

Desde 1907 somos los primeros en artesanías.

Visitar nuestro mercado es un acontecimiento muy agradable y en sus compras un ahorro muy grande.

176 Locales abiertos los 365 días del año, de 9 a.m. a 7 p.m. los domingos de 9 a.m. a 3 p.m.

LOCALIZACION: Ayuntamiento y Dolores (a cuatro calles al Sur del Palacio de Bellas Artes).

LOCATION: Ayuntamiento and Dolores Streets (four blocks south of the Palace of Fine Arts).

México 1, D. F.
TELS.: 512-24-07—510-93-50—510-16-90

VOCABULARIO TEMÁTICO

¡A regatear!

¿Tienes la oportunidad de regatear *(to bargain)* cuando vas de compras? ¿Te gusta esta práctica? A continuación hay una lista de frases que se usan para regatear.

Cliente	Vendedor
¿Podría mostrarme esos aretes? 　　　　**esas maracas**	Aquí los tiene. 　　las
¿Cuánto cuestan? 　　**valen**	Cuestan cien pesos. Valen
¡Qué horror! ¡Qué caros! 　　　　**caras**	
¿Me puede hacer un descuento?	Le doy un descuento de veinte pesos. Solamente me tiene que pagar ochenta pesos.
¡Eso es mucho dinero! No le pago más de setenta pesos.	¡Es muy poco! No puedo aceptar menos de setenta pesos.
Está bien. Me los llevo. 　　　　las	

¿Sabías que...?

> The indirect object pronoun *le* (to/for you), which was introduced with verbs like *gustar*, is used here in a new context; you will learn more about this new use in the next grammar section.

Comentario *cultural*

El regateo

El regateo es la práctica de negociar un precio más barato de lo que piden por un artículo. Es muy común en los países hispanos, pero hay cierta etiqueta que se debe seguir para no insultar al vendedor. Esta práctica nunca se debe intentar en las tiendas o en los grandes almacenes; solamente es aceptable en los mercados. Generalmente se regatea cuando uno tiene intenciones serias de comprar el artículo. Se debe ofrecer un precio razonable y no demasiado bajo. Por último, nunca se debe insultar la calidad del objeto al regatear.

Estrategia

Circumlocution

What do you do when you have a temporary memory lapse and cannot remember a word that you need? What other ways do you use to try to express what you want to say? This very useful survival skill, known as **circumlocution**, is also applicable in Spanish. Here are some strategies that will help you communicate when you lack the specific vocabulary.

- Say that you don't know how to say it.

  No sé la palabra exacta pero...   *I don't know the exact word but . . .*

- Use the following expressions to try to define or describe the word.

  Es una cosa que se usa para *(infinitive)*...   *It is something that you use for . . .*

  Es algo que es *(adjective/s)*...   *It's something that is . . .*

  Es una persona que...   *It is a person that . . .*

  Es un lugar que...   *It is a place that . . .*

- If all else fails, draw the word or use gestures to communicate the idea.

- If there is a bilingual person around, ask him or her:

  ¿Cómo se dice... ?   *How do you say . . . ?*

Take turns circumlocuting some of the words below at random until your partner guesses them.

savvy   e-mail   consignment shop   vest
suspenders   commitment   cheerleader   call waiting

A. En el mercado de artesanías en Cartagena, Colombia. Primero, examina bien el dibujo del mercado de artesanías. Luego, escucha los mini-diálogos y completa la tabla. Es posible que tengas que escuchar el casete más de una vez para poder escribir toda la información necesaria. Vas a oír tres mini-diálogos.

Play Student Tape

	Artículo	Detalles	Precio
1.			
2.			
3.			

B. ¿Cuánto vale... ? Imagínate que estás de compras en el mercado de artesanías del ejercicio anterior. Practica oralmente con tu compañero(a) la venta y compra de los artículos que no se mencionaron en el ejercicio anterior.

Modelo

tu compañero(a): ¿Cuánto vale... *(the item)?*

tú: Vale... *(amount of money).*

tu compañero(a): ¡Qué caro(a)! Le doy... *(amount of money).*

tú: No, eso es muy poco. Necesito... *(discounted price).*

tu compañero(a): Muy bien.

Comentario *cultural*

La guayabera

Aunque no se puede clasificar la manera en que los hispanos se visten, en los países de clima tropical o semi-tropical muchos hombres acostumbran a llevar una camisa muy cómoda que se llama **la guayabera.** Las guayaberas, que se venden en diferentes tamaños y en todos los colores, no se usan con corbata, pero son muy versátiles porque son apropiadas para ocasiones formales e informales. La popularidad de esta prenda de vestir se debe al clima tan cálido de la región, que impide a los hombres llevar trajes o sacos con corbata. Lee el artículo a continuación para aprender más sobre esta prenda de ropa tan interesante.

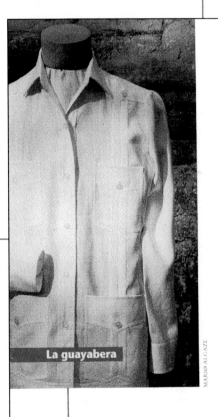

La guayabera

La guayabera

Para cierto hombre latino de raíces, o afinidades caribeñas, la guayabera clásica, de manga larga, de lino o algodón, es casi un uniforme. Esta prenda, descendiente de la túnica militar, imparte un aire de sobria disciplina, reemplazando al traje en ocasiones formales.

En su famosa **Casa de las Guayaberas** de Miami (305-266-9683) Ramón Puig, vende guayaberas hechas, o las corta para una selecta clientela de latinos y norteamericanos. Unos las prefieren ajustadas y otros más sueltas. Y a sus clientes que son policías, Puig les pregunta de que lado del torso cargan el arma para darles un poco más de tela y evitar un bulto sospechoso. ◆

GRAMÁTICA

El complemento indirecto

A. El complemento indirecto. In Chapter 4 and in the first part of this chapter, you saw how indirect object pronouns were used with verbs like *gustar*. They can be used with many other verbs as well. The indirect object pronoun, like the indirect object noun, tells **to whom** or **for whom** the action is done.

Mi mamá siempre **me** compra la ropa.	*My mother always buys clothes (for whom?) **for me.***
Nuestra abuela siempre **nos** manda suéteres de regalo.	*Our grandmother always sends sweaters (to whom?) **to us** as gifts.*

B. Los pronombres. Study carefully the following guidelines for using indirect object pronouns.

- Here are the indirect object pronouns:

me	*to/for me*	Mi amigo **me** dio una blusa.	*My friend gave **me** a blouse.*
te	*to/for you*	Tus padres **te** dieron una billetera.	*Your parents gave **you** a wallet.*
le	*to/for him* *to/for her* *to/for you (formal)* *to/for it*	**Le** di una camiseta **a Miguel.**	*I gave **Miguel** a T-shirt.*
nos	*to/for us*	Margarita **nos** dio un disco compacto de "jazz".	*Margarita gave **us** a jazz CD.*
os	*to/for you (plural)*	Tía Ana **os** dio un cartel.	*Aunt Ana gave **you** (pl.) a poster.*
les	*to/for you (plural, formal)* *to/for them*	**Les** dimos el dinero a Uds.	*We gave **you** (pl.) money.*

- As is the case with direct object pronouns, indirect object pronouns may replace the indirect object nouns.

—¿Qué **le** regalaste a Pepe?	*What did you give to Pepe?*
—**Le** regalé un cinturón.	*I gave (to) **him** a belt.*

- In addition, the indirect object pronouns *le* and *les* are used together with the corresponding indirect object noun; the preposition *a* always comes **before** the indirect object noun.

Le compré una guayabera **a papá.**	*I bought a guayabera **for Dad.***
Les mandamos los sarapes **a mis primos.**	*We sent the sarapes **to our cousins.***

- Since **le** and **les** have a number of different meanings, it is recommended that you add the following prepositional phrases for clarification when the context is unclear: **a él, a ella, a Ud., a ellos, a ellas, a Uds.**

Le dije **a él** la verdad.	*I told **him** the truth. (**to him**)*
No **les** compré nada **a ellos**.	*I did not buy anything **for them**.*

C. La posición en la oración.
Indirect object pronouns follow the same rules for placement as direct object pronouns.

- Indirect object pronouns are placed before a single conjugated verb.

No **te** mandé el abrigo que querías.	*I didn't send (**to**) **you** the coat that you wanted.*
Mi compañera de cuarto no **me** dio mi ropa.	*My roommate didn't give (**to**) **me** my clothes.*
Paco no **nos** dio el suéter que compramos.	*Paco did not give (**to**) **us** the sweater that we bought.*

- If the sentence contains a verb phrase consisting of a conjugated verb + infinitive, the indirect object pronoun may be placed before the conjugated verb or attached to the infinitive.

Pienso comprar**les** unas botas a los niños.	*I plan to buy some boots for the children. (**for them**)*
Le tienes que llevar el traje a Felipe.	*You have to take the suit to Felipe. (**to him**)*

Ponerlo a prueba

A. Los recuerdos de las vacaciones. Acabas de regresar de un viaje a España y vas a escribir una lista de los recuerdos que trajiste y para quién o quiénes los compraste. Tienes que usar *le* o *les* en tus respuestas.

Modelo

A mis padres les compré un casete de flamenco.

1. a mis padres	una cadena de oro
2. a papá	un cuadro de los toros
3. a mis hermanos	un casete de flamenco
4. a mi hermano(a)	un collar de perlas
5. a mi mejor amigo(a)	una boina *(beret)* de San Sebastián
6. a mi compañero(a) de cuarto	una mantilla negra
7. a mamá	un cartel de Barcelona
8. (incluye una respuesta original)	una botella de vino tinto
	una camiseta de Madrid

B. Los regalos. Es el día antes de Navidad y las personas siguientes están hablando de los regalos que han comprado o recibido. Lee los mini-diálogos a continuación y complétalos con la forma correcta del complemento indirecto según el modelo.

Modelo

—Mira que sudadera más linda le compré a Mimi.

—Ella les dijo a Nina y a Paco que la quería.

1. —¿Quién _____ trajo a Ernesto y a mí ese cuadro tan fabuloso?

   —Yo _____ traje el cuadro a Uds.

2. —Marisa, ¿cuándo _____ dio Fabio ese collar tan bello que llevas?

   —Fabio _____ lo dio ayer. ¡Yo no lo esperaba!

3. —Teresa, ¿qué _____ compraste a mami y a papi?

   —A mami _____ compré una chaqueta y a papi _____ compré una corbata.

4. —Julia, ¿sabes si Eugenio _____ compró el brazalete que yo quería?

   —Pilar, no empieces. No voy a decir _____ lo que *(what)* Eugenio _____ compró.

5. —¿Quién _____ dio a los niños esas maracas?

   —¡No sé, pero ese ruido _____ da un dolor de cabeza terrible a nosotros!

C. Las preguntas personales. Contesta las preguntas oralmente.

1. ¿Qué te dieron tus padres para tu cumpleaños?
2. ¿Qué le vas a dar a tu novio(a) o a tu mejor amigo(a) para su cumpleaños?
3. ¿Qué les compraste a tus abuelos en su último aniversario?
4. ¿A quién tienes que comprarle un regalo? ¿Por qué?
5. ¿Cuál fue el regalo más interesante que alguien te dio recientemente? ¿Cuál fue la ocasión?
6. ¿En qué ocasión le diste ropa a tu padre? ¿Qué le diste?
7. ¿Cuál fue el mejor juguete *(toy)* que tus padres les dieron a tus hermanos y a ti de niños?
8. ¿Qué regalo le diste a tu madre que le gustó mucho *(that she liked a lot)*?

Síntesis

A. Greg va de compras. Escucha la conversación entre Gregorio y la dependiente de una tienda y contesta las preguntas en una hoja de papel.

1. Gregorio no compra el perfume porque
   a. no le gusta.
   b. no sabe qué marca prefiere la señora.
   c. no tienen la marca que él busca.

2. Gregorio tampoco compra el reloj porque
   a. no es de oro.
   b. no es automático.
   c. cuesta mucho dinero.

3. A la señora le encantan
   a. los libros.
   b. la música y el arte.
   c. las joyas.

4. ¿Por qué decide Gregorio ir al mercado de artesanías?
   a. No tiene mucho dinero y necesita un descuento.
   b. No venden tangos en la tienda.
   c. La tienda va a cerrar.

5. El regalo que Gregorio quiere comprar probablemente es para
   a. Dulce.
   b. tía Felicia.
   c. Elisa.

B. En privado. Aquí tienes una carta que apareció en la sección "En privado" de la revista *Tú internacional*, donde los lectores le escriben cartas a Nikki pidiéndole consejos. Completa las actividades en esta página y en la página 332.

ME ROBAN MI ROPA

"Hola Nikki.

Necesito tu ayuda con urgencia. ¿Qué puedo hacer para evitar que mis hermanas usen mi ropa? Cada vez que busco en mi clóset una chaqueta, mi blusa favorita o los short de mezclilla, nunca <u>los encuentro</u>. No soy una persona egoísta, y comparto mis cosas, pero no <u>me gusta</u> que tomen mi ropa sin <u>pedírmela</u>. Estoy cansada de <u>hablarles</u>, y lo único que ellas hacen es reírse y <u>decirme</u> que soy una exagerada, que me molesto por todo. <u>Entiéndeme.</u> Soy demasiado celosa y muy organizada con mis cosas".

Alicia
Jalisco, México

Comprensión. Lee la carta y contesta las preguntas.

1. ¿Cuál es el problema de Alicia?
2. ¿Cómo es Alicia? ¿Cómo son las hermanas de Alicia?
3. ¿Quién tiene la culpa *(is at fault)* en esta situación?
4. ¿Tiene remedio esta situación? ¿Cuál es?
5. ¿Has tenido un problema semejante *(similar)* alguna vez? ¿Cómo lo resolviste?

Práctica. Ahora, examina bien la carta y lee la lista de todos los complementos directos e indirectos y las oraciones en las que se usan en la carta. Indica a qué o a quién se refiere cada complemento.

Modelo

los encuentro
una chaqueta, mi blusa favorita, los short de mezclilla

   a. me gusta
   b. pedírmela
   c. hablarles
   d. decirme
   e. entiéndeme

Composición. Por último, escríbele una carta a Alicia con tu respuesta a su problema. Puedes usar las frases Debes *(You should)* o ¿Por qué no...? *(Why don't you . . .?)* en tu recomendación para ella.

C. En el mercado. Vamos a suponer que los estudiantes en la clase son vendedores y compradores (o clientes) en un gran mercado de artesanías. La mitad de la clase va a hacer el papel de vendedores y tiene que exhibir sus productos. El resto de la clase hace el papel de compradores que quieren regatear. Recuerden el proceso que Uds. deben de seguir. Luego, todos cambian de papel y empiezan el proceso de nuevo.

Modelo

—¿Cuánto cuestan esos carteles?
—Valen 10 dólares.
—¡Qué caros!...

¡Vamos a hablar!

Estudiante A

Contexto: Tú y tu compañero(a) van a hacer un pedido por teléfono de varios artículos anunciados en el catálogo TERRA FIRMA.

Tú (Estudiante A) acabas de recibir este catálogo y decides hacer un pedido. Tienes 175 dólares para gastar en artículos para tu próximo viaje. Tu compañero(a) (Estudiante B) trabaja para TERRA FIRMA y tomará tu pedido. Tú empiezas la conversación así:

Quisiera hacer un pedido.

TERRA FIRMA

Traje de baño
Colores: verde cocodrilo, limón tropical
Tallas: 32–40

$38

Bikinis y trajes de baño
Colores: chile picante, limón tropical, negro
Tallas: 6–14

$48

Chaqueta
Colores: crema coco, caqui
Tallas: Pequeña, Mediana, Grande, Súper-grande

$57

Cinturón de cuero
Colores: marrón, blanco
Tallas: Pequeña, Mediana, Grande, Súper-grande

$22

Huaraches de México
Números: 5–12

$35

Gafas de sol

$29

Pantalones cortos
Colores: azul marino, limón tropical, blanco
Tallas: Para él 32–40; Para ella 6–16

$26

Camiseta
Colores: blanco, chile picante, limón tropical
Tallas: Pequeña, Mediana, Grande, Súper-grande

$23

Llamar gratis 1-800-555-5711

Estudiante B

Contexto: Tú y tu compañero(a) van a hacer un pedido por teléfono para varios artículos anunciados en el catálogo TERRA FIRMA.

Tú *(Estudiante B)* trabajas para TERRA FIRMA, una compañía que vende por catálogo. Tienes que tomar el pedido de un(a) cliente *(Estudiante A)* y llenar el formulario. ¡Ojo! Tienes que consultar la tabla para asegurarte *(be sure)* de que la mercancía está en depósito *(in stock)*. Tu compañero(a) va a empezar.

TERRA FIRMA

Nombre y apellido _____

Dirección _____

Ciudad _____

Estado _____

Cheque _____ tarjeta de crédito (número _____)   Código postal _____

Artículo	Color	Talla	Cantidad	Precio

Total:

Vocabulario útil

¿Cuál es su primer artículo?
Lo siento, pero…
¿Quiere Ud. otro color/otra talla?
Gracias por su pedido.

Bikini/traje de baño	6	8	10	12	14
chile picante	●	●	□	●	●
limón tropical	●	●	●	●	□
negro	●	□	●	□	●

Camiseta	P	M	G	SG
blanco	□	●	□	●
chile picante	●	●	□	●
limón tropical	●	●	●	□

Cinturón	P	M	G	SG
marrón	●	●	●	□
blanco	●	□	●	●

Chaqueta	P	M	G	SG
crema coco	□	□	●	●
caqui	●	●	□	□

Gafas de sol ●

Huaraches	5	6	7	8	9	10	11	12
	●	□	●	●	□	●	□	●

Pantalones cortos para él	32	34	36	38	40
azul marino	●	●	□	●	□
blanco	□	□	●	●	●
limón tropical	□	●	●	●	□

Pantalones cortos para ella	6	8	10	12	14	16
azul marino	□	●	●	□	●	●
blanco	●	●	●	●	●	●
limón tropical	□	□	□	●	□	●

Traje de baño	32	34	36	38	40
verde cocodrilo	●	●	□	●	●
limón tropical	●	●	●	●	●

Clave
● en depósito *(in stock)*
□ agotado *(out of stock)*

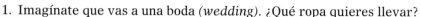

Video Tape

Anticipación

En este segmento vamos de compras. En la primera parte, Miguel entrevista a
dos jóvenes españolas, Elena y Amudena. En la segunda, Laura y una amiga van
de compras en una tienda en el Distrito Federal de México. Antes de mirar el
segmento, contesta estas preguntas.

1. Imagínate que vas a una boda (*wedding*). ¿Qué ropa quieres llevar?
2. Ahora imagínate que tienes una entrevista importante. ¿Qué ropa vas a llevar?
3. ¿Prefieres llevar ropa informal o formal? ¿Gastas mucho dinero en ropa?
4. ¿Qué ropa llevas en el verano? ¿En el invierno?
5. ¿Qué colores prefieres? ¿Qué colores te van bien (*look good on you*)?

Comprensión

¿Cuál es la mejor respuesta para cada pregunta?

1. Elena quiere comprar ropa para
   a. ir a la playa.
   b. una entrevista.
   c. una boda.
   d. ir a esquiar.

2. Elena dice que probablemente va a comprar
   a. unos pantalones de lana.
   b. un traje de seda.
   c. un vestido con flores.
   d. unas camisetas y pantalones cortos.

3. Amudena casi siempre compra ropa
   a. informal.
   b. formal.
   c. cara.
   d. económica.

4. Para el verano, Amudena prefiere llevar
   a. pantalones largos, pero de algodón.
   b. traje de baño con camisetas.
   c. vaqueros y sandalias.
   d. faldas o pantalones cortos.

5. Laura está buscando
   a. un vestido.
   b. un traje.
   c. una blusa.
   d. una falda.

6. A Laura le va mejor el
   a. rosa.
   b. azul.
   c. rojo.
   d. color crema.

7. La falda cuesta
   a. 599 pesos.
   b. 299 pesos.
   c. 529 pesos.
   d. 229 pesos.

8. Laura decide comprar
   a. sólo el traje.
   b. el traje y el top.
   c. el top y la falda.
   d. sólo el vestido.

Estrategia: Making inferences

Once you are able to identify the main ideas and some of the most important details in most readings, it is useful to attempt a more challenging reading strategy such as **making inferences**. This requires you to reach your own conclusions based on the information that is presented **indirectly** in the reading. The challenge here is that you have to make the effort to connect the ideas or information presented so that you can make a logical inference about the topic. Complete the following exercises.

A. El vocabulario. Antes de leer el artículo con cuidado, échale un vistazo (*skim it*) y trata de adivinar (*guess*) el significado en inglés de las palabras subrayadas (*underlined*). Usa la información clave (*key*) que les sigue para orientarte. Añade a esta lista tu propia lista de palabras desconocidas del artículo.

1. "...la palabra 'moda' no tenía <u>cabida</u>..." (Su origen es el infinitivo **caber** —*to fit*.).
2. "El <u>orgullo</u> me impedía acudir a sus consejos..." (Es una cualidad que indica un poco de arrogancia.)
3. "Tengo <u>miedo escénico.</u>" (Es el resultado temporal de una escena o situación.)
4. "¿Acaso me gustaría verla siempre <u>desaliñada</u>, en jeans gastados y con el pelo hecho un desastre?" (Es un adjetivo que indica que no está bien vestida ni arreglada.)
5. "Y es en esto, precisamente, en lo que <u>fallan</u> algunas chicas: ellas desean transformar a sus parejas, y convertirlas en 'otras personas...' " (Ellas no tienen éxito o no pueden cumplir lo que quieren.)

B. Anticipar la información. Lee solamente el título del artículo y contesta estas preguntas.

1. Según el título, ¿quién es el narrador?
2. ¿Quién tuvo una transformación?
3. ¿Quién ocasionó (*caused*) la transformación?

C. La comprensión. La lectura a continuación es de una sección que se llama "Ellos hablan" en la revista *Tú internacional*. Léela ahora con cuidado y contesta las preguntas.

1. Describe al autor de este artículo.
2. ¿Cuál es el problema que se presenta en esta lectura?
3. En tu opinión, ¿es un problema típico o fuera de lo común?
4. ¿Qué preocupaciones tiene el autor al tratar de resolver su problema?
5. ¿Cómo resuelve el problema?

ELLOS HABLAN

Era un **CERO** en la moda...
y mi chica me transformó en un **10**

Antes de ser novio de Claudia, la palabra "moda" no tenía cabida en mi vida. Y no era por hacerme el "macho" ni cosa por el estilo. Es que, simplemente, no me interesaba; yo tenía mi mente en otras cosas (léase "carros"). Una tarde llovió, ya no pude arreglar el carro... y descubrí el amor. Bueno, todo fue un poco más complicado que eso, pero el caso es que me hice novio de Claudia, y la palabra "moda" entró en mi vida, de golpe y sin avisar.

El orgullo me impedía acudir a sus consejos; no me atrevía a pedirle—de rodillas y por favor—que me orientara: ¿Qué tipo de chaqueta o pantalón debía usar? ¿Acaso ya no se usaba la chaqueta? ¿Cuál era el color adecuado para la discoteca? Pensé pedirles ayuda a mis amigos... hasta que comprendí que, entre ellos, yo era el más "elegante", pues mis jeans no están remen-dados, y mis tenis se lavan una vez por semana (gracias a mamá).

"Tengo miedo escénico. Esa es la verdad. Claudia no me ha dado un ultimátum ni me ha pedido que cambie de personalidad. Sólo me ha pedido que me ponga elegante para salir con ella. ¿Acaso me gustaría verla siempre desaliñada, en jeans gastados y con el pelo hecho un desastre? ¡Pues no! Lo justo es que yo también haga mi esfuercito para verme bien..."

Claudia se "encantó" cuando le pedí su consejo y me ayudó a seleccionar unas camisas y unos pantalones —dentro de mi presupuesto—que van con mi tipo físico y mi personalidad; en ningún momento ella trató de convertirme en un modelo europeo. Su único interés era que yo me viera un poco mejor... dentro de mi estilo.

Y es en esto, precisamente, en lo que fallan algunas chicas: ellas desean transformar a sus parejas, y convertirlas en "otras" personas—completamente diferentes; darles una imagen que no "va" con ellos, que "no se les parece". ¡Por algo tantos hombres se resisten a dejarse vestir por la novia o la esposa...! ¿Es éste tu error? Pues no lo cometas más; orienta a tu novio si es que él tiene el sentido de la moda de un elefante miope... pero NO trates de transformarlo en Rob Lowe, Emmanuel o tu hombre soñado. Ayúdalo a escoger una imagen que le resulte cómoda y, sobre todo, que de veras refleje su personalidad y estilo de vida.

Cuando me vi ante el espejo, y comprobé cuánto había ganado con sólo unos cambios, comencé a interesarme por la moda. Ahora—casi nunca— necesito la ayuda de Claudia... ¡para verme como todo un 10!

D. Las inferencias.

En este ejercicio vas a practicar cómo hacer inferencias. Por ejemplo, después de leer la primera oración, "Antes de ser novio de Claudia, la palabra 'moda' no tenía cabida en mi vida," ¿qué puedes deducir sobre Claudia? Probablemente puedes deducir que a Claudia le interesan mucho la moda y la apariencia de una persona. Ahora completa las siguientes actividades sobre inferencias.

1. En el segundo párrafo se menciona "Pensé pedirles ayuda a mis amigos... hasta que comprendí que, entre ellos, yo era el más 'elegante'." ¿Qué puedes concluir sobre el autor y sus amigos con respecto a su manera de vestir?

2. Ahora, indica con una **I** si las oraciones siguientes representan inferencias o con una **D** si son declaraciones que se hacen en la lectura.

   a. Inicialmente, el chico resiste la recomendación de Claudia.

   b. El autor está inseguro sobre su estilo de vestir.

   c. El chico acepta los cambios fácilmente.

   d. A él le importa mucho vestirse dentro de su presupuesto, su tipo físico y su personalidad.

   e. Al autor le importa la opinión de su novia.

   f. Después de ver cuánto ha ganado con sólo unos cambios, el chico está contento de haber escuchado los consejos de Claudia.

E. La conclusión.

Conversa con tu compañero(a) sobre los siguientes temas.

1. Comenta sobre la manera en que Claudia pudo persuadir a su novio a que cambiara su estilo de vestir.

2. ¿Qué otras maneras hay de persuadir?

3. Imagínate que el autor es un amigo tuyo y que tienes que convencerlo a cambiar su estilo de vestir. ¿Qué le vas a decir?

Estrategia: Editing and proofreading

The writing process consists of a series of recurring steps that lead from the initial generation of an idea for a topic to the production of the final draft. Two important steps in the refinement of a manuscript are editing (*editar*) and proofreading (*corregir*). Editing involves the revision of the factual content and the organization of the text, while proofreading deals with the correction of grammar, spelling, and punctuation.

A. Editar. The following questions will help lead you through several aspects of the editing process. As you read through Luisa's letter, write down your suggestions for ways to improve the content and organization of this letter.

1. Does the text have a sense of a beginning, a middle, and an end? Does any of those three parts need to be lengthened or shortened?

2. Is the main idea of each paragraph clear? Is each paragraph cohesive? Should any information be added, deleted, or moved? Should any paragraphs be combined or split apart?

3. Do the paragraphs flow smoothly one after the other? Are adequate transitions made when the main topic changes?

Atajo
SOFTWARE

Grammar:
Accents on interrogatives
Accents: General rules
Adjective agreement
Adjective position
Possessive adjectives: *mi(s), tu(s)*
Possessive adjectives: *nuestro, vuestro*
Possessive adjectives: *su(s)*
Verbs: Preterite

26/4/98

Querido Eddy:

1 ¿Como estás? ¿Cómo te van los estudios este semestre? Aquí
2 en Madrid todo va bien con mi clases en la universidad. Me
3 encantan mis profesores. La ciudad es fascinante. Mis com-
4 pañeros de clase son muy simpaticos, también. Creo que estoy
5 aprendiendo mucho sobre el cultura y la lengua de Espana.

6 Los fines de semana siempre hacemos excursiones a lugares
7 interesante. La semana pasada, por ejemplo, nosotros visitaron el
8 Palacio Real. Ayer, Domingo, fuimos al Rastro un gran mercado al
9 aire libre que está en la centro histórico de la ciudad. Durante la
10 semana no hacemos excursiones porque tenemos que estudiar.
11 Había miles de vendedores y tenian toda clase de mercancía como
12 discos viejos, carteles, libros nuevo y de segunda mano, cinturones
13 de cuero, relojes "Rolex", etc. Es posible regatear en el Rastro; no
14 hay precios fijos. Yo compre unos recuerdos a buen precio—una
15 negra mantilla y un cartel para una corrida de toros (*bullfight*).

16 El domingo que viene nuestro clase va al Valle de los Caídos, un
17 monumento que Franco construyó para los soldados nacionales
18 que murieron in la Guerra Civil Española.

Un abrazo de tu amiga

Luisa

B. Corregir. After editing a text, you should proofread it to check for mistakes in vocabulary choice, verb forms and other grammatical structures, spelling, accentuation, etc. You may find this easier to do if you concentrate on searching for one particular kind of error at a time; for example, you might begin by checking every verb in the draft to make sure it agrees with its subject. Proofread Luisa's letter now for the following points; copy the final draft onto a separate piece of paper.

1. Does each verb agree with its subject? (*Él estás → Él está*)

2. Is the form of each verb correct? (*pedió → pidió*)

3. Do all articles and adjectives agree with the nouns they modify? (*una falda bonito → una falda bonita*)

4. Are the adjectives in proper position? (*unos blancos guantes → unos guantes blancos*)

5. Are any words misspelled? Are accents placed properly?

6. Is the punctuation correct? (Check especially for ¡ and ¿) Have you followed the rules for capitalization?

PERSPECTIVAS CULTURALES

La ropa y la artesanía en el mundo hispano

Al estudiar un idioma extranjero, es importante familiarizarse con las costumbres de los países donde se habla el idioma. Para llevar esto a cabo, ponte en contacto con alguna persona hispana en tu comunidad y entrevístala sobre las costumbres con respecto a la ropa, los trajes típicos o indígenas y la artesanía local. Luego, comparte la información con tus compañeros de clase.

Aquí tienes algunas preguntas útiles para la entrevista. En anticipación a la entrevista, prepara ahora más preguntas sobre diferentes temas para incluirlas en la lista.

EXPLORE!
For this chapter's activity, go to
http://puentes.heinle.com

La ropa
¿Cómo se visten los estudiantes en su pueblo para: ir a clase, salir con sus amigos, ir de compras?

Los trajes típicos
¿Hay algún traje típico en la región dónde Ud. vive? ¿Puede describirlo?

La artesanía local
¿En qué tipo de artesanía se destaca la región de dónde Ud. es? ¿Tiene Ud. fotos o puede describirla?

Vocabulario

SUSTANTIVOS

el abrigo *coat*
los aretes *earrings*
la artesanía *arts and crafts*
la billetera *wallet*
la blusa *blouse*
el bolso *pocketbook, handbag*
la bota *boot*
el brazalete *bracelet*
la cadena *chain*
el calcetín *sock*
la camisa *shirt*
la camiseta *T-shirt*
el cartel *poster*
la cerámica *ceramics*
la chaqueta *jacket*
el cinturón *belt*
el color *color*
el collar *necklace*
los complementos de moda *(fashion) accessories*
la corbata *(neck)tie*
el cuadro *painting*

el cuero *leather*
el descuento *discount*
la falda *skirt*
las gafas de sol *sunglasses*
la gorra *cap*
el gran almacén *department store*
el guante *glove*
la guayabera *guayabera shirt*
la joyería *jewelry shop, department*
las maracas *maracas*
el oro *gold*
los pantalones *pants, trousers*
los pantalones cortos *shorts*
el paraguas *umbrella*
el perfume *perfume*
la perfumería *perfume shop, department*
la piñata *piñata*
el piso *floor (level)*
la planta baja *ground floor*

el plato *plate, dish*
la plata *silver*
la prenda (de vestir) *article of clothing*
el probador *dressing room*
el reloj *wristwatch*
la relojería *watch shop, department*
la sandalia *sandal*
el sarape *poncho*
el sótano *basement*
la sudadera *sweatshirt*
el suéter *sweater*
la talla *size*
la tienda *store*
el traje *suit*
el traje de baño *bathing suit*
los vaqueros *jeans*
el vestido *dress*
el zapato *shoe*

VERBOS

calzar *to wear, to take (shoe size)*
dudar *to doubt*
llevar *to wear*

pagar *to pay (for)*
parecer *to seem, to think about*
probarse (ue) *to try on*
quedar *to fit*

regatear *to bargain, to haggle over a price*

OTRAS PALABRAS

amarillo(a) *yellow*
anaranjado(a) *orange*
azul (marino) *(navy) blue*
beige *beige*
blanco(a) *white*
color crema *off-white*
con lunares *polka-dotted*
cuarto(a) *fourth*
de algodón *cotton*
de cerámica *ceramic*
de cuadros *plaid*
de cuero *leather*
de piel *leather, fur*

de lana *wool*
de rayas *striped*
de seda *silk*
décimo(a) *tenth*
ésa *that one (f.)*
ésas *those (f.)*
ése *that one (m.)*
ésos *those (m.)*
ésta *this one (f.)*
éstas *these (f.)*
éste *this one (m.)*
éstos *these (m.)*
formal *dressy, fancy*

gris *gray*
marrón *brown*
morado(a) *purple*
negro(a) *black*
noveno(a) *ninth*
octavo(a) *eighth*
quinto(a) *fifth*
rojo(a) *red*
rosado(a) *pink*
séptimo(a) *seventh*
sexto(a) *sixth*
verde *green*

EXPRESIONES ÚTILES

Calzo el número... *I wear size . . . (for shoes)*

¿Cómo le queda(n)...? *How does (do) the . . . fit? (formal)*

¿Cuánto cuesta(n)/vale(n)...? *How much does (do) . . . cost?*

¿Dónde se encuentra(n)...? *Where is (are) the . . . located? Where can I find . . . ?*

Es muy poco. *That's not enough money.*

¡Eso es mucho / demasiado dinero! *That's a lot of/too much money!*

Está bien. *O.K.*

¿Está rebajado(a)? *Is it on sale/reduced?*

Estoy buscando... *I'm looking for . . .*

¿Lo atienden? *Is someone helping you (m.)?*

Llevo la talla... *I wear size . . . (for clothing)*

Me lo llevo. *I'll take it (m.).*

¿Me puede hacer un descuento? *Can you give me a discount?*

Me queda(n) bien. *It fits (They fit) me well.*

No es exactamente lo que quiero. *It's not exactly what I want.*

¿Podría mostrarme...? *Could you show me . . . ?*

¿Puedo probarme...? *Can I try on . . . ?*

¡Qué caro! *How expensive!*

¿Qué desea? *What would you like? May I help you?*

¡Qué horror! *How awful!*

¿Qué le parece(n)...? *What do you think of . . . ?*

¿Qué número calza? *What size (shoes) do you wear?*

¿Qué talla lleva Ud.? *What size (clothing) do you wear?*

Sólo estoy mirando. *I'm just looking.*

Vale(n)/Cuesta(n)... *It costs (They cost)*

For further review, please turn to Appendix E.

OBJETIVOS

1. Speaking and Listening

Talking about the "ups and downs" of everyday life
Giving advice
Expressing empathy and emotion
Expressing doubt or certainty about future events

¡Así es la vida!

Develop writing skills with *Atajo* software.

Atajo

Practice listening skills with the Student Tape.

Student Tape

WWW Explore! http://puentes.heinle.com

Internet Activities

Discover the Hispanic world.

Video Tape

A primera vista

A continuación hay algunos títulos de artículos de revistas populares. Léelos y escoge los que más se relacionan con tu vida, la de tu familia o la de tus amigos. Después, contesta las preguntas oralmente con tu compañero(a).

TRUCOS PARA MANTENER LA ENERGÍA Y PERDER PESO

Los hijos

SALUD

¿Anoréxica?

NUESTRA FAMILIA

¡Come salud!

EMOCIONES

¿DEBEN LOS NOVIOS VIVIR JUNTOS ANTES DE CASARSE?

El matrimonio

Insomnio

¿eres hipocondríaca?

Asuntos de $$

Dejando atrás la oficina

Romance profesional

DINERO

EL ESTRÉS ¿la está matando?

1. ¿A cuál de los siguientes grupos le corresponde lógicamente cada uno de los títulos?
   los estudiantes   los profesionales   los casados
2. Generalmente, los periodistas escriben acerca de los problemas o las preocupaciones de sus lectores. Según los títulos, ¿cuáles son algunos de los problemas más comunes hoy día?
3. ¿Qué otros problemas prevalecen pero no aparecen en los títulos?
4. De todos los problemas, ¿cuáles te preocupan más? ¿Por qué?
5. ¿Piensas que éstos son problemas modernos o que siempre han existido? Explica.
6. ¿Cuál es la mejor manera de resolver estos problemas? ¿Solo o con la ayuda de amigos, familiares o profesionales? Explica.

In this *Paso* you will practice:

○ Describing some physical feelings
○ Giving advice

Grammar:

○ Using the present subjunctive with expressions of will and influence
○ Irregular verbs and spelling changes in the present subjunctive

VOCABULARIO TEMÁTICO

Cómo hablar de pequeños malestares y dar consejos

¿Sufres de mucho estrés en tu vida? ¿Cuáles son los remedios para este problema?

¿Qué te pasa? Tienes mala cara.

No es nada grave. Es que
   estoy agotado(a) de tanto trabajo.
   padezco de insomnio porque tengo mucho estrés
   no tengo energía y no me estoy alimentando bien

The English equivalents of the *Vocabulario temático* sections are found in Appendix E.

Bueno, ¿por qué no
   tomas unos días libres?
   tratas de descansar más
   comes comidas más balanceadas
   dejas de fumar

Tienes razón.
Es buena idea.
Bueno, no sé. No estoy seguro(a).

Deberías tomar vitaminas.
        cuidarte mejor
        ir al médico

Te aconsejo que duermas una siesta.
         no trabajes tanto

¿Sabías que...?

● Notice that there are several ways to give advice in Spanish. Each way follows a particular sentence pattern. After the expression *¿Por qué no...?* (Why don't you . . . ?), be sure to use the present tense.

   ¿Por qué no **tomas** más   *Why don't you take*
   vitamina C?   *more vitamin C?*

● After the expression *Deberías...* (You should . . . , from the infinitive *deber*), you must use an infinitive.

   Deberías **tomar** unas   *You should take a*
   vacaciones.   *vacation.*

● Finally, after the expression *Te aconsejo que...* (I advise you to . . .), you must use the present subjunctive.

   Te aconsejo que **dejes**   *I advise you to stop*
   de fumar.   *smoking.*

● To wish someone who is ill a speedy recovery, say *Que te mejores pronto.*

Play Student Tape

A. ¡Pobre Selena! Escucha la conversación entre Selena y su amiga Carmen. ¿Qué síntomas tiene Selena? ¿Qué consejos le da Carmen? Escribe las letras correspondientes.

1. Los síntomas:
   a. Sufre de estrés.
   b. Tiene la gripe.
   c. Está agotada.
   d. Padece de insomnio.
   e. No tiene energía.

2. Los consejos:
   a. Tomar unos días libres.
   b. Comer comidas más balanceadas.
   c. Tomar unas vacaciones.
   d. Tomar vitaminas.
   e. Hacer más ejercicio.

B. La salud. ¿Qué consejos dan los familiares en estas situaciones? Completa las frases según las indicaciones en los dibujos.

1. BEATRIZ: Arturo, no deberías _____.
   CARLOS: Papá, ¿por qué no _____?
   FELICIA: Te aconsejo que _____.

2. DULCE: Deberías _____.
   ARTURO: Hija, te aconsejo que _____.
   BEATRIZ: ¿Por qué no _____?

3. ELISA: Tía, ¿por qué no _____?
   BEATRIZ: Felicia, deberías _____.
   DULCE: Te aconsejo que _____.

C. Querida Ana María. Ana María es una periodista que escribe una columna de consejos sobre la salud y también sobre problemas personales. Aquí tienes varias cartas que los lectores le han escrito. ¿Cómo las contestarías tú? Escribe dos o tres consejos para cada carta (Deberías..., Te aconsejo que..., etc.)

2.

ESTIMADA ANA MARÍA:

NECESITO SUS CONSEJOS. ESTOY LOCAMENTE ENAMORADO DE UNA CHICA QUE ESTÁ EN MI CLASE DE CÁLCULO. DESGRACIADAMENTE, ELLA NO SABE QUE YO EXISTO. ES QUE SOY UN POCO TÍMIDO Y NO ME ATREVO (*I DON'T DARE*) A HABLAR CON ELLA. ¿QUÉ DEBO HACER PARA CONOCERLA?

JOSÉ

1.

Querida Ana María:

Soy estudiante de primer año en la universidad. Estoy muy preocupada porque aunque no hago más que estudiar, no saco buenas notas. El estrés en la universidad es increíble. Todas las semanas tenemos exámenes. Además, vivo con mis padres y, por eso, no tengo muchos amigos en la universidad. Espero que tú me puedas ayudar.

María Elena

3.

Estimada Ana María:

Mi esposo y yo estamos separados desde hace un año, por eso me corresponde a mí toda la responsabilidad de cuidar a nuestra hija de tres años. Además, soy estudiante en la universidad y trabajo en un banco. Entre el mantenimiento de nuestra casa, mi trabajo en el banco y mis otras responsabilidades, no tengo tiempo para mí misma. Estoy agotada y no sé qué hacer. Para colmo, últimamente padezco de insomnio y estoy más cansada que nunca.

Rosa

GRAMÁTICA

Usos del presente del subjuntivo —Cómo influir sobre los demás

A. El presente del subjuntivo. As you have seen in Chapter 6 and again in this chapter, the present subjunctive, or *presente del subjuntivo*, is used after certain expressions of advice. These expressions of advice follow a special sentence pattern; as shown below, the present subjunctive is used in the dependent clause, **after** the connecting word *que*.

Subject	Verb	que	New subject	Verb
(yo)	Te aconsejo	que	tú	**duermas** una siesta.
(yo)	Le recomiendo	que	(Ud.)	**tome** estos antibióticos.
	Es mejor	que	(él)	**coma** menos.

Do you remember how to form the verbs in the present subjunctive? Recall that you must follow a two-step procedure:

- First, conjugate the verb in the present tense.
- Next, drop the *-o* and add the new endings.

	-ar verbs	-er and -ir verbs
	descansar	**hacer**
	yo descans∅	yo hag∅
que yo	descans**e**	hag**a**
que tú	descans**es**	hag**as**
que Ud./él/ella	descans**e**	hag**a**
que nosotros(as)	descans**emos**	hag**amos**
que vosotros(as)	descans**éis**	hag**áis**
que Uds./ellos/ellas	descans**en**	hag**an**

B. Cómo influir sobre los demás. When we give advice to others, we are trying to influence their behavior. We also try to influence others by giving orders, making requests, expressing our preferences, giving permission, or prohibiting someone from doing something. When the verb in the main clause of a sentence expresses any of these kinds of influence, the verb in the dependent clause (**after** the word *que*) must be in the subjunctive. Here are some common verbs of influence.

aconsejar	Te **aconsejo** que tomes esta medicina.	*I advise you to take this medicine.*
recomendar	Te recomiendo que...	*I recommend that you . . .*
pedir	Te pido que...	*I am asking you to . . .*
prohibir	Te prohibo que...	*I forbid you to . . .*
querer	Quiero que...	*I want (you) to . . .*
preferir	Prefiero que...	*I prefer that . . .*
	Es preferible que...	*It's preferable that . . .*
	Es mejor que ...	*It's better that . . .*
	Es necesario que...	*It's necessary that . . .*
	Es importante que...	*It's important that . . .*

C. Verbos de comunicación. With certain expressions of influence—the verbs of communication—it is common to use an indirect object pronoun in the main clause. This indirect object pronoun refers to the person that you are trying to influence.

aconsejar	El médico **nos** aconseja que hagamos más ejercicio.
	*The doctor recommends that **we** do more exercise.*
recomendar	También **le** recomienda **a papá** que deje de fumar.
	*He also recommends that **Dad** stop smoking.*

The most common verbs that need indirect object pronouns are *aconsejar, recomendar, pedir,* and *prohibir.*

Ponerlo a prueba

Play Student Tape

A. El programa de la doctora Alexis. La doctora Alexis tiene un programa en la radio en el cual ayuda a miles de oyentes *(listeners).* Escucha las siguientes conversaciones. Empareja *(Match)* el nombre de la persona con su problema y escribe los consejos de la doctora. Sigue el modelo.

Modelo

Gladys
Problema: c (Sufre de insomnio.)
Consejos: No hacer ejercicio después de las ocho de la noche; establecer una
rutina antes de acostarse.

1. Humberto   a. Quiere dejar de fumar.
2. Julia   b. Sufre de depresión.
3. Manuel   c. Sufre de insomnio.
                d. Tiene el colesterol muy alto.
                e. Quiere adelgazar *(lose weight)*.

B. El diablito. Imagínate que estás cuidando *(taking care of)* a tu hermano de
siete años mientras tus padres están de vacaciones. Tu hermano es un poco de-
sobediente. ¿Cómo reaccionas a cada una de las siguientes declaraciones de tu
hermano? Tienes que incorporar estas expresiones:

Quiero que…   Te recomiendo que…
Prefiero que…   Te pido que…
Te aconsejo que…   Te prohibo que…

Modelo

Tu hermano: Mis amigos no tienen que hacer la cama. Yo tampoco voy a hacer-
              la. Bueno, ¡hasta luego! Voy a salir a jugar.
      Tú: Te prohibo que… salgas a jugar. Quiero que… hagas tu cama
              inmediatamente.

1. ¡Detesto las espinacas! Son tan verdes y tan… tan horribles. No pienso
   comerlas jamás.
2. ¡Mira! Pepito me dio este vídeo. ¿Quieres mirarlo conmigo? Se llama "Pasión".
3. ¿Una camisa blanca? ¿Una corbata? ¡Por favor, no! Todo el mundo lleva
   vaqueros a la iglesia. No quiero ponerme ese traje feo.
4. ¿Tarea? ¿Qué tarea? La profesora no nos mandó tarea. Además, mañana no
   tenemos clase.
5. ¿Más leche? Pero sí bebí un vaso grande esta mañana para el desayuno. No
   quiero beber más leche hoy.
6. ¡Hasta luego! Voy a la casa de Pepito. Sus padres le compraron unos fuegos
   artificiales. ¡Qué suerte! ¡Chao!

C. Insomnio. ¿Padeces de insomnio a veces? Aquí tienes un artículo con consejos
sobre cómo combatir el insomnio. Léelo y completa los ejercicios en la página 350.

¿INSOMNIO? ¡No se dedique a contar ovejitas!

Si lo padece, y cree que es un mal sin remedio, siga
estos consejos de Gregg Jacobs, un destacado sicó-
logo norteamericano que ha "devuelto el sueño" a
cientos de personas, mediante terapias de modifi-
cación de la conducta. Veamos… Nunca haga un
esfuerzo por dormirse, porque provoca el efecto
contrario; mejor manténgase aletargada en la cama. No fume, ni beba alcohol o agua antes de
acostarse, y evite el café cinco horas antes de hacerlo. Ejercítese entre las 4 a 8:00 p.m., pero jamás tres
horas antes de irse a la cama. No permanezca
acostada una horita más, porque no podrá recupe-
rar el sueño perdido, por más que lo intente; y finalmente… ¡levántese a la misma hora todos los días!

6 BUENHOGAR

Comprensión. Indica si las siguientes oraciones son ciertas (**C**) o falsas (**F**).

1. Gregg Jacobs es médico.
2. Un poquito de alcohol puede calmarte los nervios y ayudarte a dormir.
3. No deberías hacer ejercicio después de las ocho de la noche.
4. Si no duermes mucho entre semana *(during the week)*, deberías tratar de dormir unas horas más los fines de semana.
5. Es una mala idea beber café por la noche.
6. La mejor manera de dormirte es la tradicional de contar ovejas *(count sheep)*.

Práctica. Ahora, imagínate que un amigo íntimo tuyo sufre de insomnio. Basándote en el artículo, ¿qué consejos le darías? Tienes que incorporar expresiones como las siguientes:

Te recomiendo que...	Es importante que...
Es mejor que no...	Te aconsejo que...

Modelo

Te recomiendo que nunca hagas un esfuerzo por dormirte.

GRAMÁTICA

El subjuntivo —Verbos irregulares

Verbos irregulares. A few verbs have irregular forms in the present subjunctive; study their forms in the chart that follows. Note also that the subjunctive for *hay (haber)* is *haya* (there is/are).

	ir *(to go)*	ser *(to be)*	estar *(to be)*	saber *(to know)*	dar *(to give)*
que yo	vaya	sea	esté	sepa	dé
que tú	vayas	seas	estés	sepas	des
que Ud./él/ella	vaya	sea	esté	sepa	dé
que nosotros(as)	vayamos	seamos	estemos	sepamos	demos
que vosotros(as)	vayáis	seáis	estéis	sepáis	deis
que Uds./ellos/ellas	vayan	sean	estén	sepan	den

Here are some examples of how these verbs are used.

Es importante que **haya** más ventilación en este cuarto.	*It's important that there **be** more ventilation in this room.*
Es necesario que Uds. **vayan** a la clínica inmediatamente.	*It's necessary for you (plural) to **go** to the hospital at once.*
Te pido que **seas** más prudente con tu dieta.	*I ask you to **be** wiser about your diet.*
El médico quiere que **estemos** en su consultorio a las nueve de la mañana.	*The doctor wants us to **be** in his office at 9:00 A.M.*
Es mejor que todos **sepan** su nivel de colesterol.	*It's better for everyone to **know** their cholesterol level.*
Le recomiendo que Ud. **dé** un paseo después de comer.	*I recommend that you **go** for a walk after you eat.*

A. El diario de Ángeles. Ángeles, una estudiante en la universidad, está un poco enfadada y preocupada por su compañera de cuarto, Rosa. Aquí tienes un fragmento del diario de Ángeles. Completa los espacios en blanco con un verbo lógico de la lista. Tienes que usar el presente del subjuntivo.

buscar	ir	ser
dar	saber	ver
empezar	sacar	
estar	salir	

Mi buena amiga Rosa se está comportando como una loca. Antes, era una chica seria y estudiosa. Pero ahora ella quiere que nosotras _____ todas las nochas. A veces ella quiere que las dos _____ a una discoteca para bailar; otras noches prefiere que nosotras _____ una película en el cine. Los fines de semana, salgo con ella y con los demás amigos. Pero durante la semana es necesario que yo _____ en casa para poder estudiar. Quiero asistir a la escuela de medicina después de terminar mi carrera en biología, y por eso es importante que yo _____ notas muy buenas. Cuando le explico todo esto a Rosa, ella se enfada.

Anoche los padres de Rosita la llamaron por teléfono. Ellos quieren que Rosa _____ más prudente con su tiempo. Según ellos, es necesario que ella _____ a aplicarse más a sus estudios. Para la familia de Rosa, es un gran sacrificio pagar la matrícula y los costos de sus estudios, y es importante que ella _____ eso.

No sé que va a pasar. Pero si Rosa no cambia, le voy a recomendar que _____ otra compañera de cuarto.

B. Más consejos, por favor. ¿Qué consejos les darías a estas personas? Trabaja con tu compañero(a) y den dos consejos para cada situación. Deben incorporar expresiones como **Recomiendo que..., Es mejor que...** y **Es importante que...**

Modelo

Carolina y Javier quieren ser instructores de una clase de ejercicios aeróbicos.
Les aconsejo a ellos que sepan tomarse el pulso.
También, es necesario que estén en forma.

buscar un remedio pronto	ir a un médico o a un sicólogo
darle flores a su compañera	llegar a tiempo
darle una buena impresión al jefe	saber cuál es su peso ideal
estar en forma	saber tomarse el pulso
estar informada sobre la nutrición	sacar buenas notas
empezar a solicitar información pronto	ser cortés y sincero

1. Luisa está un poco gorda y quiere adelgazar *(to lose weight)*.
   Le recomiendo a Luisa que....
   También,...

2. Eduardo tiene una entrevista importante para conseguir un nuevo empleo.
   Le recomiendo a Eduardo que...
   También,...

3. Tonya y Angélica piensan hacer estudios de post-grado pero no saben todavía a qué universidad quieren asistir.
Es necesario que ellas...
También,...

4. Laura y su hermana Francisca sufren de depresión a veces.
Es importante que ellas...
También,...

5. Ramón tiene una cita el sábado con una chica que no conoce.
Es preferible que él...
También,...

Síntesis

A. Aconsejar a los amigos. Varios amigos te están contando sus problemas. ¿Qué recomendaciones y consejos les darías en cada caso? Trabaja con un(a) compañero(a) de clase y completa los siguientes diálogos. Para el último diálogo, ustedes también tienen que inventar el problema.

Modelo

PALOMA: Estoy muy desanimada. Mis padres están separados y creo que van a divorciarse. El problema es que cuando estoy con mi mamá, ella siempre habla mal de mi papá.

TÚ: Eso sí es una situación difícil. Te aconsejo que hables con tu mamá sobre este problema. Deberías explicarle que quieres *(love)* mucho a tu papá y que no quieres que ella te diga cosas malas de él.

1. OCTAVIO: Mi compañero de cuarto rompió con su novia la semana pasada y está muy deprimido. No quiere hablar con nadie y no duerme por la noche.

2. MIGUEL: El estrés me está matando *(killing)*. Quiero ser médico y, por eso, es importantísimo que yo saque muy buenas notas. Estoy muy tenso.

3. LOLA: Estoy preocupada por mi compañera de cuarto. Creo que está obsesionada con su peso *(weight)*. Está muy delgada y casi no come nada. Sé que se está alimentando muy mal.

4. GERALDO: Necesito dinero para comprar un coche. Es que vivo muy lejos de la universidad y el autobús no pasa por mi casa. Sin coche, no voy a poder seguir mis estudios.

5. (Aquí tienes que inventar un problema original.)

B. Para combatir el estrés. ¿Qué haces tú para combatir el estrés en tu vida? Aquí tienes algunas sugerencias de la revista *Tú internacional*. Lee el artículo y contesta las preguntas.

1. Este artículo incluye información sobre: (indica uno)
   a. los síntomas del estrés
   b. la prevención del estrés
   c. los síntomas y la prevención del estrés

2. ¿Cuáles de estas comidas pueden aumentar *(increase)* la tensión? ¿Cuáles pueden bajarla *(lower it)*?
   a. una manzana
   b. una taza de café
   c. un vaso de leche con unas galletas "Óreo"
   d. un jugo de naranja

3. ¿Qué tipo de ejercicio se recomienda? ¿Con qué frecuencia hay que hacer ejercicio?

4. ¿Qué deberíamos hacer antes de acostarnos? Menciona varios ejemplos.

5. ¿Qué nos recomiendan que hagamos en el trabajo (o en la escuela) para evitar el estrés?

6. ¿Y tú? ¿Cuáles de las sugerencias del artículo sigues para combatir el estrés? ¿Qué otras sugerencias tienes?

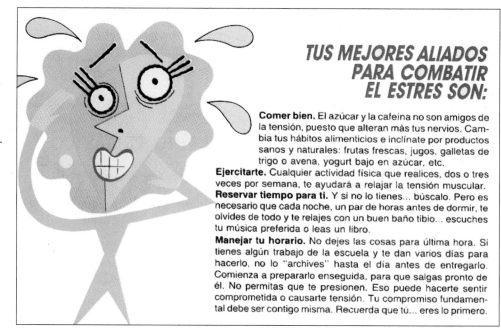

TUS MEJORES ALIADOS PARA COMBATIR EL ESTRES SON:

Comer bien. El azúcar y la cafeína no son amigos de la tensión, puesto que alteran más tus nervios. Cambia tus hábitos alimenticios e inclínate por productos sanos y naturales: frutas frescas, jugos, galletas de trigo o avena, yogurt bajo en azúcar, etc.

Ejercitarte. Cualquier actividad física que realices, dos o tres veces por semana, te ayudará a relajar la tensión muscular.

Reservar tiempo para ti. Y si no lo tienes... búscalo. Pero es necesario que cada noche, un par de horas antes de dormir, te olvides de todo y te relajes con un buen baño tibio... escuches tu música preferida o leas un libro.

Manejar tu horario. No dejes las cosas para última hora. Si tienes algún trabajo de la escuela y te dan varios días para hacerlo, no lo "archives" hasta el día antes de entregarlo. Comienza a prepararlo enseguida, para que salgas pronto de él. No permitas que te presionen. Eso puede hacerte sentir comprometida o causarte tensión. Tu compromiso fundamental debe ser contigo misma. Recuerda que tú... eres lo primero.

C. El cuidado de la salud: una encuesta. En grupos de cuatro personas, completa esta encuesta (survey). Después, analiza los datos y contesta las preguntas.

	Nunca	A veces	A menudo
1. ¿Con qué frecuencia padeces de estos malestares?			
a. el estrés y la tensión	——	——	——
b. el insomnio	——	——	——
c. falta (lack) de energía	——	——	——
d. pérdida (loss) de apetito	——	——	——
2. ¿Con qué frecuencia...?			
a. fumas cigarrillos	——	——	——
b. duermes menos de seis o siete horas	——	——	——
c. tomas galletas, refrescos, chocolate, etc.	——	——	——
d. no tomas el desayuno	——	——	——
3. ¿Con qué frecuencia...?			
a. comes comidas balanceadas	——	——	——
b. tomas vitaminas	——	——	——
c. haces ejercicio	——	——	——
d. te relajas con una actividad agradable	——	——	——

	Un factor importante	Contribuye a veces	Irrelevante
4. ¿Por qué padeces de estos malestares? Indica tu(s) fuente(s) (source/s) de estrés.			
a. los exámenes	——	——	——
b. las clases universitarias	——	——	——
c. el trabajo	——	——	——
d. las preocupaciones familiares y personales	——	——	——
e. problemas financieros	——	——	——

Análisis de los datos:

1. ¿Cuáles son los malestares más frecuentes entre las personas en tu grupo?

2. ¿Cuál es el vicio (vice) más común? ¿El menos problemático?

3. ¿Qué hacen las personas en tu grupo para mejorar (improve) su salud?

4. Según las personas en tu grupo, ¿qué factor contribuye más al problema de estrés en su vida? ¿Qué factor no es de gran importancia?

In this *Paso* you will practice:

○ Talking about everyday events

○ Expressing emotion about
   occurrences

Grammar:

○ Formation of stem-changing verbs
   in the present subjunctive

○ Using the present subjunctive with
   expressions of emotion

VOCABULARIO TEMÁTICO

Algunos acontecimientos familiares

¿Puedes relacionar estos acontecimientos a tu familia? ¿Cuáles acaban de ocurrir o van a ocurrir en tu familia?

Buenas noticias

¿Cómo te va?

Estoy (muy) orgulloso(a).
   emocionado(a)
   alegre
   encantado(a)
   contentísimo(a)

Acabo de enterarme de que mi hermanita va a tener su primera cita para la fiesta de sus quince.
   mi mejor amiga se comprometió hace poco
   mi primo va a casarse pronto
   mi hermana mayor está embarazada

¡Ay! ¡Qué buena noticia!
¡Cuánto me alegro!
¡Qué sorpresa!

¿Quién va a ser su compañero(a)?
¿Cuándo le dio su novio el anillo de compromiso?
¿Cuándo es la boda?
¿Cuándo va a nacer el bebé?

Malas noticias

¿Qué hay de nuevo?

Estoy un poco preocupado(a).
   triste
   deprimido(a)
   desanimado(a)

Acabo de recibir malas noticias. Mi hermano y su novia rompieron su compromiso ayer.
   Mis tíos están separados.
   Mi vecina de al lado se murió anoche.

¡Qué pena!
¡Cuánto lo siento!
¡Qué lástima!

¡Ojalá que todo salga bien!
¿Es algo permanente o temporal?
¿Van a divorciarse?
¿Cuándo es el velorio?

¿Sabías que...?

- The words *¡Felicitaciones!* and *¡Felicidades!* are used to congratulate someone in Spanish.

- An appropriate way to express your condolences in Spanish is to say *Tiene Ud. mi más sentido pésame.*

- The phrase *acabar de* + infinitive is expressed in English as "to have just . . ."

Acabo de recibir una carta de mis padres. *I have just received a letter from my parents.*

- The Spanish equivalent of "I'm excited" is *Estoy emocionado(a).*

Ponerlo a prueba

A. ¿Qué hay de nuevo? Escucha las conversaciones y completa la tabla con la información indicada según el modelo.

	La(s) persona(s)	La situación	Tu reacción
Modelo	Alejandro	Se va a casar.	¡Qué sorpresa!
1.			
2.			
3.			

Play Student Tape

B. Las noticias. Completa los diálogos a continuación con la información necesaria.

Número 1

MARIO: _____.

OCTAVIO: Estoy un poco deprimido.

MARIO: ¿ _____ ?

OCTAVIO: Es que Virginia y yo estamos separados.

MARIO: ¡ _____ ! ¿ _____ ?

OCTAVIO: No sé. Espero que sea temporal.

MARIO: _____.

OCTAVIO: Gracias, Mario. Te lo agradezco.

Número 2

DORA: ¡Hola, Mercedita! ¿Qué hay de nuevo?

MERCEDITA: _____. Mami, ¡no te puedes imaginar lo que pasó!
_____.

DORA: ¿Tú y Fernando? ¿A la fiesta de los quince de Nena? ¡Qué buena noticia! ¿Cuándo es la fiesta?

MERCEDITA: _____.

DORA: Bueno, no tenemos mucho tiempo para comprarte un vestido. Pero, primero tenemos que decírselo a tu papá.
_____.

C. Las crónicas sociales. Lee las siguientes crónicas sociales y contesta las preguntas oralmente con tu compañero(a).

Crónica A

1. ¿Qué ocasión celebran Luis Mario González y Magda Sparolini de González?
2. ¿Cuándo van a celebrar el acontecimiento?
3. ¿Cuántos años representan las bodas de porcelana?
4. ¿Qué honor recibió el señor González?

Crónica B

5. ¿Qué acontecimiento se anuncia? ¿Cuándo va a tener lugar?
6. ¿Quiénes son Cándido Irizary y Cilia de Irizary?
7. ¿Cómo es Miguel A. Zuaznábar, Jr.?

Crónica C

8. ¿Qué celebra Marlem García?
9. ¿A qué se dedica ella?
10. ¿En qué obras ha actuado ella?
11. ¿Quiénes son sus padres?
12. ¿Qué opinan sus padres de los intereses profesionales de Marlem?

A

BODAS DE PORCELANA. El martes conmemorarán la fausta ocasión de sus Bodas de Porcelana, veinte años de ventura conyugal, Luis Mario, galardonado Poeta Nacional de Cuba, y señora, Magda Sparolini de González, a quienes nos complace felicitar de manera muy especial y augurar muchas bendiciones y alegrías en años futuros.

B

PROXIMO ENLACE. Para el próximo treinta y uno de agosto ha sido fijada la fecha del enlace matrimonial de la gentil señorita Annette Irizary, hija del señor Cándido Irizary y señora, Cilia de Irizary, y el correcto joven Miguel A. Zuaznábar, Jr. hijo del señor Miguel A. Zuaznábar y señora, Consuelo Reyes de Zuaznábar, familias de vastos afectos. Para tan simpática pareja, los más fervientes votos por su felicidad imperecedera.

C

CUMPLEAÑOS. Celebra hoy su cumpleaños la gentilísima Marlem García, quien se destaca en el mundo de las bellas artes, con participación en la zarzuela "Lola Cruz", de Grateli, afiliada al Teatro de Bellas Artes, como actriz y cantante, y con actuaciones en telenovelas, en "Sábado Gigante", y otros medios de la farándula. Es la joven artista hija del señor Roberto García y señora, Dalia Hernández, quienes en todo momento han brindado su apoyo a las aspiraciones teatrales de la simpática Marlem. La felicitamos por su cumpleaños y le auguramos muchos años más.

El matrimonio

En los países hispanos hay algunas prácticas diferentes con respecto al matrimonio. En primer lugar, algunos jóvenes se comprometen más tarde que los jóvenes en los Estados Unidos. También, a veces el compromiso dura varios años. Los jóvenes se casan después de haberse graduado y de haber ahorrado bastante dinero para montar su propia casa o apartamento. En algunos casos, se casan y viven con sus padres. Muchas veces al casarse, la pareja tiene dos ceremonias: una religiosa y otra civil. En algunos países, la ceremonia religiosa es la tradicional, pero la civil es la que es legal.

GRAMÁTICA

Usos del subjuntivo —Las emociones

Las emociones. As with the phrases of influence presented in *Paso 1*, there are many expressions of emotion that trigger the use of the present subjunctive. Sentences normally follow this pattern:

Expression of emotion + *que* + new subject + present subjunctive

Tengo miedo de que **llueva** en la playa.	*I'm afraid that it might rain at the beach.*

Here are some of the most common expressions of emotion.

- This group of verbs is conjugated to agree with its subject.

sentir—*to regret or to be sorry*	Sentimos que (ellos) no **puedan** venir a la fiesta.	*We are sorry that they can't come to the party.*
tener miedo de— *to be afraid of*	Tengo miedo de que Luis no **vuelva** hoy.	*I am afraid that Luis might not return today.*

- This group of verbs follows the pattern you have learned to use with the verb *gustar*. Indirect object pronouns are used with these verbs.

gustar *to like*	Nos gusta que Uds. **estudien** en la biblioteca.	*We are happy that you (plural) study in the library. (It pleases us that . . .)*
alegrar *to be glad, to make happy*	Me alegra que no **tengamos** el examen hoy.	*I'm glad (It pleases me) that we are not going to have the exam today.*
preocupar *to worry*	Me preocupa que **haga** tanto frío.	*It worries me that it is so cold.*
sorprender *to surprise*	Me sorprende que **vengan** a la fiesta.	*It surprises me that they are coming to the party.*
enfadar *to make angry*	Nos enfada que no **trabajen.**	*It makes us angry that they don't work.*
molestar *to bother*	Te molesta que **duerman** en clase.	*It bothers you that they sleep in class.*

- The verb phrases below consist of *Es* + an adjective.

Es una lástima que tus tíos **se divorcien**.	*It is a pity that your aunt and uncle are getting a divorce.*
Es triste que no **puedas** visitar a tu familia.	*It is sad that you can't visit your family.*
Es bueno que **tengas** buen empleo.	*It is good that you have a good job.*

- *Ojalá* is a common expression that means "I hope" or "I wish." It always requires the subjunctive and follows this pattern:

   Ojalá + *que* + subject + subjunctive

   ¡Ojalá que mis tíos no **se divorcien!**   *I hope that my aunt and uncle won't get a divorce.*

Play Student Tape

Ponerlo a prueba

A. ¿Qué opinas? Escucha las conversaciones. Escoge uno de los elementos de la columna A y uno de la columna B para obtener una descripción correcta de cada conversación.

A	**B**
1. A doña Teresa le alegra que A doña Teresa le preocupa que	su nieta Carlota se case. su nieta Carlota no tenga novio.
2. Al señor Garza le sorprende Al señor Garza le alegra	que su hijo Memo se divorcie de su esposa. que su hijo Memo se separe de su esposa.
3. A Beto le alegra que Magda A Beto le molesta que Magda	quiera tener un bebé. no quiera tener un bebé.

B. La chismosa. Usa la información siguiente para formular oraciones que representen las observaciones y opiniones de la Sra. Otero, la chismosa *(the gossip)* del barrio. Combina elementos de las tres columnas. Hay que usar el presente del subjuntivo.

Modelo

Es una lástima que los vecinos de enfrente se divorcien.

A	**B**	**C**
Me sorprende que	los Ortiz	casarse
Me enfada que	el soltero de al lado	divorciarse
Me alegra que	los vecinos de enfrente	separarse
Es una lástima que	Mimi, la chica de la esquina,	no tener novio(a)
Tengo miedo de que	la Sra. Guzmán	llevar su novio(a) a su apartamento

C. ¿Qué te parece? Lee las situaciones que te cuentan algunos amigos y reacciona con una oración completa. Usa las expresiones de la página 357.

Modelo

—Mi hermanito de 16 años dice que no va a estudiar más.
—*Siento mucho que tu hermanito no vaya a estudiar más.*

1. Mi abuela de 80 años se casa en junio.
2. Mi hermana mayor, que lleva 15 años de casada, no quiere tener hijos.
3. Acabo de aceptar un empleo en Australia, muy lejos de mi familia.
4. Acabo de terminar mi relación con Felipe; es un burro.
5. No tengo trabajo; acaban de eliminar 200 puestos en mi compañía.
6. Mi tía Eulalia está muy enferma; van a operarla mañana.
7. Mi hermana mayor, Tomasina, no se quiere casar; prefiere vivir con su novio sin casarse.

GRAMÁTICA

El presente del subjuntivo —Los verbos con cambios en la raíz

A. Los infinitivos -*ar*, -*er*. As in the present indicative tense, many -*ar* and -*er* verbs have stem changes in the present subjunctive. Notice that these stem changes occur in all forms, except for *nosotros* and *vosotros*.

Infinitivos -ar		
	e → ie	o → ue
	pensar	acostarse
	(to think, to plan)	*(to go to bed, to lie down)*
que yo	piense	me acueste
que tú	pienses	te acuestes
que él/ella/Ud.	piense	se acueste
que nosotros(as)	pensemos	nos acostemos
que vosotros(as)	penséis	os acostéis
que Uds./ellos(as)	piensen	se acuesten

Infinitivos -er		
	e → ie	o → ue
	entender	volver
	(to understand)	*(to return)*
que yo	entienda	vuelva
que tú	entiendas	vuelvas
que él/ella/Ud.	entienda	vuelva
que nosotros(as)	entendamos	volvamos
que vosotros(as)	entendáis	volváis
que Uds./ellos(as)	entiendan	vuelvan

- Another verb conjugated like *volver* is *poder* (to be able).

B. Los infinitivos -*ir*. There are additional stem changes in several verbs that end with -*ir*. With these verbs, there are stem changes in all persons, including the *nosotros* and *vosotros* forms.

Infinitivos -ir			
	e → ie/i	o → ue/u	e → i
	sentir	dormir	servir
	(to feel, to regret)	*(to sleep)*	*(to serve)*
que yo	sienta	duerma	sirva
que tú	sientas	duermas	sirvas
que él/ella/Ud.	sienta	duerma	sirva
que nosotros(as)	sintamos	durmamos	sirvamos
que vosotros(as)	sintáis	durmáis	sirváis
que Uds./ellos(as)	sientan	duerman	sirvan

- The verb *divertirse* (to have fun) follows the same pattern as *sentir*. Another verb conjugated like *dormir* is *morir* (to die). The verbs *pedir* (to ask for), *repetir* (to repeat), and *vestirse* (to get dressed) follow the same pattern as *servir*.

A. La vida universitaria. Completa los mini-diálogos con la forma correcta del presente del subjuntivo.

Modelo

TU AMIGO(A): Mañana voy a una fiesta con Julián; va a ser inolvidable.

        TÚ: ¡Ojalá / divertirse...!

          ¡Ojalá que te diviertas mucho!

1.   APARICIO: Profesora, no comprendo el subjuntivo.
      PROFESORA: Aparicio, es importante que / entender...

2.   FELIPE: Mi compañero(a) de cuarto ha dormido dos días seguidos.
      LUIS: Es una lástima que / dormir...

3.   ELENA: Hasta ahora no he recibido ninguna carta de mi novia.
     SU MADRE: Ojalá que / acordarse (*remember*)...

4.   TÚ: No tengo muchos amigos aquí en la universidad.
     TU PADRE: Espero que / conocer...

5.   PATRICIA: Mi compañero(a) de cuarto estudia constantemente.
     CAROLINA: Me preocupa que / no salir...

6.   TÚ: No comprendo los verbos con cambios en la raíz.
     TU PROFESOR(A): Ojalá que / entender...

7.   TÚ: Tengo que escribir tres composiciones para mañana.
     TU NOVIO(A): No me gusta que / trabajar...

8. TUS HERMANOS: Vamos a trabajar en el restaurante este fin de semana.
     TUS PADRES: Nos alegramos que / servir comida a los clientes...

9.   TÚ: No sé si voy a visitar a mi familia este fin de semana.
     TU ABUELA: Es bueno que / volver...

B. El matrimonio de Lupe y Leopoldo. Lupe y Leopoldo se casan y todo el mundo tiene un comentario o una sugerencia sobre el acontecimiento. Usa la información en las columnas para hablar de la boda según el modelo.

Modelo

La abuelita está contenta de que ellos vivan cerca.

A	B	C
La abuelita	estar contento(a)(s) de que	ellos / entender que no va a ser fácil
Los padres	estar triste(s) (de) que	
La mamá de Leopoldo		ellos / poder viajar
La hermanita de Lupe		Leopoldo / no volver a casa
Yo		ellos / no pedir más dinero
Los amigos		Lupe / ir a trabajar
Lupe		Leopoldo / lavar los platos
Leopoldo		Lupe / hacer sus platos predilectos
		ellos / pensar vivir cerca
		ellos / no repetir nuestros errores

Gestures

There are both linguistic and nonlinguistic ways to communicate our thoughts. The use of body language is important; when used correctly, it will allow you to reinforce or to replace what you are trying to communicate verbally.

Body language varies from country to country. One difference is how individuals use the space around them; Hispanics generally stand closer to each other than people from the United States. Another difference is in the more frequent use of hand gestures among Hispanics.

Different countries often have different gestures or the same hand gestures with different meanings. Here are some commonly used gestures in Hispanic countries. Can you guess what they mean? Match the illustrations to their Spanish equivalents.

a. El dinero
b. ¡Ojo! ¡Ten cuidado!
c. ¡Excelente!
d. ¡Adiós! ¡Hasta luego!
e. ¡Tacaño! *(Stingy)*

A. ¡La sorpresa de Carlos! Escucha la conversación entre los miembros de la familia Martínez y contesta las preguntas.

1. ¿Cuál es la sorpresa de Carlos?

2. Arturo y Beatriz reaccionan con
   a. alegría.   b. sorpresa.   c. enfado.

3. Carlos conoció a Estelita en
   a. la universidad.   b. un restaurante.   c. una fiesta.

4. Carlos y Estelita piensan vivir
   a. con los padres de Estelita.   b. en un apartamento.   c. con Arturo y Beatriz.

5. Probablemente, Carlos y Estelita
   a. se van a casar pronto.
   b. van a casarse cuando Carlos termine su carrera.
   c. van a romper el compromiso.

B. Las tarjetas. Imagínate que vas a mandarles las tarjetas siguientes a algunos amigos. Primero, léelas y luego escribe tu mensaje.

Modelo

Querida Liliana:
¡Qué buena noticia! Felicitaciones por el nacimiento de Lili. Es bella; se parece a ti y a tu hermana Bárbara. Ojalá que Federico y tú tengan muchos hijos más.
    Besos y abrazos,
    Maribel

Un Regalo para el Bebé que se Espera

Deseando lo mejor de la vida
para tu bebé
y deseos cariñosos
de felicidad
para toda tu familia

Al Cumplir 15 Años

En la gratísima ocasión
De tus soñados quince años,
Para felicitarte y desearte
Que disfrutes de un día colmado
De deseos y alegrías,
y de sueños realizados.
Feliz Cumpleaños

Un Serano Llegue

El Señor, quien desde el cielo
Por todos sus hijos vela
Les consuele en su dolor
Y les brinde fortaleza

C. Las noticias. Escribe dos o tres noticias de acontecimientos que acaban de ocurrir o que van a ocurrir pronto. Luego, intercambia noticias con tu compañero(a) y reacciona por escrito a cada acontecimiento.

Modelo

(tú lees la noticia de tu compañero/a) Emilio y yo nos comprometimos el fin
                  de semana pasado. ¡Fue tan romántico!
           (tú escribes) ¡Qué buena noticia! ¿Cuándo es la boda?

In this *Paso* you will practice:

- Talking about everyday concerns
- Expressing doubt, denial, uncertainty, and certainty

Grammar:

- Using the present subjunctive to express doubt, denial, and uncertainty
- Double object pronouns

VOCABULARIO TEMÁTICO

Dime de tu vida

¿Qué preocupaciones tienes en tu vida? ¿Qué problemas tiene la mayoría de los estudiantes? ¿Es difícil ser estudiante?

Buenas noticias

¿Qué me cuentas?

Acabo de tener una entrevista para un buen puesto.
                              una beca
                              un internado

Bueno. ¿Cómo te fue? ¿Te lo van a dar?
                              la

Creo que sí.
¡Ojalá que sí!
Es casi seguro.

Malas noticias

¿Qué hay de tu vida?

Nada bueno. No salí bien en la prueba de biología.
              Mi compañero(a) de cuarto y yo no nos llevamos bien.
              No tengo suficiente dinero para pagar mis cuentas.

Y ¿no puedes pedirle ayuda a tu profesor?
              cambiar de compañero(a) de cuarto
              pedirles un préstamo a tus padres

Quizás.
Creo que no.
Es posible, pero lo dudo.

¿Sabías que...?

- *Quizás* and *tal vez* mean "maybe." If a verb follows one of these phrases, the subjunctive may be used to express uncertainty.

  Quizás tengan un   *They might have*
      examen hoy.   *a test today.*

- In the question *¿Te lo van a dar?* that was used in the presentation, *te* and *lo* are object pronouns; *te* is an indirect object pronoun meaning "to you," and *lo* is a direct object pronoun that refers to the job (it). Remember to choose the pronoun that agrees in number and in gender with the noun it replaces. You will find out more about using two object pronouns together later in this *Paso*.

Ponerlo a prueba

A. Las vicisitudes (problems) de los estudiantes. Escucha las conversaciones entre algunos estudiantes universitarios y contesta con respuestas breves.

1. Raquel, Sofía y Diego tienen problemas con _____.
2. ¿Por qué está preocupado Diego?
3. Raquel y Diego no tienen dinero porque _____.
4. ¿Cómo piensa Diego resolver su problema?

B. ¿Qué me cuentas? Lee y completa los diálogos. Luego, practícalos oralmente con tu compañero(a).

Número 1

TÚ:	¿Qué hay de tu vida?
TU COMPAÑERO(A):	Nada bueno. _____.
TÚ:	Lo siento mucho. ¿No puedes pedirle ayuda a...?
TU COMPAÑERO(A):	Quizás. _____.

Número 2

TU COMPAÑERO(A):	¿Qué me cuentas?
TÚ:	Estoy muy alegre. _____.
TU COMPAÑERO(A):	¡Qué buena suerte! ¿Te lo (la) van a dar?
TÚ:	Es casi seguro. _____.
TU COMPAÑERO(A):	_____.

C. Preguntas personales. Contesta las preguntas oralmente con tu compañero(a). Usa expresiones como **Es posible, Creo que sí, Ojalá, Es imposible** y otras frases para justificar tu respuesta según el modelo.

Modelo
—¿Va a casarse tu hermano el año próximo?
—*Es imposible. Solamente tiene seis años.*

El romance

1. ¿Te vas a comprometer este año?
2. ¿Se va a casar pronto tu mejor amigo(a)?
3. ¿Va a romper contigo tu novio(a)?

La vida universitaria

4. ¿Vas a sacar una A en la clase de español?
5. ¿Esperas que tu compañero(a) de cuarto sea más considerado(a)?
6. ¿Va a reducir la matrícula (tuition) el presidente de la universidad?
7. ¿Van a rebajar (lower) el precio de los libros en la librería?
8. ¿Te van a pagar un buen sueldo en tu primer puesto?

Tu familia

9. ¿Te van a mandar mucho dinero tus padres?
10. ¿Vas a ser tío(a) en el futuro?
11. ¿Te van a comprar un coche nuevo tus padres?

GRAMÁTICA

Usos del presente del subjuntivo —La duda

A. La duda. In *Pasos 1* and *2* you learned how to use the subjunctive to express emotions and to influence others; another use is to express doubt, denial, and uncertainty. With all uses of the subjunctive that we have studied, the sentence pattern has two clauses that are joined by *que* and each clause has a different subject. When the verb in the main clause expresses doubt, uncertainty, disbelief, or denial, the **subjunctive** is used in the second, or subordinate, clause.

Dudo que mi hermano **se case** pronto.	*I doubt that my brother will marry soon.*
Es posible que **me trasladen** a Nueva York.	*It's possible that they will transfer me to New York.*

Sometimes, however, the present subjunctive is not used even though the sentence has two clauses connected by *que* and two subjects. If the verb in the main clause expresses certainty, belief, or affirmation, the **indicative** is used in the subordinate clause.

Creo que me van a ofrecer el puesto.	*I believe that they are going to offer me the job.*
Es verdad que pagan un sueldo muy alto.	*It's true that they are paying a high salary.*

B. Más verbos. Here are some verbs and phrases used to express disbelief, uncertainty, doubt, and denial. When these verb phrases are used in the main clause in sentences with the pattern we have studied, the subjunctive is used in the subordinate clause.

- To express disbelief, doubt, and uncertainty:

no creer	*not to believe*	No creo que mis padres me **den** el préstamo.
no pensar	*not to think*	No pienso que Enrique y Cary se **comprometan.**
es posible	*it is possible*	Es posible que **saquemos** una A en el examen.
dudar	*to doubt*	Dudo que mis padres **vengan** hoy.

- To express denial:

no es verdad	*it is not true*	No es verdad que Ana **esté** embarazada.
no es cierto	*it is not true*	No es cierto que Pablo **llegue** mañana.
es imposible	*it is impossible*	Es imposible que me **den** una beca.

C. La certeza. To express certainty, belief, and affirmation, the following phrases are used. Notice that although the sentence pattern is the same, the present indicative—not the subjunctive—is used in the subordinate clause.

creer	*to believe*	Creo que me voy a graduar en mayo.
pensar	*to think*	Pienso que voy a vivir en una ciudad grande.
estar seguro(a) de	*to be sure*	Estoy seguro de que va a llover hoy.
es seguro	*it is certain*	Es seguro que no hay clase hoy.
es verdad	*it is true*	Es verdad que Paco y Lisa se van a casar.
es cierto	*it is true*	Es cierto que mi hermano está separado.

A. El optimista y el pesimista. Cambia las oraciones a continuación sobre la boda de Marisa y Julián de un punto de vista positivo a uno negativo y viceversa, según el modelo.

Modelo

Creo que van a vivir con los padres de Julián.
No creo que vayan a vivir con los padres de Julián.

O

No es cierto que Marisa esté embarazada.
Es cierto que Marisa va a tener un hijo.

1. Pienso que Marisa va a tener una boda grande.
2. Dudo que sus padres les regalen una casa de regalo de boda.
3. Es posible que Julián no quiera un espectáculo grande.
4. Estoy seguro(a) de que Marisa y Julián son felices.
5. No es verdad que vengan mil invitados a la boda.
6. Creo que los suegros de Marisa están tristes.
7. No pienso que tengan los documentos necesarios.
8. Es seguro que Marisa sabe adónde van de luna de miel.

B. En diez años... Piensa en cómo va a ser tu vida en diez años y completa las frases siguientes de una manera original. Luego, escribe dos oraciones originales adicionales. ¡Ojo! A veces es necesario usar el presente del subjuntivo, y a veces es necesario usar el presente del indicativo.

Modelo

Con respecto a los niños, no pienso que mi esposo(a) y yo tengamos más de dos.

1. Con respecto a mi futuro(a) esposo(a), dudo que _____.
2. Con respecto al matrimonio, creo que _____.
3. En cuanto a los niños, no pienso que _____.
4. En mi trabajo, es posible que _____.
5. En mi familia, estoy seguro(a) de que _____.
6. Con respecto a dónde voy a vivir, es imposible que _____.
7. En cuestión de dinero, pienso que _____.
8. Cuando pienso en mi casa, es cierto que _____.

GRAMÁTICA

Los complementos pronominales directos e indirectos

A. Un repaso. You have already been introduced to reflexive, indirect, and direct object pronouns. Here is a quick review.

El complemento reflexivo

Reflexive pronouns are used with reflexive verbs to indicate that the subject performs and receives the action. The pronouns correspond to the subject of the sentence. They may be placed before a conjugated verb, or they can be attached to the end of infinitives, affirmative commands, and present participles.

me	myself	nos	ourselves
te	yourself (informal)	os	yourselves (pl., informal)
se	yourself himself herself itself	se	yourselves (pl., formal) themselves

¿A qué hora **se acuestan** Uds. cuando tienen un examen?

What time do you (pl.) go to bed (put yourselves to bed) when you have a test?

¿Qué vas a poner**te** para ir a la fiesta?

What are you going to wear (put on yourself) to the party?

El complemento directo

Direct object pronouns answer the questions **whom?** or **what?** with respect to the verb. They must agree in number and in gender with the noun that they replace. Direct object pronouns follow the same rules for placement as reflexive pronouns.

me	me	nos	us
te	you (informal)	os	you (informal, Spain)
lo	him, it, you	los	you, them
la	her, it , you	las	you, them

¿La entrevista? No, no **la** tengo hoy.

The interview? No, I don't have it today.

¿El dinero? Voy a poner**lo** en la carta ahora mismo.

The money? I am going to put it in the letter right now.

El complemento indirecto

Indirect object pronouns tell **for whom** or **to whom** the action is done. They follow the same rules for placement as the reflexive and direct object pronouns.

me	to/for me	nos	to/for us
te	to/for you (informal)	os	to/for you (informal, Spain)
le	to/for you, him, her, it	les	to/for you, them

¿**Nos** vas a mandar las fotos del bebé?

Are you going to send the baby pictures to us?

¿Quién **te** va a dar el puesto?

Who is going to give the job to you?

B. Dos pronombres. It is possible that you may need to use more than one pronoun at a time. When that happens, follow these rules:

■ The indirect object pronoun generally comes before the direct, and the reflexive is first of all.

¿El puesto? **Me lo** van a dar.

The job? They are going to give it to me.

¿La falda? María **se la** va a poner.

The skirt? María is going to put it on.

- When the third person indirect object pronouns *le* and *les* are followed by a third person direct object pronoun (*lo/la/los/las*), *le* or *les* changes to *se*. Remember that *le* and *les*, even when converted to *se*, may be used together with the indirect object noun in Spanish.

> le / les + lo / los / la / las > se + lo / los / la / las

¿A quién **le** dio Rafael ese regalo?	*To whom did Rafael give that gift?*
Rafael **se lo** dio a Esperanza.	*Rafael gave it to Esperanza.*
¿Cuándo van a dar**le** Uds. las flores a abuela?	*When are you (pl.) going to give the flowers to grandmother?*
Nina y yo vamos a dar**le** las rosas esta noche.	*Nina and I are going to give the roses to her tonight.*
Vamos a dár**selas** después de la cena.	*We are going to give them to her after dinner.*
¿A quién **le** piensas dar la camisa?	*To whom do you plan to give the shirt?*
Se la pienso dar a mi hermano	*I plan to give it to my brother.*

C. La colocación. The rules for placement of multiple pronouns are the same as when there is only one pronoun used. However, if two pronouns are attached to the end of an infinitive, an affirmative command, or a present participle, a written accent will have to be added to the vowel of the syllable that was originally stressed.

> ¿**Los** vaqueros? Mis padres van a comprár**noslos** en la tienda.
>
> ¿**La** carta de recomendación? Mánde**sela** por correo.

Play Student Tape

A. La fiesta de Juan. Tú y tus parientes van a darles una fiesta a tus abuelos para celebrar su aniversario de bodas de oro. Escucha las preguntas orales y escoge la mejor respuesta.

1. La Sra. Ortega (se lo / se la) compró.
2. Eva ya (se lo / se la) mandó.
3. Ya (lo / la) pidió Eduardo.
4. (Me / Te) voy a poner un traje elegante.
5. El conjunto "Los dominicanos" va a (cantársela / cantárselas).
6. Doña Ramona (nos lo / nos los) va a prestar.
7. Mi papá va a (hacérsela / hacérselo).
8. (Se lo / Se los) vamos a dar al final de la fiesta.

B. La graduación de Karina. Tu amiga, Karina Espinoza, está celebrando su graduación de la universidad con familiares y amigos. Mira el dibujo de la fiesta y contesta las preguntas. Si es posible, usa dos complementos pronominales en tus respuestas.

1. ¿Qué le dio Raúl a Karina? ¿Les pidió permiso a los padres de Karina? ¿Por qué sí o por qué no?
2. ¿Qué le van a regalar sus padres a Karina? ¿Le va a gustar?
3. ¿Quiénes le van a regalar dinero?
4. ¿Quiénes le van a dar un suéter feo? ¿Se lo va a poner Karina?
5. ¿Qué le compró Nelson? ¿Cuándo se la va a dar?
6. ¿Qué le va a dar Hugo? ¿Por qué se la compró a Karina? Explica.

Comentario *cultural*

El interés en lo sobrenatural

Cuando tenemos que enfrentar *(to face)* los problemas de la vida, muchas veces buscamos los consejos de otras personas —de nuestros familiares o amigos, de consejeros profesionales o de un ministro o rabino. Tanto en los Estados Unidos como en el mundo hispano, hay personas que buscan la solución a sus problemas cotidianos en lo sobrenatural —en las estrellas *(stars)*, en las líneas de la mano o en las cartas de Tarot. Claro está, para muchas personas, este interés es nada más que una diversión; al mismo tiempo, para una pequeña minoría, el interés es más serio.

Examina los anuncios a continuación. ¿Qué servicios ofrecen?

FUTUROSCOPO tarot

Consigue más información sobre tu futuro.
Marca el
(07 611) 41 11
seguido del número que figura al lado de tu estrella.

♑ 59 Capricornio	♋ 53 Cáncer
♒ 60 Acuario	♌ 54 Leo
♓ 61 Piscis	♍ 55 Virgo
♈ 50 Aries	♎ 56 Libra
♉ 51 Tauro	♏ 57 Escorpión
♊ 52 Géminis	♐ 58 Sagitario

VIII
LA GIUSTIZIA

Para la lectura personal de TAROT, marque este número y vea qué le reserva el futuro
(07 611) 41 11 71

¿ Gozas de perfecta armonía con amigos y colegas en el amor y el trabajo ?
Marca el (07 611) 41 11 75

El precio de llamada es 40 pesetas por cada cinco segundos.
Esta es una llamada internacional a Australia.

A. Entre amigas. Elvira está preocupada por varios familiares. Ella le cuenta sus preocupaciones a su amiga Margarita. Escucha las conversaciones y observa los dibujos. Primero, indica en qué orden hablan de los temas representados en los dibujos. Luego, indica si Margarita piensa que se trata de un acontecimiento imposible (I), dudoso (D) (*doubtful*) o seguro (S).

1. __f__ / Ⓘ D S
2. _____ / I D S
3. _____ / I D S
4. _____ / I D S
5. _____ / I D S

B. Preguntas personales. Basándote en las siguientes preguntas, conversa con un(a) compañero(a) de clase sobre los siguientes temas.

1. Los compañeros de cuarto: A veces los compañeros de cuarto no se llevan bien. ¿Cuáles son algunas de las fuentes *(sources)* de fricción y tensión? En tu opinión, ¿es necesario que dos personas sean buenos amigos para ser compañeros de cuarto? Explica por qué sí o por qué no.

2. Las cuentas: ¿Cuáles de estas cuentas tienes que pagar: el gas, la electricidad, el agua, el cable, la matrícula *(tuition)* para la universidad, el alquiler *(rent)*? Cuando no tienes suficiente dinero para pagar tus cuentas, ¿a quién le pides un préstamo? Aparte de pedir un préstamo, ¿qué otras soluciones hay para este tipo de problema?

3. Las becas: ¿Ofrecen muchas becas en tu universidad? ¿En qué se basa la concesión *(granting)* de becas: en la habilidad atlética, en las buenas notas, en la necesidad económica? ¿Crees que es un sistema justo o que deberían cambiarlo? Explica por qué.

4. El mundo laboral: Para algunas carreras, es común hacer un internado o una práctica como parte del plan de estudios. ¿Cuáles son las ventajas de hacer un internado? ¿A ti te gustaría hacer uno? Explica por qué sí o por qué no. ¿Vas a conseguir un buen puesto después de graduarte? ¿Es necesario que hagas estudios de post-grado antes de buscar trabajo en tu campo?

C. Horóscopo. Mira el horóscopo en la página 372 y lee el signo que corresponde a la fecha de tu cumpleaños. ¿Vas a tener buenas noticias? ¿Vas a sufrir algún problema de salud? ¿Te parecen positivas o negativas las predicciones? Después de leer tu horóscopo, escribe tus reacciones a las predicciones en una hoja de papel.

Modelo

LEO: Dudo que... encuentre pareja este mes.

ACUARIO: Es posible que... yo haga un viaje, pero lo dudo.

Horóscopo por Nike

Júpiter-Sol anuncia días divertidos y placenteros, aunque con tendencia a los excesos.
La Luna Nueva en Capricornio indica el fin de una etapa y el comienzo de otra.

ARIES
Del 21 de marzo
al 20 de abril

Amor. Momentos intensos e importantes en tus relaciones sentimentales; te lloverán proposiciones. La vida social será el escenario perfecto para que puedas lucir todas tus dotes de seducción y atractivo personal. **Salud.** Estarás propenso a excederte en todos los sentidos. **Trabajo.** Deberás tener claros tus verdaderos objetivos y perseguirlos con tenacidad y confianza, luchando contra tu tendencia a la dispersión.
Días favorables el 19 y el 22.

TAURO
Del 21 de abril
al 21 de mayo

Amor. La buena posición de Marte y Venus dará un color distinto y marcará un nuevo rumbo a tu vida sentimental. Vivirás momentos muy bonitos y placenteros. **Salud.** Te sobrarán energía física y buen humor. **Trabajo.** Pondrás en él toda tu voluntad y te acompañará la suerte. Es el momento ideal para lanzarte a alguna actividad creativa. La notable mejoría en el ámbito financiero no debe llevarte a aumentar los gastos.
Días favorables el 18 y 23.

GEMINIS
Del 22 de mayo
al 22 de junio

Amor. Venus, en buen aspecto, te permitirá mejorar tus relaciones sentimentales o vivir un romance que te devolverá la confianza en ti mismo, haciéndote sentir más atractivo. Tu vida social te proporcionará contactos interesantes. **Salud.** Mejorarán tu piel y tu línea. Los viajes animarán tu espíritu. **Trabajo.** Se darán todas las circunstancias favorables para que lleves a cabo tus proyectos personales. La situación financiera se perfila positiva.
Días favorables el 23 y el 24.

CANCER
Del 23 de junio
al 22 de julio

Amor. Es muy importante que procures evitar las interferencias de personas extrañas en tu vida sentimental. Estarás emocionalmente inestable y tus contactos con los amigos serán polémicos. **Salud.** Buen momento para recuperarte y tomar fuerzas. Gozarás de posibilidades magníficas. **Trabajo.** Si pones tu mejor voluntad en todo lo que hagas, te apuntarás un tanto a tu favor que te permitirá equilibrar tu economía.
Días favorables el 18 y el 19.

LEO
Del 23 de julio
al 23 de agosto

EL SIGNO DE LA SEMANA

Amor. Compañerismo y colaboración con tu pareja. Si aún no la tienes, la encontrarás. Organiza algo divertido con tus amigos. Invitaciones y viajes agradables. **Salud.** No tienes nada que temer; gozas de gran energía y resistencia. **Trabajo.** Júpiter te hará tomar decisiones arriesgadas, pero convenientes. El esfuerzo que realices dará su fruto. Tu economía mejora.
Días favorables el 20 y el 23.

VIRGO
Del 24 de agosto
al 23 de septiembre

Amor. A pesar de ciertas inquietudes y de que tendrás que tomar decisiones importantes, la vida sentimental será espléndida. Un amigo te brindará consejos útiles. Trata de controlar tu impaciencia con la familia. **Salud.** Para que tu sistema nervioso se recupere totalmente, debes descansar más. **Trabajo.** Conviene que te presentes atento y solícito. Habrá cambios, pero tendrás fuerzas para superar todos los obstáculos.
Días favorables el 19 y el 22.

LIBRA
Del 24 de septiembre
al 23 de octubre

Amor. Momentos mágicos en tu vida sentimental con decisiones trascendentes para el futuro. Te apetecerá realizar algún cambio en la decoración de tu hogar. Harás compras que te entusiasmarán. **Salud.** Si descansas un poco más, ganarás en equilibrio mental. **Trabajo.** Júpiter a tu favor te proporcionará una buena dosis de suerte y éxito. Conseguirás objetivos interesantes. Aprovecha este momento creativo y constructivo.
Días favorables el 20 y el 24.

ESCORPIO
Del 24 de octubre
al 22 de noviembre

Amor. Período de calma y tranquilidad. Es el momento de hablar con tu pareja para llegar a acuerdos que beneficien al hogar y la familia. Una amiga pedirá tu ayuda. **Salud.** Apenas te preocupará, porque te encontrarás realmente bien. **Trabajo.** Debes estrechar más las relaciones con tus compañeros. Aprenderás cosas nuevas y tu economía, no demasiado buena actualmente, se volverá a equilibrar gracias a Mercurio.
Días favorables el 18 y el 23.

SAGITARIO
Del 23 de noviembre
al 22 de diciembre

Amor. Vivirás momentos felices, sensuales y divertidos gracias al amor. Buenos contactos sociales que deberás cultivar con mucha habilidad. Vida familiar agradablemente movida. **Salud.** Cuida tu línea; los planetas te predisponen a comer en demasía. **Trabajo.** Por fin resolverás situaciones estancadas y viejos problemas, alcanzando objetivos interesantes. Estás en un excelente momento para mejorar tu economía.
Días favorables el 19 y el 24.

CAPRICORNIO
Del 23 de diciembre
al 20 de enero

Amor. La situación astral te trae momentos intensos e importantes en tus relaciones sentimentales. Período ideal para tomar decisiones y disfrutar de lo que la vida te ofrece. **Salud.** Gozarás de gran energía física gracias a la influencia de Marte. **Trabajo.** Con Marte, Luna, Sol, Venus y Mercurio en tu signo, gozarás de oportunidades que sabrás aprovechar. Enfocarás adecuadamente tu nueva andadura profesional.
Días favorables el 18 y el 19.

Esta semana

La vida social, el buen humor y la suerte se verán favorecidos

● Con la entrada del Sol en Capricornio comienza el solsticio de invierno. La naturaleza se repliega hacia dentro, aparentemente muerta, para dar paso a la vida del espíritu. Se trata de una fecha que se considera sagrada en las culturas patriarcales-solares.

● En el cristianismo tiene lugar la celebración de la venida de Cristo, Dios hecho hombre, para recordarnos nuestro origen divino.

● La Luna Nueva en Capricornio anuncia también el fin de un ciclo y el nacimiento de otro nuevo: es el momento adecuado para abandonar cualquier lastre, tanto material como psicológico.

● La conjunción Sol-Júpiter favorece la vida social, el buen humor y la suerte. Son tiempos creativos, indicados para viajar e iniciar proyectos nuevos, bajo la promesa y la garantía de que darán excelentes frutos.

● Venus-Urano, por su parte, nos inclina a perseguir la libertad, a las aventuras románticas y a la búsqueda de cosas diferentes.

ACUARIO
Del 21 de enero
al 19 de febrero

Amor. Venus entra en tu signo, favoreciendo las relaciones sentimentales y de amistad. Te sentirás más atractivo y vivirás momentos de gozo y placer. Estarás en contacto con hermanos y primos que viven lejos de ti. **Salud.** El buen humor con el que ahora cuentas será una auténtica medicina. **Trabajo.** Tendrás facilidades y éxito personal: tu inventiva te ayudará a superar los obstáculos. Viajes o ganancias inesperadas.
Días favorables el 20 y el 23.

PISCIS
Del 20 de febrero
al 20 de marzo

Amor. Perspectivas favorables para los enamorados, así que no descuides ni un instante a tu pareja y mucho menos la sacrifiques por el trabajo. Relaciones bastante *movidas* con los amigos, pero muy valiosas. **Salud.** Ten cuidado con la comida; las digestiones serán pesadas. **Trabajo.** Las cosas marcharán más lentas de lo que a ti te gustaría, pero los resultados serán magníficos. Cuidado no te excedas con los gastos.
Días favorables el 21 y el 23.

Descubre tu futuro

Este divertido cuadro en el que encontrarás soles, nubes y rayos te permitirá descubrir cómo van a portarse los astros con tu signo todas las semanas. Ya sabes, la respuesta está en el cielo.

ARIES	TAURO	GEMINIS	CANCER
LEO	VIRGO	LIBRA	ESCORPIO
SAGITARIO	CAPRICORNIO	ACUARIO	PISCIS

Excelente   Bueno   Indiferente   Conflictivo

Un paso más

Estudiante A:

1. En el siguiente nombre, ¿cuál es el apellido materno y cuál es el apellido paterno: Yasmín Pérez Maldonado? (El apellido paterno es Pérez; el apellido materno es Maldonado.)

2. ¿Cuáles son los doce meses del año? (enero, febrero, marzo, abril, mayo, junio, julio, agosto, septiembre, octubre, noviembre, diciembre)

3. Dime la forma verbal que corresponde a la persona "yo" en el tiempo presente para los siguientes verbos: salir (salgo); traer (traigo); hacer (hago); ver (veo).

4. ¿Cuáles son los números ordinales que corresponden a los números de uno a diez? (primero, segundo, tercero, cuarto, quinto, sexto, séptimo, octavo, noveno, décimo) ★★

5. ¿Cuáles son los antónimos de estos adjetivos: bajo (alto); viejo (joven); feo (guapo/bonito)?

6. ¿Cuál es la capital de Chile? (Santiago)

7. ¿Cuáles son seis medios de transporte? (avión, barco, tren, autobús, coche, metro, taxi, bicicleta, motocicleta, caballo, etc.)

8. ¿Qué verbo tienes que usar con las siguientes palabras: hambre, sed, prisa, miedo, sueño? (tener)

9. ¿Cuáles son las formas del verbo *decir* en el pretérito? (dije, dijiste, dijo, dijimos, dijisteis, dijeron) ★★

10. ¿Cuáles son las cuatro estaciones del año? (la primavera, el verano, el otoño, el invierno)

11. ¿Cuáles son cuatro tipos de carne o pescado que comemos? (biftec, pollo, pavo, cerdo, jamón, mariscos, hamburguesas, etc.)

12. ¿Cómo se llama la moneda nacional de España? (la peseta)

13. ¿Cuáles son las tres comidas del día? (el desayuno; el almuerzo / la comida; la cena)

14. Dime si las siguientes expresiones se refieren al pasado o al futuro: anoche (pasado); hace diez años (pasado); el año que viene (futuro); ayer (pasado).

15. ¿Cuál es el único país en América del Sur que tiene costas en el océano Atlántico y en el Pacífico? (Colombia) ★★

16. ¿En qué cuarto de una casa se encuentran las siguientes cosas: un lavabo, un inodoro, una tina? (el baño)

17. ¿Cuáles son los antónimos de los siguientes adverbios: lejos (cerca); detrás de (delante de); a la izquierda (a la derecha)?

18. ¿En qué ciudad está el Museo del Prado? (Madrid, España)

19. ¿Cómo se dice en español: *It's raining* (Está lloviendo); *It's snowing* (Está nevando)?

20. ¿Qué país se asocia con los aztecas? (México)

Estudiante A

Contexto: Ahora vas a jugar a "Sabelotodo" con tu compañero(a) de clase. Tú (Estudiante A) y tu compañero(a) tienen dos listas diferentes de preguntas sobre el vocabulario, la gramática y la cultura. Ustedes tienen que hacerse preguntas (ask each other questions): la persona que conteste mejor gana (wins) el juego. Nota las siguientes reglas (rules):

1. Cada pregunta vale un punto. Tienes que contestar correctamente todas las partes de la pregunta para ganar el punto. (Las respuestas correctas están entre paréntesis.)

2. Las preguntas indicadas con dos estrellas valen dos puntos.

3. Si no contestas correctamente una pregunta indicada en morado, pierdes (you lose) un punto.

Tú empiezas con la primera pregunta.

Vocabulario útil

¿A quién le toca?
Whose turn is it?

Me toca a mí.
It's my turn.

Te toca a ti.
It's your turn.

¿Cuántos puntos tengo?
How many points do I have?

Un momento.
Just a second.

Estudiante B

Contexto: Ahora vas a jugar a "Sabelotodo" con tu compañero(a) de clase. Tú (Estudiante B) y tu compañero(a) tienen dos listas diferentes de preguntas sobre el vocabulario, la gramática y la cultura. Ustedes tienen que hacerse preguntas (ask each other questions): la persona que conteste mejor gana (wins) el juego. Nota las siguientes reglas (rules):

1. Cada pregunta vale un punto. Tienes que contestar correctamente todas las partes de la pregunta para ganar el punto. (Las respuestas correctas están entre paréntesis.)

2. Las preguntas indicadas con dos estrellas valen dos puntos.

3. Si no contestas correctamente una pregunta indicada en morado, pierdes (you lose) un punto.

Tú compañero(a) va a empezar.

Vocabulario útil

¿A quién le toca?
Whose turn is it?

Me toca a mí.
It's my turn.

Te toca a ti.
It's your turn.

¿Cuántos puntos tengo?
How many points do I have?

Un momento.
Just a second.

Estudiante B:

1. Identifica los siguientes parientes: el hermano de mi madre (tío); el hijo de mi hermano (sobrino); la hija de mi hijo (nieta).

2. ¿Es correcto usar *ser* o *estar* con los siguientes adjetivos: enfermo (estar); antipático (ser); desanimado (estar)?

3. Cuenta de cien en cien (*by hundreds*) de 100 a 1000. (cien, doscientos, trescientos, cuatrocientos, quinientos, seiscientos, setecientos, ochocientos, novecientos, mil)

4. ¿Cuáles son los antónimos de los siguientes adjetivos: limpio (sucio); ordenado (desordenado); nuevo (viejo)?

5. ¿Cuál es la capital del Ecuador? (Quito)

6. ¿Cuáles son cinco cosas que podemos leer? (una carta, un libro, una novela, una revista, un periódico, un poema, un cuento, un examen)

7. Explica en inglés la diferencia entre estas dos preguntas: ¿Qué hora es?; ¿Qué tiempo hace? (*The first question refers to the time of day; the second, to the weather.*)

8. ¿Cuáles son cinco idiomas que se hablan en Europa? (el inglés, el italiano, el francés, el alemán, el portugués, el español)

9. ¿Qué asignaturas o cursos se asocian con las siguientes profesiones: médico (la medicina); profesor (pedagogía); abogado (derecho)?

10. ¿Cómo se llaman estos días festivos en español: *Thanksgiving* (Día de Acción de Gracias); *Christmas* (Navidad); *Independence Day* (Día de la Independencia)?

11. ¿Cuáles son las formas del verbo *ser* en el imperfecto? (era, eras, era, éramos, erais, eran) ★★

12. ¿Cuáles son tres ingredientes principales de la paella? (el arroz, el pollo, los mariscos, el azafrán)

13. ¿Cuáles son seis deportes? (el vóleibol, el golf, el béisbol, el básquetbol, el tenis, el fútbol, el fútbol americano, la natación, etc.)

14. ¿Cuáles son cinco cuartos de una casa? (la sala, la cocina, el comedor, el dormitorio, el baño)

15. ¿A qué se refieren las siguientes palabras: albergue, hostal, parador, pensión? (Son tipos de alojamiento, similares a un hotel.) ★★

16. ¿Cuáles son cinco países en Centroamérica? (Guatemala, Honduras, El Salvador, Nicaragua, Costa Rica, Panamá, Belice)

17. ¿Cuáles son siete frutas o verduras? (la naranja, la manzana, la piña, la banana, el tomate, la lechuga, la papa, el maíz, el brócoli, etc.)

18. Explica qué es la sobremesa. (Es un período de conversación después de la comida.)

19. ¿Cuáles son ocho partes del cuerpo humano? (la cabeza, los ojos, la nariz, la boca, los dientes, la garganta, el oído, la oreja, el brazo, los dedos, la mano, la pierna, el pie, el pecho, el estómago, los pulmones, el corazón, la espalda, etc.) ★★

20. ¿Cómo se llaman las montañas que se encuentran entre España y Francia? (los Pirineos)

Discover the
Hispanic world.

Video Tape

Anticipación

En este vídeo vamos a conocer a Marisol Acevedo, una estudiante de Puerto Rico que busca trabajo para el verano. En la primera parte, Marisol tiene una entrevista. Por lo general, ¿de qué temas se hablan en una entrevista para un trabajo temporal? Mira la lista e indica tus repuestas con una X.

_____ responsabilidades y requisitos del trabajo

_____ experiencia

_____ educación / formación

_____ sueldo / salario

_____ seguro *(insurance)* médico

_____ horario de trabajo

_____ vacaciones y días libres

_____ cómo uno debe vestirse para el trabajo

_____ cuándo empieza el trabajo

_____ otro (explica qué)

Comprensión

A. La entrevista. Mira la entrevista de Marisol y contesta las preguntas en frases completas.

1. ¿Dónde quiere trabajar Marisol?
2. ¿Qué experiencia tiene en este tipo de trabajo?
3. ¿Por cuántas horas a la semana es el trabajo? ¿Qué días hay que trabajar?
4. ¿Cuándo empieza el trabajo?
5. ¿Está Marisol libre para empezar el trabajo? Explica por qué sí o por qué no.
6. ¿Cuánto pagan?
7. ¿Cuándo le van a informar a Marisol de su decisión?

B. ¡Cuéntame todo! En la segunda parte del vídeo, Marisol le cuenta a su amiga Isabel todo sobre el trabajo y su entrevista. Lee los siguientes comentarios. De las personas en la lista, ¿quién dijo cada uno?

a. Isabel, la amiga que camina con Marisol

b. Marisol

c. La gerente del restaurante

_____ 1. Yo creo que tengo el trabajo para el verano.

_____ 2. Estoy buscando trabajo para el verano. ¿Conoces algún restaurante donde se necesiten camareras?

_____ 3. ¿Tiene Ud. experiencia?

_____ 4. Trabajé dos veranos como camarera.

_____ 5. Cuéntame... ¿Cómo te fue?

_____ 6. El miércoles llamé por teléfono y conseguí mi entrevista.

_____ 7. Los otros camareros la pueden ayudar a Ud. en el trabajo que no sepa.

Estrategia: Repaso de estrategias

Lee este artículo de la revista *Vanidades* y completa los ejercicios mientras lo lees.

A. Repaso de estrategias. This section will help you review some of the reading strategies you have already practiced throughout this book.

¿Ha perdido toda su energía? ¿Parte del apetito o parte del sueño? Puede ser que se trate de fatiga (¡cuidado, puede volverse crónica!) pero también podría ser una depresión. Cualquiera que sea el origen... su malestar tiene remedio.

¿FATIGA O DEPRESION?

Las mujeres de hoy día trabajan en exceso, están mal pagadas, se alimentan inadecuadamente, no se ejercitan bastante y, por ende, no poseen mucha resistencia física. Encima de esto, llevan la mayor parte de la responsabilidad del trabajo doméstico y la carga emocional de las relaciones interpersonales. Sin embargo, no importa lo reales que sean estos aspectos de la vida por los que la mujer va drenando su energía, muchos médicos no los identificarán o no los reconocerán como causas suficientes para llegar a un estado de depauperación física. Cuando usted está muerta de cansancio y va a hacerse un examen físico para averiguar la causa, es muy probable que el médico le informe que ''usted no tiene nada''. Se preguntará entonces si estará volviéndose loca... En lo absoluto. Esa fatiga es real y se puede hacer algo para llegar a eliminarla.

con algo diferente. En ese caso, el cansancio es crónico, y para diferenciarlo, en lo sucesivo lo denominaremos fatiga.

FUENTES DE ENERGIA

Hay ciertas cosas que renuevan nuestra energía, y debemos dedicarles el tiempo necesario para colmarnos a plenitud:

- El placer que se deriva de las relaciones íntimas
- La sensación de poder que comunica realizar un trabajo significativo
- Sueño reparador
- Buena nutrición
- Ejercicios aeróbicos

DRENAJES DE ENERGIA

Hay cinco causas principales de que nos quedemos sin energía, y son:

- Tensiones mentales (conflictos, emociones fuertes, depresión)
- Trabajo excesivo
- Drogas (que incluyen nicotina, alcohol, y medicamentos, no sólo las drogas fuertes, ilegales)
- Las condiciones inapropiadas de trabajo (toxinas, exceso de ruidos, aburrimiento, presión)
- Enfermedad física

EL EQUILIBRIO IDEAL

La mayor parte de las situaciones de fatiga se deben a un desequilibrio entre las fuentes y los drenajes de energía. Si la fatiga es más aguda en las horas matutinas y va poco a poco disminuyendo a lo largo del día, su origen es sicológico. Si es a la inversa, es decir, va empeorándose según avanza el día, obedece a causas físicas. La fatiga sicológica no disminuye descansando (muchas veces empeora). La fatiga física sí mejora. Si padece de fatiga, no cometa el error de atribuirlo a una sola causa: casi siempre hay más de un culpable. Estudie cuidadosamente la tabla de las fuentes de energía, y vea cuáles le faltan o no utiliza suficientemente. Mire ahora los drenajes, y aprenda a controlarlos.

AMOR Y TRABAJO

Para mantenernos llenos de energía, todos necesitamos que exista un equilibrio saludable entre nuestras vidas y nuestro trabajo, ya que cada una de estas dos esferas provee componentes distintos, pero necesarios al bienestar físico y moral, especialmente el placer y el sentido del poder.

El placer típico proviene de establecer relaciones íntimas, y aunque el matrimonio no es la forma más fácil y directa, ésa no es la única manera de satisfacer nuestras

Pase a la página 123

COMO DETECTAR LA DEPRESION

Usted piensa que siempre está cansada, pero en realidad, puede ser que esté deprimida. La fatiga es a menudo síntoma de depresión, aunque no siempre que usted se sienta cansada tenga que estar, por fuerza, deprimida. ¿Cómo distinguir entre un caso de fatiga crónica y uno de depresión clínica? La depresión es algo más que la falta de energía. Es un trastorno temperamental que afecta todos los aspectos de nuestra existencia y bienestar físico. Los síntomas clínicos de la depresión son:

1. pérdida de energía, fatiga;
2. trastornos del sueño (dormir demasiado o padecer de insomnio);
3. comer en exceso o demasiado poco;
4. perder el interés en actividades anteriormente placenteras (en especial las relaciones íntimas);
5. sentirse muy inquieta o como paralizada interiormente;
6. sentirse inútil o culpable;
7. tener poco poder de concentración;
8. ideas de suicidio o de muerte.

Si ha experimentado cuatro o más de estos síntomas por espacio de más de dos semanas, debe buscar la ayuda de un profesional de salud mental. Hoy en día, la depresión puede ser tratada y eliminada por medio de una terapia adecuada, en un tiempo breve.

Cada año, millones de mujeres se arrastran hasta la consulta del médico, quejándose de cansancio crónico y esperando que el facultativo encuentre una explicación física. A veces, en efecto, hay una causa subyacente, como por ejemplo el hipotiroidismo, la anemia por falta de hierro o alguna variedad de mononucleosis. Sin embargo, en la mayoría de los casos, los médicos no pueden encontrar una causa física. ¿Y entonces, qué? ¿Es la fatiga una creación de la imaginación? ¿Es sólo un fenómeno mental? Claro que no.

¿QUE ES LA FATIGA?

Para la mayoría de nosotros, el cansancio crónico es una sensación que se experimenta a través de la totalidad de nuestro ser, físico y mental. Es una especie de languidez, acompañada de un fuerte deseo de detenerse, de descansar o de dormir. Se diferencia del cansancio normal del día, en que este último desaparece después de un sueño reparador. Pero, cuando la energía no se recupera con dormir, o cuando esa sensación de languidez nos acomete a cualquier hora del día, estamos lidiando

1. By reading the **title** and **subtitles** of the article and also by **skimming** the first paragraph, you will be able to discover the main idea and the intended audience of this article. Which of the following statements best describes the main idea?

   a. the relationship between fatigue and depression
   b. fatigue in women: its causes, effects, and remedies
   c. how to diagnose and treat depression

2. Once you have discovered the main idea of an article, think about what you already know about this topic. Try to activate your **background information** by answering the following questions.

   a. *¿En qué ocasiones estás más cansado(a) de lo normal?*
   b. *¿Qué haces para tener más energía?*
   c. *¿Cuál te parece más seria, la fatiga o la depresión? ¿Cuál es la diferencia entre las dos?*

3. Recognizing the **subdivisions** of a text not only helps you gain further information about an article, but also helps you **scan** for specific facts more efficiently. In which subdivisions would you expect to find details about the following? Write down the title or subtitle of each of the sections on a separate piece of paper.

   a. *una definición del problema principal*
   b. *algunos remedios para este problema*
   c. *algunas causas del problema*
   d. *una lista de síntomas útiles para distinguir entre la fatiga y la depresión*

4. Remember that when using a dictionary, it is important to choose the meaning of the word that best matches the context of the sentence. Find the following words in the first paragraph of this article and decide which meaning is the most appropriate one in each case.

---

a-ve-ri-guar § **10** tr. (*comprobar*) to ascertain; (*investigar*) to inquire into, investigate; (*verificar*) to verify, check; (*adivinar*) to guess —intr. C. AMER., MEX. to argue, dispute.

---

can-san-cio m. (*fatiga*) tiredness, weariness; MED exhaustion, fatigue ♦ **muerto de c.** FIG. dog-tired.

---

car-ga f. (*acción*) loading; load <*con plena c.* with a full load>; (*flete*) cargo, freight; FIG. (*peso*) burden, load <*la c. fiscal* the tax burden>; (*obligación*) obligation, duty; (*responsabilidad*) onus, responsibility; (*impuesto*) tax, duty; MIL. (*ataque*) attack, charge; (*pólvora y plomo*) charge (of a weapon); HYDRAUL. head; ELEC. charge; (*capacidad*) load <*c. máxima* maximum load>; VET. poultice ♦ **a cargas** in great abundance • **bestia de c.** beast of burden • **c. aérea** air freight • **c. bruta** gross tonnage • **c. de caballería** MIL. cavalry charge • **c. de pago** COM. payload • **c. de pólvora** MIN. blasting charge • **c. de profundidad** depth charge • **c. de la prueba** LAW burden of proof • **c. de rotura** MECH. breaking load • **c. fija** *or* **muerta** MECH. dead load • **c. personal** personal obligation • **c. real** property tax • **c. útil** playload • **echar las cargas a** FIG., COLL. to put the blame on • **llevar la c. de** FIG. to be responsible for • **tomar c.** to load, take on cargo • **volver a la c.** FIG. to persist, insist.

---

de-pau-pe-ra-ción f. (*empobrecimiento*) impoverishment: MED. weakness, exhaustion.

---

5. When you restate the main ideas of a sentence or paragraph in your own words, you are **paraphrasing.** Paraphrase the first paragraph of this article by completing the following three sentences in Spanish.

   a. *Las mujeres no tienen mucha resistencia y están muy cansadas porque…*
   b. *Para las mujeres que sufren de fatiga, es muy frustrante ir al médico porque…*
   c. *En realidad, la fatiga…*

6. While much of the information of an article is explicitly stated, it is also possible to **infer** information from a text. Making **inferences** involves putting together bits of information stated in a text and drawing your own conclusions from them. Read the following sentences, which refer to the first paragraph of this article. Decide in each case if the information is explicitly stated or if it may be inferred.

   a. *En el pasado las mujeres tenían menos responsabilidades y, por eso, sufrían menos de la fatiga.*
   b. *Muchas veces los médicos no pueden encontrar la causa de la fatiga.*

B. Comprensión. Ahora lee el artículo otra vez y completa este ejercicio por escrito.

1. ¿Cuál es la diferencia entre el cansancio y la fatiga?

2. Indica si las siguientes actividades son una fuente (F) o un drenaje (D) de energía:
   a. fumar cigarrillos
   b. tener mucho estrés en el trabajo
   c. dormir ocho horas
   d. caminar o nadar todos los días
   e. tener la gripe
   f. romper con tu novio(a)
   g. estar orgulloso(a) de un trabajo
   h. comer muchas galletas y dulces

3. La fatiga puede resultar de causas físicas o causas sicológicas. ¿Cómo se puede saber cuál de los dos tipos te está afectando?

¡Vamos a escribir!

Estrategia: La poesía "cinquain"

Most people are intimidated by the idea of writing poetry. However, there are some forms of poetry that are more easily composed than others. One example that you may already be familiar with is the limerick.

Another type of poetry that you may not be familiar with, but is also easily mastered, is "cinquain poetry," a stanza of five lines. This form of poetry follows a simple pattern of form and content. The characteristics of "cinquain poetry" are as follows:

Line 1: one word, usually a subject that is a noun
Line 2: two words, either a noun and an adjective or two adjectives that describe the subject
Line 3: three words that describe an action of the subject
Line 4: four words that express an emotion about the subject
Line 5: one word that restates the subject in another way

Here are two examples, one in English and the other in Spanish. Please note that while these two poems deal with the same topic, one is not a translation of the other.

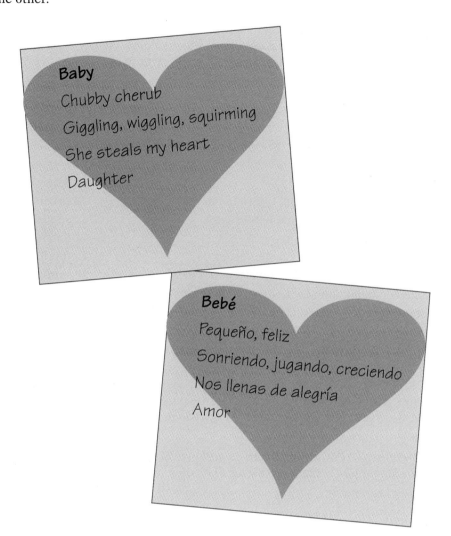

Baby

Chubby cherub

Giggling, wiggling, squirming

She steals my heart

Daughter

Bebé

Pequeño, feliz

Sonriendo, jugando, creciendo

Nos llenas de alegría

Amor

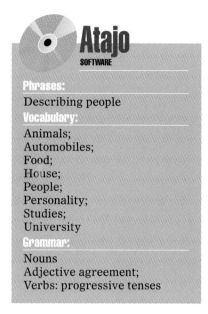

Atajo
SOFTWARE

Phrases:
Describing people
Vocabulary:
Animals;
Automobiles;
Food;
House;
People;
Personality;
Studies;
University
Grammar:
Nouns
Adjective agreement;
Verbs: progressive tenses

¡A escribir poemas! Primero, en grupos de tres escriban poemas de estilo "cinquain" sobre los temas en este capítulo: la vida, el dinero, la salud, el futuro, el matrimonio, los exámenes, etc. Luego, escribe uno individualmente.

PERSPECTIVAS CULTURALES

Los refranes

Un refrán es un proverbio o un dicho de origen desconocido que expresa sabiduría *(wisdom)* popular. Muchos refranes sirven para ilustrar verdades o valores de la cultura donde se usan. Es útil familiarizarse con algunos de los refranes porque es una manera de aprender más sobre la "cultura popular" del pueblo. La importancia de estos dichos en la cultura popular de los países hispanos es evidente en el refrán: "Cien refranes, cien verdades".

A. La sabiduría popular. Ahora, lee los siguientes refranes y decide a qué categoría pertenecen:

1. De leer sale el saber.
2. Cuando vayas al mercado, todo pagado.
3. Ojos que no ven, corazón que no siente.
4. Del viejo, el consejo.
5. Antes que te cases, mira lo que haces.
6. Quien tiene oficio, tiene beneficio.
7. Dime con quién andas y te diré quién eres.
8. Comer más de lo debido, siempre censurable ha sido.
9. Mientras comas y seas fuerte, ríete de la muerte.
10. No se gana gloria ni fama metido en la cama.

a. el amor
b. la salud
c. la educación
d. el dinero
e. la familia
f. los amigos
g. el trabajo

B. Algunos refranes. Según el contenido de los refranes, ¿qué valores son importantes para los hispanos? Compara tu respuesta con la de tu compañero(a) y trata de explicarle el significado de cinco de ellos en español.

C. Más refranes. Por último, trata de adivinar el refrán que corresponde en inglés a los siguientes refranes. No uses el diccionario para completar este ejercicio.

1. Más vale tarde que nunca.
2. A caballo regalado no se le mira el diente.
3. No dejes para mañana lo que puedas hacer hoy.
4. Más vale pájaro en mano que cien volando.
5. La necesidad hace maestros.

a. *All that glitters is not gold.*
b. *Necessity is the mother of invention.*
c. *Better late than never.*
d. *Don't put off until tomorrow what you can do today.*
e. *A bird in the hand is worth two in the bush.*
f. *Don't look a gift horse in the mouth.*

EXPLORE!
For this chapter's
activity, go to
http://puentes.heinle.com

SUSTANTIVOS

el acontecimiento *event*
el anillo *ring*
la ayuda *help*
el (la) bebé *baby*
la beca *scholarship*
la boda *wedding*
la cita *date*
el (la) compañero(a) *date, escort*

el compromiso *engagement (to be married)*
la cuenta *bill*
la energía *energy*
la entrevista *interview*
el estrés *stress*
el insomnio *insomnia*
el internado *internship*

el préstamo *loan*
la prueba *quiz*
el puesto *job*
la siesta *nap*
el velorio *wake, vigil*
la verdad *truth*
la vitamina *vitamin*

VERBOS

aconsejar *to advise*
alegrar *to make happy*
alimentarse *to eat, to nourish oneself*
buscar *to look for*
casarse *to get married*
comprometerse *to get engaged*
creer *to believe*
cuidarse *to take care of oneself*
dejar de + infinitivo *to stop (doing something)*

divorciarse *to get divorced*
dudar *to doubt*
enfadar *to anger*
llevarse bien (mal) *to get along well (poorly) with someone*
molestar *to bother, to irritate*
morirse (ue, u) *to die*
nacer *to be born*
padecer *to suffer from illness*
preocuparse *to worry*
prohibir *to forbid, to prohibit*

recomendar (ie) *to recommend*
romper *to break*
salir bien (mal) *to do well (poorly)*
sentir (ie, i) *to regret, to be sorry*
sorprender *to surprise*
tratar de *to try to*

OTRAS PALABRAS

agotado(a) *exhausted*
alegre *happy*
balanceado(a) *balanced*
cierto(a) *true, certain*
contentísimo(a) *extremely happy*
deprimido(a) *depressed*
desanimado(a) *discouraged*
embarazada *pregnant*

emocionado(a) *excited*
encantado(a) *delighted*
imposible *impossible*
libre *free, unoccupied*
necesario *necessary*
ojalá *I hope*
orgulloso(a) *proud*
permanente *permanent*
posible *possible*

preferible *preferable*
preocupado(a) *worried, concerned*
seguro(a) *sure*
separado(a) *separated*
suficiente *enough*
temporal *temporary*

EXPRESIONES ÚTILES

Acabo de enterarme de que... *I have just found out that . . .*
Bueno, ¿por qué no... ? *Well, why don't (you) . . . ?*
¿Cómo te va? *How's it going?*
Creo que no. *I don't think so.*
Creo que sí. *I think so.*
¡Cuánto lo siento! *I am so sorry!*
Deberías... *You should, ought to . . .*
Es buena idea. *It's a good idea.*
Es casi seguro. *It's almost certain.*

Espero que todo salga bien. *I hope everything turns out well.*
Es posible, pero lo dudo. *It's possible, but I doubt it.*
Es que... *It's just that . . .*
Nada bueno. *Nothing good.*
No es nada grave. *It's nothing serious.*
No estoy seguro(a). *I'm not sure.*
¡Ojalá que sí! *I hope so! I wish!*
¿Qué hay de nuevo? *What's new? What's up?*

¿Qué hay de tu vida? *What's new with you?*
¿Qué me cuentas? *What's new?*
¡Qué pena! *What a shame!*
¿Qué te pasa? *What's going on?*
Quizás. *Perhaps. Maybe.*
Te aconsejo que (+ subj.) *I advise you to . . .*
Tienes mala cara. *You don't look well.*
Tienes razón. *You're right.*
Y ¿no puedes... ? *Well, can't you . . . ?*

For further review, please turn to Appendix E.

Appendix A — Regular Verbs

Simple Tenses

Infinitive	Present Indicative	Imperfect	Preterite	Future	Conditional	Present Subjunctive	Past Subjunctive	Commands
hablar *to speak*	hablo	hablaba	hablé	hablaré	hablaría	hable	hablara	
	hablas	hablabas	hablaste	hablarás	hablarías	hables	hablaras	habla (no hables)
	habla	hablaba	habló	hablará	hablaría	hable	hablara	hable
	hablamos	hablábamos	hablamos	hablaremos	hablaríamos	hablemos	habláramos	
	habláis	hablabais	hablasteis	hablaréis	hablaríais	habléis	hablarais	hablad (no habléis)
	hablan	hablaban	hablaron	hablarán	hablarían	hablen	hablaran	hablen
aprender *to learn*	aprendo	aprendía	aprendí	aprenderé	aprendería	aprenda	aprendiera	
	aprendes	aprendías	aprendiste	aprenderás	aprenderías	aprendas	aprendieras	aprende (no aprendas)
	aprende	aprendía	aprendió	aprenderá	aprendería	aprenda	aprendiera	aprenda
	aprendemos	aprendíamos	aprendimos	aprenderemos	aprenderíamos	aprendamos	aprendiéramos	
	aprendéis	aprendíais	aprendisteis	aprenderéis	aprenderíais	aprendáis	aprendierais	aprended (no aprendáis)
	aprenden	aprendían	aprendieron	aprenderán	aprenderían	aprendan	aprendieran	aprendan
vivir *to live*	vivo	vivía	viví	viviré	viviría	viva	viviera	
	vives	vivías	viviste	vivirás	vivirías	vivas	vivieras	vive (no vivas)
	vive	vivía	vivió	vivirá	viviría	viva	viviera	viva
	vivimos	vivíamos	vivimos	viviremos	viviríamos	vivamos	viviéramos	
	vivís	vivíais	vivisteis	viviréis	viviríais	viváis	vivierais	vivid (no viváis)
	viven	vivían	vivieron	vivirán	vivirían	vivan	vivieran	vivan

Compound Tenses

Present progressive	estoy, estás, está, estamos, estáis, están	hablando, aprendiendo, viviendo
Present perfect indicative	he, has, ha, hemos, habéis, han	hablado, aprendido, vivido
Present perfect subjunctive	haya, hayas, haya, hayamos, hayáis, hayan	hablado, aprendido, vivido
Past perfect indicative	había, habías, había, habíamos, habíais, habían	hablado, aprendido, vivido

Stem-changing Verbs

Infinitive Present Participle Past Participle	Present Indicative	Imperfect	Preterite	Future	Conditional	Present Subjunctive	Past Subjunctive	Commands
pensar *to think* e → ie pensando pensado	pienso piensas piensa pensamos pensáis piensan	pensaba pensabas pensaba pensábamos pensabais pensaban	pensé pensaste pensó pensamos pensasteis pensaron	pensaré pensarás pensará pensaremos pensaréis pensarán	pensaría pensarías pensaría pensaríamos pensaríais pensarían	piense pienses piense pensemos penséis piensen	pensara pensaras pensara pensáramos pensarais pensaran	piensa (no pienses) piense pensad (no penséis) piensen
acostarse *to go to bed* o → ue acostándose acostado	me acuesto te acuestas se acuesta nos acostamos os acostáis se acuestan	me acostaba te acostabas se acostaba nos acostábamos os acostabais se acostaban	me acosté te acostaste se acostó nos acostamos os acostasteis se acostaron	me acostaré te acostarás se acostará nos acostaremos os acostaréis se acostarán	me acostaría te acostarías se acostaría nos acostaríamos os acostaríais se acostarían	me acueste te acuestes se acueste nos acostemos os acostéis se acuesten	me acostara te acostaras se acostara nos acostáramos os acostarais se acostaran	acuéstate (no te acuestes) acuéstese acostaos (no os acostéis) acuéstense
sentir *to be sorry* e → ie, i sintiendo sentido	siento sientes siente sentimos sentís sienten	sentía sentías sentía sentíamos sentíais sentían	sentí sentiste sintió sentimos sentisteis sintieron	sentiré sentirás sentirá sentiremos sentiréis sentirán	sentiría sentirías sentiría sentiríamos sentiríais sentirían	sienta sientas sienta sintamos sintáis sientan	sintiera sintieras sintiera sintiéramos sintierais sintieran	siente (no sientas) sienta sentid (no sintáis) sientan
pedir *to ask for* e → i, i pidiendo pedido	pido pides pide pedimos pedís piden	pedía pedías pedía pedíamos pedíais pedían	pedí pediste pidió pedimos pedisteis pidieron	pediré pedirás pedirá pediremos pediréis pedirán	pediría pedirías pediría pediríamos pediríais pedirían	pida pidas pida pidamos pidáis pidan	pidiera pidieras pidiera pidiéramos pidierais pidieran	pide (no pidas) pida pedid (no pidáis) pidan
dormir *to sleep* o → ue, u durmiendo dormido	duermo duermes duerme dormimos dormís duermen	dormía dormías dormía dormíamos dormíais dormían	dormí dormiste durmió dormimos dormisteis durmieron	dormiré dormirás dormirá dormiremos dormiréis dormirán	dormiría dormirías dormiría dormiríamos dormiríais dormirían	duerma duermas duerma durmamos durmáis duerman	durmiera durmieras durmiera durmiéramos durmierais durmieran	duerme (no duermas) duerma dormid (no durmáis) duerman

Appendix C Change of Spelling Verbs

Infinitive Present Participle Past Participle	Present Indicative	Imperfect	Preterite	Future	Conditional	Present Subjunctive	Past Subjunctive	Commands
comenzar (e → ie) *to begin* **z → c before e** comenzando comenzado	comienzo comienzas comienza comenzamos comenzáis comienzan	comenzaba comenzabas comenzaba comenzábamos comenzabais comenzaban	**comencé** comenzaste comenzó comenzamos comenzasteis comenzaron	comenzaré comenzarás comenzará comenzaremos comenzaréis comenzarán	comenzaría comenzarías comenzaría comenzaríamos comenzaríais comenzarían	**comience** **comiences** **comience** **comencemos** **comencéis** **comiencen**	comenzara comenzaras comenzara comenzáramos comenzarais comenzaran	comienza (**no comiences**) **comience** comenzad (**no comencéis**) **comiencen**
conocer *to know* **c → zc before a, o** conociendo conocido	**conozco** conoces conoce conocemos conocéis conocen	conocía conocías conocía conocíamos conocíais conocían	conocí conociste conoció conocimos conocisteis conocieron	conoceré conocerás conocerá conoceremos conoceréis conocerán	conocería conocerías conocería conoceríamos conoceríais conocerían	**conozca** **conozcas** **conozca** **conozcamos** **conozcáis** **conozcan**	conociera conocieras conociera conociéramos conocierais conocieran	conoce (**no conozcas**) **conozca** conoced (**no conozcáis**) **conozcan**
construir *to build* **i → y; y inserted before a, e, o** construyendo construido	**construyo** **construyes** **construye** construimos construís **construyen**	construía construías construía construíamos construíais construían	construí construiste **construyó** construimos construisteis **construyeron**	construiré construirás construirá construiremos construiréis construirán	construiría construirías construiría construiríamos construiríais construirían	**construya** **construyas** **construya** **construyamos** **construyáis** **construyan**	**construyera** **construyeras** **construyera** **construyéramos** **construyerais** **construyeran**	**construye** (**no construyas**) **construya** construid (**no construyáis**) **construyan**
leer *to read* **i → y; stressed i → í** leyendo leído	leo lees lee leemos leéis leen	leía leías leía leíamos leíais leían	leí leíste **leyó** leímos leísteis **leyeron**	leeré leerás leerá leeremos leeréis leerán	leería leerías leería leeríamos leeríais leerían	lea leas lea leamos leáis lean	**leyera** **leyeras** **leyera** **leyéramos** **leyerais** **leyeran**	lee (no leas) lea leed (no leáis) lean

Appendices 385

Infinitive Present Participle Past Participle	Present Indicative	Imperfect	Preterite	Future	Conditional	Present Subjunctive	Past Subjunctive	Commands
pagar *to pay* **g → gu** **before e** pagando pagado	pago pagas paga pagamos pagáis pagan	pagaba pagabas pagaba pagábamos pagabais pagaban	**pagué** pagaste pagó pagamos pagasteis pagaron	pagaré pagarás pagará pagaremos pagaréis pagarán	pagaría pagarías pagaría pagaríamos pagaríais pagarían	**pague** **pagues** **pague** **paguemos** **paguéis** **paguen**	pagara pagaras pagara pagáramos pagarais pagaran	paga (no **pagues**) **pague** pagad (no **paguéis**) **paguen**
seguir (e → i, i) *to follow* **gu → g** **before a, o** siguiendo seguido	**sigo** sigues sigue seguimos seguís siguen	seguía seguías seguía seguíamos seguíais seguían	seguí seguiste siguió seguimos seguisteis siguieron	seguiré seguirás seguirá seguiremos seguiréis seguirán	seguiría seguirías seguiría seguiríamos seguiríais seguirían	**siga** **sigas** **siga** **sigamos** **sigáis** **sigan**	siguiera siguieras siguiera siguiéramos siguierais siguieran	sigue (no sigas) siga seguid (no sigáis) sigan
tocar *to play, touch* **c → qu** **before e** tocando tocado	toco tocas toca tocamos tocáis tocan	tocaba tocabas tocaba tocábamos tocabais tocaban	**toqué** tocaste tocó tocamos tocasteis tocaron	tocaré tocarás tocará tocaremos tocaréis tocarán	tocaría tocarías tocaría tocaríamos tocaríais tocarían	**toque** **toques** **toque** **toquemos** **toquéis** **toquen**	tocara tocaras tocara tocáramos tocarais tocaran	toca (no **toques**) **toque** tocad (no **toquéis**) **toquen**

*Verbs with irregular *yo* forms in the present indicative

Infinitive / Present Participle / Past Participle	Present Indicative	Imperfect	Preterite	Future	Conditional	Present Subjunctive	Past Subjunctive	Commands
andar *to walk* andando andado	ando andas anda andamos andáis andan	andaba andabas andaba andábamos andabais andaban	**anduve** **anduviste** **anduvo** **anduvimos** **anduvisteis** **anduvieron**	andaré andarás andará andaremos andaréis andarán	andaría andarías andaría andaríamos andaríais andarían	ande andes ande andemos andéis anden	**anduviera** **anduvieras** **anduviera** **anduviéramos** **anduvierais** **anduvieran**	anda (no andes) ande andad (no andéis) anden
*caer *to fall* **cayendo** **caído**	**caigo** caes cae caemos caéis caen	caía caías caía caíamos caíais caían	caí **caíste** **cayó** **caímos** **caísteis** **cayeron**	caeré caerás caerá caeremos caeréis caerán	caería caerías caería caeríamos caeríais caerían	**caiga** **caigas** **caiga** **caigamos** **caigáis** **caigan**	**cayera** **cayeras** **cayera** **cayéramos** **cayerais** **cayeran**	cae (**no caigas**) **caiga** caed (**no caigáis**) **caigan**
*dar *to give* dando dado	**doy** das da damos dais dan	daba dabas daba dábamos dabais daban	**di** **diste** **dio** **dimos** **disteis** **dieron**	daré darás dará daremos daréis darán	daría darías daría daríamos daríais darían	**dé** **dés** **dé** **demos** **déis** **dén**	diera dieras diera diéramos dierais dieran	da (no des) **dé** dad (**no deis**) den
*decir *to say, tell* **diciendo** **dicho**	**digo** **dices** **dice** decimos decís **dicen**	decía decías decía decíamos decíais decían	**dije** **dijiste** **dijo** **dijimos** **dijisteis** **dijeron**	**diré** **dirás** **dirá** **diremos** **diréis** **dirán**	**diría** **dirías** **diría** **diríamos** **diríais** **dirían**	**diga** **digas** **diga** **digamos** **digáis** **digan**	**dijera** **dijeras** **dijera** **dijéramos** **dijerais** **dijeran**	**di** (no digas) **diga** decid (no digáis) **digan**
*estar *to be* estando estado	**estoy** **estás** **está** estamos estáis **están**	estaba estabas estaba estábamos estabais estaban	**estuve** **estuviste** **estuvo** **estuvimos** **estuvisteis** **estuvieron**	estaré estarás estará estaremos estaréis estarán	estaría estarías estaría estaríamos estaríais estarían	**esté** **estés** **esté** **estemos** **estéis** **estén**	estuviera estuvieras estuviera estuviéramos estuvierais estuvieran	está (**no estés**) esté estad (no estéis) estén

Appendix D Irregular* Verbs (continued)

Infinitive Present Participle Past Participle	Present Indicative	Imperfect	Preterite	Future	Conditional	Present Subjunctive	Past Subjunctive	Commands
haber *to have* habiendo habido	he has ha [hay] hemos habéis han	había habías había habíamos habíais habían	hube hubiste hubo hubimos hubisteis hubieron	habré habrás habrá habremos habréis habrán	habría habrías habría habríamos habríais habrían	haya hayas haya hayamos hayáis hayan	hubiera hubieras hubiera hubiéramos hubierais hubieran	
*hacer *to make, do* haciendo hecho	hago haces hace hacemos hacéis hacen	hacía hacías hacía hacíamos hacíais hacían	hice hiciste hizo hicimos hicisteis hicieron	haré harás hará haremos haréis harán	haría harías haría haríamos haríais harían	haga hagas haga hagamos hagáis hagan	hiciera hicieras hiciera hiciéramos hicierais hicieran	haz (no hagas) haga haced (no hagáis) hagan
ir *to go* yendo ido	voy vas va vamos vais van	iba ibas iba íbamos ibais iban	fui fuiste fue fuimos fuisteis fueron	iré irás irá iremos iréis irán	iría irías iría iríamos iríais irían	vaya vayas vaya vayamos vayáis vayan	fuera fueras fuera fuéramos fuerais fueran	ve (no vayas) vaya id (no vayáis) vayan
*oír *to hear* oyendo oído	oigo oyes oye oímos oís oyen	oía oías oía oíamos oíais oían	oí oíste oyó oímos oísteis oyeron	oiré oirás oirá oiremos oiréis oirán	oiría oirías oiría oiríamos oiríais oirían	oiga oigas oiga oigamos oigáis oigan	oyera oyeras oyera oyéramos oyerais oyeran	oye (no oigas) oiga oíd (no oigáis) oigan
poder (o → ue) *can, to be able* pudiendo podido	puedo puedes puede podemos podéis pueden	podía podías podía podíamos podíais podían	pude pudiste pudo pudimos pudisteis pudieron	podré podrás podrá podremos podréis podrán	podría podrías podría podríamos podríais podrían	pueda puedas pueda podamos podáis puedan	pudiera pudieras pudiera pudiéramos pudierais pudieran	

*Verbs with irregular *yo* forms in the present indicative

Infinitive Present Participle Past Participle	Present Indicative	Imperfect	Preterite	Future	Conditional	Present Subjunctive	Past Subjunctive	Commands
*poner *to place, put* poniendo **puesto**	**pongo** pones pone ponemos ponéis ponen	ponía ponías ponía poníamos poníais ponían	**puse** pusiste puso pusimos pusisteis pusieron	pondré pondrás pondrá pondremos pondréis pondrán	pondría pondrías pondría pondríamos pondríais pondrían	ponga pongas ponga pongamos pongáis pongan	pusiera pusieras pusiera pusiéramos pusierais pusieran	pon (no pongas) ponga poned (no pongáis) pongan
querer (e → ie) *to want, wish* queriendo querido	quiero quieres quiere queremos queréis quieren	quería querías quería queríamos queríais querían	quise quisiste quiso quisimos quisisteis quisieron	querré querrás querrá querremos querréis querrán	querría querrías querría querríamos querríais querrían	quiera quieras quiera queramos queráis quieran	quisiera quisieras quisiera quisiéramos quisierais quisieran	quiere (no quieras) quiera quered (no queráis) quieran
reír *to laugh* **riendo** **reído**	**río** **ríes** **ríe** **reímos** reís **ríen**	reía reías reía reíamos reíais reían	reí reíste rió reímos reísteis rieron	reiré reirás reirá reiremos reiréis reirán	reiría reirías reiría reiríamos reiríais reirían	ría rías ría riamos riáis rían	riera rieras riera riéramos rierais rieran	ríe (no rías) ría reíd (no riáis) rían
*saber *to know* sabiendo sabido	**sé** sabes sabe sabemos sabéis saben	sabía sabías sabía sabíamos sabíais sabían	supe supiste supo supimos supisteis supieron	sabré sabrás sabrá sabremos sabréis sabrán	sabría sabrías sabría sabríamos sabríais sabrían	sepa sepas sepa sepamos sepáis sepan	supiera supieras supiera supiéramos supierais supieran	sabe (no sepas) sepa sabed (no sepáis) sepan
*salir *to go out* saliendo salido	**salgo** sales sale salimos salís salen	salía salías salía salíamos salíais salían	salí saliste salió salimos salisteis salieron	saldré saldrás saldrá saldremos saldréis saldrán	saldría saldrías saldría saldríamos saldríais saldrían	salga salgas salga salgamos salgáis salgan	saliera salieras saliera saliéramos salierais salieran	sal (no salgas) salga salid (no salgáis) salgan

*Verbs with irregular yo forms in the present indicative

Infinitive Present Participle Past Participle	Present Indicative	Imperfect	Preterite	Future	Conditional	Present Subjunctive	Past Subjunctive	Commands
ser *to be* siendo sido	soy eres es somos sois son	era eras era éramos erais eran	fui fuiste fue fuimos fuisteis fueron	seré serás será seremos seréis serán	sería serías sería seríamos seríais serían	sea seas sea seamos seáis sean	fuera fueras fuera fuéramos fuerais fueran	sé (no seas) sea sed (no seáis) sean
*tener *to have* teniendo tenido	tengo tienes tiene tenemos tenéis tienen	tenía tenías tenía teníamos teníais tenían	tuve tuviste tuvo tuvimos tuvisteis tuvieron	tendré tendrás tendrá tendremos tendréis tendrán	tendría tendrías tendría tendríamos tendríais tendrían	tenga tengas tenga tengamos tengáis tengan	tuviera tuvieras tuviera tuviéramos tuvierais tuvieran	ten (no tengas) tenga tened (no tengáis) tengan
traer *to bring* trayendo traído	traigo traes trae traemos traéis traen	traía traías traía traíamos traíais traían	traje trajiste trajo trajimos trajisteis trajeron	traeré traerás traerá traeremos traeréis traerán	traería traerías traería traeríamos traeríais traerían	traiga traigas traiga traigamos traigáis traigan	trajera trajeras trajera trajéramos trajerais trajeran	trae (no traigas) traiga traed (no traigáis) traigan
*venir *to come* viniendo venido	vengo vienes viene venimos venís vienen	venía venías venía veníamos veníais venían	vine viniste vino vinimos vinisteis vinieron	vendré vendrás vendrá vendremos vendréis vendrán	vendría vendrías vendría vendríamos vendríais vendrían	venga vengas venga vengamos vengáis vengan	viniera vinieras viniera viniéramos vinierais vinieran	ven (no vengas) venga venid (no vengáis) vengan
ver *to see* viendo visto	veo ves ve vemos veis ven	veía veías veía veíamos veíais veían	vi viste vio vimos visteis vieron	veré verás verá veremos veréis verán	vería verías vería veríamos veríais verían	vea veas vea veamos veáis vean	viera vieras viera viéramos vierais vieran	ve (no veas) vea ved (no veáis) vean

Paso preliminar

En la clase de español

En la sala de clase

¿Qué hay en la sala de clase?	*What is there in the classroom?*
Hay...	*There is/are . . .*

La sala	*The room*
un reloj	*a clock*
la pizarra	*the chalkboard*
un borrador	*an eraser*
una tiza	*a piece of chalk*
un diccionario	*a dictionary*
un libro	*a book*
un bolígrafo	*a pen*
una mesa	*a desk, table*
una silla	*a chair*
la profesora	*(female) teacher*
un estudiante	*a (male) student*
una estudiante	*a (female) student*
una puerta	*a door*
un calendario	*a calendar*
una computadora	*a computer*
una mochila	*a bookbag/pack*
un disco compacto	*a CD (compact disc)*
un cartel	*a poster*
un mapa	*a map*
una ventana	*a window*
una grabadora	*a tape recorder*
un casete	*a cassette*
un cuaderno	*a notebook*
una hoja de papel	*a sheet of paper*
un pupitre	*a student desk*
un lápiz	*a pencil*

Expresiones para la clase de español

Abran los libros.	*Open your books.*
Cierren los libros.	*Close your books.*
Repitan.	*Repeat.*
Contesten en español.	*Answer in Spanish.*
Escuchen.	*Listen.*
Lean.	*Read.*
Escriban.	*Write.*
¿Comprenden?	*Do you understand?*
¿Hay preguntas?	*Are there any questions?*
Vayan a la pizarra.	*Go to the chalkboard.*
Pregúntenle a su compañero(a)...	*Ask your partner . . .*
Trabajen con sus compañeros.	*Work with your partners.*

Cómo hablar con tu profesor/profesora

Más despacio, por favor.	*(Speak) More slowly, please.*
Repita, por favor.	*Repeat, please.*
¿Qué dijo Ud.?	*What did you say?*
No comprendo.	*I don't understand.*

No sé.	*I don't know.*
¿Cómo se dice...?	*How do you say . . . ?*
¿Qué quiere decir...?	*What does . . . mean?*
Tengo una pregunta.	*I have a question.*
¿En qué página estamos?	*What page are we on?*
Sí.	*Yes.*
No.	*No.*
Gracias.	*Thank you./Thanks.*
De nada.	*You're welcome.*

Capítulo 1

PASO 1

Las presentaciones

Hola. Soy Francisco Martín. ¿Cómo te llamas?	*Hi. I'm Francisco Martín. What's your name?*
Me llamo Elena Suárez Lagos.	*My name is Elena Suárez Lagos.*
Mucho gusto.	*Nice to meet you./It's a pleasure to meet you.*
Igualmente.	*Same here./Likewise.*

Unos datos personales

¿De dónde eres?	*Where are you from?*
Soy de Acapulco.	*I'm from Acapulco.*
Nací en México.	*I was born in Mexico.*
¿Dónde vives?	*Where do you live?*
Vivo en Springfield, Illinois.	*I live in Springfield, Illinois.*
¿Cuántos años tienes?	*How old are you?*
Tengo veinte (20) años.	*I'm twenty (20) years old.*
¿Estás casado/casada?	*Are you married?*
Sí, estoy casado/casada.	*Yes, I'm married.*
No, soy soltero/soltera.	*No, I'm single.*
Eres estudiante aquí, ¿verdad?	*You're a student here, right?*
Sí, estoy en mi primer año de estudios.	*Yes, I'm in my first year/a freshman.*
segundo	*in my second year/a sophomore*
tercer	*in my third year/a junior*
cuarto	*in my fourth year/a senior*

Cómo saludar a los compañeros

Hola. ¿Cómo estás?	*Hi. How are you?*
¿Qué tal?	*How are you doing?/What's up?*
Muy bien, gracias. ¿Y tú?	*Great/Very well, thanks. And you?*
Estupendo.	*Terrific.*
Así, Así.	*So, so.*
Chao.	*Bye.*
Nos vemos.	*See you around.*
Hasta luego.	*See you later.*

Cómo saludar a los profesores

Buenos días, profesor/ profesora. ¿Cómo está Ud.?	*Good morning, professor. How are you?*
Buenas tardes	*Good afternoon*
Buenas noches	*Good evening*
Estoy bastante bien. ¿Y Ud.?	*I'm quite well. And you?*
Un poco cansado/cansada.	*A little tired.*
Adiós. Hasta mañana.	*Good-bye. See you tomorrow.*
Hasta pronto.	*See you soon.*

Cómo expresar algunos estados físicos y emocionales

¿Cómo estás? *(informal)* ¿Cómo está Ud.? *(formal)*	*How are you?*
Estoy enfermo/ enferma.	*I'm sick/ill.*
contento/contenta	*happy*
ocupado/ocupada	*busy*
preocupado/preocupada	*worried*
enojado/enojada	*angry*
nervioso/nerviosa	*nervous*
cansado/cansada	*tired*
triste	*sad*
de buen humor	*in a good mood*
de mal humor	*in a bad mood*

Más datos personales

¿Cuál es tu nombre completo?	*What is your full name?*
Me llamo Katya Rosati Soto.	*My name is Katya Rosati Soto.*
¿Cómo se escribe tu nombre de pila? apellido	*How do you spell your first name? last name*
Se escribe Ka-a-te-i griega-a.	*It's spelled K-a-t-y-a.*
¿Cuál es tu dirección?	*What is your address?*
Vivo en la calle Azalea, número 358.	*I live in/at 358 Azalea Street.*
los apartmentos Greenbriar, número 6-B	*Greenbriar Apartments, number 6-B*
la residencia Capstone, número 162	*Capstone Residence Hall/Dormitory, number 162*
¿Cúal es tu número de teléfono?	*What is your telephone number?*
Es el 7-54-26-08 (siete, cincuenta y cuatro, veintiséis, cero, ocho)	*It's 754-2608.*

PASO 2

Presentando a la familia

Ésta es mi madre.	*This is my mother.*
mi hermana, Alicia	*my sister, Alicia*

Margarita, la hija de los vecinos	*Margarita, the neighbors' daughter*
Éste es mi padre.	*This is my father.*
mi hermano, Alejandro	*my brother, Alejandro*
Éstos son los gemelos, Rosa y Julio.	*These are the twins, Rosa and Julio.*

Otros familiares:	**Other relatives:**
los padres	*parents*
el papá	*dad*
la mamá	*mom*
el esposo	*husband*
la esposa	*wife*
los hijos	*children/sons/ sons and daughters*
el hijo	*son*
la hija	*daughter*
los abuelos	*grandparents*
el abuelo	*grandfather*
la abuela	*grandmother*

Presentando a los amigos

Éste es mi novio, Alberto.	*This is my boyfriend/ fiancé, Alberto.*
un buen amigo mío	*a good friend of mine*
mi compañero de clase	*my classmate*
Ésta es mi novia, Rosa.	*This is my girlfriend/ fiancée, Rosa.*
una buena amiga	*a good friend*
mi compañera de clase	*my classmate*

Cómo hablar de un(a) amigo(a)

¿Cómo se llama tu amiga?	*What is your friend's name?*
Mi amiga se llama Concha.	*My friend's name is Concha.*
¿De dónde es?	*Where is she from?*
Es de Puerto Rico.	*She's from Puerto Rico.*
Nació en San Juan.	*She was born in San Juan.*
¿Dónde vive?	*Where does she live?*
Vive en Nueva York.	*She lives in New York.*
¿Cuál es su dirección?	*What is her address?*
Vive en la calle Hampton, número 178.	*She lives at 178 Hampton Street.*
¿Cuántos años tiene?	*How old is she?*
Tiene 23 años.	*She's 23 years old.*
¿Está casada?	*Is she married?*
Sí, está casada.	*Yes, she's married.*
No, es soltera.	*No, she's single.*
¿A qué se dedica?	*What does she (he) do?*
Es artista.	*She (he) is an artist.*
dentista	*dentist*
traductora	*translator*
¿Cuál es su teléfono?	*What's her phone number?*
Su teléfono es el 375-2367.	*Her phone number is 375-2367.*

PASO 3

En la clase de español

estudiar	to study
Estudio todos los días.	I study every day.
mucho	a lot
poco	a little/not much
aprender	to learn
Aprendo el vocabulario.	I learn the vocabulary.
la gramática	the grammar
los verbos	the verbs
hablar	to speak
Hablo inglés.	I speak English.
alemán	German
francés	French
comprender	to understand
Comprendo bien.	I understand well.
mal	poorly
un poco	a little bit
escribir	to write
Escribo las respuestas del ejercicio.	I write the answers to the exercise.
una composición	a composition
una carta	a letter

El tiempo libre

practicar	to practice/play
Me gusta practicar	I like to play
el fútbol americano.	football.
el básquetbol	basketball
el tenis	tennis
mirar	to watch/look at
Me gusta mirar	I like to watch
la televisión.	television.
partidos de fútbol	soccer games
películas	movies
escuchar	to listen to
Me gusta escuchar	I like to listen to
la radio.	the radio.
la música clásica	classical music
mis discos compactos	my compact discs
leer	to read
Me gusta leer	I like to read
el periódico.	the newspaper.
las revistas	magazines
las novelas	novels
ir	to go
Me gusta ir al cine.	I like to go to the movies.
a conciertos	to concerts
a fiestas	to parties

La vida diaria

vivir	to live
Vivo en una residencia.	I live in a dormitory.
una casa	a house
un apartamento	an apartment
un condominio	a condominium
trabajar	to work
Trabajo en la biblioteca.	I work at the library.
en un hospital	in a hospital
en una oficina	in an office
para el gobierno	for the government
con computadoras	with computers

tomar	to have/to drink
Tomo un refresco.	I have/drink a soft drink.
café	coffee
té	tea
agua	water
comer	to eat
Como en casa.	I eat at home.
en la cafetería	at the cafeteria
en un restaurante	at a restaurant

Capítulo 2

PASO 1

¿Qué hora es?
Cómo decir la hora

¿Qué hora es?	What time is it?
Perdón, ¿podría decirme qué hora es?	Excuse me, could you tell me what time it is?
Es mediodía.	It's noon/midday.
Es la una.	It's one o'clock.
Es la una y media.	It's half past one.
Son las dos.	It's two o'clock.
Son las dos y cuarto.	It's a quarter past two.
Son las cinco.	It's five o'clock.
Son las ocho menos veinte.	It's twenty to eight.
Es medianoche.	It's midnight.

Cómo hablar de horarios

¿A qué hora llega el tren?	What time does the train arrive?
el vuelo	the flight
Llega a la una y diez.	It arrives at ten past one.
¿A qué hora sale el tour?	What time does the tour leave?
la excursión	the excursion
Sale a las tres.	It leaves at three.
¿A qué hora se abre el banco?	What time does the bank open?
el museo	the museum
Se abre a las nueve y media.	It opens at nine thirty.
¿A qué hora se cierra el restaurante?	What time does the restaurant close?
el café	the café
Se cierra a las once y media.	It closes at eleven thirty.

Los días de la semana

¿Qué día es hoy?	What day is today?
mañana	tomorrow
Hoy es lunes.	Today is Monday.
Mañana es martes.	Tomorrow is Tuesday.
lunes	Monday
martes	Tuesday
miércoles	Wednesday
jueves	Thursday
viernes	Friday
sábado	Saturday
domingo	Sunday

Los meses del año

¿Cuál es la fecha?	What is the date?
Es el primero de noviembre de 1999.	It is November first, 1999.
diez / octubre	October tenth
enero	January
febrero	February
marzo	March
abril	April
mayo	May
junio	June
julio	July
agosto	August
septiembre	September
octubre	October
noviembre	November
diciembre	December

En la agencia de viajes

¿En qué puedo servirle?	May I help you?
Quisiera ir a Lima.	I would like to go to Lima.
hacer un viaje a Montievideo	to take a trip to Montevideo
¿Cómo prefiere viajar?	How do you prefer to travel?
Prefiero viajar por avión.	I prefer to travel by airplane.
en tren	by train
¿Qué días hay vuelos?	What days are there flights?
excursiones	excursions/tours
Hay vuelos todos los días.	There are flights every day.
los lunes y miércoles	on Mondays and Wednesdays
¿Qué día piensa salir?	What day do you plan to leave?
regresar	to return
Pienso salir el dos de abril.	I plan to leave the second of April.
regresar	to return
¿Prefiere un billete de ida o de ida y vuelta?	Do you prefer a one-way or round trip ticket?
Quiero un billete de ida.	I want a one-way ticket.
un billete de ida y vuelta	a round trip ticket
¿Cuánto es?	How much is it?
vale	does it cost
¿Cómo prefiere pagar?	How do you prefer to pay?
¿Aceptan tarjetas de crédito?	Do you accept credit cards?
cheques de viajero	traveler's checks
No, sólo aceptamos dinero en efectivo.	No, we only accept cash.

PASO 2

Los números de 100 a 10.000.000

¿Cuánto cuesta la excursión?	How much does the excursion cost?
el tour	the tour
una habitación doble	a double room
Quince mil (15.000) pesetas.	Fifteen thousand pesetas.

En el hotel

¿En qué puedo servirle?	May I help you?
Quiero hacer una reservación.	I want to make a reservation.
Quisiera una habitación sencilla.	I would like a single room.
doble	room with a double bed
con dos camas	room with two beds
¿Para cuántas personas?	For how many people?
Para dos.	For two.
¿Por cuántos días?	For how many nights (days)?
Por tres días.	For three nights (days).
¿Tiene baño privado?	Does it (the room) have a private bath?
baño completo	full bath
agua caliente	hot water
ducha	a shower
¿A qué hora podemos ocupar el cuarto?	What time can we check in?
tenemos que salir	do we have to check out (leave)
¿En qué piso está mi habitación?	What floor is my room on?
la piscina	the swimming pool
Está en el primer piso.	It's on the first floor.
segundo	second
tercer	third
cuarto	fourth
quinto	fifth
La llave, por favor.	The key, please.
La cuenta	The bill/check
Aquí la tiene.	Here it is. ("Here you have it.")

Capítulo 3

PASO 1

Mis parientes

¿Quién es ese señor?	Who is that man?
esa señora	that woman
Es mi tío.	He is my uncle.
tía	aunt
¿Quién es ese chico?	Who is that boy?
esa chica	that girl
Es mi sobrino.	He is my nephew.
sobrina	niece
nieto	grandson
nieta	granddaughter
Otros familiares:	**Other family members:**
el padrastro	stepfather
la madrastra	stepmother
el hermanastro	stepbrother
la hermanastra	stepsister
el medio hermano	half brother
la media hermana	half sister

Mis amigos

¿Quién es ese chico?	Who is *that guy/boy*?
Es un íntimo amigo mío.	He's a *close friend of mine.*
mi mejor amigo	*my best friend*
mi compañero de cuarto	*my roommate*
¿Quién es esa chica?	Who is *that girl*?
Es una íntima amiga mía.	She's a *close friend of mine.*
mi mejor amiga	*my best friend*
mi compañera de cuarto	*my roommate*

La descripción física

¿Cómo es tu novio?	What does your *boyfriend* look like?
tu mamá	*your mom*
Es alto/alta.	He (She) is *tall.*
bajo/baja	*short*
de estatura mediana	*medium height*
delgado/delgada	*thin; slender*
gordo/gorda	*fat*
joven	*young*
viejo/vieja; mayor	*old; elderly*
guapo/guapa	*good-looking*
feo/fea	*ugly*
calvo/calva	*bald*
Tiene el pelo negro.	He (She) has *black* hair.
rubio	*blond*
castaño	*brown*
rojo	*red*
canoso	*gray*
largo	*long*
corto	*short*
Tiene los ojos verdes.	He (She) has *green eyes.*
azules	*blue*
negros	*black; very dark*
grises	*gray*
castaños	*brown*
Tiene barba.	He has a *beard.*
bigote(s)	*moustache*
Lleva gafas / anteojos.	He (She) wears glasses.

La personalidad y el carácter

¿Cómo es tu abuelo?	What's your *grandfather* like?
tu prima	*your (female) cousin*
Es simpático/simpática.	He (She)'s *nice.*
antipático/antipática	*disagreeable; unpleasant*
tímido/tímida	*shy*
extrovertido/ extrovertida	*outgoing*
amable	*kind*
cariñoso/cariñosa	*warm; affectionate*
agradable	*pleasant; good-natured*
pesado/pesada	*tiresome; annoying*
serio/seria	*serious*
divertido/divertida	*fun (to be with); funny*
bueno/buena	*good*
malo/mala	*bad*

PASO 2

Los cuartos y los muebles

Acabo de alquilar una casa.	I have just rented *a house.*
un apartamento	*an apartment*
Tiene cinco cuartos.	The house has *five* rooms.
En mi casa hay un dormitorio grande.	In my house, there is a large *bedroom.*
un baño	*bathroom*
una sala	*livingroom*
una cocina	*kitchen*
un comedor	*dining room*
una nevera/un refrigerador	*an ice box/a refrigerator*
una estufa / cocina	*a stove*
un fregadero	*a sink*
un sofá	*a sofa*
un sillón	*an easy chair*
una mesita	*a coffee table*
una alfombra	*a rug*
un estante	*a shelf*
un televisor	*a T.V. set*
un cuadro	*a painting/picture*
una mesa	*a table*
unas sillas	*chairs*
una cama	*a bed*
una lámpara	*a lamp*
una cómoda	*a chest of drawers*
una mesita de noche	*a night stand*
un lavabo	*a sink*
un inodoro	*a toilet*
una bañadera/tina	*a tub*
una ducha	*a shower*

Cómo describir algunos detalles de una casa

Mi casa es nueva.	My house is *new.*
vieja	*old*
cara	*expensive*
barata	*inexpensive/cheap*
grande	*big*
pequeña	*small*
moderna	*modern*
tradicional	*traditional*
Mi casa está amueblada.	My house is *furnished.*
en buenas condiciones	*in good condition*
en malas condiciones	*in poor condition*
El baño está ordenado.	The bathroom is *neat.*
desordenado	*messy*
limpio	*clean*
sucio	*dirty*
La mesita está rota.	The coffee table is *broken.*
El refrigerador está descompuesto.	The refrigerator is *out of order.*

Para indicar relaciones espaciales

¿Dónde está el gato?	Where is *the cat*?
Está encima de la cama.	*It's on top of the bed.*
en la gaveta de la cómoda	*in the dresser drawer*
delante de la cama	*in front of the bed*

entre los libros	*between the books*
debajo de la lámpara	*underneath the lamp*
detrás del teléfono	*behind the telephone*
a la izquierda del estante	*to the left of the bookshelf*
a la derecha del estante	*to the right of the bookshelf*
cerca del clóset	*near the closet*
al lado de la computadora	*beside the computer*
en la mochila	*in the backpack*

PASO 3

Los quehaceres de la casa

Normalmente mamá cocina y sirve el desayuno.	*Mother usually cooks and serves breakfast.*
el almuerzo	*lunch*
la cena	*supper*
Mi hermanita siempre hace la cama.	*My sister always makes the beds.*
lava la ropa	*washes the clothes*
Mi hermanito nunca quiere poner la mesa.	*My younger brother never wants to set the table.*
lavar los platos	*wash the dishes*
A veces papá tiene que limpiar el garaje.	*Dad sometimes has to clean the garage.*
cortar el césped	*cut the grass*

Durante el día

Todos salimos de casa temprano.	*All of us leave the house early.*
a las 8:30	*at 8:30*
Mis padres pasan el día en la oficina.	*My parents spend the day at the office.*
la mañana	*the morning*
la tarde	*the afternoon*
Mi hermanos siguen sus estudios en el colegio.	*My brothers and sisters pursue their studies at school.*
en la primaria	*at the elementary school*
en la escuela superior	*at the high school/at the middle school*
Papá debe traer trabajo a casa.	*Dad must bring work home.*
conocer a mucha gente por su trabajo	*meet many people because of his job*
Mis hermanos vuelven a casa tarde.	*My brothers and sisters return home late.*
a las 7:00	*at 7:00*
Mamá viene a casa antes (de) que papá.	*Mother comes home before Dad.*
después (de) que	*after*

El tiempo libre y los fines de semana

Mis padres pueden pasar tiempo con su familia.	*My parents can spend time with their family.*
ver las noticias en la televisión	*watch the news on the television*

Mis hermanos quieren jugar con sus amigos.	*My brothers and sisters want to play with their friends.*
dormir hasta tarde	*sleep late*
Yo prefiero hacer ejercicios.	*I prefer to exercise.*
descansar	*to rest*

Capítulo 4

PASO 1

El desayuno

¿Qué te gusta desayunar?	*What do you like to eat for breakfast*
Desayuno el jugo de naranja.	*For breakfast, I have orange juice.*
el pan tostado	*toast*
la mantequilla/ la margarina	*butter/margarine*
los huevos revueltos	*scrambled eggs*
el cereal	*cereal*
la mermelada	*marmalade/jam*
un vaso de leche	*a glass of milk*
una taza de café con leche y azúcar	*a cup of coffee with cream and sugar*

El almuerzo

¿Qué almuerzas?	*What do you eat for lunch?*
Prefiero almorzar el biftec.	*For lunch, I prefer to have steak.*
el pollo	*chicken*
la papa/la patata	*potato*
una copa de vino	*a glass of wine*
una cerveza	*a beer*
el maíz	*corn*
el bróculi	*broccoli*
las chuletas de cerdo	*pork chops*
los mariscos	*seafood*
los camarones	*shrimp*
la torta	*cake*

La merienda

¿Qué meriendas?	*What do you eat for a snack?*
Me gusta merendar un sándwich de jamón y queso.	*I like to snack on a ham and cheese sandwich.*
una taza de chocolate	*a cup of hot chocolate*
una taza de té	*a cup of tea*
las galletas	*crackers/cookies*
los churros	*fritters*
el helado	*ice cream*
una tortilla	*an omelet*
un vaso de té frío	*a glass of iced tea*

La cena

¿Qué comes en la cena?	*What do you eat for dinner?*

Ceno la sopa.   *For dinner, I eat soup.*
  una ensalada de   *a lettuce and tomato*
    lechuga y tomate   *salad with dressing*
    con aderezo
  el arroz con frijoles   *rice and beans*
  el flan   *caramel egg custard*
  un biftec   *a steak*
  un panecillo   *a roll*

En el restaurante

¡Camarero(a)!   *Waiter/Waitress!*
Necesito un menú,   *I need a menu, please.*
  por favor.
¿Cuál es el plato   *What is the special of the*
  del día?   *day?*
Hoy tenemos paella.   *Today we have paella.*
¿Qué ingredientes   *What ingredients are in*
  tiene la paella?   *the paella?*
Tiene pollo, mariscos   *It has chicken, seafood,*
  y arroz.   *and rice.*
¿Qué me recomienda?   *What (dish) do you*
   recommend?
Le recomiendo el pollo   *I recommend baked*
  asado.   *chicken.*
¿Qué desea pedir?   *What do you wish to*
   order?
De primer plato,   *For the first course,*
  quiero sopa de   *I want tomato soup.*
  tomate.
De segundo, deseo   *For the second course, I*
  biftec.   *want steak.*
Voy a probar el   *I am going to try fried*
  pescado frito.   *fish.*
De postre prefiero   *For dessert, I prefer*
  helado de chocolate.   *chocolate ice cream.*
Para beber, quisiera   *To drink, I would like a*
  una copa de vino.   *glass of wine.*
Por favor, ¿podría   *Would you please bring*
  traerme un tenedor?   *me a fork?*
  un cuchillo   *a knife*
  una cuchara   *a spoon*
  una servilleta   *a napkin*
  la sal   *the salt*
  la pimienta   *the pepper*
Por favor, tráigame la   *Please bring me the bill.*
  cuenta.
  unos cubitos de hielo   *some ice*
¿Está incluida la   *Is the tip included in the*
  propina en la cuenta?   *bill?*

PASO 2

En el mercado

¿Qué desea Ud.?   *What would you like?/*
   How may I help you?
Necesito un kilo de   *I need a kilo of apples.*
  manzanas.
  bananas/plátanos   *bananas/plantains*
  uvas   *grapes*
  una docena de naranjas   *a dozen oranges*
  una piña   *a pineapple*

¿Quiere Ud. algo más?   *Would you like (Do you want) anything else?*
¿Me puede dar una   *Could you (Can you) give*
  botella de agua   *me a bottle of mineral*
  mineral?   *water?*
  un paquete de azúcar   *a package of sugar*
  una bolsa de arroz   *a bag of rice*
  un litro de leche   *a liter of milk*
  un frasco de mayonesa   *a jar of mayonnaise*
  una barra de pan   *a loaf of bread*
¿Algo más?   *Anything else?*
No, gracias, eso es todo.   *No thanks, that's everything/that's all.*
¿Cuánto le debo?   *How much do I owe you?/How much is it?*

Cómo expresar algunos estados físicos y emocionales

Tengo... (mucha)   *I am . . . (very) hungry.*
  hambre.
  (mucha) sed   *thirsty*
  (mucho) frío   *cold*
  (mucho) calor   *hot*
  (mucha) prisa   *(really) in a hurry*
  (mucho) miedo   *afraid*
  (mucho) sueño   *sleepy*
Tengo (muchas)   *I (really) feel like going*
  ganas de salir.   *out.*

Capítulo 5

PASO 1

La vida estudiantil

Primero, me despierto   *First, I wake up at eight*
  a las ocho.   *o'clock.*
  bastante temprano   *quite early*
Me levanto a las ocho   *I get up at a quarter past*
  y cuarto y me ducho.   *eight and (I) take a*
   shower.
Luego, asisto a clases.   *Then/Next, I go to class.*
  la clase de inglés   *English class*
Mi primera clase   *My first class begins at*
  empieza a las nueve   *five after nine.*
  y cinco.
Después de la clase   *After Spanish class, I*
  de español, almuerzo   *have lunch with my*
  con mis amigos.   *friends.*
  en la cafetería   *in the cafeteria*
Por la tarde, voy a   *In the afternoon, I go to*
  un laboratorio de   *biology lab.*
  biología.
  mañana   *morning*
Mi última clase   *My last class ends at*
  termina a las tres   *three thirty.*
  y media.
Por la noche, me   *In the evening/At night, I*
  divierto en las fiestas.   *have a good time at*
   parties.
  Los fines de semana   *On weekends*
  Los sábados   *On Saturdays*

Por fin, me acuesto
  a medianoche.
  a la una de la
  madrugada

Finally, I go to bed at
  midnight.
  at one in the morning

alemán / horrible
francés
ingeniería
cálculo
matemáticas

German / horrible
French
engineering
calculus
mathematics

Cómo expresar orden cronológico

Primero, me levanto a
  las ocho.

First, I get up at 8 o'clock.

Luego, asisto a mis
  clases.
  Después

Next/Then I attend class.

  Afterwards

Por la mañana, tengo
  que trabajar.
  tarde
  noche

In the morning, I have to
  work.
  In the afternoon/evening
  At night

Tengo un laboratorio
  a las seis y media.
  de dos a cuatro
  ahora

I have a lab
  at six thirty.
  from two until four
  now

Antes de ducharme,
  ceno.
  Después de

Before showering, I have
  supper.
  After

Mientras ceno, leo
  el periódico.

While I have supper, I
  read the newspaper.

Por fin me acuesto.

Finally I go to bed.

Cómo pedir y dar opiniones

¿Qué te parece la clase
  de historia de arte?

What do you think of your
  art history class?

Me encanta. Las
  conferencias son
  fascinantes.
  maravillosas

I love it. The lectures are
  fascinating.

  wonderful

¿Qué piensas de tu
  clase de antropología?

What do you think of your
  anthropology class?

Me interesa mucho. La
  profesora es dinámica.
  organizada

It interests me a lot. The
  professor is dynamic.
  organized

No me interesa. La
  profesora es
  desorganizada.
  demasiado exigente

It doesn't interest me. The
  professor is disorganized.

  too demanding

¿Qué tal los exámenes
  en la clase de filosofía?

How are the exams
  in your philosophy class?

No me gustan. Son
  muy largos.
  difíciles

I don't like them. They
  are very long.
  difficult

PASO 2

Las asignaturas y los profesores

¿Cuál es tu carrera?

What is your major?

Todavía no lo sé.

I don't know yet.

Estudio pedagogía.

I am majoring in/studying
  education.

  periodismo
  negocios / comercio
  medicina

  journalism
  business
  medicine

¿En qué año estás?

What year (of study) are
  you in?

Estoy en mi primer año.
  segundo año
  tercer año
  cuarto año

I am a freshman.
  sophomore
  junior
  senior

¿Qué notas sacas?

What (kind of) grades do
  you get?

Saco buenas notas.
  malas notas
  notas regulares

I get good grades.
  poor grades
  average grades

¿Cómo son tus clases?

What are your classes like?

Mi clase de inglés
  es fácil.

My English class is easy.

  historia / difícil
  informática / aburrida

  economía
  sicología

  history / difficult
  computer science /
    boring
  economics
  psychology

Mi clase de biología
  es más interesante
  que mi clase de arte.

My biology class is more
  interesting than my art
  class.

Mi profesor de música
  es exigente.
  ciencia política /
    fascinante

My music professor is
  demanding.
  political science /
    fascinating

Las profesiones y los oficios

¿En qué trabajas? /
  ¿En qué trabaja Ud.?

What do you do (for a
  living)?

Soy médico / doctora.
  dueño(a) de un negocio
    pequeño
  ama de casa
  dependiente

I'm a doctor.
  an owner of a small
    business
  a housewife
  a clerk

Los planes para el futuro

¿Qué planes tienes
  para el futuro?

What are your plans for
  the future?

No estoy seguro(a)
  todavía.

I'm not sure yet.

Voy a graduarme el
  año que viene.
  en dos años
  el mes próximo

I am going to graduate
  next year.
  in two years
  next month

Pienso ser enfermero(a).
  maestro(a)

I plan to be a nurse.
  a teacher (elementary,
    middle, and high school)

  abogado(a)
  sicólogo(a)
  ingeniero(a)

  an attorney
  a psychologist
  an engineer

Voy a ser gerente.
  vendedor(a)
  agricultor(a)
  hombre (mujer)
    de negocios

I am going to be a manager.
  salesman (woman)
  farmer
  business man (woman)

Espero trabajar
  para el gobierno.
  una compañía
    multinacional
  mí mismo(a)

I hope to work for the
  government.
  a multinational
    company
  myself

Me gustaría estudiar medicina.	*I'd like to study medicine.*	Está en la esquina.	*It's on the corner.*
estudiar derecho	*to study law*	enfrente del restaurante "Luigi"	*across from/opposite Luigi's Restaurant*
hacer estudios de post-grado	*to go to graduate school*	a tres cuadras de aquí	*three blocks from here*

PASO 3

Expresiones temporales—Referencias al pasado

Martín estudió para su examen ayer.	*Martín studied for his test yesterday.*
anoche	*last night*
esta mañana	*this morning*
esta tarde	*this afternoon*
el martes	*on Tuesday*
Carlota se graduó de la universidad la semana pasada.	*Carlota graduated from the university last week.*
el mes pasado	*last month*
el año pasado	*last year*
en 1995 (mil novecientos noventa y cinco)	*in 1995*
La Sra. Gil empezó a trabajar para esa compañía hace tres meses.	*Mrs. Gil began working for that company three months ago.*
hace diez años	*ten years ago*
en julio	*in July*

Capítulo 6

PASO 1

Unas diligencias

Perdone, ¿donde se puede comprar sellos?	*Excuse me, where can I/one buy postage stamps?*
cambiar dinero	*change money*
comprar aspirina	*buy some aspirin*
En el correo.	*At the post office.*
el banco	*the bank*
la farmacia	*the drugstore/pharmacy*
¿Se puede ir a pie?	*Can you walk there? / Is it within walking distance?*
Sí, está bastante cerca.	*Yes, it's quite close by.*
No, está lejos de aquí.	*No, it's far from here.*
Hay que tomar el metro.	*You have to take the subway.*
el autobús nº 16	*bus number 16*
un taxi	*a taxi*

Pidiendo direcciones

Oiga, ¿dónde está la parada de autobuses?	*Excuse me, where is the bus stop?*
el correo	*the post office*
el Museo de Arqueología	*the Museum of Archaeology*
la Iglesia de San Juan Bautista	*the Church of St. John the Baptist*

en la segunda calle	*on the second street*
a la derecha	*on the right*
Por favor, ¿cómo se va al centro comercial?	*Excuse me, how do "you"/ I get to the business district / the shopping center?*
a la Clínica de la Merced	*Merced Hospital*
a la oficina de turismo	*the tourist information office*
Vaya a la esquina.	*Go to the corner.*
Tome la Avenida de la Independencia.	*Take Independencia Avenue.*
Siga derecho por cuatro cuadras.	*Continue straight ahead for four blocks.*
Doble a la izquierda en la calle República.	*Turn left on República Street.*
Está allí mismo, a mano izquierda.	*It's right there, on the left-hand side.*

Para averiguar el horario

¿A qué hora se abre la catedral?	*What time does the cathedral open?*
el banco	*the bank*
¿A qué hora se cierra el museo?	*What time does the museum close?*
la farmacia	*the pharmacy*
¿Está cerrada hoy la biblioteca?	*Is the library closed today?*
Sí, está cerrada los lunes.	*Yes, it's closed on Mondays.*
No, está abierta.	*No, it's open.*

PASO 2

Las partes del cuerpo

la cabeza	*head*
los ojos	*eyes*
la nariz	*nose*
la boca	*mouth*
los dientes	*teeth*
la garganta	*throat*
el cuello	*neck*
el oído	*inner ear*
la oreja	*ear*
el brazo	*arm*
el codo	*elbow*
la mano	*hand*
los dedos	*fingers*
la pierna	*leg*
la rodilla	*knee*
el pie	*foot*
el pecho	*chest*
los pulmones	*lungs*
el corazón	*heart*
la espalda	*back*
el tobillo	*ankle*

Para indicar lo que te duele

¿Qué le duele? (formal)   *Where does it hurt?*
¿Qué te duele? (informal)
Me duele el pecho.   *My chest hurts.*
Me duelen los pies.   *My feet hurt.*
Tengo dolor de cabeza.   *I have a headache.*
  garganta   *sore throat*
  estómago   *stomachache*

Las enfermedades y los síntomas

¿Qué le pasa? (formal)   *What's wrong? / What is the matter?*
¿Qué te pasa? (informal)
¿Qué tienes?   *What do you have?*
Me siento mal.   *I feel bad/poorly.*
  mejor   *better*
  peor   *worse*
Tengo tos.   *I have a cough.*
  fiebre   *a fever*
  diarrhea   *diarrhea*
  náusea   *nausea*
Estoy resfriado(a).   *I have a cold.*
  mareado(a)   *I'm dizzy/nauseated.*
Me torcí el tobillo.   *I twisted my ankle.*
Me corté el pie.   *I cut my foot.*
Me quemé la espalda   *I burned my back*
  en el sol.   *in the sun.*
Ud. tiene la gripe.   *You have the flu.*
  un catarro   *a cold*
  un virus   *a virus*
  una fractura   *a fracture*
  una quemadura muy   *a very serious burn*
    grave
Voy a recetarle estos   *I am going to prescribe*
  antibióticos.   *some antibiotics (for you).*
  este jarabe para la tos   *this cough syrup*
  una crema   *a lotion*
Le recomiendo que tome   *I am going to recommend*
  una pastilla cada   *that you take one pill*
  cuatro horas.   *every four hours.*
  dos aspirinas cuatro   *two aspirins four*
    veces al día   *times a day*
Voy a sacarle una   *I am going to take an*
  radiografía.   *X-ray.*
  tomarle unos puntos   *to give you some stitches.*
  ponerle un yeso.   *to put on a cast.*
Se vende esta medicina   *This medicine is sold*
  sin receta.   *without prescription.*
  en la farmacia de la   *at the pharmacy in the*
    esquina   *corner*

Capítulo 7

PASO 1

¡El tiempo libre!

¿Qué te gusta hacer   *What do you like to do in*
  en tu tiempo libre?   *your spare time?*
  los fines de semana   *on weekends*
Me gusta salir con   *I like to go out with my*
  mis amigos.   *friends.*

hacer ejercicios   *do (aerobic) exercise*
  (aeróbicos)
ir de compras   *go shopping*
descansar   *rest*
Muchas veces juego   *Frequently, I play*
  al vóleibol.   *volleyball.*
  A veces / golf   *Sometimes / golf*
  De vez en cuando /   *From time to time /*
    béisbol   *baseball*
  Casi nunca / básquetbol   *Hardly ever / basketball*

Las invitaciones

¿Qué piensas hacer   *What are you thinking of*
  el sábado?   *doing on Saturday?*
No sé. ¿Quieres ir   *I don't know. Do you want*
  al cine?   *to go to the movies?*
  al teatro   *to the theater*
  al Museo de Arte   *to the Museum of*
    Moderno   *Modern Art*
  a un concierto   *to a concert*
¡Qué buena idea!   *What a good idea!*
¡Cómo no!   *Sure! Why not!*
¿Qué película dan?   *What movie are they showing?*
Dan la película   *They're showing the film*
  Casablanca.   Casablanca.
¿Qué van a presentar?   *What (play) are they presenting?*
Van a presentar una   *They are going to present*
  obra de García Lorca.   *a play by García Lorca.*
¿Qué exhiben?   *What is on exhibit?*
Tienen una exhibición   *They have an exhibition*
  de Miró.   *of Miró.*
¿Quiénes van a tocar?   *Who is going to play?*
Va a tocar el conjunto   *The group "4:40" is going*
  "4:40".   *to play.*
¿A qué hora vamos?   *What time shall we go?*
  empieza   *does it start*
Vamos a las siete.   *Let's go at seven o'clock.*
La primera función   *The first showing is at*
  es a las ocho.   *eight o'clock.*
¿Dónde nos encontramos?   *Where shall we meet?*
Paso por tu casa a las   *I'll pick you up/come by*
  siete y media.   *your house at 7:30.*
Te espero en el cine.   *I'll see you / wait for you*
    at the movie theater.
  el teatro   *at the theater*
¿Por qué no jugamos   *Why don't we play cards*
  a las cartas esta   *this afternoon?*
  tarde?
  vamos de "picnic"   *we go on a picnic*
  damos un paseo   *we take a walk*
Lo siento pero tengo   *I'm sorry but I have to*
  que estudiar.   *study.*
No puedo porque   *I can't because I'm tired.*
  estoy cansado(a).
  no sé jugar a eso   *I don't know how to play that*
  tengo un compromiso   *I have an engagement*
Bueno, entonces a lo   *Well, maybe next time.*
  mejor la próxima vez.

El fin de semana pasado

¿Qué tal tu fin de semana?	*How was your weekend?*
Lo pasé bien.	*I had a good time.*
mal	*bad*
así, así	*so-so*
¿Qué hiciste?	*What did you do?*
Mis amigos y yo fuimos al campo, montamos a caballo y pescamos.	*My friends and I went to the country, rode horses, and went fishing.*
Mis amigos y yo fuimos a un festival, vimos mucha artesanía y probamos algunos platos sabrosos.	*My friends and I went to a festival, saw a lot of arts and crafts, and tried some delicious dishes.*
¿Adónde fuiste anoche?	*Where did you go last night?*
el sábado por la noche	*Saturday night*
Fui al gimnasio, corrí cinco kilómetros y levanté pesas.	*I went to the gym, ran five kilometers, and lifted weights.*
Fui a una fiesta, bailé y conocí a mucha gente.	*I went to a party, danced, and met a lot of people.*
¿Cómo pasaste tu fin de semana?	*How did you spend your weekend?*
¡Regular! Lo pasé en la biblioteca. Tuve que terminar la investigación para un informe de la clase de historia.	*OK! I spent it at the library. I had to finish the research for a report for history class.*
¡Fatal! Me enfermé. Me quedé en casa y dormí todo el fin de semana.	*Terrible! I got sick. I stayed home and slept the entire weekend.*

PASO 2

Las estaciones y el tiempo

¿Qué tiempo hace?	*What's the weather like?*
Hace fresco.	*It is cool.*
calor	*hot*
frío	*cold*
buen tiempo	*nice weather*
Está lloviendo.	*It is raining.*
nevando	*snowing*
despejado	*clear*
nublado	*cloudy*
El día está pésimo.	*It's bad (weather) out.*
fatal	*terrible*
¿Cuál es la temperatura?	*What is the temperature?*
Está a 20 grados.	*It is 20 degrees.*
¿Qué tiempo va a hacer mañana?	*What is the weather going to be like tomorrow?*
Va a llover.	*It is going to rain.*
hacer buen tiempo	*to be nice (weather)*
nevar	*to snow*

Las vacaciones

¿Qué te gusta hacer en las vacaciones?	*What do you like to do on vacation?*
En verano, prefiero ir a la playa.	*In the summer, I prefer to go to the beach.*
invierno / a las montañas	*winter / to the mountains*
Me encanta tomar el sol, nadar y esquiar.	*I love to sunbathe, to swim, and to water ski.*
acampar al aire libre y hacer caminatas	*to camp outside and to go hiking*

Los días festivos

¿Cómo celebras el Día de la Independencia?	*How do you celebrate Independence Day?*
el Día de Acción de Gracias	*Thanksgiving Day*
Jánuca	*Hanukkah*
la Navidad	*Christmas*
El Día de la Independencia vamos a ver un desfile en mi pueblo.	*On Independence Day, we are going to watch a parade in my hometown.*
De niño(a), me gustaba ver los fuegos artificiales.	*As a child, I used to like to watch fireworks.*
El Día de Acción de Gracias toda la familia se reúne en mi casa.	*On Thanksgiving Day, the entire family gets together at my house.*
De niño(a), me gustaba jugar al fútbol americano con mis primos.	*As a child, I used to enjoy playing football with my cousins.*
En Jánuca, encendemos las velas del candelabro.	*On Hanukkah, we light the candles on the candelabra (Menorah).*
De niño(a), me gustaba recibir regalos.	*As a child, I used to like to get presents.*
En la Navidad vamos a la iglesia.	*On Christmas, we go to church.*
De niño(a), me gustaba decorar el árbol.	*As a child, I used to like to decorate the tree.*

PASO 3

Cómo contar un cuento

¿Qué me cuentas?	*What's new?*
¿Sabes lo que pasó?	*Do you know what happened?*
Déjame contarte.	*Let me tell you.*
Dime, ¿qué (te) pasó?	*Tell me, what happened (to you)?*
A Carlos se le rompió la pierna.	*Carlos broke his leg!*
¡No me digas!	*You're kidding!*
¿De veras?	*Really?*
¿Cuándo ocurrió?	*When did it happen?*
Esta mañana.	*This morning.*
¿Dónde estaba?	*Where was he?*
Estaba en el campo de fútbol.	*He was at the soccer field.*
¿Cómo fue?	*How did it happen?*
(la hora) Eran las diez.	*(time) It was 10 o'clock.*

(el tiempo) Llovía muchísimo.	(weather) It was raining really hard.
(los acontecimientos)	(the events)
Carlos jugaba con sus amigos, y cuando iba a marcar un gol, chocó con un jugador del otro equipo.	Carlos was playing with his friends, and when he was getting ready to score a goal, he ran into a player from the other team.
Ay, pobrecito. ¡Qué lástima!	Oh, the poor thing. What a shame!

Capítulo 8

PASO 1

En un gran almacén

Cliente — **Customer**

Por favor, ¿dónde se encuentran los pantalones para hombres?	Excuse me, where can I find men's trousers?
las blusas para niñas	girls' blouses
los zapatos para mujeres	women's shoes

Dependiente — **Clerk**

Están en el sótano.	They are in the basement.
la planta baja	on the main floor
el primer piso	the first floor
segundo	second
tercer	third
cuarto	fourth
quinto	fifth

Otras prendas — **Other articles of clothing**

un traje	suit
una camisa	shirt
una corbata	necktie
unos calcetines	socks
una falda	skirt
un vestido	dress
unos vaqueros	jeans
unos pantalones cortos	shorts
una sudadera	sweatshirt
un cinturón	belt
un traje de baño	swimsuit
unas sandalias	sandals
un abrigo	coat
una chaqueta	jacket
unas botas	boots
unos guantes	gloves
una camiseta	T-shirt

Los colores y otros detalles

rojo	red
rosado	pink
anaranjado	orange
amarillo	yellow
verde	green
azul	blue
azul marino	navy blue
morado	purple
blanco	white
negro	black
gris	gray
marrón	brown
beige	beige
(color) crema	off white
de cuadros	plaid
con lunares	with polka dots
de rayas	striped

De compras

¿Qué desea?	May I help you?/What would you like?
Estoy buscando un suéter de lana.	I'm looking for a wool sweater.
algodón	cotton
seda	silk
¿De qué color?	What color?
Prefiero un suéter verde.	I prefer a green sweater.
¿Que talla lleva Ud.?	What size do you wear?
Llevo la talla mediana.	I wear a size medium.
pequeña	small
grande	large
extra grande	extra large
¿Qué le parece éste?	What do you think about this one?
Me parece un poco caro.	It seems a little expensive to me.
demasiado formal	too dressy
¿Tiene otro más barato?	Do you have something cheaper/less expensive?
más sencillo	a little plainer/more simple
¿Quiere probarse éste?	Do you want to try this one on?
Sí, ¿dónde está el probador?	Yes, where is the dressing room?
¿Cómo le queda (el suéter)?	How does it (the sweater) fit?
Me queda bien.	It fits well.
mal	poorly
¿Tiene una talla más grande?	Do you have a bigger/larger size?
pequeña	smaller
¿Cuánto cuesta?	How much does it cost?
Está rebajado.	It's on sale.
Cuesta $40.00.	It costs $40.00.
Voy a llevármelo.	I'll take it.

PASO 2

En un mercado

En un mercado se puede comprar:	In a market, you can buy:
unas gafas de sol	some sunglasses
un paraguas	an umbrella
una gorra	a baseball cap
un plato de cerámica	a ceramic plate
una piñata	a piñata
unas maracas	some maracas

un sarape	a sarape / poncho	comes comidas más balanceadas	eat better balanced meals
un sombrero	a hat	dejas de fumar	stop smoking
un bolso de cuero	a leather pocketbook/ handbag	Deberías tomar vitaminas.	You should take vitamins.
una billetera de piel	a leather wallet		
una guayabera	a guayabera	cuidarte mejor	take better care of yourself
un collar	a necklace		
unos aretes	some earrings	ir al médico	go to the doctor
una cadena de oro	a gold chain	Te aconsejo que duermas una siesta.	I advise you to take a nap.
un brazalete de plata	a silver bracelet		

¡A regatear! — *Let's bargain!*

Cliente:	Customer:	no trabajes tanto	not work so much
¿Podría mostrarme esos aretes?	Would you show me those earrings?	Tienes razón.	You're right.
esas maracas	those maracas	Es buena idea.	It's a good idea.
Aquí los (las) tiene.	Here they are.(Here you have them.)	Bueno, no sé. No estoy seguro(a).	Well, I don't know. I'm not sure.

¿Cuánto cuestan?	How much do they cost?
Valen/Cuestan cien pesos.	They cost one hundred pesos.
¡Qué horror! ¡Qué caros!	How awful! How expensive!
¿Me puede hacer un descuento?	Would you give me a discount?
Le doy un descuento de veinte pesos. Solamente me tiene que pagar ochenta pesos.	I'll give you a discount of twenty pesos. You only have to pay (me) eighty pesos.
¡Eso es mucho dinero! No le pago más de sesenta pesos.	That is too much money! I refuse to pay more than sixty pesos.
¡Es muy poco! No puedo aceptar menos de setenta pesos.	That is not enough! I can't accept less than seventy pesos.
Está bien.	That is fine!
Vendedor(a):	Sales clerk:
Me los llevo. las	I'll take them.

PASO 2

Buenas noticias

¿Cómo te va?	How is it going?
Estoy (muy) orgulloso(a).	I am (very) proud.
emocionado(a)	excited
alegre	happy
encantado(a)	delighted
contentísimo(a)	extremely happy
Acabo de enterarme de que mi hermanita va a tener su primera cita para la fiesta de sus quince.	I have just found out that my youngest sister is going to have her first date for her fifteenth birthday party.
mi mejor amiga se comprometió hace poco	my best friend recently became engaged
mi primo va a casarse pronto	my cousin is going to get married soon
mi hermana mayor está embarazada	my oldest sister is going to have a baby
¡Ay! ¡Qué buenas noticias!	Oh! What good news!
¡Cuánto me alegro!	I am so happy!
¡Qué sorpresa!	What a surprise!
¿Quién va a ser su compañero?	Who is going to be her date?
¿Cuándo le dio su novio el anillo de compromiso?	When did her fiancé give her the engagement ring?
¿Cuándo es la boda?	When is the wedding?
¿Cuándo va a nacer el bebé?	When is the baby going to be born?

Capítulo 9

PASO 1

Cómo hablar de pequeños malestares y dar consejos

¿Qué te pasa? Tienes mala cara.	What's wrong? You don't look well.
No es nada grave. Es que estoy agotado(a) de tanto trabajo.	It's nothing serious. It's just that I'm exhausted from so much work.
padezco de insomnio porque tengo mucho estrés	I can't sleep (I have insomnia) because I have so much stress
no tengo energía y no me estoy alimentando bien	I don't have any energy and I'm not eating right
Bueno, ¿por qué no tomas unos días libres?	Well, why don't you take a few days off?
tratas de descansar más	try to rest more

Malas noticias

¿Qué hay de nuevo?	What's up?
Estoy un poco preocupado(a).	I'm a little worried.
triste	sad
deprimido(a)	depressed
desanimado(a)	discouraged
Acabo de recibir malas noticias.	I have just received some bad news.

Mi hermano y su novia rompieron su compromiso ayer.	My brother and his girl-friend broke their engagement yesterday.
Mis tíos están separados.	My aunt and uncle are separated.
Mi vecina de al lado se murió anoche.	My next-door neighbor died last night.
¡Qué pena!	What a shame!
¡Cuánto lo siento!	I am so sorry!
¡Qué lástima!	What a pity!
¡Ojalá que todo salga bien!	I hope everything turns out well!
¿Es algo permanente o temporal?	Is it something permanent or temporary?
¿Van a divorciarse?	Are they going to get divorced?
¿Cuándo es el velorio?	When is the wake/vigil?

PASO 3

Buenas noticias

¿Qué me cuentas?	What's new?
Acabo de tener una entrevista para un buen puesto.	I've just had an interview for a good job.
una beca	a scholarship
un internado	an internship
Bueno. ¿Cómo te fue? ¿Te lo van a dar? la	Well. How did it go? Are they going to give it to you?
Creo que sí.	I think so.
¡Ojalá que sí!	I hope so!
Es casi seguro.	It's almost certain.

Malas noticias

¿Qué hay de tu vida?	What's new with you?
Nada bueno. No salí bien en la prueba de biología.	Nothing good. I didn't do well on my biology quiz.
Mi compañero(a) de cuarto y yo no nos llevamos bien.	My roommate and I don't get along well.
No tengo suficiente dinero para pagar mis cuentas.	I don't have enough money to pay my bills.
Y ¿no puedes pedirle ayuda a tu profesor?	Well, can't you ask your professor for help?
cambiar de compañero(a) de cuarto	change roommates
pedirles un préstamo a tus padres	ask your parents for a loan
Quizás.	Perhaps/Maybe.
Creo que no.	I don't think so.
Es posible, pero lo dudo.	It's possible, but I doubt it.

Vocabulario

The vocabulary found in both the Spanish-English and English-Spanish sections contains all words from the end-of-chapter vocabularies (except certain expressions from the *Expresiones útiles*) and some terms from the cultural readings. The meanings provided in this glossary, however, are limited to those used in the contexts of this textbook. Genders of nouns are given only if they are an exception to the -o and -a endings. The number of the chapter where the vocabulary word or expression first appears is indicated in parentheses after the definition. Spelling changes in stem-changing verbs are indicated in parentheses after the verb given, where appropriate. Words containing the Spanish combinations of ch, ll, and ñ are found in the appropriate places, according to Spanish alphabetization.

The following abbreviations are used in this glossary:

adj.	adjective	*m.*	masculine
conj.	conjunction	*n.*	noun
f.	feminine	*PC*	Preliminary Chapter
form.	formal	*pl.*	plural
inf.	infinitive	*sing.*	singular
inform.	informal	*v.*	verb

ESPAÑOL - INGLÉS

A

a at, to;
  a la derecha de to the right of (3);
  a la izquierda de to the left of (3);
  a veces sometimes (7)
abecedario alphabet (1)
abierto(a) open (6)
abogado(a) lawyer, attorney (5)
abrigo coat (8)
abrir to open (2)
abuelo(a) grandfather/grandmother (3)
abundante abundant (7)
aburrido(a) boring (5)
acabar de (+ *inf.*) to have just (done something) (3)
acampar to go camping (7)
aceite *(m.)* **de oliva** olive oil (4)
aceituna olive (4)
aceptar to accept (2)
aconsejar to advise (9)
acontecimiento event (9)
acostarse (ue) to go to bed (5)
acostumbrar to be in the habit of, to be used to (4)
actividad *(f.)* activity (1)
actuar to act (3)
acuerdo: estar de acuerdo to agree (5)
además in addition, what's more (5)
aderezo dressing (4)
adiós good-bye (1)
¿adónde? where? (7)
afeitarse to shave (5)
agencia de viajes travel agency (2)
agotado(a) exhausted (9)
agradable pleasant, good-natured (3)
agregar to add (7)
agricultor(a) farmer (5)
agua water (1)
ahora now (5)
ahorrar to save (9)

ajo garlic (4)
al lado next to, beside (3)
albergue *(m.)* **juvenil** youth hostel (2)
alegrar to make happy (9)
alegre happy (9)
alemán *(m.)* German (1)
alfombra rug (3)
álgebra *(f.)* algebra (5)
algo anything, something (4)
algodón cotton (8)
alimentarse to eat, to nourish oneself (9)
allí mismo right there (6)
alma *(f.)* soul (6)
almacén *(m.)* department store (8); warehouse;
  gran almacén department store (8)
almorzar (ue) to eat lunch (4)
almuerzo lunch *(n.)* (3)
alojamiento lodging (2)
alojarse to be lodged (2)
alquilar to rent (3)
alrededor de about, around (2)
altitud *(f.)* height (6)
alto(a) tall (3)
ama *(f.)* **de casa** housewife (5)
amable friendly (3)
amarillo(a) yellow (8)
amenidad *(f.)* amenity (2)
amigo(a) friend (3);
  amigo íntimo close friend (3)
amplio(a) extensive, wide (3)
amueblado(a) furnished (3)
anaranjado(a) orange (8)
anfitrión/anfitriona host/hostess (3)
anillo ring (9)
anoche last night (5)
anteojos eyeglasses (3)
antes de before (5)
antibiótico antibiotic (6)

antiguo(a) ancient, old (3)
antipático(a) disagreeable, unpleasant (3)
añadir to add on (3)
año year (2)
aparentar to seem; to pretend (5)
apariencia appearance (8)
apartamento apartment (1)
aparte de aside from, in addition to (4)
apellido surname, last name (1)
aprender to learn (1)
aprobado passing grade (5)
apropiado(a) appropriate (8)
árbol *(m.)* tree (3)
aretes *(m.)* earrings (8)
arquitectura architecture (6)
arroz *(m.)* rice (4)
arte *(m.)* art (5)
artesanía arts and crafts (8)
artículo article (6)
asado(a) baked (4)
así so, thus, this way;
  así, así so-so, okay (1)
asiento seat (3)
asistencia attendance (5)
asistir a to attend (classes, etc.) (1)
atender (ie) to help (8)
aunque although (1)
autobús *(m.)* bus (2);
  parada de autobuses bus stop (6)
avenida avenue (6)
avión *(m.)* airplane (2)
ayer yesterday (5)
ayuda help *(n.)* (9)
ayuntamiento town hall (6)
azúcar *(m.)* sugar (4)
azul blue (3);
  azul marino navy blue (8)

B

bachillerato high school college-prep studies (5)
bailar to dance (7)
bajo(a) short *(in height)*, low (3);
planta baja ground floor (8)
balanceado(a) balanced (9)
banana banana (4)
banco bank (2); park bench (6)
bañadera bathtub (3)
bañarse to bathe, to take a bath (5)
baño bath(room) (2);
traje de baño bathing suit (8)
barato(a) inexpensive (3)
barba beard (3)
barra bar (1); loaf (of bread) (4)
barrio district, neighborhood (4)
basarse to be based (1)

básquetbol *(m.)* basketball (1)
bastante quite, enough (5)
bautizo baptism (3)
bebé *(m., f.)* baby (9)
beber to drink (4)
beca scholarship (9)
beige beige (8)
béisbol *(m.)* baseball (7)
biblioteca library (1)
bien *(adv.)* well, fine (1)
biftec *(m.)* steak, beef (4)
bigotes moustache (3)
billete *(m.)* ticket (2)
billetera wallet (8)
biología biology (5)
blanco(a) white (8)
blusa blouse (8)

boca mouth (6)
boda wedding (9)
bodega small grocery store (4)
bolígrafo pen (PC)
bolsa bag, (4)
bolso pocketbook, handbag (8)
borrador *(m.)* eraser (PC)
bota boot (8)
botánica botany (3)
botella bottle (4)
boutique *(f.)* shop (8)
brazalete *(m.)* bracelet (8)
brazo arm (6)
bróculi *(m.)* broccoli (4)
buen(o)(a) good (3)
buscar to look for (9)

C

caballo horse;
montar a caballo to go horseback riding (7)
cabeza head (6)
cada each, every (7)
cadena chain (8)
café *(m.)* coffee (1)
calcetín *(m.)* sock (8)
cálculo calculus (5)
calendario calendar (PC)
calidad *(f.)* quality (8)
cálido(a) warm/hot *(climate)* (8)
caliente hot (2)
calle *(f.)* street (1)
calor: hacer calor to be hot/warm *(weather)* (7);
tener calor to be hot/warm *(person)* (4)
calvo(a) bald (3)
calzar to wear, take *(shoe size)* (8)
cama bed (2);
hacer la cama to make the bed (3)
camarero(a) waiter/waitress (4)
camarón *(m.)* shrimp (4)
cambiar to change, to exchange (6)
cambio change *(n.)* (7); exchange rate (6)
caminata: hacer caminatas to go hiking (7)
camisa shirt (8)
camiseta T-shirt (8)
campo country(side) (7)
canción *(f.)* song (7)
candelabro Menorah, candelabra (7)
canoso(a) gray *(hair)* (3)
cansado(a) tired (1)
cara face (5)
carácter *(m.)* character, personality (3)
cariñoso(a) warm, affectionate (3)
carne *(f.)* **de res** beef (4)
carnicería butcher shop (4)
caro(a) expensive (3)
carrera major *(field of study)* (5); race
carta letter (1);
cartas (playing) cards (7)
cartel *(m.)* poster (8)

casa house (3)
casado(a) married (1)
casarse to get married (3)
casete *(m.)* cassette (PC)
casi almost;
casi nunca almost never (7)
castaño(a) brown *(hair, eyes)* (3)
castillo castle (2)
catarro cold *(illness)* (6)
catedral *(f.)* cathedral (6)
católico(a) Catholic *(adj.)* (3)
cebolla onion (4)
celebración *(f.)* celebration (3)
celebrar to celebrate (7)
cena supper, dinner (3)
cenar to eat dinner (3)
centro center (2);
centro comercial business district, shopping center (6)
cerámica ceramics (8)
cerca de near (3)
cerdo pork, pig (4)
cereal *(m.)* cereal (4)
ceremonia ceremony (9)
cerrar (ie) to close (2)
cerveza beer (4)
césped *(m.)* lawn (3)
champú *(m.)* shampoo (6)
chao (good)bye (1)
charla lecture; talk, chat *(n.)* (5)
cheque *(m.)* **de viajero** traveler's check (2)
chico(a) boy/girl (3)
chocar con to run into (7)
chuleta chop, cutlet (4)
churro fritter, fried dough (4)
ciencia science;
ciencia política political science (5)
científico(a) scientific (4)
cierto(a) true, certain (9)
cine *(m.)* cinema, movie theater (7)
cinturón *(m.)* belt (8)

cita date *(appointment)* (9)
ciudad *(f.)* city (4)
civil lay, secular (9)
civilización *(f.)* civilization (1)
clase *(f.)* class (PC);
clase alta upper class (5);
clase baja lower class (5);
clase media middle class (5);
clase social social class (5)
clasificar classify (8)
cliente *(m., f.)* customer, client (3)
clima *(m.)* climate, weather (3)
clínica (medical) clinic (6)
clóset *(m.)* closet (3)
cocina kitchen, kitchen stove; cuisine (3)
codo elbow (8)
cocinar to cook (3)
coleccionar to collect (1)
colegio elementary or secondary school (5)
color *(m.)* color (8)
color crema off-white (8)
collar *(m.)* necklace (8)
comedor *(m.)* dining room (3)
comer to eat (1)
comerciar to do business (6)
comercio business (5)
comestibles *(m.)* groceries;
tienda de comestibles grocery store (4)
cometer to make, commit (3)
comida food (4)
¿cómo? how? (1)
¡cómo no! of course! (4)
cómoda chest of drawers (3)
cómodo(a) comfortable (8)
compañero(a) classmate (1); date, escort (9)
compañía company (5)
compartir to share (2)
complementos de moda fashion accessories (8)
completo(a) complete; full (2)
complicado(a) complicated, complex (2)
composición *(f.)* composition (1)

compositor(a) composer (7)

compra purchase (n.);
  ir de compras to go shopping (7)

comprar to buy (3)

comprender to understand (1)

comprometerse to get engaged; to commit oneself (9)

compromiso commitment; engagement (to be married) (9)

computadora computer (1)

común common (2)

con with

concepto concept (1)

concierto concert (1)

concluir to conclude, end (5)

condimento condiment (4)

condominio condominium (1)

conferencia lecture (5)

conjunto (musical) group (7)

conocer to be introduced to, to meet, to know (3)

consejero(a) counselor (9)

consistir (de/en) to consist (of) (2)

construir to build (6)

contar to count (2); to relate/tell (a story) (7)

contentísimo(a) extremely happy (9)

contento(a) happy (1)

contestar to answer (1)

conversar to converse, to talk (4)

convertir to convert (2)

copa goblet, wine glass (4)

corazón (m.) heart (6)

corbata (neck)tie (8)

correo post office (6)

cortar to cut (3)

corto(a) short (in length) (3);
  pantalones (m.) **cortos** shorts (8)

costar (ue) to cost (2)

costumbre (f.) custom (4)

cotidiano(a) daily, everyday (9)

crecer to grow (4)

creer to believe (9)

crema cream (4);
  color crema off-white (8)

cuaderno notebook (PC)

cuadra (street) block (6)

cuadro painting (3)
  de cuadros plaid (8)

¿cuál(es)? which (one/s)? (1)

cuando when (7);
  ¿cuándo? when? (1);
  de vez en cuando from time to time (7)

¿cuánto? how much? (1);
  ¿cuántos(as)? how many? (1)

cuarto room (3); quart (measurement), quarter (one-fourth) (4)

cuarto(a) fourth (8);
  cuarto año senior year (1)

cubito de hielo ice cube (4)

cuchara spoon (4)

cuchillo knife (4)

cuello neck (6)

cuenta bill, check (2)

cuero leather (8)

cuerpo body (6)

cuidar to take care of;
  cuidarse to take care of oneself (9)

culantro coriander (4)

D

dar to give (3);
  dar un paseo to take a walk (7)

dato fact, information (1)

de of , from;
  de algodón cotton (8);
  de cerámica ceramic (8);
  de cuadros plaid (8);
  de estatura mediana medium height (3);
  de ida one-way (2);
  de ida y vuelta round-trip (2);
  de la mañana A.M. (2);
  de la noche P.M. (night) (2);
  de la tarde P.M. (afternoon) (2);
  de lana wool (8);
  de lujo luxurious, deluxe (2);
  de nada you're welcome (1);
  de rayas striped (8);
  de seda silk (8);
  ¿de veras? really? (7);
  de vez en cuando from time to time (7)

debajo de under (3)

deber to owe (4);
  deber (+ inf.) ought to, should (do something) (3)

debido a due to (8)

décimo(a) tenth (8)

decir to say, to tell (3);
  querer decir to mean (1)

decorar to decorate (7)

dedo finger (6)

deficiente deficient (5)

dejar to leave, let (7);
  dejar de (+ inf.) to stop (doing something) (9)

delante de in front of (3)

deletrearse to be spelled (1)

delgado(a) thin (3)

demasiado(a) too, too much (8)

departamento apartment (Mexico) (3)

depender (de + noun) to depend (on + noun) (4)

dependiente (m., f.) clerk (5)

deporte (m.) sport (7)

depresión (f.) depression (7)

deprimido(a) depressed (9)

derecha (adj.) right (3);
  derecho (adv.) straight ahead (6);
  a la derecha to the right of (3)

derecho (n.) law (5)

desanimado(a) discouraged (9)

desarrollar to develop (2)

desayunar to eat breakfast (4)

desayuno breakfast (n.) (3)

descansar to rest (3)

descompuesto(a) out of order (3)

descubrir to discover (5)

descuento discount (n.) (8)

desear to want, to wish for (4)

desfile (m.) parade (7)

desordenado(a) messy (3)

desorganizado(a) disorganized (5)

despacio slowly (PC)

despedirse (i, i) (de) to say good-bye (to) (5)

despejado(a) clear (weather) (7)

despertarse (ie) to wake up (5)

después afterwards (5);
  después de after (5)

detrás de behind (3)

día (m.) day (2);
  Día de Acción de Gracias Thanksgiving (7);
  Día de la Independencia Independence Day (7);
  Día de la Raza Columbus Day (7);
  Día de los Reyes Magos Epiphany {7);
  día festivo holiday (7);

  todos los días every day, daily (1)

diarrea diarrhea (6)

diccionario dictionary (PC)

dicho saying (9)

diente (m.) tooth (5)

difícil difficult (5)

dinámico(a) dynamic (5)

dinero money (2);
  dinero (en efectivo) cash (n.) (2)

dirección (f.) address (1)

disco record;
  disco compacto compact disk (CD) (PC)

diseñador(a) designer (8)

disfrutar (de) to enjoy (7)

distinto(a) different (4)

divertido(a) fun (to be with), funny (3)

divertirse (ie, i) to have a good time (5)

dividir to divide (7)

divorciarse to get divorced (9)

doblar to turn (6)

doble double (2);
  habitación (f.) **doble** double room (2)

docena dozen (4)

doctor(a) doctor (5)

dólar (m.) dollar (6)

doler (ue) to hurt (6)

dolor (m.) ache, pain (6)

domingo Sunday (2)

¿dónde? where? (1)

dormir (ue, u) to sleep (3);
  dormirse (ue, u) to fall asleep (5)

dormitorio bedroom (3)

ducha shower (n.) (2)

ducharse to take a shower (5)

dudar to doubt (8)

dueño(a) owner (5)

durar to last (9)

E

economía   economics (5)
ecuador (m.)   ecuator (7)
edad (f.) media   middle ages (3)
efectivo: dinero en efectivo   cash (n.) (2)
ejemplo   example (3)
ejercicio   exercise (1);
   hacer ejercicio   to do (physical)
      exercise (7)
electivo(a)   elective (adj.) (5)
embarazada   pregnant (9)
emocionado(a)   excited (9)
empanada   turnover (4)
empezar (ie) (a + inf.)   to begin (to) (5)
en   in, on, at (3);
   en buenas (malas) condiciones   in good
      (bad) condition (3);
   en seguida   right away (4)
encantado(a)   delighted (9)
encantar   to like a lot, to love (5)
encender (ie)   to light (7)
encima de   on top of (3)
encontrarse (ue)   to be situated (1); to
   meet
energía   energy (9)
enfadarse   to get angry (9)
enfermarse   to get sick (7)
enfermedad (f.)   sickness/illness (6)
enfermero(a)   nurse (5)

enfermo(a)   sick (1)
enfrentar   to face (9)
enfrente de   opposite (6)
enojado(a)   angry (1)
ensalada   salad (4)
enterarse   to find out (9)
entre   between, among (3)
entrevista   interview (9)
época   period (of time), season (6)
equipo   team (5)
escaparate (m.)   store window (8)
escolar   school (adj.) (5)
escribir   to write (1)
escritor(a)   writer (5)
escuchar   to listen to (1)
escuela   school
ese/esa   that (3)
esos/esas   those (3)
espacio   space (n.) (6)
espalda   back (a part of the body) (6)
español (m.)   Spanish (PC)
especializarse en   to major, specialize in (5)
esposo(a)   husband/wife (1)
esquiar   to ski (7)
esquina   (street) corner (6)
estación (f.)   season (of the year) (7); station (2)
estampilla   stamp, postage (6)

estante (m.)   (book)shelf (3)
estar   to be (1);
   estar de acuerdo   to agree (5);
   estar resfriado(a)   to have a cold (6)
estatura   height;
   de estatura mediana   medium height (3)
este/esta   this (3)
estilo   style (n.) (3)
estómago   stomach (6)
estos/estas   these (3)
estrella   star (n.) (2)
estrés (m.)   stress (9)
estudiante (m., f.)   student (PC)
estudiar   to study (1)
estudios   studies;
   hacer estudios de post-grado   to go to
      graduate school (5)
estufa   stove (3)
estupendo   great, terrific (1)
etiqueta   etiquette (4)
exacto(a)   exact (2)
examen (m.)   exam, test (5)
excursión (f.)   trip, tour (2)
exhibir   to be on exhibit (7)
exigente   demanding (5)
exposición (f.)   exhibition (7)
extender (ie)   to extend, stretch (8)
extranjero   abroad; (n.) foreigner (6)
extrovertido(a)   outgoing (3)

F

fácil   easy (5)
falda   skirt (8)
fama   fame, renown (8)
familia   family (1)
farmacéutico(a)   pharmacist (6)
farmacia   pharmacy, drugstore (6)
fascinante   fascinating (5)
¡fatal!   a disaster!, terrible! (7)
fecha   (calendar) date (2)
feo(a)   ugly (3)
festival (m.)   festival (7)
festivo(a): día festivo   holiday (7)
fiebre (f.)   fever (6)

fiesta   party (1)
filosofía   philosophy (3)
fin (m.)   end;
   fin de semana   weekend (5);
   por fin   finally (5)
flan (m.)   custard (4)
flor (f.)   flower (3)
formal   dressy, fancy; formal (8)
foto(grafía)   photograph (5)
fractura   fracture (6)
francés (m.)   French (1)
fregadero   kitchen sink (3)
fresco(a)   fresh (4); cool (weather) (7)

frijoles (m.)   beans (4)
frío: tener frío   to be cold (4)
frito(a)   fried (4)
fruta   fruit (4)
fuego   fire;
   fuegos artificiales   fireworks (7)
fuente (f.)   fountain (6)
función (f.)   function (2); show (7)
fútbol (m.): fútbol (europeo)   soccer (1);
   fútbol americano   football (1)
futuro   future (n.) (5)

G

gafas   eyeglasses (3);
   gafas de sol   sunglasses (8)
galleta   cookie, cracker (4)
galón (m.)   gallon (4)
gama   range, scale (8)
ganas: tener ganas de (+ inf.)   to feel like
   (doing something) (4)
ganga   bargain (n.) (8)
garaje (m.)   garage (3)
garganta   throat (6)
gazpacho   cold soup made with vegetables (4)
gemelo(a)   twin (1)
genealógico(a)   genealogical (3)

gente (f.)   people (6)
geografía   geography (7)
gerente (m., f.)   manager (5)
gimnasio   gym (7)
gobierno   government (1)
golf (m.)   golf (7)
gordo(a)   fat (3)
gorra   cap (8)
grabadora   tape recorder (PC)
gracias   thank you, thanks (1)
graduarse   to graduate (5)
gramática   grammar (1)
gramo   gram (4)

gran(de)   big (3);
   gran almacén (m.)   department store (8)
grave   serious (illness/symptom) (6)
gripe (f.)   flu (6)
gris   gray, hazel (eyes) (3)
guante (m.)   glove (8)
guapo(a)   good-looking (3)
guayabera   lightweight shirt with large
   pockets (8)
gustar   to like (to be pleasing) (4)
gusto   pleasure; taste (n.) (1)

H

habitación *(f.)* room;
  habitación doble double room (2);
  habitación sencilla single room (2)
habitante inhabitant (6)
hablar to talk, to speak (1)
hacer to do, to make (3);
  hacer caminatas to go hiking (7);
  hacer ejercicios (aeróbicos) to exercise, to do (aerobic) exercises (3);
  hacer estudios de post-grado to go to graduate school (5);
  hacer la cama to make the bed (3);
  hacer un pedido to place an order/request (4);
  hacer un viaje to take a trip (2)
hambre *(f.):* **tener hambre** to be hungry (4)

hamburguesa hamburger (1)
hasta until (3)
hay (haber) there is/there are (PC);
  hay que *(+ inf.)* one must, it is necessary to (3)
helado ice cream (4)
herencia heritage, inheritance (3)
hermanastro(a) stepbrother/stepsister (3)
hermano(a) brother/sister (1);
  medio(a) hermano(a) half brother/sister (3)
hermoso(a) beautiful (6)
hijo(a) son/daughter;
  hijos sons/children (1)
historia history (5)
hoja piece (of paper) (PC); leaf

hola hello, hi (1)
hombre man;
  hombre de negocios businessman (5)
horario schedule (2)
horrible horrible (5)
hotel *(m.)* hotel (2)
hoy today (2);
  hoy día nowadays (5)
huevo egg (4)
humor *(m.)* mood;
  de buen humor in a good mood (1);
  de mal humor in a bad mood (1)
huracán *(m.)* hurricane (7)

I

ida: de ida one-way (2);
  de ida y vuelta round-trip (2)
iglesia church (6)
igualmente likewise, same here (1)
impedir (i, i) to prevent (8)
imposible impossible (9)
impresionante impressive (6)
incluido(a) included (4)
incluir to include (2)
independencia: Día de la Independencia Independence Day (7)
indicar to indicate (2)
indígena indigenous/native *(adj.)* (1)

influir to influence (7)
informática computer science (5)
informe *(m.)* report (7)
ingeniería engineering (5)
ingeniero(a) engineer (5)
inglés *(m.)* English (1)
ingrediente *(m.)* ingredient (4)
inodoro toilet (3)
insomnio insomnia (9)
insultar to insult (8)
integrar to integrate; to make up, compose (1)
interesante interesting (5)
interesar to interest, arouse interest in (5)

internado internship (9)
íntimo: amigo(a) íntimo(a) close friend (3)
investigación *(f.)* research (7)
invierno winter (7)
ir to go (2);
  ir a pie to go on foot (6);
  ir de compras to go shopping (7);
  ir de escaparates to go window shopping (7);
  ir de picnic to go on a picnic (7)
isla island (6)
izquierdo(a) left (3);
  ir a la izquierda to go to the left (3)

J

jamón *(m.)* ham (4)
Jánuca Hanukkah (7)
jarabe *(m.)* **(para la tos)** (cough) syrup (6)

joven young (3)
joyería jewelry shop/department (8)
jueves *(m.)* Thursday (2)

jugador(a) player (7)
jugar (ue) to play *(sport, game)* (3)
jugo juice (4)

K

kilo kilo *(metric pound)* (4)

L

laboral work *(adj.)* (1)
laboratorio laboratory (5)
lado: al lado de next to (3)
lago lake (6)
lámpara lamp (3)
lana wool (8)
lápiz *(m.)* pencil (PC)
largo(a) long (3)
lástima shame, pity (7)
lavabo bathroom sink (3)
lavar to wash (3);
  lavarse to wash (oneself) (5)

lazo tie *(n.)*, bow (3)
leche *(f.)* milk (4)
lechería dairy (4)
lechuga lettuce (4)
lectura reading *(n.)* (5)
leer to read (1)
lejos far (6)
levantar to lift, raise;
  levantar pesas to lift weights (7);
  levantarse to get up (5)
libra pound *(weight)* (4)
libre free, unoccupied (1);

  tiempo libre free time (1)
libro book (PC)
limpiar to clean (3)
limpio(a) clean *(adj.)* (3)
línea line (9)
literatura literature (5)
litro liter (4)
llamar to call;
  llamarse to be called (1)
llave *(f.)* key (2)
llegada arrival (1)
llegar to arrive (2)

llevar to wear (3); to take;
  llevarse bien (mal) to get along well
    (poorly) with someone (9)
llover (ue) to rain (7)

lluvia rain (n.) (7)
lucir to show off (6)
luego then, next, later (5)
lugar (m.) place (9)

lujoso(a) luxurious (8)
lunar: con lunares polka-dotted (8)
lunes (m.) Monday (2)

M

madrastra stepmother (3)
madre (f.) mother (1)
madrina godmother (3)
madrugada dawn, early morning (5)
maestro(a) teacher (5)
maíz (m.) corn (4)
mal(o)(a) bad, poorly (1)
mamá mom (1)
mañana tomorrow; morning (2);
  de la mañana A.M. (2);
  esta mañana this morning (5);
  por la mañana in the morning (5)
mandado errand (3)
manera way, manner (1)
mano (f.) hand (5)
mantequilla butter (4)
manzana apple (4)
mapa (m.) map (PC)
maquillarse to put on make-up (5)
maracas maracas (8)
mareado(a) dizzy, nauseated (6)
margarina margarine (4)
marino: azul marino navy blue (8)
mariscos shellfish, seafood (4)
marrón brown (8)
martes (m.) Tuesday (2)
más... que more . . . than (3)
matemáticas mathematics (5)
materno(a) maternal (3)
matrimonio marriage (3)
mayonesa mayonnaise (4)

mayor older, elderly (3)
mayoría majority (1)
mediano(a) medium, average (3)
medianoche (f.) midnight (2)
medicina medicine (5)
médico doctor, physician (m.) (5)
medio(a) half;
  medio(a) hermano(a) half brother/half
    sister (3)
mediodía (m.) noon, midday (2)
mejor better (3);
  a lo mejor maybe (7)
mencionar to mention (4)
menor younger (3)
menos... que less . . . than (3)
menú (m.) menu (4)
mercado market (4)
merendar (ie) to have a snack (4)
merienda snack, snack time (4)
mermelada marmalade (4)
mes (m.) month (2)
mesa table; teacher's desk (PC)
mesita coffee table, end table (3);
  mesita de noche night table (3)
metro subway (6)
mi(s) my (1)
mí me;
  mí mismo(a) myself (5)
miedo: tener miedo to be afraid/scared (4)
miembro member (3)
mientras while (4)

miércoles (m.) Wednesday (2)
ministro(a) minister (9)
minoría minority (9)
mirar to watch, to look (1)
mismo(a) same/self;
  allí mismo right there (6);
  mí mismo(a) myself (5)
mochila book bag, backpack (PC)
moda fashion (8)
moderno(a) modern (3)
molestar to bother, to irritate (9)
molido(a) ground, crushed (4)
monasterio monastery (2)
monja nun (7)
montaña mountain (7)
montar to climb (7); to set up (9);
  montar a caballo to go horseback riding (7)
morado(a) purple (8)
morirse (ue, u) to die (9)
mostrar (ue) to show (8)
mucho(a) much, a lot, many (1);
  muchas veces frequently (7)
muebles (m.) furniture (3)
mujer (f.) woman (5);
  mujer de negocios businesswoman (5)
multinacional multinational (5)
multiplicar to multiply (7)
mundo world (1)
museo museum (2)
música music (1)

N

nacer to be born (1)
nacimiento birth (3)
nada nothing, (not) anything (7);
  de nada you're welcome (1)
nadar to swim (7)
nadie nobody, no one (7)
naranja orange (n.) (4)
nariz (f.) nose (6)
náusea nausea (6)
Navidad (f.) Christmas (7)
necesario(a) necessary (9)
necesitar to need (4)
negocios business (5)

negro(a) black (3)
nervioso(a) nervous (1)
nevar (ie) to snow (7)
nevera refrigerator (3)
nieto(a) grandson/granddaughter (3)
nieve (f.) snow (n.) (7)
ningún (ninguno/ninguna) none, not any,
  not a single one (7)
noche (f.) night (1);
  de la noche P.M. (2);
  por la noche at night (5)
nombre (m.) name (1);
  nombre de pila first name (1)

nota grade (5)
notable very good (grade) (5)
noticias news (3)
novela novel (1)
noveno(a) ninth (8)
novio(a) boyfriend/girlfriend (3)
nublado(a) cloudy (7)
nuestro(a)(s) our (1)
nuevo(a) new (3)
número number (1); size (shoes) (8)
nunca never;
  casi nunca almost never (7)

O

o or (1)
obra (de teatro) play, drama (7)
octavo(a) eighth (8)
ocupado(a) busy (1)

ocupar to check in (at a hotel); to occupy (2)
ocurrir to happen, to occur (7)
oficial official (3)
oficina office (1);

oficina de turismo tourism information
  office (6)
oficio occupation, trade (5)
ofrecer to offer (4)

oído inner ear (6)
oiga excuse me *(to get someone's attention)* (6)
oír to hear (4)
¡ojalá! I hope!, I wish! (9)
ojo eye (3)
onza ounce (4)

oportunidad *(f.)* opportunity (5)
optimista optimistic (3)
opuesto(a) opposite (7)
ordenado(a) neat (3)
oreja ear (6)
organizado(a) organized (5)

orgulloso(a) proud (9)
origen *(m.)* origin (6)
oro gold (8)
otoño fall, autumn (7)

P

paciente *(m., f.)* patient (6)
padecer to suffer *(from illness)* (9)
padrastro stepfather (3)
padre *(m.)* father (1);
　padres *(m.)* parents (1)
padrino godfather/godparent (3)
paella rice dish with saffron, seafood, chicken (4)
pagar to pay (for) (2)
página page *(n.)* (PC)
país *(m.)* country *(nation)* (3)
pan *(m.)* bread (4);
　pan tostado toast (4)
panadería bakery (4)
panecillo roll (4)
pantalones *(m.)* pants, trousers;
　pantalones cortos shorts (8)
papa potato *(Latin America)* (4)
papá *(m.)* dad (1)
papel *(m.)* paper (PC); role (5)
paquete *(m.)* package (4)
para for, in order to (2)
parada de autobuses bus stop (6)
parador *(m.)* state hotel, inn (2)
paraguas *(m.)* umbrella (8)
parecer to seem, to think about (8)
pareja couple *(n.)* (9)
pariente *(m.)* relative (3)
partida certificate *(of birth, marriage, etc.)* (3)
partido game (1)
pasa raisin (4)
pasado(a) last (5)
pasar to spend time (3); to happen (6);
　pasarlo bien to have a good time (7)
pasatiempo pastime, hobby (1)
pasear to stroll (6)
paseo: dar un paseo to take a walk (7)
paso step (1)
pasta dentrífica toothpaste (6)
pastelería pastry shop (4)
pastilla pill, tablet (6)
patata potato *(Spain)* (4)
paterno(a) paternal (3)
patio courtyard (3)
patriótico(a) patriotic (7)
pecho chest (6)
pedagogía education (5)
pedido order, request *(n.)* (4);
　hacer un pedido to place an order/request (4)
pedir (i, i) to ask for, to order (3)
peinarse to comb one's hair (5)
película movie (1)
pelo hair (3)

pensar (ie) to plan; to think (2)
pensión *(f.)* boardinghouse (2)
peor worse (3)
pequeño(a) small, little (3)
perdón excuse me (2)
perdone excuse me (6)
perfume *(m.)* perfume (8)
perfumería perfume shop/department (8)
periódico newspaper (1)
periodismo journalism (5)
período period *(of time)* (2)
permanente permanent (9)
permiso permission (3)
pero but *(conj.)* (1)
personalidad *(f.)* personality (3)
pesa: levantar pesas to lift weights (7)
pesado(a) tiresome, annoying (3); heavy
pescadería fish shop (4)
pescado fish *(caught)* (4)
pescar to fish (7)
pésimo(a) terrible, awful (7)
picadillo ground beef dish with olives and raisins (4)
picante spicy, hot (4)
picnic: ir de picnic to go on a picnic (7)
pie *(m.)* foot (6);
　ir a pie to go on foot (6)
piel *(f.)* fur, leather, skin (8)
pierna leg (6)
pimienta black pepper (4)
piña pineapple (4)
piñata piñata (8)
piscina swimming pool (2)
piso floor (level) (2); apartment *(Spain)* (3)
pizarra chalkboard (PC)
pizza pizza (1)
placer *(m.)* pleasure (1)
plan *(m.)* plan (5)
planta floor (8); plant *(n.)* (3);
　planta baja ground floor (8)
plata silver (8)
plátano banana, plantain (4)
plato dish, plate (3);
　primer plato first course (4);
　segundo plato second course (4)
playa beach (7)
plaza plaza, square (6)
¡pobrecito(a)! poor thing! (7)
poco(a) (a) little, not much, few (1)
poder (ue) to be able, can (2)
poeta/poetisa poet (7)
político(a) political;
　ciencia política political science (5)
pollo chicken (4)

poner to put; to turn on; to set *(the table)* (3);
　ponerse to put on (5)
por for, by, through (1);
　por favor please (PC);
　por fin finally (5);
　por la mañana in the morning (5);
　por la noche at night (5);
　por la tarde in the afternoon (5);
　¿por qué? why? (1)
porque because (1)
posible possible (9)
postre *(m.)* dessert (3)
practicar to practice; to play *(a sport)* (5)
precio price *(n.)* (2)
predilecto(a) favorite
preferible preferable (9)
preferido(a) favorite (4)
preferir (ie, i) to prefer (3)
pregunta question *(n.)* (1)
preguntar to ask (PC)
prenda (de vestir) article of clothing (8)
preocupado(a) worried, concerned (1)
preocuparse to worry (9)
preparar to prepare (3)
presentar to present, to introduce (7)
préstamo loan *(n.)* (9)
primavera spring *(season)* (7)
primero(a) first (2);
　primer plato first course (4)
primo(a) cousin (3)
prisa: tener prisa to be in a hurry (4)
privado(a) private (7)
probador *(m.)* dressing room (8)
probar (ue) to taste, to try (2);
　probarse (ue) to try on (8)
productos lácteos dairy products (4)
profesión *(f.)* profession (5)
profesor(a) professor/teacher (PC)
programa *(m.)* program, show (1)
prohibir to forbid, to prohibit (9)
pronto soon (1)
propina tip (4)
propio(a) own, one's own (7)
próximo(a) next (7)
prueba quiz *(n.)* (9)
pueblo *(group of)* people (1); town (6)
puerta door (1)
puesto booth (4); job, position (9)
pulguero flea market (8)
pulmón *(m.)* lung (6)
punto point, dot (1); stitch (6)
pupitre *(m.)* student desk (PC)

Q

¿qué?   what? (1)
quedar   to fit (8);
  quedarse   to stay, to remain (7)
quehaceres *(m.)*   household chores (3)
quemadura del sol   sunburn (6)

quemarse   to get burned (6)
querer (ie)   to want (2);
  querer decir   to mean (PC)
queso   cheese (4)
¿quién(es)?   who? (1)

quinto(a)   fifth (2)
quitarse   to take off (5)
quizás   perhaps, maybe (5)

R

rabino   rabbi (9)
radio *(f.)*   radio (1)
radiografía   x-ray (6)
rato   a while (4)
rayas: de rayas   striped (8)
razonable   reasonable (2)
rebajado(a)   on sale, reduced (8)
receta   recipe (1); prescription (6)
recetar   to prescribe (6)
recibir   to receive (7)
recinto universitario   university campus (5)
recomendar (ie)   to recommend (4)
refrán *(m.)*   saying, proverb (9)
refresco   (soft) drink (1)

refrigerador *(m.)*   refrigerator (3)
regalo   present, gift (7)
regatear   to bargain, to haggle *(over a price)* (8)
regla   rule (3); ruler
regresar   to return (2)
regular   average, so-so (5)
religioso(a)   religious (7)
reloj *(m.)*   clock (PC); wristwatch (8)
relojería   watch shop, department (8)
repetir   to repeat (PC)
reservación *(f.)*   reservation (2)
resfriado: estar resfriado(a)   to have a cold (6)
residencia   residence, dormitory (1)

respuesta   response, answer *(n.)* (1)
restar   to subtract (7)
restaurante *(m.)*   restaurant (1)
reunirse   to get together; to reunite (7)
revista   magazine (1)
revuelto(a)   scrambled (4)
rodilla   knee (6)
rojo(a)   red (3)
romper   to break (9)
ropa   clothes (3)
rosado(a)   pink (8)
roto(a)   broken (3)
rubio(a)   blond(e) (3)

S

sábado   Saturday (2)
saber   to know *(information)* (3)
sabiduría   wisdom (9)
sabroso(a)   delicious (7)
sacar   to get a grade; to take out (5);
  sacarle   to take (6)
saco   jacket, sports coat (8)
sal *(f.)*   salt (4)
sala   room; living room (3);
  sala de clase   classroom (PC)
salida   departure (2); exit
salir   to leave, to go out *(on a social occasion)* (2);
  salir bien (mal)   to do well (poorly) (9)
Salón *(m.)* **de la Fama**   Hall of Fame (7)
salsa   sauce (4)
saludar   to greet (4)
saludo   greeting (1)
sandalia   sandal (8)
sarape *(m.)*   poncho (8)
sazonar   to season (4)
sed: tener sed   to be thirsty (4)
seda   silk (8)
seguir (i, i)   to follow, to continue (3)
según   according to (3)
segundo(a)   second (2);

segundo plato   second course (4)
seguro(a)   safe (1); sure (5)
sello   (postage) stamp (6)
semana   week (2);
  fin *(m.)* **de semana**   weekend (5)
sencillo(a)   simple;
  habitación *(f.)* **sencilla**   single room (2)
sentir (ie, i)   to feel (6); to regret, to be sorry (9)
señor (Sr.) *(m.)*   Mr. (1)
señora (Sra.)   Mrs. (1)
señorita (Srta.)   Miss (1)
separado(a)   separated (9)
séptimo(a)   seventh (8)
ser   to be (1)
serio(a)   serious (3)
servilleta   napkin (4)
servir (i, i)   to serve (3)
sexto(a)   sixth (8)
sicología   psychology (5)
sicólogo(a)   psychologist (5)
siesta   nap *(n.)* (9)
siglo   century (2)
significado   meaning (5)
silla   chair (PC)
sillón *(m.)*   easy chair (3)

simpático(a)   nice (3)
sin embargo   however, nevertheless (1)
sino   but *(conj.)* (5)
sistema *(m.)*   system (1)
sobremesa   after-dinner conversation (4)
sobrenatural   supernatural (9)
sobresaliente   outstanding (5)
sobretodo   above all (5)
sobrino(a)   nephew/niece (3)
sofá *(m.)*   sofa (3)
sol *(m.)*   sun (6)
solamente (sólo)   only (2)
soltero(a)   single *(unmarried)* (1)
sopa   soup (4)
sorprender   to surprise (9)
sótano   basement (8)
su(s)   his, her, their, your (1)
sucio(a)   dirty (3)
sudadera   sweatshirt (8)
sueño: tener sueño   to be sleepy (4)
suerte *(f.)*   luck (7)
suéter *(m.)*   sweater (8)
suficiente   enough (9)
supermercado   supermarket (4)
suspendido   failing grade (5)

T

taco   taco (1)
talla   size *(clothing)* (8)
tamaño   size (8)
tampoco   neither (5)

tan… como   as . . . as (3)
tanto(a)(s)… como   as much (many) . . . as (3)
tarde *(f.)*   afternoon;
  de la tarde   P.M. (2);

esta tarde   this afternoon (5);
  por la tarde   in the afternoon (5)
tarjeta   card (2);
  tarjeta de crédito   credit card (2);

tarjeta postal   postcard (6)
taxi *(m.)*   taxi (6)
taza   cup (4)
té *(m.)*   tea (1)
teatro   theater (7)
técnico(a)   technical (4)
teléfono   telephone (1)
televisión *(f.)*   television (1)
televisor *(m.)*   T.V. set (3)
tema *(m.)*   topic, subject (1)
temperatura   temperature (7)
temporal   temporary (9)
temprano   early (3)
tenedor *(m.)*   fork (4)
tener   to have (1);
  tener calor   to be hot/warm (4);
  tener cuidado   to be careful (6);
  tener frío   to be cold (4);
  tener ganas de *(+ inf.)*   to feel like *(doing something)* (4);
  tener hambre   to be hungry (4);
  tener miedo   to be afraid/scared (4);
  tener prisa   to be in a hurry (4);

tener (ie) que *(+ inf.)*   to have to *(do something)* (3);
  tener razón   to be right (9);
  tener sed   to be thirsty (4);
  tener sueño   to be sleepy (4)
tenis *(m.)*   tennis (1)
tercer(o)(a)   third (2)
terminar   to end, to finish, to be over (5)
tiempo   time, weather (1);
  tiempo libre   free time (1)
tienda   store *(n.)* (8);
  tienda de comestibles   grocery store (4)
tierra   land *(n.)* (7)
tímido(a)   shy (3)
tina   bathtub (3)
tío(a)   uncle/aunt (3)
tiza   chalk (PC)
tobillo   ankle (6)
tocar   to play *(a musical instrument)*; to touch (5)
todo   all, everything (4);
  todos los días   every day (1)
tomar   to take; to drink (1);

tomar el sol   to sunbathe (7);
tomar lugar   to take place (4)
tomate *(m.)*   tomato (4)
torcer   to twist (6)
torta   cake (4)
tortilla   omelet *(Spain/Cuba)* (3); flour tortilla *(Central America/Mexico)* (4)
tos *(f.)*   cough (6)
tostado(a)   toasted;
  pan tostado   toast (6)
tour *(m.)*   tour (2)
trabajar   to work (1)
trabajo   work *(n.)* (5)
tradicional   traditional (3)
traer   to bring (3)
traje *(m.)*   suit; dress (8);
  traje de baño   bathing suit (8)
transición   transition (5)
tratar de   to try to (9)
tren *(m.)*   train (2)
triste   sad (1)
tropical   tropical (7)
tu(s)   your (1)

U

u   or (3)
último(a)   last (5)
un poco de   a little of (1)

universidad *(f.)*   university (1)
útil   useful (4)
uva   grape (4)

V

vacaciones *(f.)*   vacation (7)
valer   to be worth (2)
vaqueros   jeans (8)
variado(a)   varied (4)
variar   to vary (5)
variedad *(f.)*   variety (3)
vaso   (drinking) glass (4)
vecino(a)   neighbor (1)
vela   candle (7)
velorio   wake, vigil (9)
vendedor(a)   salesman (woman) (5)
venir (ie)   to come (3)
ventana   window (PC)
ver   to see (3)

verano   summer (7)
verdad *(f.)*   truth (9)
verde   green (3)
verdura   vegetable (4)
vestido   dress *(n.)* (8)
vestirse (i, i)   to get dressed (5)
vez *(f.)*   time (7);
  a veces   sometimes (7);
  de vez en cuando   from time to time (7)
viajar   to travel (2)
viaje *(m.)*   trip (2)
viejo(a)   old (3)
viento   wind (7)
viernes *(m.)*   Friday (2)

villancico   Christmas carol (7)
vino   wine (4)
virus *(m.)*   virus (6)
visitar   to visit (3)
vitamina   vitamin (9)
viudo(a)   widower/widow (3)
vivir   to live (1)
vóleibol *(m.)*   volleyball (7)
volver (ue)   to return (3)
vuelo   airplane flight (2)
vuelta: de ida y vuelta   round-trip (2)
vuestro(a)(s)   your (1)

Y

y   and (1)
ya que   given that, since (4)

yeso   cast (6)
yogur *(m.)*   yogurt (4)

Z

zapato   shoe (8)

zona   zone (7)

Vocabulario

The vocabulary found in both the Spanish-English and English-Spanish sections contains all words from the end-of-chapter vocabularies (except certain expressions from the *Expresiones útiles*) and some terms from the cultural readings. The meanings provided in this glossary, however, are limited to those used in the contexts of this textbook. Genders of nouns are given only if they are an exception to the -*o* and -*a* endings. The number of the chapter where the vocabulary word or expression first appears is indicated in parentheses after the definition. Spelling changes in stem-changing verbs are indicated in parentheses after the verb given, where appropriate. Words containing the Spanish combinations of *ch*, *ll*, and *ñ* are found in the appropriate places, according to Spanish alphabetization.

The following abbreviations are used in this glossary:

adj.	adjective	*m.*	masculine
conj.	conjunction	*n.*	noun
f.	feminine	*PC*	Preliminary Chapter
form.	formal	*pl.*	plural
inf.	infinitive	*sing.*	singular
inform.	informal	*v.*	verb

INGLÉS - ESPAÑOL

A

A.M. de la mañana (2)
about (around) alrededor de (2)
above: above all sobretodo (5)
abroad extranjero (6)
abundant abundante (7)
accept aceptar (2)
according to según (3)
ache (n.) dolor (m.) (6)
act (v.) actuar (3)
activity actividad (f.) (1)
add agregar (7);
　to add on añadir (3)
addition: in addition además (5);
　in addition to aparte de (4)
address (n.) dirección (f.) (1)
advise aconsejar (9)
affectionate cariñoso(a) (3)
afraid: to be afraid tener miedo (4)
after después de (5);
　after-dinner conversation sobremesa (4)
afternoon tarde (f.);
　in the afternoon por la tarde (5);
　this afternoon esta tarde (5)
afterwards después (5)
agree estar de acuerdo (5)

ahead: straight ahead derecho (3)
airplane avión (m.) (2)
algebra álgebra (m.) (5)
all todo (4)
almost casi;
　almost never casi nunca (7)
alphabet abecedario (1)
although aunque (1)
amenity amenidad (f.) (2)
among entre (3)
ancient antiguo(a) (3)
and y (1)
anger (v.) enfadar (9)
angry enojado(a) (1)
ankle tobillo (6)
annoying pesado(a) (3)
answer (n.) respuesta (1)
answer (v.) contestar (1)
antibiotic antibiótico (6)
anything algo (4)
apartment apartamento (1); departamento (*Mexico*) (3); piso (*Spain*) (3)
appearance apariencia (8)
apple manzana (4)
appropriate apropiado(a) (8)

architecture arquitectura (6)
arm (n.) brazo (6)
around alrededor de (2)
arrival llegada (1)
arrive llegar (2)
art arte (m.) (5);
　arts and crafts artesanía (8)
article artículo (6);
　article of clothing prenda (de vestir) (8)
as much (many)...as tanto(a)(s)...como (3)
aside from aparte de (4)
ask preguntar (PC);
　ask for pedir (i, i) (3)
asleep: to fall asleep dormirse (ue, u) (5)
aspirin aspirina (6)
at a
attend (classes, etc.) asistir a (1)
attendance asistencia (5)
attorney abogado(a) (5)
aunt tía (3)
autumn fall (*season*) (7)
avenue avenida (6)
average (adj.) regular (5)
awful pésimo(a) (7)

B

baby (n.) bebé (*m., f.*) (9)
back (a part of the body) espalda (6)
bad mal(o)(a) (1)
bag (n.) bolsa (4)
baked asado(a) (4)
bakery panadería (4)
balanced balanceado(a) (9)
bald calvo(a) (3)
banana plátano, banana (4)

bank banco (2)
baptism bautizo (3)
bar barra (1)
bargain (n.) ganga (8)
bargain (v.) regatear (8)
baseball béisbol (m.) (7)
based: to be based basarse (1)
basement sótano (8)
basketball básquetbol (m.) (1)

bath(room) baño (2)
bath: to take a bath bañarse (5)
bathe bañarse (5)
bathing suit traje (m.) de baño (8)
bathroom sink lavabo (3)
bathtub bañadera, tina (3)
be estar, ser (1)
be able poder (ue) (2)
beach (n.) playa (7)

beans frijoles (m.) (4)
beard barba (3)
beautiful hermoso(a) (6)
because porque (1)
bed cama (2);
   to go to bed acostarse (ue) (5);
   to make the bed hacer la cama (3)
bedroom dormitorio (3)
beef carne (f.) de res (4)
beer cerveza (4)
before antes de (5)
begin (to) empezar (ie) (a + inf.) (5)
behind detrás de (3)
beige beige (8)
believe creer (9)
belt (n.) cinturón (m.) (8)
bench (park) banco (6)
better mejor (3)
between entre (3)
big gran(de) (3)
bill (n.) cuenta (2)
biology biología (5)
birth nacimiento (3)

black negro(a) (3);
   black pepper pimienta (4)
block (street) cuadra (6)
blond(e) rubio(a) (3)
blouse blusa (8)
blue azul (3);
   navy blue azul marino (8)
boardinghouse pensión (f.) (2)
body cuerpo (6)
book libro (PC);
   book bag mochila (PC)
boot (n.) bota (8)
booth puesto (4)
boring aburrido(a) (5)
born: to be born nacer (1)
botany botánica (3)
bother (v.) molestar (9)
bottle (n.) botella (4)
boy chico (3)
boyfriend novio (3)
bracelet brazalete (m.) (8)
bread pan (m.) (4)
break (v.) romper (9)

breakfast (n.) desayuno (3);
   to eat breakfast desayunar (5)
bring traer (3)
broccoli bróculi (m.) (4)
broken roto(a) (3)
brother hermano (1);
   half brother medio hermano (3)
brown marrón (8);
   brown (hair, eyes) castaño(a) (3)
build (v.) construir (6)
bus (n.) autobús (m.) (2);
   bus stop parada de autobuses (6)
business comercio, negocios (5);
   business district centro comercial (6);
   businessman hombre de negocios (5);
   businesswoman mujer de negocios (5);
   to do business comerciar (6)
busy ocupado(a) (1)
but (conj.) pero (1); sino (5)
butcher shop carnicería (4)
butter mantequilla (4)
buy comprar (3)
by por (1)

C

cake torta (4)
calculus cálculo (5)
calendar calendario (PC)
call llamar;
   to be called llamarse (1)
camping: to go camping acampar (7)
can (v.) poder (ue) (2)
candle vela (7)
cap gorra (8)
card tarjeta (2);
   credit card tarjeta de crédito (2);
   playing cards cartas (7);
   postcard tarjeta postal (6)
care: to take care of cuidar;
   to take care of oneself cuidarse (9)
careful: to be careful tener cuidado (6)
cash (dinero) en efectivo (2)
cassette (tape) casete (m.) (PC)
cast yeso (6)
castle castillo (2)
cathedral catedral (f.) (6)
Catholic (adj.) católico(a) (3)
celebrate celebrar (7)
celebration celebración (f.) (3)
center (n.) centro (2);
   shopping center centro comercial (6)
century siglo (2)
ceramics cerámica (8)
cereal cereal (m.) (4)
ceremony ceremonia (9)
certificate certificado (3);
   certificate (of birth, marriage, etc.)
    partida (3)
chain (n.) cadena (8)
chair silla (PC);
   easy chair sillón (m.) (3)
chalk tiza (PC)
chalkboard pizarra (PC)
change (n.) cambio (6)
character carácter (m.) (3)

check cheque (m.);
   check (in restaurant) (n.) cuenta (2);
   to check in (at a hotel) ocupar (2);
   traveler's check cheque de viajero(a) (2)
cheese queso (4)
chest pecho (6);
   chest of drawers cómoda (3)
chicken pollo (4)
children hijos (1)
chop (pork, etc.) chuleta (4)
chores (household) quehaceres (m.) (3)
Christmas Navidad (f.) (7);
   Christmas carol villancico (7)
church iglesia (6)
cinema cine (m.) (7)
city ciudad (f.) (4)
civilization civilización (f.) (1)
class clase (f.) (PC);
   lower class clase baja (1);
   middle class clase media (1);
   upper class clase alta (1)
classify clasificar (8)
classmate compañero(a) (de clase) (1)
classroom sala de clase (PC)
clean (adj.) limpio(a) (3)
clean (v.) limpiar (3)
clear (weather) despejado(a) (7)
clerk dependiente (m., f.) (5)
client cliente (m., f.) (3)
climate clima (m.) (3)
climb montar (7)
clinic (medical) clínica (6)
clock reloj (m.) (PC)
close (adj.): **close friend** amigo(a) íntimo(a) (3)
close (v.) cerrar (ie) (2)
closet clóset (m.) (3)
clothes ropa (3)
clothing: article of clothing prenda (de
   vestir) (8)
cloudy nublado(a) (7)

coat (n.) abrigo (8)
coffee café (m.) (1);
   coffee table mesita (3)
cold frío(a) (7);
   to be cold tener frío (4);
   to have a cold estar resfriado (6)
cold (illness) (n.) catarro (6)
collect coleccionar (1)
color (n.) color (m.) (8)
Columbus Day Día de la Raza (7)
comb: to comb one's hair peinarse (5)
come venir (ie) (3)
comfortable cómodo(a) (8)
commitment compromiso (9)
common común (2)
compact disk (CD) disco compacto (PC)
company compañía (5)
complete completo(a) (2)
complicated complicado(a) (2)
composer compositor(a) (7)
composition composición (f.) (1)
computer computadora (1);
   computer science informática (5)
concept concepto (1)
concerned preocupado(a) (1)
concert concierto (1)
conclude concluir (5)
condiment condimento (4)
condominium condominio (1)
consist (of) consistir (de/en) (2)
convert (v.) convertir (2)
cook (v.) cocinar (3)
cookie galleta (4)
cool (weather) fresco(a) (7)
coriander culantro (4)
corn maíz (m.) (4)
corner (street) esquina (6)
cost (v.) costar (ue) (2)
cotton algodón (m.) (8)
cough tos (f.) (6);

(cough) syrup jarabe *(m.)* (para la tos) (6)
counselor consejero(a) (9)
count (v.) contar (2)
country (nation) país *(m.)* (3)
country(side) campo (7)
couple (n.) pareja (9)
course: first course primer plato (4);

second course segundo plato (4)
courtyard patio (3)
cousin primo(a) (3)
cracker galleta (4)
crafts: arts and crafts artesanía (8)
cream crema (4)
credit card tarjeta de crédito (2)

cup taza (4)
custard flan *(m.)* (4)
custom costumbre *(f.)* (4)
customer cliente *(m., f.)* (3)
cut (v.) cortar (3)
cutlet chuleta (4)

D

dad papá *(m.)* (1)
daily cotidiano(a) (9)
dairy lechería (4);
  dairy products productos lácteos (4)
dance (v.) bailar (7)
date (appointment) cita (9);
  date (calendar) fecha (2);
  date (person) (n.) compañero(a) (9)
daughter hija (1)
dawn madrugada (5)
day día *(m.)* (2);
  Columbus Day Día de la Raza (7);
  every day todos los días (1);
  Independence Day Día de la Independencia (7)
decorate decorar (7)
deficient deficiente (5)
degree grado (7)
delicious sabroso(a) (7)
delighted encantado(a) (9)
demanding exigente (5)
department: department store gran almacén *(m.)* (8);
  jewelry department joyería (8);
  perfume department perfumería (8);
  watch department relojería (8)

departure salida (2)
depend (on + noun) depender (de + *noun*) (4)
depressed deprimido(a) (9)
depression depresión *(f.)* (7)
designer diseñador(a) (8)
desk: student's desk pupitre *(m.)* (PC);
  teacher's desk mesa (PC)
dessert postre *(m.)* (3)
develop desarrollar (2)
diarrhea diarrea (6)
dictionary diccionario (PC)
die morirse (ue, u) (9)
different distinto(a) (4)
difficult difícil (5)
dining room comedor *(m.)* (3)
dinner cena (3)
dirty sucio(a) (3)
disagreeable antipático(a) (3)
disaster desastre *(m.)*;
  a disaster! ¡fatal! (7)
discount (n.) descuento (8)
discouraged desanimado(a) (9)
discover descubrir (5)
dish (n.) plato (3)
disorganized desorganizado(a) (5)
district barrio (4);

business district centro comercial (6)
divide dividir (7)
divorced: to get divorced divorciarse (9)
dizzy mareado(a) (6)
do hacer (3);
  to do business comerciar (6);
  to do (physical) exercise hacer ejercicio (3);
  to do (something) for a living dedicarse a (1);
  to do well (poorly) salir bien (mal) (9)
doctor (n.) doctor(a), médico *(m.)* (5)
dollar dólar *(m.)* (6)
door puerta (1)
dormitory residencia (1)
double doble (2);
  double room (in hotel) habitación *(f.)* doble (2)
doubt (v.) dudar (8)
dozen docena (4)
dress (n.) vestido (8);
  to get dressed vestirse (i, i) (5)
dressing (for salads) aderezo (4);
  dressing room probador *(m.)* (8)
dressy formal (8)
drink (v.) tomar (1), beber (4)
due to debido a (8)
dynamic dinámico(a) (5)

E

each cada (7)
ear oreja (6);
  inner ear oído (6)
early temprano (3);
  early morning madrugada (5)
earrings aretes *(m.)* (8)
easy fácil (5);
  easy chair sillón *(m.)* (3)
eat comer (1), alimentarse (9);
  to eat breakfast desayunar (4);
  to eat dinner cenar (3);
  to eat lunch almorzar (ue) (4)
economics economía (5)
education pedagogía (5)
egg huevo (4)
eighth octavo(a) (8)
elbow codo (6)
elderly mayor (3)
elective (adj.) electivo(a) (5)

elementary (or secondary) school colegio (5)
end (n.) fin *(m.)*;
  weekend fin de semana (5);
  end table mesita (3)
end (v.) concluir, terminar (5)
energy energía (9)
engagement compromiso (9)
engineer ingeniero(a) (5)
engineering ingeniería (5)
English inglés *(m.)* (1)
enjoy disfrutar (de) (7)
enough suficiente (4)
Epiphany Día de los Reyes Magos (7)
equator ecuador (7)
eraser borrador *(m.)* (PC)
errand mandado (3)
etiquette etiqueta (4)
event acontecimiento (9)
every cada (7);

every day todos los días (1)
everything todo (4)
exact exacto(a) (2)
exam examen *(m.)* (5)
example ejemplo (3)
exchange (v.) cambiar (6)
exchange rate cambio (6)
excited emocionado(a) (9)
excuse me perdón (2), perdone (6); *(to get someone's attention)* oiga (6)
exercise (n.) ejercicio (1);
  to do (physical) exercise hacer ejercicio (3)
exhausted agotado(a) (9)
exhibit: to be on exhibit exhibir (7)
exhibition exposición *(f.)* (7)
expensive caro(a) (3)
extend extender (ie) (8)
extensive amplio(a) (3)
eye ojo (3)

F

face (n.) cara (5)
face (v.) enfrentar (9)
fact (information) dato (1)
failing grade suspendido (5)
fall (season) otoño (7)
fall asleep dormirse (ue, u) (5)
fame fama (8);
   Hall of Fame Salón (m.) de la Fama (7)
family familia (1)
far lejos (6)
farmer agricultor(a) (5)
fascinating fascinante (5)
fashion moda (8);
   fashion accessories complementos de
     moda (8)
fat gordo(a) (3)
father padre (m.) (1)
favorite preferido(a) (4); predilecto(a) (3)
feel (v.) sentirse (ie, i) (9);
   to feel like (doing something) tener
     ganas de (+ inf.) (4)
festival festival (m.) (7)
fever fiebre (f.) (6)
few: a few poco(a) (1)
fifth quinto(a) (2)

finally por fin (5)
find out enterarse (9)
finger dedo (6)
finish (v.) terminar (5)
fire fuego (7)
fireworks fuegos artificiales (7)
first primer(o)(a) (2);
   first course primer plato (4);
   first name nombre de pila (1)
fish (caught) pescado (4);
   fish shop/department pescadería (4)
fish (v.) pescar (7)
fit (v.) quedar (8)
flea market pulguero (8)
flight (airplane) vuelo (2)
floor (level) piso (2); planta (8);
   ground floor planta baja (8)
flower (n.) flor (f.) (3)
flu gripe (f.) (6)
follow seguir (i, i) (3)
food comida (4)
foot pie (m.) (6);
   to go on foot ir a pie (6)
football fútbol (m.) americano (1)
for por/para (1)

forbid prohibir (9)
fork tenedor (m.) (4)
fountain fuente (f.) (6)
fourth cuarto(a) (8)
fracture fractura (6)
free (unoccupied) libre (1);
   free time tiempo libre (1)
French (person) (n.) francés (m.) (1)
frequently muchas veces (7)
fresh fresco(a) (4)
Friday viernes (m.) (2)
fried frito(a) (4)
friend amigo(a);
   close friend amigo(a) íntimo(a) (3)
friendly amable (3)
fritter (fried dough) churro (4)
from time to time de vez en cuando (7)
fruit fruta (4)
fun (to be with) divertido(a) (3)
function función (f.) (2)
funny divertido(a) (3)
fur piel (f.) (8)
furnished amueblado(a) (3)
furniture muebles (m.) (3)
future (n.) futuro (5)

G

gallon galón (m.) (4)
game partido (1)
garage garaje (m.) (3)
garlic ajo (4)
genealogical genealógico(a) (3)
geography geografía (7)
German alemán (m.) (1)
get: to get along well (poorly) with someone
   llevarse bien (mal) (9);
   to get burned quemarse (6);
   to get divorced divorciarse (9);
   to get dressed vestirse (i, i) (5);
   to get engaged comprometerse (9);
   to get married casarse (3);
   to get sick enfermarse (7);
   to get together reunirse (7);
   to get up levantarse (5)
gift regalo (7)
girl chica (3)
girlfriend novia (3)
give dar (3)
given that ya que (4)
glass: drinking glass vaso;
   wine glass copa (4)
glove guante (m.) (8)

go ir (2);
   to go camping acampar (7);
   to go hiking hacer caminatas (7);
   to go horseback riding montar a caballo (7);
   to go on a picnic ir de picnic (7);
   to go on foot ir a pie (6);
   to go shopping ir de compras (7);
   to go to bed acostarse (ue) (5);
   to go to graduate school hacer estudios
     de post-grado (5);
   to go to the left of ir a la izquierda (de) (3);
   to go window shopping ir de escaparates (7)
godfather padrino (3)
godmother madrina (3)
godparents padrinos (3)
gold oro (8)
golf golf (m.) (7)
good buen(o)(a) (3)
good-bye adiós (1);
   to say good-bye despedirse (i, i) (5)
good-looking guapo(a) (3)
government gobierno (1)
grade (school letter grade) nota (5);
   failing grade suspendido (5);
   passing grade aprobado (5);

   to get a grade (in school) sacar (5)
graduate (v.) graduarse (5)
gram gramo (4)
grammar gramática (1)
granddaughter nieta (3)
grandfather abuelo (3)
grandmother abuela (3)
grandson nieto (3)
grape uva (4)
gray gris (3);
   gray (hair) canoso(a) (3)
great! ¡estupendo! (1)
green verde (3)
greet saludar (4)
greeting saludo (1)
groceries comestibles (m.) (4)
grocery store tienda de comestibles,
   bodega (4)
ground (crushed) (adj.) molido(a) (4);
   ground floor planta baja (8)
group: musical group conjunto (7)
grow crecer (4)
gymnasium gimnasio (7)

H

habit: to be in the habit of acostumbrar (4)
haggle (over a price) regatear (8)
hair pelo (3)
half medio(a) (3);
  half brother medio hermano (3);
  half sister media hermana (3)
Hall of Fame Salón (m.) de la Fama (7)
ham jamón (m.) (4)
hamburger hamburguesa (1)
hand (n.) mano (f.) (5)
handbag bolso (8)
Hanukkah Jánuca (7)
happen pasar (6); ocurrir (7)
happy contento (1), alegre (9);
  extremely happy contentísimo(a) (9);
  to make happy alegrar (9)
have tener (1);
  to have a cold estar resfriado(a) (6);
  to have a good time divertirse (ie, i) (5),
    pasarlo bien (7);
  to have a snack merendar (ie) (4);
  to have just (done something) acabar de

(+ *inf.*) (3);
  to have to tener (ie) que (+ *inf.*) (3)
head (n.) cabeza (6)
hear oír (4)
heart corazón (m.) (6)
height altitud (f.) (6);
  medium height de estatura mediana (3)
hello hola (1)
help (n.) ayuda (9)
help (v.) atender (ie) (8), ayudar
her su(s) (1)
heritage herencia (3)
hi hola (1)
high school college-prep studies bachillerato (5)
hiking: to go hiking hacer caminatas (7)
his su(s) (1)
history historia (5)
hobby pasatiempo (1)
holiday día festivo (7)
horrible horrible (5)
horse caballo;

  to go horseback riding montar a caballo (7)
host/hostess anfitrión/anfitriona (3)
hostel, youth albergue (m.) juvenil (2)
hot cálido(a) (*climate*) (8); caliente (*object*)
  (2); picante (*spicy*) (4);
  to be hot (person) tener calor (4);
  to be hot (weather) hacer calor (7)
hotel hotel (m.) (2)
house casa (3);
  boardinghouse pensión (f.) (2)
household chores quehaceres (m.) (3)
housewife ama (m.) de casa (5)
how? ¿cómo? (1);
  how many? ¿cuántos(as)? (1);
  how much? ¿cuánto? (1)
however sin embargo (1)
hungry: to be hungry tener hambre (4)
hurricane huracán (m.) (7)
hurry: to be in a hurry tener prisa (4)
hurt (v.) doler (ue) (6)
husband esposo (1)

I

I hope! ¡ojalá! (9)
ice cream helado (4)
ice cube cubito de hielo (4)
impossible imposible (9)
impressive impresionante (6)
in en (3);
  in addition además (5);
  in front of delante de (3);
  in good (bad) condition en buenas
    (malas) condiciones (3);
  in order to para (2);
  in the afternoon por la tarde (5);

  in the morning por la mañana (5)
include incluir (2)
included incluido(a) (4)
independence: Independence Day Día de la
  Independencia (7)
indicate indicar (2)
indigenous indígena (1)
inexpensive barato(a) (3)
influence (v.) influir (7)
ingredient ingrediente (m.) (4)
inhabitant habitante (6)
inheritance herencia (3)

inner ear oído (6)
insomnia insomnio (9)
insult (v.) insultar (8)
integrate integrar (1)
interest (v.) interesar (5)
interesting interesante (5)
internship internado (9)
interview entrevista (9)
introduced: to be introduced conocer (3)
irritate molestar (9)
island isla (6)

J

jacket chaqueta (8); (*sports coat*) saco (8)
jeans vaqueros (8)

jewelry shop/department joyería (8)
journalism periodismo (5)

juice jugo (4)

K

key (n.) llave (f.) (2)
kilo (metric pound) kilo (4)
kitchen cocina (3);

kitchen sink fregadero (3)
knee rodilla (6)
knife (n.) cuchillo (4)

know (information) saber (6);
  to know (someone) conocer (3)

L

laboratory laboratorio (5)
lake lago (6)
lamp lámpara (3)
land (n.) tierra (7)
last (adj.) *(past)* pasado(a) (5); *(final)* último(a) (5);
  last night anoche (5)
last (v.) durar (9)
later luego (5)
law (study of) derecho *(n.)* (5)
lawn césped *(m.)* (3)
lawyer abogado(a) (5)
learn aprender (1)
leather cuero, piel (8)
leave (go out) salir (2)
lecture (n.) conferencia (5)
left (adj.) izquierdo(a) (3);
  to the left of a la izquierda de (3)

leg pierna (6)
less . . . than menos... que (3)
let (allow) dejar (7)
letter carta (1)
lettuce lechuga (4)
library biblioteca (1)
lift (v.) levantar;
  lift weights levantar pesas (7)
light (v.) encender (ie) (7)
like (to be pleasing) (v.) gustar (4);
  to like (a lot) encantar (5)
likewise igualmente (1)
line línea (9)
listen to escuchar (1)
liter litro (4)
literature literatura (5)
little pequeño(a) (3);
  a little un poco (1)

live (v.) vivir (1)
living room sala (3)
loaf (of bread) barra (4)
loan (n.) préstamo (9)
lodge: to be lodged alojarse (2)
lodging alojamiento (2)
long (adj.) largo(a) (3)
look for buscar (9)
love (v.) encantar, querer (ie) (8)
low (height) bajo(a) (3)
lower class clase baja (5)
luck suerte *(f.)* (7)
lunch (n.) almuerzo (3);
  to eat lunch almorzar (ue) (3)
lung pulmón *(m.)* (6)
luxurious de lujo (2), lujoso(a) (8)

M

magazine revista (1)
major (field of study) (n.) carrera (5)
major (in) (v.) especializarse (en) (5)
majority mayoría (1)
make hacer (2);
  to make happy alegrar (9);
  to make the bed hacer la cama (3)
manager gerente *(m., f.)* (5)
many mucho(a) (1)
map (n.) mapa *(m.)* (PC)
maracas maracas (8)
margarine margarina (4)
market (n.) mercado (4)
marmalade mermelada (4)
marriage matrimonio (3)
married casado(a) (1);
  to get married casarse (3)
maternal materno(a) (3)
mathematics matemáticas (5)
maybe a lo mejor (7); quizás (9)
mayonnaise mayonesa (4)
mean (v.) querer decir (PC)
meaning significado (5)
medicine medicina (5)

medium mediano(a) (3);
  medium height de estatura mediana (3)
meet (someone) conocer (3)
member miembro (3)
Menorah candelabro (7)
mention mencionar (4)
menu menú *(m.)* (4)
messy desordenado(a) (3)
middle: middle ages edad media (3);
  middle class clase media (5)
midnight medianoche *(f.)* (2)
milk (n.) leche *(f.)* (4)
minister ministro(a) (9)
minority minoría (9)
Miss señorita (Srta.) (1)
modern moderno(a) (3)
mom mamá (1)
monastery monasterio (2)
Monday lunes *(m.)* (2)
money dinero (2)
month mes *(m.)* (2)
mood humor *(m.)*;
  in a bad mood de mal humor (1);
  in a good mood de buen humor (1)

more más;
  more . . . than más... que (3);
  what's more además (5)
morning mañana (2);
  in the morning por la mañana (5);
  this morning esta mañana (5)
mother madre *(f.)* (1)
mountain montaña (7)
moustache bigote(s) (3)
mouth boca (6)
movie película (1);
  movie theater cine *(m.)* (7)
Mr. señor (Sr.) *(m.)* (1)
Mrs. señora (Sra.) (1)
much mucho(a) (1)
multinational multinacional (5)
multiply multiplicar (7)
museum museo (2)
music música (1)
musical group conjunto (7)
my mi(s) (1)
myself mí mismo(a) (5)

N

name nombre *(m.)* (1);
  last name apellido (1)
nap (n.) siesta (9)
napkin servilleta (4)
native (adj.) indígena (1)
nausea náusea (6)
nauseated mareado(a) (6)
navy blue azul marino (8)
near(by) cerca de (3)
neat ordenado(a) (3)
necessary necesario(a) (9);
  it is necessary (to do something) hay que (+ *inf.*) (3)
neck cuello (6)

necklace collar *(m.)* (8)
necktie corbata (8)
need (v.) necesitar (4)
neighbor vecino(a) (1)
neighborhood barrio (4)
neither tampoco (5)
nephew sobrino (3)
nervous nervioso(a) (1)
never nunca;
  almost never casi nunca (7)
nevertheless sin embargo (1)
new nuevo(a) (3)
news noticias (3)
newspaper periódico (1)

next luego (5); próximo(a) (7);
  next to al lado de (3)
nice simpático(a) (3)
niece sobrina (3)
night noche *(f.)* (1);
  at night por la noche (3);
  last night anoche (5);
  night table mesita de noche (3)
ninth noveno(a) (8)
no one nadie (7)
nobody nadie (7)
none ningún (ninguno/ninguna) (7)
noon mediodía *(m.)* (2)
nose nariz *(f.)* (6)

not any ningún (ninguno/ninguna) (7)
not much poco(a) (1)
notebook cuaderno (PC)
nothing nada (7)

novel novela (1)
now ahora (5)
nowadays hoy día (5)
number número (8)

nun monja (7)
nurse enfermero(a) (5)

O

O.K. Está bien. (8)
occupation oficio (5)
of de;
  of course! ¡cómo no! (4)
offer (v.) ofrecer (4)
office oficina (1)
official oficial (3)
off-white color crema (8)
old antiguo(a) (2); viejo(a) (3)
older mayor (3)
olive aceituna (4);
  olive oil aceite (m.) de oliva (4)
omelet (Spain/Cuba) tortilla (3)
on en (3);

on sale rebajado(a) (8);
on top of encima de (3)
one-way de ida (2)
onion cebolla (4)
only solamente (sólo) (2)
open (adj.) abierto(a) (6)
open (v.) abrir (2)
opportunity oportunidad (f.) (5)
opposite (adj.) enfrente de (6); opuesto(a) a (7)
optimistic optimista (3)
or o (1); u (3)
orange (adj.) anaranjado(a) (8)
orange (n.) naranja (4)
order (n.) pedido (4);

in order to para (2);
out of order descompuesto(a) (3);
to place an order hacer un pedido (4)
order (v.) pedir (i, i) (4)
organized organizado(a) (5)
origin origen (m.) (6)
ought (to do something) deber (+ inf.) (3)
ounce onza (4)
our nuestro(a)(s) (1)
out of order descompuesto(a) (3)
outgoing extrovertido(a) (3)
outstanding sobresaliente (5)
owe deber (4)
owner dueño(a) (5)

P

P.M. (afternoon) de la tarde (2); (night) de la noche (2)
package paquete (m.) (4)
page (n.) página (PC)
pain (n.) dolor (m.) (6)
painting cuadro (3)
pants pantalones (m.)
paper papel (m.) (PC);
  piece of paper hoja (PC)
parade desfile (m.) (7)
parents padres (m.) (1)
party (n.) fiesta (1)
passing grade aprobado (5)
pastime pasatiempo (1)
pastry shop pastelería (4)
paternal paterno(a) (3)
patient paciente (m., f.) (6)
patriotic patriótico(a) (7)
pay (for) pagar (2)
pen bolígrafo (PC)
pencil lápiz (m.) (PC)
people (group of) gente (f.) (6)
pepper (black) pimienta (4)
perfume perfume (m.) (8);
  perfume shop/department perfumería (8)
perhaps quizás (5)
period período (2);
  period (of time) época (6)
permanent permanente (9)
permission permiso (3)
personality personalidad (f.) (3), carácter (3)
pharmacist farmacéutico(a) (6)
pharmacy farmacia (6)
philosophy filosofía (3)

photograph foto(grafía) (5)
physician médico, doctor(a) (5)
piece (of paper) hoja (PC)
pill pastilla (6)
piñata piñata (8)
pineapple piña (4)
pink rosado(a) (8)
pizza pizza (1)
place (n.) lugar (m.) (9)
place (v.): **to place an order/request** hacer un pedido (4)
plaid de cuadros (8)
plan (n.) plan (m.) (5)
plan (v.) pensar (ie) (2)
plantain plátano (4)
plate dish
play (drama) (n.) obra (de teatro) (7)
play (v.): **to play** (a musical instrument) tocar (5); to play (sport, game) practicar (1), jugar (ue) (3)
player jugador(a) (7)
pleasant agradable (3)
please por favor (PC)
pleasure placer (m.); (taste) gusto (1)
pocketbook bolsa (4), bolso (8)
poet poeta/poetisa (7)
point (n.) punto (1)
political político(a);
  political science ciencia política (5)
polka-dotted con lunares (8)
poncho sarape (m.) (8)
pool (swimming) piscina (2)
poor thing! ¡pobrecito(a)! (7)
poorly: to do poorly salir mal (9)

pork cerdo (4)
position (job) puesto (9)
possible posible (9)
post office correo (6)
postcard tarjeta postal (6)
poster cartel (m.) (8)
potato (Latin America) papa (4); (Spain) patata (4)
pound (weight) libra (4)
practice (v.) practicar (5)
prefer preferir (ie, i) (3)
preferable preferible (9)
pregnant embarazada (9)
prepare preparar (3)
prescribe recetar (6)
prescription receta (6)
present (n.) regalo (7)
present (v.) presentar (7)
prevent impedir (i, i) (8)
price (n.) precio (2)
private privado(a) (2)
profession profesión (f.) (5)
professor profesor(a) (PC)
program (n.) programa (m.) (1)
proud orgulloso(a) (9)
psychologist sicólogo(a) (5)
psychology sicología (5)
purchase (n.) compra
purple morado(a) (8)
purse bolso (4)
put poner (3);
  to put on ponerse (5);
  to put on make-up maquillarse (5)

Q

quality calidad (f.) (8)
quart (measurement) cuarto (4)

quarter (one-fourth) cuarto (4)
question (n.) pregunta (1)

quite bastante (5)
quiz (n.) prueba (9)

R

rabbi rabino (9)
race (n.) carrera (1)
radio radio *(f.)* (1)
rain (n.) lluvia (7)
rain (v.) llover (ue) (7)
raise levantar (7)
raisin pasa (4)
range (n.) gama (8)
rate (exchange) cambio (6)
read leer (1)
reading (n.) lectura (5)
really? ¿de veras? (7)
reasonable razonable (2)
receive recibir (7)
recipe receta (1)
recommend recomendar (ie) (4)
record (n.) disco
red rojo(a) (3)
refrigerator refrigerador *(m.)*, nevera (3)

regret (v.) sentir (ie, i) (9)
relative (n.) pariente *(m.)* (3)
religious religioso(a) (7)
remain quedarse (4)
rent (v.) alquilar (3)
repeat repetir (PC)
report (n.) informe *(m.)* (7)
request (n.) pedido (4)
research (n.) investigación *(f.)* (7)
reservation reservación *(f.)* (2)
residence residencia (1)
response respuesta (1)
rest (v.) descansar (3)
restaurant restaurante *(m.)* (1)
return (v.) regresar (2), volver (ue) (3)
rice arroz *(m.)* (4);
    rice dish with saffron, seafood, chicken paella (4)
right derecha *(adj.)* (3);

right away en seguida (4);
right there allí mismo (6);
to be right tener razón (9)
ring (n.) anillo (9)
role papel *(m.)* (5)
roll (n.) panecillo (4)
room habitación *(f.)* (2); cuarto (3); sala (3);
    classroom sala de clase (PC);
    dining room comedor *(m.)* (3);
    double room (in a hotel) habitación doble (2);
    dressing room probador *(m.)* (8);
    roommate compañero(a) de cuarto (1);
    single room (in a hotel) habitación sencilla (2)
round-trip de ida y vuelta (2)
rug alfombra (3)
rule regla (3)
run into chocar con (7)

S

sad triste (1)
safe seguro(a) (1)
salad ensalada (4)
salesclerk vendedor(a) (5)
salt (n.) sal *(f.)* (4)
same mismo(a);
    at the same time al mismo tiempo (9);
    same here igualmente (PC)
sandal sandalia (8)
Saturday sábado (2)
sauce salsa (4)
save ahorrar (9)
say decir (3);
    to say good-bye (to) despedirse (i, i) (de) (5)
saying refrán *(m.)*, dicho (9)
scared: to be scared tener miedo (4)
schedule (n.) horario (2)
scholarship beca (9)
school (n.) escuela; *(adj.)* escolar (5);
    to go to graduate school hacer estudios de post-grado (5)
science ciencia
scientific científico(a) (4)
scrambled revuelto(a) (4)
seafood mariscos (4)
season (of the year) estación *(f.)* (7)
season (v.) sazonar (4)
seat asiento (3)
second segundo(a) (2);
    second course segundo plato (4)
secular civil (9)
see ver (3)
seem parecer (8)
senior year cuarto año (1)
separated separado(a) (9)
serious serio(a) (3); *(illness)* grave (6)
serve servir (i, i) (3)
set: to set (the table) poner (3);
    to set up montar (9)
seventh séptimo(a) (8)
shame lástima (7)
shampoo champú *(m.)* (6)

share (v.) compartir (2)
shave (v.) afeitarse (5)
shelf (for books) estante *(m.)* (3)
shellfish mariscos (4)
shirt camisa (8);
    loose shirt with large pockets guayabera (8)
shoe zapato (8)
shop boutique *(f.)* (8);
    butcher shop carnicería (4);
    fish shop pescadería (4);
    jewelry shop joyería (8);
    pastry shop pastelería (4);
    perfume shop perfumería (8);
    watch shop relojería (8)
shopping: shopping center centro comercial (6);
    to go shopping ir de compras (7)
short bajo(a) *(in height)* (3); corto(a) *(in length)* (3)
shorts pantalones *(m.)* cortos (8)
show (n.) función *(f.)* (7)
show (v.) mostrar (ue) (8);
    to show off lucir (6)
shower (n.) ducha (2);
    to take a shower ducharse (5)
shrimp camarón *(m.)* (4)
shy tímido(a) (3)
sick enfermo(a) (1);
    to get sick enfermarse (6)
sickness enfermedad *(f.)* (6)
silk seda (8)
silver (n.) plata (8)
simple sencillo(a)
single (unmarried) soltero(a) (1);
    single room (in a hotel) habitación *(f.)* sencilla (2)
sink: bathroom sink lavabo (3);
    kitchen sink fregadero (3)
sister hermana (1);
    half sister media hermana (3)
situated: to be situated encontrarse (ue)
sixth sexto(a) (8)

size (n.) tamaño/talla (8);
    size (of shoes) número (8)
ski (v.) esquiar (7)
skin (n.) piel *(f.)* (8)
skirt falda (8)
sleep (v.) dormir (ue, u) (3)
sleepy: to be sleepy tener sueño (4)
slow despacio (PC)
small pequeño(a) (3)
snack (time) merienda (4)
snow (n.) nieve *(f.)* (7)
snow (v.) nevar (ie) (7)
so así;
    so-so regular (5)
soccer fútbol (europeo) (1)
social class clase social (5)
sock (n.) calcetín *(m.)* (8)
sofa sofá *(m.)* (3)
soft drink refresco (1)
some (adj.) algún (alguno/alguna) (4)
something algo (4)
sometimes a veces (7)
son hijo (1)
song canción *(f.)* (7)
soon pronto (1)
sorry: to be sorry sentir (ie, i) (9)
soul alma *(m.)* (6)
soup sopa (4)
space (n.) espacio (6)
Spanish español *(m.)* (PC)
speak hablar (1)
specialize (in) especializarse (en) (5)
spelled: to be spelled deletrearse (1)
spend (time) pasar (3)
spicy picante (4)
spoon cuchara (4)
sport deporte *(m.)* (7)
spring (season) primavera (7)
square (plaza) plaza (6)
stamp (postage) estampilla, sello (6)
star (n.) estrella (2)
station estación *(f.)* (2)

stay (v.) quedarse (7)
steak biftec (m.) (4)
step paso
stepbrother hermanastro (3)
stepfather padrastro (3)
stepmother madrastra (3)
stepsister hermanastra (3)
stitch punto (6)
stomach (n.) estómago (6)
stop (doing something) dejar de (+ inf.) (9)
store (n.) tienda (8);
    department store gran almacén (m.) (8);
    grocery store bodega (4);
    store window escaparate (m.) (8)
stove estufa, cocina (3)
straight ahead derecho (adv.) (6)
street calle (f.) (1)

stress estrés (m.) (9)
striped de rayas (8)
stroll (v.) pasear (6)
student estudiante (m., f.) (PC);
    student desk pupitre (m.) (PC)
studies estudios
study (v.) estudiar (1)
style (n.) estilo (3)
subtract restar (7)
subway metro (6)
suffer (from illness) padecer (9)
sugar azúcar (m.) (4)
suit (n.) traje (m.) (8)
summer verano (7)
sun sol (m.) (6)
sunbathe tomar el sol (7)
sunburn quemadura del sol (6)

Sunday domingo (2)
sunglasses gafas de sol (8)
supermarket supermercado (4)
supernatural sobrenatural (9)
supper cena (3)
sure seguro(a) (5)
surname apellido (1)
surprise (v.) sorprender (9)
sweater suéter (m.) (8)
sweatshirt sudadera (8)
swim (v.) nadar (7)
swimming pool piscina (2)
swimsuit traje (m.) de baño (8)
syrup (cough) jarabe (m.) (para la tos) (6)
system sistema (m.) (1)

T

T-shirt camiseta (8)
T.V. set televisor (m.) (3)
table mesa (PC);
    coffee table/end table/night table/small
    table mesita (3);
    to set the table poner la mesa (3)
tablet pastilla (6)
taco taco (1)
take tomar (1);
    to take a shower ducharse (5);
    to take a trip hacer un viaje (2);
    to take a walk dar un paseo (7);
    to take care of oneself cuidarse (9);
    to take off quitarse (5);
    to take out sacar (5);
    to take place tomar lugar (4)
talk (n.) charla (5)
talk (v.) hablar (1); conversar (4)
tall alto(a) (3)
tape: cassette tape casete (m.) (PC);
    tape recorder grabadora (PC)
taste (n.) gusto (3)
taste (v.) probar (ue) (4)
taxi taxi (m.) (6)
tea té (m.) (1)
teacher maestro(a) (5); profesor(a) (1)
team (n.) equipo (5)
technical técnico(a) (4)
telephone teléfono (1)
television televisión (f.) (1)
tell decir (3); (a story) contar (7)
temperature temperatura (7)
temporary temporal (9)
tennis tenis (m.) (1)
tenth décimo(a) (8)
terrible pésimo(a) (7);
    terrible! ¡fatal! (7)
terrific! ¡estupendo! (1)

test examen (m.) (5)
thank you/thanks gracias (1)
Thanksgiving Día (m.) de Acción de Gracias (7)
that ese/esa (3)
theater teatro (7);
    movie theater cine (m.) (7)
then luego (5)
their su(s) (1)
there is/are hay (haber) (PC)
these estos/estas (3)
thin delgado(a) (3)
third tercer(o)(a) (2)
thirsty: to be thirsty tener sed (4)
this este/esta (3);
    this afternoon esta tarde (5);
    this morning esta mañana (5)
those esos/esas (3)
throat garganta (6)
through por (1)
Thursday jueves (m.) (2)
ticket billete (m.) (2)
tie (n.) lazo (3);
    (neck)tie corbata (8)
time tiempo (1);
    at the same time al mismo tiempo (9);
    free time tiempo libre (1);
    from time to time de vez en cuando (7);
    sometimes a veces (7);
    (1st, 2nd, 3rd, ...) time vez (f.) (7);
    to have a good time divertirse (ie, i) (5) /
        pasarlo bien (7)
tip (n.) propina (4)
tired cansado(a) (1)
tiresome pesado(a) (3)
toast (n.) pan tostado (4)
today hoy (2)
toilet inodoro (3)
tomato tomate (m.) (4)

tomorrow mañana (2)
too (much) demasiado(a) (8)
tooth diente (m.) (5)
toothpaste pasta dentrífica (6)
top: on top of encima de (3)
topic tema (m.) (1)
tortilla (flour) tortilla (Central
    America/Mexico) (4)
touch (v.) tocar (5)
tour (n.) tour (m.) (2); excursión (2)
tourist information office oficina de turis-
    mo (6)
town pueblo (1);
    town hall ayuntamiento (6)
trade (occupation) oficio (5)
traditional tradicional (3)
train (n.) tren (m.) (2)
transition transición (5)
travel viajar (2);
    travel agency agencia de viajes (2)
traveler viajero(a);
    traveler's check cheque (m.) de viajero (2)
tree árbol (m.) (3)
trip (n.) viaje (m.) (2); excursión (f.) (2);
    to take a trip hacer un viaje (2)
tropical tropical (7)
trousers pantalones (m.) (8)
true cierto(a) (9)
truth verdad (f.) (9)
try (v.) tratar (9); probar (4);
    to try on probarse (ue) (8);
    to try to tratar de (9)
Tuesday martes (m.) (2)
turn (v.) doblar (6)
turn on poner (3)
turnover empanada (4)
twin gemelo(a) (1)
twist (v.) torcer (6)

U

ugly feo(a) (3)
umbrella paraguas (m.) (8)
uncle tío (3)
under debajo de (3)
understand comprender (1)

university universidad (f.) (1);
    university campus recinto universitario (5)
unoccupied (free) libre (1)
unpleasant antipático(a) (3)
until hasta (3)

upper class clase alta (5)
useful útil (4)

V

vacation vacaciones *(f.)* (7)
varied variado(a) (4)
variety variedad *(f.)* (3)
vary variar (5)

vegetable verdura (4)
very good (grade) notable (5)
vigil (n.) velorio (9)
virus virus *(m.)* (6)

visit (v.) visitar (3)
vitamin vitamina (9)
volleyball vóleibol *(m.)* (7)

W

waiter/waitress camarero(a) (4)
wake (n.) velorio (9)
wake up despertarse (ie) (5)
walk (n.) caminata;
  to take a walk dar un paseo (7)
wallet billetera (8)
want (v.) desear (4); querer (ie) (2)
warehouse almacén *(m.)* (8)
warm (adj.) cálido(a) *(climate)* (8);
  to be warm (person) tener calor (4);
  to be warm (weather) hacer calor (7)
wash (v.) lavar (3);
  to wash (oneself) lavarse (5)
watch (n.) reloj *(m.)* (8)
watch (v.) mirar (1)
watch shop/department relojería (8)
water agua (1)
way manera (1)
wear llevar (3);
  to wear (shoe size) calzar (8)
weather (n.) clima *(m.)* (3)
wedding boda (9)
Wednesday miércoles *(m.)* (2)

week semana (2);
weekend fin *(m.)* de semana (5)
welcome: you're welcome de nada (1)
well bien *(adv.)* (1);
  to do well salir bien (9)
what? ¿qué? (1)
what's more además (5)
when cuando *(conj.)* (7);
  when? ¿cuándo? (1)
where? ¿dónde? (1); ¿adónde? (7) (1)
which (one/s)? ¿cuál(es)? (1)
while mientras (4);
  a while un rato (5)
white blanco(a) (8)
who? ¿quién(es)? (1)
why? ¿por qué? (1)
wide amplio(a) (3)
widow viuda (3)
widower viudo (3)
wife esposa (1)
wind viento (7)
window ventana (PC);
  to go window shopping ir de escaparates (8)

wine vino (4);
  wine glass copa (4)
winter invierno (7)
wisdom sabiduría (9)
wish: I wish! ¡Ojalá! (9);
  to wish for desear (4)
with con
woman mujer *(f.)* (5);
  businesswoman mujer de negocios (5)
wool lana (8)
work (adj.) laboral (1)
work (n.) trabajo (5)
work (v.) trabajar (1)
world mundo (1)
worried preocupado(a) (1)
worry (v.) preocuparse (9)
worse peor (3)
worth: to be worth valer (2)
wristwatch reloj *(m.)* (8)
write escribir (1)
writer escritor(a) (5)

X

x-ray radiografía (6)

Y

year año (2)
yellow amarillo(a) (8)
yesterday ayer (5)

yogurt yogur *(m.)* (4)
you're welcome de nada (1)
young joven (3)

younger menor (3)
your tu(s), su(s), vuestro(a)(s) (1)
youth hostel albergue *(m.)* juvenil (2)

Z

zone zona (7)

Index

Text Credits

p. 47 **Anuncios clasificados** classified ad index from *El Nuevo Herald*, Miami, March 24, 1991; p. 51 television guide reprinted with permission from *Mía*, Madrid; **p. 52 Canto negro** by Nicolás Guillén reprinted from *Nicolás Guillén - Obra poética 1920–1958*, Instituto Cubano del Libro, La Habana, 1972, and Smithsonian/Folkways Recordings, Rockville, MD; **p. 60 Venezuela al completo** reprinted from POLITOURS, Zaragoza, Spain; **p. 63 París en un sueño** train schedule reprinted from Iberrail, 1987; **p. 71 Pullmantur: Excursiones Madrid** reprinted from Pullmantur, S.A., Madrid, 1994; **p. 82 Costa Rica: Información General** reprinted from Instituto Costarricense de Turismo, San José, Costa Rica; **pp. 125–126 Una tortuga en casa** reprinted courtesy of *Clara*, Barcelona, agosto 1996, p. 125; **pp. 128–129** social news reprinted from *IMAGEN*, abril 1991; **p. 134 Menú para llevar Pizza Hut** reprinted from Pizza Hut, Dallas, TX; **p. 146 Clo-Clo** reprinted from *Marie Claire*, año 5, no. 12, p. 126, Editorial Televisa, Mexico City; **p. 162 Magia y color en Los Ángeles** reprinted with permission from *Más*, New York, otoño 1989; **p. 164 Alcalá: tapas, sabor y mucho más** reprinted from *IMAGEN*, abril 1991; **p. 195** course descriptions reprinted courtesy of the Universidad de Navarra, Pamplona, Spain; **p. 210 Debate** reprinted from *Tú*, año 12, no. 7 with permission from Editorial America, Miami; **p. 215 Prohibido hablar español** reprinted courtesy of *¡Éxito!*, *Chicago Tribune*, vol. 3 no. 42, 19 octubre 1995, p. 21; **p. 228 Si está planeando viajar** reprinted from *Más*, New York, July/August 1991; **p. 231** map and ad reprinted courtesy of Hostal Miraflores, Lima, Peru; **p. 233 en Madrid** tourist information provided by El Patronato Municipal de Turismo, Madrid, Spain; **p. 241 ¿Viaja a una isla?** reprinted from *GeoMundo*, año XVIII, no. 10, octubre 1994, p. 415, courtesy of Editorial Televisa, Mexico City; **p. 246 ¡Cuidado con el síndrome del avión enfermo!** reprinted from *GeoMundo*, año XX, no. 1, enero 1996, p. 94, courtesy of Editorial Televisa, Mexico City; **p. 250 Una visita a Buenos Aires** reprinted from *Vanidades Continental*, Miami, 30 octubre 1991; **p. 253** dictionary entries reprinted with permission from *The Larousse Spanish Dictionary*, 1986, by Houghton Mifflin Company and Librarie Larousse; **p. 258 El Azteca** ad reprinted with permission from El Azteca Restaurant, New York City; **p. 258 The Wizard of Oz on Ice** image reproduced with the permission of Ringling Bros.-Barnum & Bailey Combined Shows, Inc.; **p. 258 New York Apple Tours** ad reprinted courtesy of New York Apple Tours, Inc.; **p. 258 Copacabana** ad reprinted courtesy of Copacabana, New York; **p. 268 Madrid** reprinted courtesy of El Patronato Municipal de Turismo, Madrid; **p. 281 Reunidos en torno a la mesa** and **Marzo y abril...** reprinted from *Más*, New York, marzo/abril 1992, octubre 1992; **p. 291 Alergia inoportuna** and **Mi futura suegra me detesta** reprinted from *Tú*, año 14, no. 5, Editorial Televisa, Mexico City; **p. 298 Un símbolo llamado Selena** reprinted courtesy of *¡Exito!*, *Chicago Tribune*, 13 abril 1995; **p. 302 La bamba** reprinted from *Más*, New York, vol. 1, no. 4, 1990; **p. 308 El Catálogo JCPenney** reprinted from JCPenney Company, Dallas, TX; **p. 311 Las tallas y los números** measurements provided by Barron's Spanish at a Glance, 1984, courtesy of Barron's Educational Series, Inc.; **p. 312 Guía de departamentos y servicios** reprinted courtesy of El Corte Inglés, Madrid; **p. 321 Viaja comodamente** reprinted from *Tú*, año 16, 8 agosto 1995, p. 82, courtesy of Editorial Televisa, Mexico City; **p. 327 La guayabera** reprinted from *Más*, vol. 1, no. 4; **p. 331 En privado** and **p. 337 Ellos hablan** reprinted from *Tú*, año 13, no. 12, courtesy of Editorial Televisa, Mexico City; **p. 349 ¿Insomnio?** reprinted from *Buenhogar*, año 12, no. 10, courtesy of Editorial Televisa, Mexico City; **p. 353 Tus mejores aliados...** reprinted from *Tú*, año 13, no. 11, courtesy of Editorial Televisa, Mexico City; **p. 356** social news reprinted from *Diario Las Américas*, Miami, 27 and 28 julio 1996; **p. 362** greeting cards reprinted with permission from American Greeting Cards, Inc.; **p. 369 Futuróscopo** and **Tarot** reprinted from *¡Estar viva!*, no. 115, enero 1991, Madrid; **p. 372 Horóscopo** reprinted from *Mía*, 18–24 diciembre, 1995, p. 45, Madrid; **p. 376 ¿Fatiga o depresión?** reprinted from *Vanidades Continental*, Miami, no. 21, octubre 11, 1988.

Photo Credits

Unless specified below, all photos in this text were selected from the Heinle & Heinle Image Resource Bank. The Image Resource Bank is Heinle & Heinle's proprietary collection of tens of thousands of photographs related to the study of foreign language and culture.

Capítulo 1 p. 27 (top) Christopher Brown/Stock Boston, (bottom) Archive Photos; **p. 28** (top and left) Archive Photos, (middle and right) Archive Photos, (bottom and left) Archive Photos; **p. 31** AP/Wide World; **p. 52** Organization of American States (OAS); **p. 54** (top) Super Stock, (bottom) Super Stock; **p. 55** (top) Super Stock; **Capítulo 2 p. 60** (top and left) Mike Mazzaschi/Super Stock, (bottom and left) Super Stock; **p. 65** Jeffrey W. Meyers/Stock Boston; **p. 84** (top) Super Stock, (bottom) Jeffrey W. Meyers/Stock Boston; **Capítulo 5 p. 190** (top) Gamma Liaison, (middle) Steve Alan/Gamma Liaison, (bottom) AP/Wide World; **p. 198** Super Stock; **Capítulo 6 pp. 218–219** Super Stock; **p. 220** (top and right) Stuart Cohen/Comstock, (middle and right) Koner/Comstock, (bottom) Russ Kinne/Comstock, (top and left) Mario Corvetto/Comstock; **p. 234** Comstock; **p. 254** (left) Stuart Cohen/Comstock, (right) J. Sohm/Image Works; **Capítulo 7 pp. 295–296** (top and right) Bettmann Archives, (bottom and right) Bettmann Archives, (bottom and left) AP/ Wide World, (top and left) Image Works; **p. 300** (right) Archive Photos, (left) Gamma Liaison; **p. 301** (top left) AP/Wide World, (top right) James Andanson/Sygma, (center left) Gamma Liaison, (center right) Super Stock, (bottom) Michael Dwyer/Stock Boston; **Capítulo 8 p. 319** (right) AP/Wide World, (left) AP Wide/World; **p. 341** Stuart Cohen/Comstock